EL LIBERALISMO MEXICANO EN POCAS PÁGINAS

LECTURAS 100 MEXICANAS

MISIÓN CUMPLIDA

Con el número 100 de Lecturas Mexicanas, *El liberalismo mexicano en pocas páginas*, de Jesús Reyes Heroles, singular animador de este proyecto del Fondo de Cultura Económica y de la Dirección General de Publicaciones de la Secretaría de Educación Pública, se cumple la primera etapa de este gran esfuerzo editorial.

Lecturas mexicanas ha sido para la SEP y para el Fondo de Cultura Económica una gran experiencia y para el lector nacional una posibilidad real de acceder al mundo de los libros, a pesar de las circunstancias económicas desfavorables por las que atraviesa el país.

Esta tarea no está terminada; la Dirección General de Publicaciones de la SEP la continuará con otros fondos editoriales y con otros autores para seguir dotándola de la pluralidad que la ha caracterizado.

El Fondo de Cultura Económica, por su parte, no abandonará el terreno conquistado y dentro de los límites que impone la situación actual en el país, ya se dispone a emprender nuevos caminos en pro de la lectura efectivamente popular.

JESÚS REYES HEROLES

El liberalismo mexicano en pocas páginas

Caracterización y vigencia

Selección de

ADOLFO CASTAÑÓN y OTTO GRANADOS

Secretaría de Educación Pública
CULTURA SEP

Primera edición en Lecturas Mexicanas, 1985

Av. de la Universidad, 975; 03100 México, D. F.

ISBN 968-16-1964-1

Impreso en México

ADVERTENCIA

Historia política de México, historia del proceso constitucional mexicano, biografía jurídica y parlamentaria de los dos primeros tercios del siglo XIX mexicano, retrospectiva del sucesivo estado social de derecho que cristalizó la fisonomía institucional de nuestro país, *El liberalismo mexicano* de Jesús Reyes Heroles resulta una obra inapreciable para el conocimiento de México y definitiva para su historia política. Génesis y examen de una corriente de ideas, de sus orígenes, de la circunstancia fluctuante en que se dieron y del modo en que se desarrollaron, los tres caudalosos volúmenes que Jesús Reyes Heroles dedicó a este tema no sólo reúnen y sistematizan la mayoría, si no es que la totalidad, de las fuentes disponibles sobre el tema —publicaciones de la época, actas y crónicas de los congresos, libros, folletines y escritos de los protagonistas, originales y traducciones de las diversas obras en que nuestros legisladores se inspiraron— presentan a la par una lectura de la historia y de la realidad mexicanas a través de los diversos documentos en que se han ventilado sus problemas. Historia del liberalismo pero también de las distintas corrientes de que se alimentó y de las posiciones a que se enfrentó para articularse. Exposición pormenorizada de las discusiones, fidelidad al ritmo polémico y al compás de las ideas que chocan hasta aclararse —tal es la virtud central, la riqueza de este libro en el cual se asiste a la gestación de una sociedad (la nuestra) a través de la contienda ideológica de las fuerzas que pugnan por definirla. Así, en este libro que es también indirectamente un repertorio de los grandes problemas nacionales, vemos escribirse las leyes e instituciones de México a través de los debates que les fueron dando origen.

Reyes Heroles muestra y demuestra una y otra vez que los liberales no fueron hombres de gabinete, teóricos desmañanados por una historia que los superaba. Amén de ser hombres prácticos con un ojo en los libros y otro en la realidad, fueron arquitectos de un porvenir que sólo pudieron cimentar porque se fundaban en un conocimiento directo y metódico de la realidad. De ahí la firmeza atinada con que adaptaron a los problemas de un país como el nuestro. Reside ahí precisamente la vigencia del pensamiento liberal mexicano: en la exactitud de sus diagnósticos. Tal vez el mérito principal de Reyes Heroles descanse en la claridad con que ha dejado ordenada la exposición de ese pensamiento y en la sobria discreción de situar las discusiones para que hablen por sí mismas. *El liberalismo mexicano* difiere en su método y objetivos de la *Historia moderna de México* coordinada y, en parte, escrita por Daniel Cosío Villegas. Son, sin embargo, obras complementarias y sin las cuales resulta imposible situarse culturalmente en México. Y si bien es verdad que *El liberalismo mexicano* es obra de un solo hombre, no resulta menos cierto que su envergadura, la extensión y detalle de su arco, la hacen prácticamente inaccesible al lector medio. Para atenuar esa laguna y en homenaje al ilustre historiador y político mexicano, se ha fraguado esta selección cuyo título, *El liberalismo mexicano en pocas páginas. Caracterización y vigencia,* expone el criterio seguido al armarla; su lectura ciertamente ayudará al mexicano a recordar políticamente quién es y dónde está.

ADOLFO CASTAÑÓN

Primera Parte

LOS ORÍGENES

INTRODUCCION

Abordar el estudio del liberalismo en nuestros días significa, más que acercarse a una pura elaboración doctrinal, examinar una rica experiencia histórica. El liberalismo surge de la razón y se traduce en actividad. Hay una idea liberal en acto; una inmersión de la idea liberal en la realidad y de ello proviene el liberalismo como experiencia, cargada de sentido histórico.

Viniendo de la razón, el liberalismo no se queda en ella. Al nacer como moral —las relaciones del hombre con el hombre se explican y fundan en la ética— el liberalismo encontró en sí mismo los incentivos para la actividad. No podía menospreciar la realidad, pues su categoría de moral se lo impedía. Tampoco podía caer en una concepción necesarista, pues de la inexistente razón universal bien pronto derivó la razón individual, que sí existe, y de la abstracta voluntad universal la muy concreta voluntad individual.

El liberalismo —discutidor y todo— fue actividad y lucha por transformar la realidad. Los liberales crearon naciones, fueron opositores y gobernantes. Su racionalismo, dogmatismo intelectual, hizo a los liberales protagonistas del devenir histórico y el liberalismo, de su choque con la realidad, adquirió la flexibilidad de lo histórico, permaneciendo, por racionalista, indemne frente al contagio de la relativización. El liberalismo, como experiencia, de una interpretación del mundo, se convirtió en un intento por transformarlo.

El contacto con la realidad salvó al liberalismo de pretender absolutos. Su origen racionalista lo llevaba a ello; pero la aproximación a la historia lo inducía a la relativización. Estas dos vertientes engendraron un liberalismo templado, distante por igual del dogmatismo y de la resignación frente al suceder.

La experiencia liberal mexicana es una de las más aleccionadoras. En México, peldaño a peldaño, la idea liberal en acción fue obteniendo realidades y siendo permeable a éstas, fue adquiriendo matices de originalidad. Por ello el proceso del liberalismo mexicano fue sumamente complejo y resulta difícil seguir sus huellas, a veces imperceptibles. Localizadas, nos conducen a un liberalismo dotado de originalidad.

Y una de las principales enseñanzas del proceso liberal mexicano consiste en mostrar la gestación de una forma política nacional, partiendo de una elaboración racional de supuesta validez universal. A lograrlo incitaban las lecturas, que lejos de dar la doctrina como inmutable y cerrada, aconsejaban atender a las realidades, partiendo de la receptividad de la idea liberal. Montesquieu, viendo las leyes naturales conformes con la constitución racional del hombre y las positivas como particulares de cada pueblo y debiendo estar de acuerdo con las condiciones físicas y sociológicas de cada nación, o Bentham, sosteniendo la influencia de los tiempos y los lugares en materia de legislación y proporcionando los principios que debían seguirse para la "trasplantación de las leyes a diferentes naciones", en virtud de que los defectos de éstas se manifiestan más cuando han sido trasplantadas, eran estímulos evidentes a la adaptación. El propio Blanco White, aconsejando a los latinoamericanos el estudio de las leyes inglesas relativas a la seguridad personal, "no para imitarlas servilmente sino para beber su espíritu", e imitarlas sólo en cuanto lo permitiesen su estado y costumbres, pone su no escasa influencia en los orígenes del liberalismo mexicano al servicio de la asimilación —que aprovecha y desecha— de las ideas liberales.

Esto a la postre vino a ensanchar y enriquecer el liberalismo. Este, siendo uno, pudo hacer que dentro de él cupieran varios liberalismos, tantos como las necesidades de adaptación o las ideas y los métodos de hombres de distintas latitudes pudieron requerir. La práctica liberal dio nuevos horizontes a la teoría.

Croce cuenta cómo en Europa a mediados del siglo XIX los estadistas liberales, en función de gobernantes, tuvieron que apartarse del librecambio, que antes se había venido casi a identificar con los principios de la libertad política. John Stuart Mill explica cómo rehace en sus *Principios de economía política* el capítulo sobre propiedad, por las preocupaciones sociales y socialistas, buscando un estado social que combinara la mayor libertad posible con la justa distribución de los frutos del trabajo. La práctica liberal o la aparición de nuevas corrientes de pensamiento, partiendo de la receptividad de la doctrina, permitieron hacer distingos dentro del liberalismo, separando los principios espirituales y políticos de los principios económicos y sociales, para afirmar los primeros, aun prescindiendo de los segundos.

En un país en las condiciones de México cuando se origina el proceso liberal y durante el largo período en que éste se realiza las incitaciones a seguir este método, de diferenciar, distinguir y matizar en lo relativo a la doctrina liberal, eran muchas y de gran fuerza. Piénsese, en lo relativo a propiedad, por ejemplo, que en México para los liberales ésta no tenía más justificación que el condenable derecho de conquista. Coexistían formas de propiedad precoloniales que pugnaban por subsistir junto a la propiedad individual derivada de la Conquista. Por ello, Mora y Alamán coinciden en señalar la iniciación de la lucha por la independencia como un movimiento trastrocador de la propiedad y el gran enemigo de la lucha de independencia, Juan López Cancelada, aconsejaba como medio de acabar con ésta el reparto de tierras a los indígenas y no por pensar, como el malicioso fray Servando sostiene, que las tierras estaban acaparadas por los criollos partidarios de la independencia, sino por una apreciación correcta del papel que la distribución de la propiedad jugaba en el fortalecimiento de los movimientos emancipadores. La insurgencia por eso contó con masas indígenas y tuvo rasgos agrarios que no revistió en otros países, incluso, como se ha probado, Perú. En la insurgencia Hidalgo y Morelos se acercaron al problema de la tierra y contaron con ejércitos indígenas. Y el problema hace que en nuestros primeros congresos se presenten audaces planteamientos y resoluciones en materia de propiedad de la tierra.

En el otro aspecto, en lo relativo a librecambio, un mercantilismo practicado en beneficio de la metrópoli tenía que originar reacciones muy especiales que se tradujeron en un examen muy cuidadoso del librecambio, que dio lugar a debates más que esclarecedores desde los inicios de nuestra vida independiente. En México, apenas iniciada la vida independiente, directores del liberalismo, empeñados en el triunfo de las ideas morales y políticas de éste, se apartan del librecambio.

Y es que uno de los méritos de los liberales mexicanos fue hacer coincidir la persecución de sus fines con necesidades concretas de amplios grupos de población. Fernández de Lizardi en 1820, al analizar la aceptación de la Constitución de Cádiz en la Nueva España, asienta que ésta sólo es aceptada por el "estado medio", rechazándola, en cambio, "las altas clases y las ínfimas"; y su noticia tiene todos los indicios de ser veraz. La anémica y minoritaria clase media, dirigida por curas y abogados fundamentalmente, con tino y habilidad hace que las masas engruesen el liberalismo para alcanzar objetivos concretos, que consideran éste satisface. La tierra y sus problemas, la independencia y la igualdad de los nativos y los peninsulares, son valores aglutinantes. Para 1823-24, el fenómeno se repite con el federalismo. La clase media, sobre todo la provinciana, lo adopta, y, según informa Lorenzo de Zavala, las masas la siguen y era imposible balancear el número e influencia de esta clase media apoyada por las masas.

Desde las luchas preparatorias de la independencia se busca identificar la idea de nacionalidad con la idea liberal. El liberalismo, con altas y bajas, resulta así el proceso de formación de una ideología que moldea una nación y se forma precisamente en dicho moldeo. Los conservadores hubo un tiempo en que se llamaron a sí mismos el partido a priori, indicando que sus ideas estaban configuradas con antelación al nacimiento de México; el liberalismo nace con la nación y ésta surge con él. Hay así una coincidencia de origen que hace que el liberalismo se estructure, se forme, en el desenvolvimiento mismo de México, nutriéndose de sus problemas y tomando características o modalidades peculiares del mismo desarrollo mexicano. Por ello, a los dirigentes liberales pocas veces les falta el calor de las masas y frecuentemente, para contar con ellas, tienen que obedecerlas y seguir sus impulsos.

Ciertamente que la plena fusión de la idea liberal con la patria —"la idea liberal se fundió con la idea de la patria"— se verificó, como considera Rabasa, después de la Guerra de Tres Años y frente a la intervención francesa. Pero el liberalismo había estado unido a la independencia y la consumación de ésta con propósitos antiliberales resulta episódica, si se estudian los debates de nuestro primer Congreso Constituyente. Y es precisamente esta previa identidad la que facilita la plena fusión posterior.

Es obvio que las masas no llegan al liberalismo por seguir su programa. Al iniciarse la lucha por la independencia, sólo 30 mil mexicanos sabían leer. Una amplia difusión del liberalismo era imposible y la misma estratificación social del país lo estorbaba. Pero había objetivos concretos del liberalismo que sí llegaban a las masas. Los problemas inmediatos, directos, las aspiraciones imprecisas de grandes núcleos de población, encontraban respuesta o, al menos así se creía, en los principios liberales o en alguno de ellos.

Si se revisa la folletería liberal de 1820, se ve cómo ésta, por su estilo y por los problemas concretos a que se refería, tocaba fibras populares. De esta folletería las masas no captan la teoría de las libertades, por ejemplo; pero sí entienden la crítica que se hace sobre los monopolios o las gabelas. Los redactores de esos folletos ponen la mira en esas cuestiones concretas, de manera que el liberalismo aparezca como salida a los problemas cotidianos. Se cobijan bajo el signo del liberalismo problemas reales, inmediatos, y este método hace que los hechos refluyan a la teoría.

De tal manera la interrelación de las ideas y las realidades se manifiesta, que para comprender gran parte del ideológicamente asaz complicado siglo XIX de nuestra patria, es indispensable entender el liberalismo mexicano. En el laberinto de ideas que entonces existe, hay un leve hilo que nos permite salir: la idea liberal y dialécticamente la antiliberal.

Y es que el liberalismo no únicamente es un largo trecho de nuestra historia, sino que constituye la base misma de nuestra actual estructura institucional y el antecedente que explica en buena medida el constitucionalismo social de 1917. Este no fue producto de generación espontánea; por el contrario, tenía raíces muy hondas que es necesario tener en cuenta para explicárnoslo.

Ha existido una continuidad del liberalismo mexicano que influye en las sucesivas etapas de nuestra historia. Conocerla ayuda a desentrañar el presente de México. Esto no supone que debamos restaurar nuestro pasado o que caigamos en la infantil teoría de la parábola: la Revolución Mexicana no ha terminado de resolver los problemas de México; volvamos, pues, al pasado. Sin contar con que el pasado inmediato sería el porfirismo, tal actitud entrañaría no juiciosamente ver que nuestros problemas no se han resuelto a pesar de la Revolución Mexicana, sino por ella, lo cual sería, además de inexacto, monstruoso. Muchos de los problemas de México no se han resuelto, no porque la Revolución Mexicana no haya querido, sino porque, queriéndolo, no ha podido.

Para comprender la Revolución Mexicana, su constitucionalismo social, tenemos que considerar nuestra evolución liberal. En sí, ya es prodigioso que haya habido una revolución como la nuestra y, para entenderla, si no deseamos incurrir en más que dudosos milagros históricos o en una improvisada importación de ideas, tenemos que estudiar el largo y complicado proceso liberal que la hizo posible.

Continuidad del liberalismo mexicano tampoco significa permanencia, inmutabilidad, constante actualidad de una petrificada idea liberal. Quiere decir evolución, mejoramiento y perfeccionamiento de las ideas liberales. Modificación y enriquecimiento de ellas y su actualización, a la luz de nuevos problemas y nuevas circunstancias.

El liberalismo mexicano, casi desde sus orígenes, distinguió las libertades políticas y espirituales, del liberalismo económico. Ello, y prescindiendo de avances ulteriores, abre amplias posibilidades para que nuestra evolución liberal contrarreste y contrapese la agudeza de nuestros actuales problemas económicos y sociales, que podría llevarnos a soluciones irritadas e impacientes.

Por tanto, no se trata de erigirnos en celosos guardianes de nuestro pasado ni, mucho menos, volver a él para estacionarnos en conflictos ya superados o en polémicas resueltas o insolubles. Sí, empero, el liberalismo en México es una especie de velocidad adquirida a que sería necio renunciar.

Contamos con una excelente perspectiva para divisar el liberalismo mexicano. Conocemos su desenlace cronológico: el porfirismo. Sabemos de una eclosión liberal plena de sentido social: la Revolución Mexicana. Hemos presenciado, por último, intermitencias en la Revolución, que a algunos —no escasos ni poco valiosos— han hecho creer que asistimos a la liquidación o terminación del proceso. Todo ello nos proporciona un magnífico mirador que puede conducirnos a que estudiando el liberalismo mexicano, un pasado no tan lejano, demos salida a una presión histórica favorable para el futuro de México. Podemos ver el liberalismo mexicano en una magnitud nada desdeñable: medirlo no sólo como fenómeno ocurrido, sino en su significación y en su rendimiento.

Por otra parte, si bien no carecemos de estudios integrales del liberalismo mexicano, ellos, en el aspecto doctrinal, son pobres o parciales: es tal la riqueza y variedad de los acontecimientos del liberalismo en la historia de México, que las ideas que lo animaron y conformaron se desvanecen y a veces se pierden. Los hechos predominan y entusiasman y de aquí resulta que seguir las huellas de las ideas no sea faena sencilla.

A lo anterior hay que añadir un pecado de casi todos los estudios disponibles: fueron formulados en el porfirismo. Es en el porfirismo recio y deslumbrador o desfalleciente e invitando a salvarlo históricamente, cuando los mayores estudios sobre el liberalismo mexicano se elaboran. Por lo mismo, unos se ocupan exclusivamente de la corteza liberal, de aquello que no estorbaba la paz que privaba: lo episódico o la cáscara vacía propia para actos protocolarios o ediciones monumentales. Otros, ante el porfirismo desfalleciente o liquidado, caen en un intento de salvación histórica, de eludir responsabilidades culpando la utopía de la Constitución de 1857 para salvar a los porfiristas. O exentos de responsabilidades y alarmados ante los hombres circundantes, que presagiaban hechos y no ideas, buscar prejuiciadas explicaciones para la deteriorada situación social y encontrarlas —independientemente de meritorios atisbos y aproximaciones— en curiosas teorías racistas que culpan al ilustre Miguel Lerdo de Tejada, por criollo y no por liberal, de males imprevisibles. Todo ello sin contar con que la inspiración de algunos de estos estudios era un aburguesado positivismo, nada apto para entender un movimiento que en su acaecer tuvo una clara veta popular.

El estudio del liberalismo mexicano demanda ver a éste como unidad sintética. Desde la posición de intentar comprender su significado y medir su rendimiento, resulta ilícito hacer lo que tanto se hace: aislar los distintos aspectos del liberalismo y estudiarlos como todos parciales. De tal punto de partida equivocante derivan las interpretaciones hinchadas, abultadas, según el temperamento o la razón política circunstancial, de simples pedazos de liberalismo mexicano.

¿Puede, por ejemplo, comprenderse el liberalismo mexicano como un simple anticlericalismo? La desamortización de los bienes de la iglesia, el hacer civil el matrimonio, el nacimiento y la muerte, el afirmar la supremacía del estado en la sociedad, el suprimir el fuero eclesiástico, son, con otros elementos, partes de un aspecto del liberalismo mexicano: la secularización de la sociedad, para definirlo con la expresión empleada por Benito Juárez. Pero, a su vez, la secularización está íntimamente conectada con la libertad de cultos, ésta con la libertad de opiniones, la que, a su vez, deriva de la libertad de conciencia. ¿Y es posible suponer la existencia de la libertad de conciencia sin seguridad y libertad personal? ¿Son factibles las libertades civiles sin las políticas? ¿Funcionan éstas sin una división de poderes que haga en términos clásicos que el poder detenga al poder y evite la arbitrariedad? ¿La división de poderes opera —y aquí liberalismo y democracia se hermanan— sin un poder democráticamente representativo? Las interrogaciones podrían multiplicarse: la secularización de la sociedad está trabada con las libertades liberales y éstas con las libertades democráticas.

Esto, que sucede con la secularización, pasa con cualquier aspecto o elemento del liberalismo mexicano que se pretenda estudiar o manejar como compartimiento estanco. Para comprender en su extensión y profundidad cualquier aspecto del liberalismo, necesariamente se tiene que desembocar en el todo, en la unidad sintética liberal.

Entiéndase que ello no quiere decir que en un momento determinado de la lucha no se haya colocado la secularización o la libertad de conciencia o el federalismo como objetivo primario. La lucha misma, el cuadro de las fuerzas políticas y sociales, hizo que en ciertas etapas predominara determinado objetivo; pero esto no implica que desde el ángulo ideológico uno de los aspectos tenga preeminencia o sea de mayor estirpe y alcurnia.

Mas no únicamente hay que eludir esta limitación que está en el objeto mismo del estudio. A no menos peligrosas desviaciones puede conducir el ceñirse a los tajantes cortes históricos. Un corte nos habla de los precursores en 1833 y los realizadores del grupo de Nueva Orleans o el Plan de Ayutla en adelante.

La frontera resulta puramente convencional. Antes de 1833 hay liberalismo en doctrina y realizaciones. En la iniciación de la lucha por la independencia el fondo era liberal. La Constitución de Apatzingán es jurídica y políticamente liberal. En 1820, al amparo de la restauración de la Constitución de Cádiz, hay una expresión colectiva liberal: la copiosa folletería. De 1822 a 1824 en los congresos y en medio de la división entre borbonistas, iturbidistas y republicanos, hubo, y en gran cantidad, ideas y realizaciones liberales.

El estudio de las ideas del liberalismo mexicano comprende, a nuestro parecer, desde el punto de vista cronológico, dos grandes períodos: 1º) Los orígenes del liberalismo mexicano, de 1808 a 1824. Se trata del proceso de recepción y configuración inicial del ideario del liberalismo mexicano. 2º) El período de las realizaciones hasta llegar a la plenitud del liberalismo mexicano, obtenida prácticamente durante la Guerra de Tres Años, cuando, con palabras de Juárez ante el Congreso el 9 de mayo de 1861, el pueblo sintió la necesidad de no limitarse a defender sus legítimas instituciones, sino de conquistar nuevos principios, para que cuando venciera a sus enemigos no se volviese al punto de partida, sino que se hubiese avanzado en las reformas y afianzado las instituciones. Formalmente, sin embargo, este período puede ampliarse hasta 1873, en que se adiciona y reforma la Constitución para incluir en ella una serie de principios liberales.

Es preciso no olvidar que no se erige una mojonera infranqueable entre ambos períodos, dado que las raíces de uno se extienden al que le precede y los planteamientos de éste se proyectan al que le sucede.

Abordando la cuestión material, de contenido, deben comprenderse dos grandes temas: 1º) Liberalismo económico social y 2º) Liberalismo político jurídico.

En el primer tema hay dos puntos en que fundamentalmente podemos captar la actitud liberal: a) La propiedad; b) Librecambio y protección.

El tema político jurídico comprende como puntos principales el estudio de:

1º—Las libertades. La clasificación de las libertades civiles y políticas, liberales y democráticas y el proceso que lleva a su consignación en nuestro país.

2º—La vinculación del liberalismo con la democracia, el enlace que entre ambos se efectúa y las variaciones que en el desarrollo histórico se observan. La diferenciación entre el poder político y la sociedad, la teoría de la representación democrática, la teoría de la división de poderes, son aspectos de este amplio tema.

3º—La secularización de la sociedad, la liberación de la sociedad y la afirmación de la supremacía estatal.

4º—La identidad liberalismo federalismo, que en México se realiza.

Estos son los grandes temas que llevan implícitos otros y cuya importancia relativa en el curso del proceso sufre alteraciones.

Siguiendo este plan general, en este libro vamos a procurar situarnos en los orígenes del liberalismo mexicano. En el primer capítulo nos ocuparemos de la recepción inicial de las ideas liberales, dando algunos testimonios. Hemos ocurrido para ello a Humboldt, Mora, Alamán y, sobre todo, a Lorenzo de Zavala. De gran utilidad nos ha sido Zavala, por la preocupación que le anima de señalar las lecturas colectivas —dentro de la reducida connotación que al término debe concedérsele en la época— y por ser especialmente franco en la enumeración de sus propias fuentes teóricas en un lapso que abarca más de veinte años.

En esta parte fundamentalmente pretendemos indicar las fuentes e influencias ideológicas. De antemano reconocemos la imposibilidad de precisar con todo rigor éstas. Los testimonios de que al respecto se dispone son mínimos, frente a los testimonios de que se carece. Confiamos, sin embargo, en que, si bien los resultados pobres en cuanto al establecimiento de la genealogía ideológica, permitan captar el clima en que la recepción liberal se efectúa, así como las grandes corrientes de pensamiento que concurren y el espíritu con que se adoptan. Se busca, más que nada, dar el punto de arranque del vasto proceso liberal mexicano.

Con este mismo propósito de estudiar los primeros momentos del liberalismo mexicano, se analiza la Constitución de Apatzingán, sus antecedentes y significado. Este documento, por ser la primera expresión liberal radical de los problemas mexicanos, es un esfuerzo que, si bien exteriormente se interrumpe, posteriormente es retomado, sobre todo en algunos de sus temas, con extraordinaria asiduidad.

Para completar los indicios sobre las fuentes e influencias del liberalismo mexicano en su etapa inicial, se señala el pensamiento de fray Servando Teresa de Mier hacia 1813, dado que representa un esfuerzo dirigido a acoplar el jusnaturalismo racionalista al catolicismo. A ello sigue el estudio de la recepción de las ideas liberales para 1822-23 en don Vicente Rocafuerte. Varios factores abonan la conveniencia de escoger a Rocafuerte para dar una idea general de la naturaleza de los abrevaderos teóricos que dominaban. En primer lugar, el papel que Rocafuerte desempeñó de esparcidor de ideas ajenas, con un entusiasmo y una pasión que no pudieron menos que contagiar. En segundo lugar, por darse en Rocafuerte la confluencia del liberalismo europeo con el norteamericano y no existir en él resabios de ideas preliberales. Por último, y no fue ello lo que menos nos inclinó a escogerlo, por ser Rocafuerte extraordinariamente claro y preciso en la enunciación de sus fuentes doctrinarias.

Para al menos insinuar el estado mental de las gentes, el clima y la relativa difusión de las ideas liberales, dedicamos el capítulo segundo a la folletería preponderantemente constitucional que aparece en nuestro país en 1820 con motivo de la restauración de la Constitución de Cádiz. En esta folletería, junto a lo superficial y circunstancial proveniente del momento, se encuentran planteamientos decisivos del liberalismo mexicano. Es una euforia, y como tal, un tanto ligera, aun cuando altamente ilustrativa, como indicio de la difusión de los problemas y de la mentalidad con que éstos se abordaban. Hemos procurado dejarla libremente fluir, pensando que de esta manera se puede observar su espontaneidad y valorizarla en sus justos términos.

Finalmente, dentro de los orígenes del liberalismo mexicano concedemos especial atención a las labores legislativas desarrolladas de 1822 a 1824. La mayor parte de este libro está dedicada al estudio de las labores legislativas, realizado de conformidad con los dos grandes aspectos del liberalismo: lo económico social y lo político jurídico.

El espacio y la atención dedicados a las labores legislativas de 1822 a 1824 obedecen a que en ese período la elaboración liberal, las corrientes de pensamiento y su actitud frente a los problemas nacionales se canalizan a los congresos. Estos se convierten en los grandes receptáculos y laboratorios del liberalismo mexicano.

El 24 de febrero de 1822 inicia sus trabajos el primer Congreso Constituyente Mexicano. El 31 de octubre de 1822 es sustituido por la Junta Nacional Instituyente; pero para mayo de 1823 el Congreso era restaurado. Durante el período de la Junta Nacional Instituyente, como posteriormente veremos, las ideas liberales, lejos de ser ajenas, fueron reiteradamente expresadas, aun cuando frecuentemente con una gran dosis de precaución. En noviembre de 1823 se reune el segundo Congreso Constituyente.

Los frutos principales de estas interrumpidas labores legislativas fueron el Acta Constitutiva de la Federación, de 31 de enero de 1824 y la Constitución de 4 de octubre del propio año. Muy presentes están ambos textos en la historia jurídica y política de México. Su puro estudio, empero, no nos permite medir los trabajos legislativos. Para conocer las orientaciones y el planteamiento de los problemas, es indispensable estudiar las discusiones desarrolladas en los Congresos y en la Junta Nacional Instituyente. En los dictámenes de las comisiones, en las intervenciones de diversos representantes, en los votos particulares y en algunas decisiones legislativas, se encuentra, tanto el enfoque, como las ideas que animaron a los legisladores mexicanos. Las doctrinas son en estos debates contrastadas con las realidades y mediante ello se obtienen las bases y grandes líneas del ulterior desarrollo liberal mexicano. En germen están ahí los problemas que había que resolver, las ideas y métodos con que deberían abordarse y los móviles esenciales de la lucha liberal en México.

Si bien la división política concreta y los juegos políticos se hicieron en torno a tres grupos: borbonistas, iturbidistas y republicanos, y esta división se refleja en las posiciones teóricas; a través de las actas y de los documentos se ve inexorablemente el avance y progreso de la idea liberal. Algunos borbonistas e iturbidistas son liberales, en cuanto piensan en una monarquía moderada y de tipo constitucional. Los republicanos son liberales y demócratas. La mayoría de los republicanos hacen alianza con los iturbidistas cuando Iturbide es proclamado emperador. La explicación es obvia: era preferible una monarquía —constitucional— nativa, carente de raíces y reciedumbre, que la proclamación de un Borbón. La independencia se aseguraba y las posibilidades republicanas eran mayores y a más corto plazo mediante este camino. Más tarde republicanos y borbonistas coinciden en derrumbar a Iturbide y posteriormente, ante el fortalecimiento eventual del borbonismo, la mayoría de los restos iturbidistas se suman a los republicanos federalistas. Si se tienen presentes las difíciles condiciones de la época, se comprende que sólo con la flexibilidad que estas alianzas circunstanciales suponían, era posible el triunfo del liberalismo democrático y federal.

El significado de los frutos finales de estas labores legislativas se puede apreciar, si se tiene en cuenta que en el Congreso Constituyente 1856-57 los conservadores y algunos moderados pretendían restaurar la Constitución de 1824. Nuestros primeros legisladores liberales habían, pues, ganado 33 años en la evolución jurídica y política de México y eso que el texto de 1824 en algunos puntos no recogió, por cautela, las ideas que les animaban.

LA RECEPCION DE LAS IDEAS LIBERALES

Si simplemente se ve en el liberalismo mexicano la recepción de la modernidad en su literatura originadora o derivada de los hechos históricos que la caracterizan, se está, a no dudarlo, adoptando un criterio unilateral. Ciertamente que es decisiva esta influencia, tanto en las minorías directoras, como en los grupos sociales. Como se ha probado,[1] la Inquisición fue bastante porosa a la ilustración. Pero ésta no fue la única influencia. Junto a ella hay que considerar algunas características que dejan un rastro permanente en el proceso de gestación de un liberalismo específicamente mexicano. Hay una herencia de utopía en el siglo XVI, en el bien social con don Vasco de Quiroga y en la igualdad con Bartolomé de las Casas. Un gigantesco esfuerzo de nuestros humanistas en el siglo XVIII para conciliar la modernidad con una recia ortodoxia católica. Un afán por armonizar el liberalismo con el pensamiento de los teólogos y juristas españoles del siglo XVI. Un propósito, transmitido y heredado del liberalismo español, de adaptar las ideas modernas a principios e instituciones españolas premodernas —idea de representación con Cortes por estamento, por ejemplo—, que influye tanto en el liberalismo llegado a México por la vía de España, como en algunos actos concretos de la génesis del liberalismo mexicano. Por último, se presenta en la recepción del liberalismo francés una interpretación creadora por su libertad.

Conviene detenernos brevemente en el estudio de estas fuentes e influencias, sin perder de vista que el proceso de formación del liberalismo mexicano tiene dos aspectos simultáneos —transformación de la realidad y estructuración ideológica— con una marcada interinfluencia entre ambos aspectos. Por lo consiguiente, en el estudio de las fuentes e influencias teóricas debe tenerse muy presente la realidad en que las ideas van a operar.

---

1 Monelisa Lina Pérez Marchand: *Dos etapas ideológicas del siglo XVIII en México a través de los papeles de la Inquisición,* El Colegio de México, 1945. Se trata de un trabajo muy clarificador de la formación ideológica mexicana.

La preocupación social de los llamados humanistas del siglo XVI,[2] su afán por alcanzar la utopía, nacido precisamente de vivir en un país en que coexisten razas distintas y que sufre una conquista, constituye una herencia que se traducirá en las preocupaciones sociales del liberalismo mexicano. Revelador es el caso del sacerdote Vicente María Velázquez.[3] Las realidades de México harán que esta herencia se conserve y acreciente, agudizando los rasgos sociales del liberalismo mexicano.

En cuanto a los humanistas del siglo XVIII,[4] Alegre maneja el pactismo o contractualismo, con ideas de los teólogos españoles del siglo XVIII e ideas de Hobbes, Grocio y Puffendorf.[5] En Clavije-

[2] Gabriel Méndez Plancarte: *Humanismo mexicano del siglo XVI*, Imprenta Universitaria, 1946. Silvio Zavala, *La Utopía de Tomás Moro en la Nueva España*. México, antigua Librería Robredo de J. Porrúa e hijos, 1937. Silvio Zavala: *Ideario de Vasco de Quiroga*, El Colegio de México, 1941.

[3] Vicente María Velázquez, al igual que Pablo Moreno, es de los primeros liberales mexicanos. Velázquez reclama un estudio. Según informa Eligio Ancona —*Historia de Yucatán*, tomo II, 2a. edición, Barcelona, Jepus, 1899, Cap. II, p. 19 y sigs.—, a diferencia de Moreno y González, era creyente: "Profesaba, sin embargo, los principios de la escuela liberal más avanzada, sin duda porque, como otros muchos eclesiásticos, así de la metrópoli como de las colonias, creía que pueden conciliarse los sanos preceptos del Evangelio con los sagrados derechos que la naturaleza ha concedido a todos los hombres". Probablemente Velázquez haya sidö el fundador de la primera agrupación política liberal: la asociación sanjuanista o de San Juan. En las reuniones de esta asociación, y ello es lo que queremos subrayar, se examina el problema del yugo a que están sujetos los indígenas. Según Ancona (p. 24), el padre Velázquez tenía sobre el punto "ideas mucho más avanzadas que las de sus colaboradores y que podían ser calificadas de socialistas". Y agrega, dato que confirma nuestro aserto, lo siguiente: "Entre los muchos libros que recientemente se habían importado en la Península, y que los amigos de la reforma habían devorado para fortificarse en sus ideas, el Padre Velázquez se había fijado especialmente en el *Tratado de la destrucción de las Indias Occidentales*, escrito por el venerable Las Casas". Si bien por el liberalismo se cree que el derecho de propiedad es de derecho natural, este mismo jusnaturalismo induce a sentimientos igualitarios, pues por él se afirma que la repartición equitativa de la propiedad también es ordenamiento del derecho natural. Sobre esta premisa ideológica, cabe imaginar los efectos de las prédicas humanitarias e igualitarias de un Las Casas. Similar efecto producía el truculento Raynal. Velázquez quería que las tierras fuesen devueltas a los indios, dado que éstos descendían de los primitivos dueños y les habían sido usurpados sus derechos por los conquistadores y colonizadores (p. 25).

[4] Gabriel Méndez Plancarte: *Humanistas del siglo XVIII*, Imprenta Universitaria, 1941.

[5] José Miranda: *Las ideas y las instituciones políticas mexicanas*, Primera parte, 1521-1820. Instituto de Derecho Comparado, p. 156. Grocio y Puffendorf llegan en la edición de Barbeyrac: *Le droit de la guerre et de la paix;* par Hugues Grotius. Nouvelle traduction; par Jean Barbeyrac. 2 tomos, Amsterdam. Chez Pierre de Coup. MDCCXXIX: *Le droit de la nature et des gens*, ou *Sistème general des principes les*

ro[6] se da la influencia de Feijóo. Esta primera recepción de ideas políticas modernas entroncadas con el pensamiento teológico-jurídico español del siglo XVI y el esfuerzo por armonizar ortodoxia y modernidad, subsistieron largamente en muchos de los hombres que contribuyen a la gestación del liberalismo mexicano. Hidalgo en su *Disertación sobre el verdadero método de estudiar Teología Escolástica,*[7] de 1784, junto a citas de Melchor Cano —teólogo jurista del siglo XVI— presenta citas de franceses y de Feijóo, a pesar de todo, un poco picado de enciclopedismo.

Si bien es 1808 el año en que se exterioriza la recepción de las ideas liberales, había sedimentos que facilitaban el proceso. La larva estaba en el racionalismo cartesiano de las postrimerías del siglo XVIII y en lecturas iluministas anteriores. En la tradición suarista de los jesuitas, que sostenía el origen popular de la soberanía.[8] El contractualismo estaba en el ambiente: en la Nueva, como en la vieja España —según al último respecto dice Cadalso— los eruditos a la violeta, el jueves lo dedicaban al derecho natural y de gentes.[9] El difundido sensualismo de Condillac también ayuda.

El intento de conjugar las ideas modernas con principios tradicionales españoles, influye grandemente, tanto en la mentalidad de muchos de nuestros liberales, como en actos concretos de la historia del liberalismo mexicano. Este intento es persistente y extendido en los liberales españoles. Algunos, por creer sinceramente en esta conciliación, como Jovellanos, y otros por disimulo y táctica, como Alvaro Flores Estrada.[10] Las ideas que a México llegan a la espa-

---

plus importants de la morale, de la jurisprudence, et de la politique. Par le baron de Pufendorf. Traduit du latin par Jean Barbeyrac. 2 tomos. Amsterdan. Chez Briasson, 1734.

6 Gabriel Méndez Plancarte: *Hidalgo reformador intelectual.* Abside, xvii, 1953, p. 166.

7 Abside, xvii, p. 195.

8 "Por otra parte, los jesuitas, que según la tradición suarista, no aceptaban la tesis del derecho divino de los reyes, sino que defendían el origen popular de la soberanía, y, en consecuencia, nunca fueron respetuosos con el Estado". Samuel Ramos: *Historia de la filosofía en México,* Imprenta Universitaria, 1943, p. 104.

9 "Antiguamente no hablaban de esta facultad sino aquellos a quienes competía, como Príncipes, Embajadores y Generales. ¡Pero tiempos bárbaros serían aquellos en que no hablase cada uno más que de lo que le toca! ¡Qué diferentes son los nuestros! En ellos no hay cadete, estudiante de primer año ni mancebo de mercader que no hable de Menchaca, Ayala, Grocio, Wolfio, Puffendorf, Vattel, Burlamaqui, etc." *Los eruditos a la violeta* o *Curso completo de todas las ciencias,* dividido en siete lecciones para los siete días de la semana. Con licencia. Barcelona, por la viuda de Piferrer, p. 33.

10 Alvaro Flores Estrada: *Representación hecha a S. M. C. el señor D. Fernando*

ñola no son las puramente liberales a la francesa, sino que se traen retoños de un tronco añoso al que se ha hecho un injerto, para usar un símil que explica la inserción del liberalismo francés en España.[11]

Pero lo cierto es que este propósito de conciliar o fundar lo nuevo en lo viejo se traduce en nuestro país no solamente en una mentalidad, sino en actos concretos, como el movimiento de Independencia promovido en 1808, apoyándose en principios tradicionales del derecho español.[12]

Testimonios

Lorenzo de Zavala da pistas muy claras sobre las fuentes e influencias del liberalismo mexicano, permitiendo con cierta aproximación ubicar cronológicamente el proceso ideológico:

> Como el tiempo anterior a los sucesos de 1808 es un período de silencio, de sueño y de monotonía, a excepción de algunos destellos que asomaban de cuando en cuando respirando la libertad, la historia interesante de México no comienza verdaderamente sino en aquel año memorable.[13]

VII en defensa de las Cortes. México, reimpreso en la oficina de D. J. M. Benavente y socios, calle de las Escalerillas, año de 1820, pp. 73 y 74. En medio de citas de Locke, nos dice: "Aunque alterar las leyes es una parte de la facultad de legislar; y aun, que las leyes que más ha de trescientos años hicieron respetable y feliz a la Nación podrían no convenirle en el día, sin embargo las Cortes de Cádiz no han hecho otra cosa que restablecer algunas de nuestra antigua Constitución, que en mejores días formaban el paladión de nuestra libertad; y cuya mayor parte estaba destruida por el no uso y otras lo habían sido por el fraude y la violencia durante los reinados de Fernando V, Carlos I y Felipe II". Si la ancianidad era lo único que se debía respetar, todas las restablecidas por las Cortes, sin excepción de una sola, tenían "más ancianidad en España que las introducidas durante los tres reinados mencionados".

[11] Luis Díez del Corral: *El liberalismo doctrinario,* Instituto de Estudios Políticos, Madrid, 1945, p. 410.

[12] Véase Genaro García: *Documentos históricos mexicanos de la Independencia de México.* Museo Nacional de Arqueología, Historia y Etnología, 1910, t. ii, p. 15. Testimonio del acta de la sesión celebrada por el Ayuntamiento de México el 19 de julio de 1808. Resulta curioso comparar el lenguaje político usado en ese entonces por don Juan Francisco de Azcárate en su representación —*Op. cit.,* pp. 24 a 31— con el empleado por el mismo en el discurso de aniversario de iniciación de la Independencia de México el 16 de septiembre de 1826 —*Antología del Centenario,* vol. ii, pp. de la 700 a la 712. En el primer documento los fundamentos para la Independencia de México radican exclusivamente en la tradición jurídica española; en el segundo, el lenguaje político que se usa es el democrático liberal.

[13] Lorenzo de Zavala: *Ensayo histórico de las revoluciones de México desde 1808 hasta 1830,* p. 9, Tomo I, París, 1831, imprenta de P. Dupont et C. Laguioni.

ZAVALA

"...había trescientos abogados interesados en manifestar erudición y patriotismo entre sus conciudadanos".

Ciertamente que Zavala exagera, pues la larva ya existía; pero sí resulta evidente que 1808 marca el momento en que la ebullición ideológica se precipita. Zavala indica, además, la extensión, carácter y naturaleza del proceso:

> Desde el año de 1808 hasta 1830, es decir, en el espacio de una generación es tal el cambio de ideas, de opiniones, de partidos, y de intereses que ha sobrevenido, cuanto basta a trastornar una forma de gobierno respetada y reconocida, y hacer pasar siete millones de habitantes desde el despotismo y la arbitrariedad hasta las teorías más liberales.[14]

Humboldt, que visita la Nueva España en 1803, percibe la gestación de un nuevo espíritu y sus fuentes:

> Los criollos prefieren que se les llame americanos; y desde la paz de Versalles, y especialmente después de 1789 se les oye decir muchas veces con orgullo: "Yo no soy español, soy americano"; palabras que descubren los síntomas de un antiguo resentimiento. Delante de la ley todo criollo blanco es español; pero el abuso de las leyes, la falsa dirección del gobierno colonial, el ejemplo de los Estados Confederados de la América Septentrional y el influjo de las opiniones del siglo, han aflojado los vínculos que en otro tiempo unían más íntimamente a los españoles criollos con los españoles europeos.[15]

Si bien el propio Humboldt señala que en provincias muchos criollos creen en la preponderancia universal de España y consideran a ésta el centro de la civilización europea, nos dice que:

> No sucede lo mismo con los americanos que habitan la capital. Los que han leído las obras de la literatura francesa o inglesa, caen fácilmente en el defecto contrario; pues tienen de su metrópoli una idea aún menos ventajosa, que la que en Francia se tenía cuando eran menos comunes las comunicaciones entre España y el resto de la Europa. Prefieren los extranjeros de los otros países a los españoles; y llegan a persuadirse de que el cultivo del entendimiento hace progresos más rápidos en las colonias que en la Península.[16]

José Ma. Luis Mora cita y sigue a Humboldt. El tratamiento

---

[14] *Op. cit.*, p. 23.

[15] Humboldt: *Ensayo político sobre la Nueva España*, tomo I, pp. 226-227, Tercera Edición. París, Librería de Lecointe, 1836.

[16] *Op. cit.*, tomo I, p. 231.

que los Españoles daban a la Confederación Norteamericana consistía en un profundo silencio, ocultando sus progresos y presentándola como una nación de piratas y forajidos cuya ruina se pronosticaba. Estas patrañas surtieron efecto, dice el doctor Mora, por algún tiempo, pero al fin la verdad tuvo que surgir. El doctor Mora, como Humboldt, parte de la paz de Versalles, o sea, los tratados celebrados en septiembre de 1783 entre la Gran Bretaña, Francia y España y los Estados Unidos, mismos que vinieron a reconocer la independencia de las colonias de Norteamérica:

> El ensanche que recibieron los Estados Unidos por los puntos limítrofes a la Nueva España, y las concesiones arrancadas por el temor a la corte de Madrid, produjeron tratados favorables a nuestros vecinos, que no pudieron ocultarse en México, y dieron a conocer a la clase pensadora que una nación tratada con tanta consideración y respeto por la España no podía ser lo que se decía.

A partir de este momento el influjo del ejemplo norteamericano se hace sentir. El no opera solo, en su auxilio cuenta con la filosofía francesa:

> Desde entonces se fijaron en ella con más atención e interés las miradas de los Mexicanos, y el ejemplo naturalmente seductor, con especialidad en política, no podía dejar de producir su efecto en los Mexicanos. La posibilidad de constituirse en nación de que no se tenía idea: las ventajas que de lograrlo resultarían al país en general y a cada persona en particular se hallaban todas probadas, no por simples posibilidades ni por teorías caprichosas, sino por hechos reales y positivos que ofrecían la lisonjera perspectiva de los nuevos estados, que se hallaban a la vista. Todas estas ideas se fortificaban con los escritos de los filósofos franceses, que habían logrado introducir en México algunas personas a pesar de las persecuciones y activa vigilancia de la Inquisición y del gobierno. El Barón de Humboldt asegura que semejantes escritos no eran desconocidos en México, aunque su lectura y retención se hacía con las precauciones que demandaba el estado del país.

Otro hecho, la Revolución Francesa, acompañado por su doctrina, concurre a los pródromos del liberalismo mexicano. Ella resulta, con palabras del doctor Mora, escuela abierta para la instrucción de todos los pueblos:

> Pero la revolución francesa, este período memorable del siglo diez y ocho que ha cambiado la forma del mundo entero, y que como una antorcha aparecida en el centro de la obscuridad, no sólo ha indicado el verdadero camino que deben seguir los pueblos y los gobiernos en la difícil empresa de la organización social, sino que al mismo tiempo ha señalado los escollos en que puede tropezarse, y los riesgos que en ellos se corren, de un modo tan preciso que nadie puede equivocarse; esta revolución que es y fue desde sus principios una escuela abierta para la instrucción de todos los pueblos, no dejó de extender sus lecciones a México, a pesar de lo remoto que se hallaba de este teatro por su distancia y escasez de relaciones, y por las precauciones que entonces más que nunca tomó el gobierno español para evitar en sus súbditos de México el conocimiento de las doctrinas y ejemplos que dieron un sacudimiento tan fuerte a todo el orden social.[17]

Mora coincide en mencionar el año de 1808 como frontera en que se manifiestan expresamente las tendencias liberales; es el momento en que "se abrió para no cerrarse jamás la discusión sobre la gran cuestión de la independencia y de los derechos políticos civiles de los mexicanos".[18]

Alamán confirma la fecha —1808— en que se inicia el proceso de renovación y cambio de mentalidad:

> La afición a la lectura se iba extendiendo, abundando los buenos libros por el aumento que el comercio de ellos había tenido en Madrid y otras ciudades de España, y no era raro encontrar bibliotecas bien compuestas en las casas de los particulares, no sólo en la capital, sino también en las ciudades de provincia. Los libros prohibidos, no obstante las escrupulosas pesquisas de la Inquisición, circulaban bajo de mano y algunas personas aun eclesiásticas los leían, pocos con licencia y los más sin formar mucho escrúpulo de hacerlo sin ella. Esta clase de lecturas había ido difundiendo, aunque todavía entre pocas personas, los principios y máximas de los filósofos del siglo pasado, y la inquisición, que hasta entonces no había tenido que perseguir más que a los judíos portugueses, bígamos y frailes apóstatas, tuvo este nuevo campo, que por desgracia vino a ser tan fructífero que algunos años después los inquisidores solicitaron que se les aumentase el suel-

---

[17] *México y sus revoluciones.* Obra escrita por José María Luis Mora, tomo III, pp. 284-285. París, Librería de Rosa, 1836.

[18] *Op. cit.,* p. 295.

do, por el gran aumento de trabajo que el libertinaje y la incredulidad les daba, pues tenían más de mil causas pendientes.[19]

Para fines de 1808, fray Servando nos informa:

> Las novedades de Europa y la sensación consiguiente que han causado en los ánimos de los habitantes de América, han despertado y excitado ideas y deseos según la alternativa que ha habido de noticias y ya no hay quien no hable y discurra, bien o mal, de política y legislación, siendo por desgracia los más los que sin talento, sin juicio o sin instrucción agitan y propagan especies perniciosas, como sucede en todas partes, porque las ilusiones de la novedad halagan y seducen a la multitud...[20]

De esta manera resulta que en 1808 se exteriorizan una serie de corrientes y de ideas que en una forma subterránea existen desde principios del siglo XIX, con claras raíces filosóficas desde las postrimerías del siglo XVIII.

En tales circunstancias, el gobierno quiso, según Alamán, contener "el impulso ya recibido", prohibiendo en Venezuela el estudio de la filosofía moderna y suprimiendo la sociedad patriótica en Guatemala:

> En México, este género de impresos, los más a propósito para difundir rápidamente las ideas buenas o malas, y con más frecuencia éstas que aquéllas, vino a ser materia de rigurosa vigilancia.[21]

Las medidas fueron tardías e insuficientes, pues ya para 1809, según Alamán, "el espíritu público había cambiado completamente y este espíritu se había extendido a las provincias y especialmente en Guadalajara".[22]

Fueron años de intensa ebullición ideológica en los que se realiza la recepción de las ideas liberales, y ya de 1810 cuenta Zavala:

> Los impresos de México no eran como en otro tiempo, poesías fugitivas, anacreónticas, elegías, versos eróticos, disertaciones sobre teo-

---

19 Lucas Alamán: *Historia de México desde los primeros movimientos que prepararon su independencia en el año de 1808 hasta la época presente.* Primera parte, tomo I, p. 120. México, Imprenta de J. M. Lara, 1849.

20 *Historia de la Revolución de Nueva España.* Edición Cámara de Diputados. 1922, tomo I, p. 101.

21 *Op. cit.*, pp. 121 y 122.

22 *Op. cit.*, pp. 293 y 294.

logía, elogios de algún libro ascético o de un sermón, o en fin relaciones de milagros: se hablaba ya sobre los principios del derecho social, sobre la soberanía del pueblo, sobre los límites de la autoridad, sobre los deberes de los gobernantes, y otras cuestiones que interesaban a los *ciudadanos*. Aun en las escuelas comenzaban a introducirse las reformas: la filosofía moderna, la física experimental, los principios luminosos de Newton, la lógica de Condillac, las doctrinas de Locke, penetraron hasta los umbrales de los claustros y de los colegios.[23]

Más adelante Zavala establece las líneas esenciales de este auge jusnaturalista, su confluencia con las nuevas ideas españolas y el estímulo que ellas recibían del ejemplo de la Revolución Norteamericana. Las Cortes de Cádiz, lo que en ellas se dice y lo que de sus discusiones deriva, vinieron a constituir el indispensable fermento:[24]

Los impresos españoles en que se hablaba a los pueblos como soberanos, a los Americanos como iguales, a los habitantes como ciudadanos; las proclamas de las autoridades que parecían mendigar de la multitud la fuerza y los medios de defensa contra un enemigo poderoso, y los sufragios en favor de una legitimidad que no debía tener otro origen que la voluntad del pueblo, fueron creando en los Mexicanos deseos que jamás habían conocido; despertando ambiciones ignoradas hasta entonces, y elevando el carácter, hasta entonces envilecido con la esclavitud, a la altura de grandes sucesos. Se abrió la puerta a las obras clásicas de política y legislación: las obras de Montesquieu, Filangieri, Vattel y otros se leían con gusto, y se despreciaban

[23] *Op. cit.*, p. 45. Sobre el último párrafo de Zavala, es evidente que Newton, Condillac y Locke son manejados con anterioridad y su manejo previo facilita y explica la posterior captación del demoliberalismo.

[24] La proclama dirigida a los americanos por la Regencia, que repetía las declaraciones ya hechas por la Junta Central, de que los dominios de América y Asia eran parte integrante de la monarquía; en que condenaba la dominación española severamente y empleaba un lenguaje liberal para dirigirse a los habitantes de las colonias; fue un documento incitante en nuestro país. Alamán, comentándola, dice: "Apenas se puede creer que hubiese españoles que desconociesen hasta este punto la historia de la dominación de su patria en América, y que en un documento tan importante, se atreviesen a censurar de una manera tan ofensiva, todo cuanto se había hecho por sus antepasados durante tres siglos. Los extranjeros enemigos de España y los americanos en sus declamaciones contra ésta, no han usado de frases más fuertes que las que ofreció por modelo la regencia misma en su proclama. He oído que la redactó el poeta D. Manuel José Quintana, y en verdad que este hecho no prueba mucho en favor de la intervención de este género de literatos en materias políticas" *(Op. cit.*, p. 338).

Dr MIER

"De propósito he inculcado nociones o principios liberales de derecho, de política y de religión comunísimos en Europa..."

las censuras con que estaban prohibidos estos libros. Se generalizaban las doctrinas que han creado una nueva organización en las sociedades de medio siglo a esta parte: el ejemplo de los Estados Unidos del norte de América comenzaba a crear el deseo de imitar a estos vecinos felices e ilustrados, pero el progreso de la civilización es lento, especialmente en los países que han estado sumergidos en la ignorancia. El pueblo no sabía leer, los que pasaban por ilustrados ignoraban los idiomas extranjeros; ¿cómo poder entender las obras clásicas que enseñaban a los hombres sus títulos perdidos de grandeza y elevación? Muy pocas estaban traducidas al español: muy pocos libros españoles trataban las cuestiones interesantes del derecho político, del derecho natural, y desenvolvían las importantes materias que conciernen al ciudadano. El célebre Jovellanos escribió su *ley Agraria,* su *informe a la junta central;* D. Valentín Foronda sus cartas de economía política; Cabarrus su tratado de la misma materia. Ya esto era mucho para hombres que no habían oído hablar más que de teología y de martirologios.[25]

Mora reconoce el efecto de la difusión del liberalismo español.

[25] *Op. cit.,* pp. 47-48. Valentín Foronda sigue a Condillac. Sus *Cartas sobre los asuntos más exquisitos de la economía política* son publicadas de 1789 a 1794. La influencia de Foronda en el liberalismo mexicano debe haber sido pequeña, pues no hay en forma apreciable posteriores citas de él. En cuanto al Conde Cabarrus, don Marcelino Menéndez y Pelayo lo califica de "aventurero francés, ingenioso, brillante y fecundo en recursos" —*Historia de los heterodoxos españoles,* Espasa Calpe, Buenos Aires, 1951, libro 6o., p. 247— lo cual no excluye admita su talento práctico. En 1792 Cabarrus dirigió a Jovellanos cinco cartas sobre los obstáculos que la naturaleza, la opinión y las leyes oponen a la felicidad pública. Cabarrus, al igual que Foronda se pierde como influencia en el liberalismo mexicano. Casi no hay referencias a él en el período que analizamos.

Perdurable es la influencia de Jovellanos. Todavía en 1856-57 vemos recurrir a él, tanto en materia política, como en economía. En los primeros Congresos mexicanos es citado con profusión. La preferencia de nuestros liberales por Jovellanos pone de relieve su buen sentido. La figura es tal, que ante ella se detiene la pasión de don Marcelino Menéndez y Pelayo. En materia económica y social, el informe de D. Gaspar de Jovellanos en el *Expediente de la ley agraria*—impreso en Madrid, 1820— lo veremos repetidamente empleado. En materia política, su *Memoria* y *Apéndices y notas*—Coruña, oficina de D. Francisco Cándido Pérez Prieto, año de 1811— son empleados con singular reiteración. Incluso su *Memoria sobre las diversiones públicas*—Madrid, en la imprenta de Sancha, año de 1812— es aprovechada. Para aproximarse a Jovellanos puede, entre otros, verse la *Introducción* de Angel del Río a las *Obras escogidas de Jovellanos*—Espasa Calpe, Madrid, 1935, tomo I— y *Modernidad tradicional en el pensamiento de Jovellanos,* de Patricio Peñalver Simo —Sevilla, 1953.

A Montesquieu, Vattel, Filangieri, Locke, De Pradt y Flores Estrada tendremos oportunidad de referirnos en el curso de este trabajo.

Al odio a la prepotencia de los españoles, que aumentaba diariamente, se unió el que en España "comenzaron a difundirse con suma rapidez las ideas de soberanía nacional y sistema representativo, de donde naturalmente habían de pasar a México. . ."[26] Cuando en 1810 se instalan en León las Cortes generales y extraordinarias, "este Congreso sin legitimidad, sin recursos, y en un rincón obscuro y desconocido de la España", tuvo, sin embargo, entre otros, un reflejo muy positivo, el de esparcir, "aunque mezclados con mil errores perniciosos, las semillas de la libertad pública en la metrópoli y las colonias".[27]

La literatura liberal encontraba su ambiente en la clase media del clero y Zavala narra que en Mérida encontró las obras del abate Raynal. En la clase media del clero se hallaba la mejor disposición para estas obras:

> Las listas de libros prohibidos servían para conocer el mérito de las obras, y pasaba ya en proverbio que las mejores facturas de autores clásicos se hallaban en los expurgatorios de la Inquisición.[28]

A los curas se unieron los abogados, en quienes la influencia de las Cortes de Cádiz y de su literatura era decisiva. La intervención de los americanos en Cádiz tenía hondas repercusiones en el país y especialmente en la ciudad de México, en donde, según Zavala, "había trescientos abogados interesados en manifestar erudición y patriotismo entre sus conciudadanos".[29]

Los escritos de De Pradt contribuyeron en gran medida a formar a muchos jefes mexicanos —cuenta Zavala—, que habiendo servido al gobierno español, posteriormente contribuyeron a la Independencia.

La influencia de la emigración española resulta decisiva:

> Pero el silencio general en que parecía entrar el país después de una lucha prolongada y sangrienta de ocho años, no podía ser duradero. Varias obras de derecho público y filosóficas, traducidas por los emigrados españoles en Francia y en Inglaterra, los luminosos escritos del Sr. Blanco White en Londres, las proclamas de los expatriados por Fernando 7º, en fin esa multitud de folletos y libros que brotaban las imprentas y se introdujeron por los puertos insurgentados

---

26 *Op. cit.*, p. 352.
27 *Op. cit.*, p. 372.
28 *Op. cit.*, pp. 51-52.
29 *Op. cit.*, p. 60.

y otros puntos, fueron produciendo un efecto cuyos resultados vimos después. Algunos jefes que se han distinguido por servicios hechos a la independencia en 1821, me han confesado que no conocían ninguna cuestión de derecho natural, ni sabían otra cosa más que obedecer al rey y a sus jefes, cuando sirvieron bajo las órdenes de los virreyes destruyendo los cuerpos de los patriotas. Pero habiendo llegado a sus manos las obras de que he hablado, conocieron su equivocación y se prometieron servir a su patria en la primera oportunidad que se les presentase.[30]

Aparte del deseo de independencia y los cambios en la estructura, el clima fue producido por la literatura constitucional y "las lecciones dadas por los mismos gobiernos liberales y la tiranía del monarca restablecido".[31]

Con escasas excepciones, las pistas proporcionadas por Zavala las hemos podido comprobar, tanto en el estudio de Fray Servando Teresa de Mier y don Vicente Rocafuerte, como en el examen de la folletería de 1820 y en las discusiones, actas y votos particulares de los primeros Congresos mexicanos. Zavala, con unas cuantas pinceladas, bosqueja en realidad un gran cuadro sobre las fuentes e influencias teóricas del liberalismo mexicano en sus orígenes.

Fray Servando Teresa de Mier

Este personaje es, al mismo tiempo, un ejemplo de la formación ideológica liberal en sus orígenes y del esfuerzo por conciliar las ideas y necesidades liberales con el derecho tradicional español.

---

30 *Op. cit.*, pp. 99-100. José María Blanco (White), de influencia persistente en los orígenes del liberalismo mexicano. En Londres publicó, de 1812 a 1814, *El español*, al cual repetidamente se refiere Zavala, al igual que fray Servando. De 1822 a 1825 publicó *Variedades* o *Mensajero de Londres*. Su considerable influencia se traduce en apoyo a los planes de independencia de la América Latina, dado que "su enemiga de todas las cosas de España había llegado a verdadero delirio" (C. M. Menéndez y Pelayo: *Historia de los heterodoxos españoles*, tomo VII, p. 175). Su labor de divulgación fue muy apreciable; cabe al respecto mencionar la obra de Paley —tan estimado por fray Servando— y un libro de M. Cottu: *De la administración de justicia criminal en Inglaterra y Espíritu del sistema gubernativo inglés*. Traducido al castellano por el autor de *El español* y de las *Variedades* o *Mensajero de Londres* —Londres, impreso por C. Wood, 1824. La vida atormentada, sobre todo en materia religiosa, de Blanco, puede verse en W. Gladstone: *Los grandes hombres*. Blanco White: *El español*, Madrid, La España Moderna.

31 *Op. cit.*, p. 105.

Los propósitos de independencia nacional, que obedecieron a razones concretas que encontraban respuesta en la doctrina liberal, chocan, sin embargo, con una solución liberal que no suponga la independencia. De ahí que se acuñe la frase "rutinero constitucional",[32] para quienes piensan que es suficiente la adopción de un régimen liberal en España y la incorporación de nuestro país a dicho régimen, sin el rompimiento de los lazos que a la metrópoli lo unen.

Fray Servando es severo en el enjuiciamiento de las Cortes de Cádiz. Con personalísimos matices pretende fundar las aspiraciones de la Nueva España —independencia— y de sus habitantes —igualdad con los peninsulares— en la antigua legislación española; pero ello dentro de un margen de diáfana inspiración liberal y para arribar a conclusiones liberales:

> De propósito he inculcado nociones o principios liberales de derecho, de política y de religión comunísimos en Europa; pero no entre españoles envueltos en densas tinieblas por la crueldad del despotismo civil y religioso, enemigo de las luces, enemiguísimo en América.[33]

Fray Servando es claro en su antijacobinismo y su temor a ciertos principios democráticos —que no liberales— se manifiesta con reiteración.

Sus fuentes doctrinales se hallan, en gran medida, en *El Español*, de Blanco White, en Jovellanos y Martínez Marina; Puffendorf e Heineccio, Almici y Joaquín Marín y Mendoza.[34]

Apartándose de la posibilidad de enajenación por el monarca

---

32 "Un rutinero constitucional; esto es, un hombre que hubiera deseado que todos los bienes que recibieran las Américas viniesen de manos de sus Cortes". Zavala: *Ensayo histórico de las revoluciones de México desde 1808 hasta 1830*, p. 9.

33 *Historia de la revolución de Nueva España.* Edición Cámara de Diputados, 1922, tomo I, p. 10.

34 Juan Gottlieb Heineccio en 1737 publica sus *Elementos de derecho natural y de gentes*, siguiendo la corriente jusnaturalista racional y fundamentalmente a Grocio, Puffendorf y Thomasio. Juan Bautista Almici, después de publicar *El derecho natural y de gentes*, de Puffendorf, modificado, publica en 1768 sus *Instituciones de derecho natural y de gentes*, según los principios católicos, "donde, en sustancia —dice Marín y Mendoza— se refunden los elementos de Heineccio, sirviéndose de sus mismos capítulos, párrafos y aun voces", omitiendo lo excesivo o que no se acomoda al catolicismo. Joaquín Marín y Mendoza publicó en 1776 la obra de Heineccio, así como su propia *Historia del derecho natural y de gentes*. En la reedición de esta obrita —Instituto de Estudios Políticos, Madrid, 1950— Manuel García Pelayo dice: "En resumen, Marín quisiera quedarse con lo que el jusnaturalismo tiene de formación técnico-filosófico-jurídico, con su puro cuerpo de doctrina, excluyendo los supuestos filosóficos y algunas de sus consecuencias políticas"

de los reinos patrimoniales —que ve indisputable en Grocio—, fray Servando sostiene en 1813 que:

1). El origen del imperio español es contractual, mediante pacto, posterior al nacimiento de la sociedad política, entre el rey y los ciudadanos (Puffendorf).[35]
2). El imperio español se encuentra en un interregno, sin príncipe y sin intentar el pueblo modificar su constitución (Heineccio, Almici y Marín y Mendoza).
3). En esta situación, la soberanía retrovierte al pueblo (Puffendorf e Heineccio).
4). No queriendo el pueblo en el interregno modificar su constitución, deben nombrarse magistrados por elección o recobrar la potestad los que anteriormente la tenían, misma que cesa en cuanto se hayan elegido nuevos gobernantes (Heineccio). Esta es, dice fray Servando, la línea seguida por el Ayuntamiento de México.
5). Situación similar de interregno —muerte del rey sin nombrar tutores de su hijo menor o guardadores del reino— está prevista en la antigua legislación española (Jovellanos y Martínez Marina).
6). La noción de cortes que restituye al pueblo la elección y la representación —Jovellanos— se halla contenida en la

[35] Esta idea del contrato se comprueba cuando el propio fray Servando, ocupándose de la argumentación de Azcárate, dice: "Prescindamos de que es un desatino regular el contrato primitivo de la sociedad por las reglas de los contratos que la suponen existente". *(Op. cit.,* p. 91).

Fray Servando, por otra parte —*Historia de la Nueva España,* tomo II, p. 166— habla de la precipitación de todo reino "que se deje seducir de aquel tejido de sofismas dorados con el brillo de la elocuencia encantadora del filósofo de Ginebra" y asienta que recurre para fijar la cuestión entre españoles y americanos a principios más sólidos: "Al pacto solemne y explícito que celebraron los americanos con los reyes de España, que más claro no lo hizo jamás nación alguna; y está autenticado en el mismo código de sus leyes. Esta es nuestra magna carta". La posición de fray Servando en contra de Rousseau es constante y está acompañada de una gran aprehensión por la Revolución Francesa, no exenta de la influencia de Burke.

Igualmente, se prueba ello cuando en el *Manifiesto apologético* insiste en la necesidad de no confundir el derecho civil con el político e invoca a Vattel sobre la vigencia del derecho de gentes en las guerras civiles *(Escritos inéditos de Fray Servando Teresa de Mier,* Colegio de México, 1944. *Manifiesto apologético,* p. 155).

Francisco Martínez Marina y su *Teoría de las cortes o grandes juntas nacionales,* así como su *Juicio crítico de la novísima recopilación* —Madrid, 1819, imprenta de D. Fermín Villalpando— son manejados a todo lo largo de los orígenes del liberalismo mexicano. Erudito en verdad, de mucho sirvió al proceso del liberalismo mexicano.

Dr. MORA

"...y el ejemplo naturalmente seductor, con especialidad en política, no podía dejar de producir su efecto en los mexicanos" propiedad de los oficios y su desconocimiento implicaría el despojo de una posesión, conforme al derecho español.[36]

Esta doctrina no sólo la han adoptado en nuestro interregno las Cortes Extraordinarias de España, sino establecido que la soberanía reside esencialmente en el pueblo.[37]

En esta forma, fray Servando llega a la conclusión democrática de la soberanía popular.

Aparte, la conciliación que él mismo realiza entre la doctrina moderna y la antigua legislación española, mucho le ayuda en esta tarea Alvaro Flores Estrada. Con él argumenta pro elección popular y no por cabildos. Pero frente a Flores Estrada sostiene que las Cortes no tenían por qué declarar ciudadanos a los indios, pues éstos estaban reconocidos por los reyes y las Leyes de Indias.

A fray Servando le parece que el ejemplo de la Revolución Francesa no puede aplicarse sin agravio de la nueva España. Emplea, en cambio, su información sobre la Revolución Norteamericana y con mucha habilidad la relativa a los movimientos sudamericanos. Los hechos que ocurren en Sudamérica influyen en él considerablemente, como lo revela la cita que hace de la vida y memorias de Mariano Moreno.[38]

De Paley, cuyos principios de ciencia política publicó *El Español* a partir de agosto de 1813, adopta la explicación sobre los textos del Evangelio alegados a favor de los reyes.[39]

Aun cuando su actitud frente a las Cortes de Cádiz es estrictamente crítica, no deja de invocarlas cuando le pueden auxiliar. A más de la representación de los diputados americanos, él recurre al diputado por Lima, Feliú, cuando éste denuncia la tiranía española en México,[40] teniendo especial empeño en argüir a favor de la independencia con textos españoles; de aquí que aproveche *La soberanía de la nación contra el despotismo y la hipocresía,* de Antillón, y que diga que el autor de *Asilo de la nación española* nos libra de todo escrúpulo en nuestros afanes de independencia, cuando afirma, en intervención en las Cortes de Cádiz, que los reyes son para las naciones, que los príncipes son los constituidos y no los constituyentes

---

36 *Op. cit.,* tomo I, pp. XXXV y sigs.

37 La de Puffendorf.

38 *Op. cit.,* p. 223.

39 *Op. cit.,* p. XV.

40 *Op. cit.,* tomo II, p. 5.

y que los derechos de conquista sólo valen cuando los hombres libres los han autorizado, pues los hombres son iguales.[41]

Siguiendo su teoría contractual como fundamento del imperio español, cita la variación unilateral como causa de rompimiento:

> No: nuestro pacto no puede ser variado sin nuestro consentimiento, y nosotros ni lo hemos prestado por nuestros diputados, que ni han sido llamados en el número correspondiente igual a su población como en España, y que han prestado las Cortes y la Constitución los pocos que han venido; ni los hemos prestado por nosotros mismos: testigo esa guerra que abrasa de un cabo al otro el inmenso continente de América. En nuestro pacto invariable no hay otro pueblo americano, que ni por sus leyes ni por las declaraciones de ese mismo Congreso es súbdito de España sino su igual, y puede hacer lo que le parezca para gobernarse conforme convenga a su conservación y felicidad, que es la suprema ley imprescriptible, y el fin de toda sociedad política, como asienta con razón la misma nueva Constitución Española.[42]

Pero el esfuerzo por conciliar el derecho tradicional español con las aspiraciones, no es tan grande que impida que emerja el verdadero pensamiento de inspiración moderna. Hablando de la legislación española, dice que los reyes habían abolido las Cortes, "antemural de nuestros derechos", y mediante sus ministros trastornado la legislación, "por sí demasiado complicada, anticuada, contradictoria, multiplicada al exceso". Y al responder la pegunta: "¿Por qué pues no restituir las antiguas Cortes?" trasluce claramente su inspiración:

> Porque como anuncia su nombre eran juntas a beneplácito de los reyes que las llamaban o no, sin plan fijo ni número determinado; ya admitido el Clero con la misma variedad de miembros; ya excluido el pueblo de las ciudades y villas; ya llamados los procuradores de las que ellos agraciaban con este honor, conforme interesaba a los reyes para contener el poder de los otros brazos, que por fin fueron excluidos en 1538, como también las Cortes cesaron. Ha sido por tanto necesario llamar a toda la nación y edificar de nuevo desde los fundamentos.[43]

---

41 *Op. cit.*, tomo II, pp. 47-49.
42 *Op. cit.*, tomo II, p. 200.
43 *Op. cit.*, tomo II, pp. 200-201.

Se encierra en este párrafo la superación de las Cortes por estamentos, situándose fray Servando más allá de Jovellanos y Martínez Marina, dentro del dogma de la soberanía nacional y con una concepción moderna de la representación.

Ello, sin embargo, no es óbice para que fray Servando, ante la desatención de las Cortes españolas a las aspiraciones americanas y al rechazo de los alegatos de los diputados americanos, diga:

> Las Cortes laboran siempre sobre un sofisma miserable. La soberanía reside esencialmente en la nación: nosotros la representamos; luego en nosotros reside la soberanía.[44]

El objetivo concreto —la independencia— lo dota de una gran ductilidad y así, después de afirmar la soberanía nacional y un concepto moderno de representación, no tiene empacho en apoyarse en la autoridad de Jovellanos para decir que:

> Ni la sana razón ni la sana política permiten entender la soberanía nacional de manera que se le atribuya el derecho de alterar la forma y esencia de la constitución recibida de sus mayores y destruirla para formar otra nueva, porque ¿fuera esto otra cosa que darle el derecho de anular por su parte un pacto por ninguna otra quebrantado, y de cortar sin razón y sin causa los vínculos de la unión social?.[45]

Fray Servando está lejos de ser un rutinero constitucional. Por el liberalismo quiere la independencia y cuando el liberalismo español no conduce a ella, encuentra armas en la antigua legislación española. El es un liberal mexicano:

> ¡Y aguardan libertad los americanos! ¡Esperan algo de la Constitución! Esta es lo mismo que el Código de Indias en lo favorable, palabras y nombres.[46]

Fray Servando para 1813 está orientado en la doctrina contractualista y posee una concepción jusnaturalista racional. Cuando hace referencia al *Sentido Común* de Thomas Paine[47] y cita a los contrac-

---

[44] *Op. cit.*, tomo II, p. 264.

[45] *Op. cit.*, tomo II, p. 265.

[46] *Op. cit.*, tomo II, p. 263.

[47] *Op. cit.*, tomo II, p. 272. En un manuscrito publicado en *Escritos inéditos de fray Servando Teresa de Mier* —El Colegio de México, 1944, p. 359—, reproduce la arenga del *Sentido común*, que publica en esta parte.

tualistas, está dando las líneas de su verdadero pensamiento. Sólo que asocia liberalismo a independencia y al colocar ésta como objetivo supremo, le subordina argumentos y razones. En su ideología domina, y ello se acrecienta en el transcurso del tiempo, el liberalismo sobre la democracia. A veces se subleva incluso, contra las consecuencias de un pensamiento democrático llevado a sus límites máximos. Los excesos de la Revolución Francesa, las contradicciones y la demasiada carga emocional de Rousseau lo incitan a la temperancia en este aspecto. Burke juega en ello su papel. La emoción, sin embargo, al igual que su aborrecido con simpatía, Rousseau, acompañada por la persecución de un objetivo concreto, la independencia, lo hacen incurrir en contradicciones. En abono de sus recelos y suspicacias frente a la democracia, hay que mencionar su inalterable defensa de la igualdad de los hombres.

En la evolución ideológica de fray Servando, posterior a la *Historia de la Revolución de la Nueva España,* se encuentran autores como Vattel, ya citado, De Pradt, Gregoire, con quien se cartea, Raynal, Puig Blanch y el venezolano Roscio, que confirman las líneas de su pensamiento inicial y que son autores —sobre todo Vattel, de Pradt y Gregoire— que tendrán una influencia manifiesta en la formación del liberalismo mexicano hasta aproximadamente 1830. De Pradt y Gregoire contarán en el pensamiento liberal relativo a las relaciones Estado-iglesia. De Pradt alcanzará gran difusión y será considerado en otros aspectos, tal como el relativo a ley electoral. La influencia de Vattel subsistirá largamente.

El pensamiento de fray Servando resulta fuertemente marcado por el jusnaturalismo racionalista y la teoría contractualista como origen y fundamento de la sociedad. Esencialmente fray Servando resulta liberal, aunque distante, que no distanciado, de la idea democrática. En su pensamiento se da el intento mantenido de conciliar el derecho natural racionalista con la antigua legislación española y las Leyes de Indias, dentro del marco de los objetivos concretos de independencia de la Nueva España e igualdad de sus habitantes.

La Constitución de Apatzingán

Los antecedentes remotos, la acelerada ebullición ideológica de 1808, las ideas liberales existentes, aun cuando encubiertas, explican la eclosión que supone la Constitución de Apatzingán de 1814. Si se prescinde de estos antecedentes, el decreto constitucional de Apatzingán aparece como un aerolito o bólido fugaz sin raíces ni punto de apoyo, error de apreciación en que mucho se ha caído. Detrás de Quintana Roo, de Bustamante, de José Ma. Liceaga, de José María Cos, hay meditaciones orientadas en lecturas predominantes en ciertos círculos: los trescientos abogados de que habla Zavala y su periferia.

La información de Hidalgo, puesta de relieve en su *Disertación sobre el verdadero método de estudiar teología escolástica*, hace inadmisible que por "desorientación"[48] la insurgencia no exponga un pensamiento político concreto. Con esta desorientación, ¿cómo explicarse el texto de Apatzingán? Seguramente el fenómeno obedeció a disimulo, al deseo de esconder los pensamientos que se seguían. Conociendo los antecedentes, no es posible enjuiciar el decreto de Apatzingán como una improvisación. Su naturaleza excluye también la explicación de que sea resultado de la intuición de uno o varios próceres.

Lo que Apatzingán implica es la radicalización liberal. Frente al disimulo y al rutinerismo constitucional, la declaración de Apatzingán es frontal y definitiva: demoliberalismo. La lucha en 1808 y en 1810 es por la independencia, aunque disimulada y sin traslucir contagio ideológico liberal. El decreto de Apatzingán viene después de Cádiz, después de las declaraciones de los liberales españoles y de los representantes americanos. De 1808 a 1814 se produce tal evolución ideológica, que se cree posible radicalizar los problemas, enseñar las cartas y exhibir las aspiraciones. La lección fue dura y por eso se vuelve al disimulo, cada vez menor, a encubrir los verdaderos propósitos. Pero Apatzingán queda como una prueba de hasta dónde había llegado el pensamiento liberal en México y hasta dónde conducían a ese pensamiento las realidades del país.

Aventuramos la hipótesis de que el método de los puros encuentra su primera gran expresión en el texto de Apatzingán. Así como actos conservadores se hallan en el Plan de Iguala y los Tratados de Córdoba: la independencia para impedir el liberalismo en México. Y la lección inicial de los moderados está —como un resultado de la contraposición de tendencias— en la Constitución de 1824. Y es que la caracterización que posteriormente se hace de puros, moderados y conservadores —los primeros se desbocan, los se-

---

48 "La desorientación, o quizás un preconcebido intento de esconder la verdadera finalidad, por temor a la propia audacia, hace que la prensa insurgente no exponga claramente en su período inicial un pensamiento político concreto. Se adivina, eso sí, un anhelo de estructuración basado en un régimen liberal y parlamentario". J. M. Miquel i Vergés: *La Independencia mexicana y la prensa insurgente.* El Colegio de México, 1941, p. 14.

gundos no se mueven, los conservadores andan hacia atrás— sólo es exacta en lo que toca a los conservadores.[49] El que en el país hubiese quienes radicalizaran los problemas, junto a quienes persiguiendo los mismos objetivos flexiblemente acomodaban sus ideas con la realidad y determinaran el ritmo conforme las coyunturas lo exigían; ha sido un hecho que puede calificarse de tradicional en el proceso liberal.

La Constitución de Apatzingán supuso tal radicalización en la marcha del liberalismo mexicano, que es imposible precisar sus raíces. Se duda sobre la existencia de un proceso ideológico que la sustente. De aquí que el documento se quiera ver como un hecho aislado, sin conexiones. Pero ello no fue así; es un documento franco, resultado de una evolución ideológica previa. El decreto de Apatzingán fue el primer planteamiento radical del liberalismo mexicano; por ello mismo y por los resultados, el esfuerzo se discontinúa, al menos exteriormente, y sólo es retomado muchos años después. Prueba de ello la hallamos en que no solamente don Carlos María de Bustamante, que contribuyó a la formulación del decreto, sino el Dr. Francisco Argandar, que lo firmó como diputado por San Luis Potosí, tuvieran una relevante intervención en las primeras labores legislativas del México independiente. Por más que la vigencia jurídica del texto de Apatzingán no existiera, ideológicamente no cabe subestimarlo, pues de algunos de los temas en ese texto abordados, el liberalismo mexicano se ocuparía ulteriormente con extraordinaria asiduidad.

Apatzingán supone la radicalización de los problemas en cuanto:

1º Sin tapujos se declara el objetivo de la independencia de la Nueva España.

2º La independencia no se pretende justificar a título de la antigua legislación española, sino como una derivación del concepto de la soberanía nacional.

3º Por ser su contenido jurídico-político diáfanamente democrático y liberal.

Dentro del movimiento insurgente privó en la declaración de Apatzingán la tendencia representada por Morelos. Basta, para convencerse de ello, cotejar los veintitrés puntos de los Sentimientos de la Nación dados por Morelos el 21 de noviembre de 1813[50] con

---

49 *México en 1856 y 1857, Gobierno del general Comonfort.* Por Anselmo de la Portilla, Nueva York, imprenta de S. Halet, 1858, p. VII.

50 Tanto para los Sentimientos de la Nación, como para el texto de Apatzingán,

los elementos constitucionales circulados por Ignacio Rayón.[51] Los elementos constitucionales —recuérdese que a su propio autor le acabaron por disgustar— establecían la intolerancia: "La religión católica será la única sin tolerancia de otra". Su preocupación al respecto es tal, que el punto 26 señalaba:

> 26º.—Nuestros Puertos serán francos a las naciones extranjeras, con aquellas limitaciones que aseguren la pureza del dogma.

Preceptuaban que los ministros del culto se considerarían dotados como hasta entonces, y establecían que el dogma sería sostenido por la vigilancia de un tribunal de la fe, cuyos integrantes estarían distantes "de la influencia de las autoridades constituidas y de los excesos del despotismo". En materia de soberanía, si bien ésta se hacía dimanar del pueblo, se sostenía que residía en la persona de Fernando VII:

> 5º—La soberanía dimana inmediatamente del pueblo, reside en la persona del señor don Fernando VII y su ejercicio en el Supremo Congreso Nacional Americano.

El principio de representación se estatuye señalando que los integrantes del Supremo Congreso serían nombrados por las representaciones de las provincias. Asimismo, los representantes nombrarían al protector nacional, quien tendría la iniciativa de leyes ante el Supremo Congreso.

Sobre división de poderes, el punto 21 indicaba:

> 21º—Aunque los tres poderes, Legislativo, Ejecutivo y Judicial, sean propios de la Soberanía, el Legislativo lo es inerrante que jamás podrá comunicarlo.

Los elementos constitucionales son en su orientación nebulosos. Ellos, sin embargo, proscriben la esclavitud y la tortura:

> 32º—Queda proscrita como bárbara la tortura sin que pueda lo contrario aun admitirse a discusión.

---

nos sujetamos a la publicación *Primer centenario de la Constitución de 1824*, obra conmemorativa, México, 1924, publicada por la H. Cámara de Senadores de los Estados Unidos Mexicanos, dirigida por el Dr. D. Pedro de Alba y el Prof. D. Nicolás Rangel, Talleres Linotipográficos "Soria".

[51] Elementos constitucionales circulados por el Sr. Rayón. *Op. cit.*, p. 95 y sigs.

VICENTE ROCAFUERTE

"El mayor mal que pueda sobrevenir a una nación, es el de caer en un error de legislación..."

La existencia de ideas modernas dentro de nebulosidades resulta evidente. Así por ejemplo, se establece la inviolabilidad del domicilio y se nota el deseo de consignar la seguridad personal:

31º—Cada uno se respetará en su casa como en un asilo sagrado, y se administrará con las ampliaciones, restricciones que ofrezcan las circunstancias, la célebre ley *Corpus haveas de la Inglaterra.*

Por último establecen una libertad restringida de imprenta:

29º—Habrá una absoluta libertad de imprenta en puntos puramente científicos y políticos, con tal que estos últimos observen las miras de ilustrar y no zaherir las legislaciones establecidas.

Los Sentimientos de la Nación consignan esencialmente:

1º La independencia como determinación clara y franca.
2º Intolerancia religiosa.
3º Que todos los ministros se sustenten de los diezmos y primicias "y el pueblo no tenga que pagar más obvenciones que las de su devoción y ofrenda".
4º Que el dogma sea sostenido por la jerarquía de la iglesia, que son el Papa, los obispos y los curas, "porque se debe arrancar toda planta que Dios no plantó".
5º La soberanía del pueblo, la representación y la división de poderes.
6º Nacionalismo (los empleos para sólo los americanos; no admisión de extranjeros "si no son artesanos capaces de instruir, y libres de toda sospecha").
7º Identificación de la patria con el liberalismo, pues la primera "no será del todo libre" mientras no se reforme el gobierno, "sustituyendo el liberal".
8º Libertad personal e igualdad en cuanto se proscribe la esclavitud, la distinción de castas y se declara "Que a cada uno se le guarden las propiedades y respete en su casa como en un asilo sagrado señalando penas a los infractores", y estableciendo que en la legislación "no se admitirá la tortura".
9º La generalidad de la ley.

A más de ello, se establece el franqueo de ciertos puertos, la supresión de los estancos y que los impuestos se reduzcan a señalar a cada individuo un cinco por ciento en sus ganancias, u otra carga igual ligera", para después indicar prescripciones sobre tropas extranjeras y nacionales y formular una importante declaración social:

> 12º—Que como la buena ley es superior a todo hombre, las que dicte nuestro Congreso deben ser tales que obliguen a constancia y patriotismo, moderen la opulencia y la indigencia, y de tal suerte se aumente el jornal del pobre, que mejore sus costumbres, aleje la ignorancia, la rapiña y el hurto.

Ahora bien, la declaración de Apatzingán sustancialmente dispone:

1º Intolerancia religiosa.
2º Soberanía como "facultad de dictar leyes y establecer la forma de gobierno que más convenga a los intereses de la sociedad", señalando que ésta es por "su naturaleza imprescriptible, inajenable e indivisible".
3º El carácter contractual de la sociedad civil y el derecho de sus integrantes a determinar la clase de gobierno que les convenga; "alterarlo, modificarlo y abolirlo totalmente cuando su felicidad lo requiera".
4º La soberanía popular, la representación política, la igualdad electoral y la división de poderes.
5º La definición rousseauniana de la ley como expresión de la voluntad general, la sumisión a la voluntad general expresada en la ley y la generalidad de ésta.
6º La igualdad, seguridad, propiedad y libertad de los ciudadanos como objeto de los gobiernos "y el único fin de las asociaciones políticas".

El cuadro de las libertades o derechos individuales comprendido en la anterior declaración, se precisa en el documento con bastante rigor. Así, se dice:

> Art. 27.—La seguridad de los ciudadanos consiste en la garantía social: ésta no puede existir sin que fije la ley los límites de los poderes y la responsabilidad de los funcionarios públicos.

Se indican las formalidades de la ley en los actos relativos a los ciudadanos:

> Art. 30.—Todo ciudadano se reputa inocente, mientras no se declara culpado

Art. 31.—Ninguno debe ser juzgado ni sentenciado, sino después de haber sido oído legalmente.

Igualmente se señala que no podrá el gobierno:

Arrestar a ningún ciudadano en ningún caso más de cuarenta y ocho horas, dentro de cuyo término deberá remitir el detenido al tribunal competente con lo que se hubiere actuado.

Claramente se establece la inviolabilidad del domicilio y las formalidades para las visitas domiciliarias y ejecuciones civiles.

En materia de propiedad, se consigna el derecho a su adquisición y disposición de ella y se señala que nadie podrá ser privado de la menor porción de lo que posea "sino cuando lo exija la pública necesidad; pero en este caso tiene derecho a una justa compensación".

La libertad de trabajo es diáfanamente estatuida:

Art. 38.—Ningún género de cultura, industria o comercio puede ser prohibido a los ciudadanos, excepto los que forman la subsistencia pública.

Por último, el artículo 40 consigna la libertad de expresión y de imprenta:

Art. 40.—En consecuencia, la libertad de hablar, de discurrir y de manifestar sus opiniones por medio de la imprenta, no debe prohibirse a ningún ciudadano, a menos que en sus producciones ataque el dogma, turbe la tranquilidad pública u ofenda el honor de los ciudadanos.

A más de que al gobierno toca, según el texto de Apatzingán, proteger los derechos de propiedad, seguridad, libertad e igualdad, cada ciudadano tiene y no se le puede coartar, la libertad de reclamar sus derechos ante los funcionarios de la autoridad pública.

Las ideas democráticas y liberales de la Constitución de Apatzingán provienen de la doctrina general de la Revolución Francesa y los modelos jurídicos, como ha sido señalado, fueron las Constituciones francesas de 1793 y 1795 y muy secundariamente la Constitución de Cádiz de 1812.[52]

---

[52] José Miranda: *Las ideas y las instituciones políticas mexicanas.* Primera parte: 1521-1820. Instituto de Derecho Comparado, 1952, p. 362 y sigs. Miranda estu-

Vicente Rocafuerte

Rocafuerte, que tanto contribuyó a la formación del liberalismo mexicano, es bastante claro en la enumeración de sus fuentes teóricas y en la precisión de las circunstancias y factores que produjeron el clima del liberalismo mexicano.

Amante de los esquemas, Rocafuerte contrapone la teoría del gobierno colonial fundada en "el divino origen de la soberanía de los reyes", a la teoría democrática de la soberanía nacional que orienta a los liberales mexicanos. Refiriéndose a la iniciación de la lucha por la independencia de México, apunta como factores productores el ejemplo de los propios españoles —"atreviéndose a las autoridades legítimas cuando quitó a Iturrigaray de Virrey"—, para después mencionar la influencia francesa:

> No contribuyó menos entonces a comenzar a instruirnos en nuestros derechos la guerra de Francia. Los sucesos de ella, aunque expurgados y desfigurados por los españoles, según convenga a su política, dejaban descubrir de cuando en cuando algunos rayos de luz, que alumbraban, o por lo menos hacían dudar a la nación sobre las ideas que hasta entonces había recibido.

Sin embargo, esta pequeña ilustración estaba escasamente difundida para 1810; de ahí que:

> La masa del pueblo al tiempo de acompañar al grito de Hidalgo, se puede decir que lo hizo por un movimiento natural, por un secreto instinto de independencia, así como levanta el hombre, sin hacer reflexión, un brazo para resistir el golpe que se le tira.[53]

dia la forma de gobierno supuesta por la Constitución de Apatzingán e indica: "De la Constitución española del 12 no se tomó gran cosa, aunque se afirme lo contrario. Lo más parecido entre las dos constituciones —la española y la mexicana— se debe a que las dos abrevaron en las mismas fuentes, y a la coincidencia de circunstancias, de la que es hijo, por ejemplo, el común reconocimiento de la unidad religiosa. El mayor préstamo tomado por la mexicana, de la española —y a nuestro entender el único verdaderamente importante—, fue el sistema electoral, que la Constitución gaditana sacó, a su vez, de la francesa de 1791, pero modificándolo por el añadido de un grado al procedimiento indirecto de dos establecido por esta última carta".

[53] *Bosquejo ligerísimo de la revolución de México desde el grito de Iguala hasta la proclamación imperial de Iturbide.* Por un *Verdadero americano.* Filadelfia, imprenta de Teracrouef y Naroajeb (anagrama de su apellido: Rocafuerte y Bejarano).

El panorama se modifica en la época en que se proclama el Plan de Iguala. Para entonces:

> Nadie dudará que las esperanzas más lisonjeras debían presentarse a cualquier político. La América, ilustrada no sólo con la doctrina de tanto libro como ha corrido en ella desde el establecimiento de la Constitución Española, sino lo que es más, con el ejemplo que le daba la Península en la lucha que sostenía la parte liberal contra la servil, debió haber producido en ella el resultado más grandioso en favor de su libertad. Los sabios sistemas publicados en Europa por talentos raros, y que allá no han podido brillar prácticamente en todo su esplendor, por las góticas trabas políticas con que se halla ligado cada reino, vendrían a verificarse aquí en toda su plenitud.

Rocafuerte —lo escribe en 1822— indica que la consumación de la independencia era la gran oportunidad para México:

> ¡Qué feliz ocasión se le presentaba para haberse constituido bajo los principios más extensos de las teorías del liberalismo descubiertas, explicadas y desarrolladas por Montesquieu, Mably, Filangieri, Benjamín Constant, Franklin y Madison![54]

En Rocafuerte se enlazan fuertemente la corriente europea con la norteamericana, a más del conocimiento del liberalismo español y de una vasta información sobre los avances del liberalismo en Centro y Sudamérica. Los Estados Unidos son un país "en donde la libertad ha fijado su mansión". En *Ideas necesarias a todo pueblo americano independiente que quiera ser libre,*[55] nuestro autor inserta el *Sentido Común* y la *Disertación sobre los primeros principios del gobierno,* de Thomas Paine, el discurso pronunciado por John Quincey Adams en Washington el 4 de julio de 1821; la Declaración de Independencia de 4 de julio de 1776; los artículos de Confederación y Perpetua Unión de 8 de julio de 1778; la Constitución de los Estados Unidos, de 17 de septiembre de 1787 y doce enmiendas a la misma, a más de un Proyecto de Enmienda aprobado por el Congreso Norteamericano.

En otro importante libro completa sus fuentes teóricas:

> Persuadido, según mis cortos alcances de que el mayor mal que

---

[54] *Op. cit.*, pp. VI y VII.

[55] Imprenta de D. Pedro de la Rosa. Puebla, 1823.

pueda sobrevenir a una nación, es el de caer en un error de legislación, y equivocar las bases de su Constitución, porque son males que después se convierten en incurables; he leído con alguna atención a Montesquieu, Rousseau, Mably, Filangieri, Adams, Madison y Hamilton, y el resultado de mis reflexiones, y de lo que he observado en estos Estados Unidos, tierra clásica de la libertad, ha sido el convencimiento de las verdades siguientes.[56]

Confiesa, además, que casi todo lo que en ese libro dice lo ha tomado del primer tomo de *Ciencia de legislación,* de Filangieri, y más adelante confirma ciertas influencias doctrinales y el espíritu con que las adopta.

Defensor de la Constitución de Cúcuta, por temor a que un régimen federal a la norteamericana, implantado prematuramente, debilitara a los países latinoamericanos en su defensa de la independencia, se yergue contra quienes critican el texto colombiano, así como contra quienes recomiendan un régimen de monarquía constitucional en nuestros países:

> Sé que los mayores enemigos del Gobierno Colombiano son aquellos abogados y teólogos que cubiertos aún del polvo escolástico, han pasado muchas vigilias sobre los libros, han leído mucho y han visto poco; han aprendido mucho de memoria, y han cultivado poco su razón, nunca han pensado nada por sí solos, y siempre han admitido las opiniones de otros sobre la fe de su reputación: de allí nace el entusiasmo que profesan a ciertos autores europeos y sobre todo a los franceses. Para ellos son oráculos infalibles, Machiavelli, Rousseau, Montesquieu, Mably, Benjamín Constant, Lanjunais, y de Pradt; ésa es la verdadera fuente de sus errores.

Desconfía de los que leen pero no ven. Hay mucho que aprender en las obras de esos autores, pero también mucho que desechar y sagazmente advierte que es preciso no perder nunca de vista que escribieron bajo un sistema "despótico monárquico, y que les era imposible presentar el vaso de la amarga verdad sin endulzar su circunferencia con los errores a la moda y preocupaciones monárquicas de su tiempo".[57]

---

56 Ensayo político: *El sistema colombiano, popular, electivo y representativo, es el que más conviene a la América independiente.* Nueva York, en la imprenta de A. de Paul, 1823, pp. 5 y 6.

57 *Op. cit.*, pp. 32 y 33. La sagacidad intelectual de Rocafuerte es muy dispareja. Sin embargo, una muestra de ella nos la da cuando en esa época asienta: "El

En el *Ensayo Político*, Rocafuerte vuelve a publicar los trabajos de Paine, la Constitución Colombiana de Rosario de Cúcuta, de 1821, cuyo ejemplo aconseja a México, el discurso de Jefferson al tomar posesión de la Presidencia en 1801, la despedida de Washington, el discurso de Simón Bolívar al protestar la Constitución de Colombia y algunas ideas sobre el federalismo, con el punto de vista colombiano expuesto por el ministro de ese país, José Ma. Salazar. Destaca en este libro un estudio sobre la Constitución Americana, de más de 50 páginas, enfocado fundamentalmente a la división de poderes y en que se hace un brillante análisis de derecho comparado entre la Constitución Norteamericana y la inglesa, con constantes referencias a la doctrina europea, a través de los autores antes citados, como Montesquieu y De Pradt, y otros como Locke y Sidney. En este estudio, de lectura positiva en la actualidad, se demuestra un manejo técnico de Blackstone.[58]

Rocafuerte concede su lugar al liberalismo español:

> La Constitución Española en su nacimiento comenzó majestuosamente a disipar las tinieblas que estaban reconcentradas en España y América. Es verdad que los mandarines del Septentrión no permitieron jamás que luciese en su suelo con todo su esplendor. Empero, la simple lectura de sus instituciones y de todos los escritos relativos a ella, le daban a conocer al hombre sus derechos, y le advertían los errores en que la tiranía lo había tenido sumergido. Vieron canonizado por uno de los artículos de ella, la máxima de que la soberanía residía esencialmente en la nación, lo cual había sido anatematizado como herético por la inquisición de México, e impugnado hasta entonces con el mayor calor en las escuelas y universidades.

Pleno reconocimiento otorga a los hombres de Cádiz, cuando asienta:

> Los sabios discursos de los Mejías, de los Argüelles, Antillones y otros ilustres diputados, esparcieron ideas luminosas que desengañaban al pueblo. Con estos conocimientos, y con la práctica de alguna parte

Machiavelli, tan leído entre nosotros por lo mismo que ha sido tan prohibido, fue el más decidido republicano de su tiempo", afirmando que "ese famoso secretario de la República de Florencia, hubiera sido en América un Jefferson..."

58 Para ese entonces existía, a más de numerosas ediciones inglesas, la excelente traducción al francés de N. M. Chompré: *Commentaires sur les lois anglaises*, par W. Blackstone. París, MDCCCXVII. El tomo VI es del año MDCCCXVIII.

de sus instituciones, aunque únicamente de las que pertenecían al orden judicial, comenzaron a echar de ver los errores en que habían vivido.[59]

Patéticamente informa que la caída de la Constitución de Cádiz hizo perder todas las esperanzas a los hombres de América, que se vinieron a encontrar como aquel individuo que sumergido en la miseria descubre un tesoro "que le promete una suerte feliz" y un salteador le sorprende y roba. Por ello y entusiasmados respondieron a la restitución de la Constitución en su segunda época y a la resistencia de los serviles, engendrando la reacción de éstos:

> Los decretos de las Cortes por una parte, el odio a los serviles, los escritos elocuentes de Flores Estrada, los discursos de Martínez de la Rosa, Calatrava y Ramos Arizpe, acababan radicalmente con su prepotencia, hacían abominable hasta su nombre y disponían a la América para hacerse independiente por sí misma: y ¿entonces? ¡Miserables de ellos! ¿Qué remedio? No les quedaba otro que el de adelantar esta independencia por un agente suyo, que o la sacrificara a la España, si allá triunfaba el Rey de los liberales, o en caso contrario los dejara gobernar aquí conforme a sus indignas miras de servilismo.[60]

Rocafuerte en 1822 y 1823 da claramente la orientación del liberalismo mexicano. En él ya no presenciamos el intento de conciliar el jusnaturalismo racionalista con la ortodoxia católica ni el afán por fundar las necesidades de los países americanos, en la antigua legislación española. Las fuentes de Rocafuerte son puramente liberales y consisten en: 1º El liberalismo francés predoctrinario y posteriormente doctrinario; 2º La Revolución Norteamericana y su literatura motivadora o derivada; 3º Las Cortes de Cádiz y sus desprendimientos; 4º La restauración de la Constitución de Cádiz y sus efectos.

Pueden en Rocafuerte encontrarse huellas de su ulterior evolución ideológica que lo dirigió al liberalismo doctrinario. En su *Ensayo sobre tolerancia religiosa*, de 1831, sigue muy de cerca y lo confiesa, a Cousin, tomando de éste desde los fundamentos de la sociedad civil hasta la teoría del estado restringido por la tutela legal a la libertad. En esta misma fecha —1831— en un folleto destinado a

---

59 *Bosquejo ligerísimo de la revolución de México, desde el grito de Iguala hasta la proclamación imperial de Iturbide*, pp. 1 y 2.

60 *Op. cit.*, p. 5.

México, Rocafuerte revela la influencia del doctrinarismo, estando preocupado por las libertades, por las restricciones y garantías que deben contener al Estado, enunciando principios y advirtiendo que éstos son "establecidos por Mr. Guizot y demás modernos publicistas" [61]

[61] *Consideraciones generales sobre la bondad de un gobierno aplicadas a las actuales circunstancias de la República de México.* México, imprenta de la calle de las Escalerillas, a cargo del ciudadano Agustín Guiol, 1831.

FEDERALISMO

En la gestación del federalismo mexicano deben atenderse, por una parte, los factores reales del país que le llevaron al sistema federal, y por otra el mecanismo intelectual que incitó a muchos liberales a identificar liberalismo con federalismo.

Se ha debatido si las condiciones del México colonial inducían a la federación o si, por el contrario, eran de tal naturaleza que la introducción del federalismo fue un acto de mera imitación extralógica. Al igual que en la Argentina, se han encontrado factores que abonen una y otra tesis. Juan Bautista Alberdi[1] en la Argentina, hizo una enunciación de los antecedentes unitarios derivados de la vida colonial y de los antecedentes federalistas, "tanto coloniales como patrios". Similar procedimiento se puede seguir en México con resultados parecidos a los obtenidos por Alberdi: para Alberdi, en el momento en que escribía —1852— se presentaban en la Argentina elementos que hacían imposible un gobierno unitario

1 "La historia nos muestra que los antecedentes políticos de la República Argentina, relativos a la forma de gobierno general, se dividen en dos clases, que se refieren a los dos principios federativo y unitario". Alberdi enumera unos y otros, para concluir que las realidades obligaban a un sistema "que abrace y concilie las libertades de cada Provincia y las prerrogativas de toda la nación". (*Organización de la Confederación Argentina*, por Juan Bautista Alberdi. El Ateneo. Buenos Aires-Madrid, tomo I, p. 85 y sigs.)

Es interesante dar el juicio de ese liberal integral que fue Alberdi, sobre la Constitución Mexicana de 1824. A Juan Bautista Alberdi, a más de parecerle insostenible la intolerancia religiosa del texto, condena el nacionalismo, traducido en los requisitos establecidos para la naturalización. Ello lo lleva a concluir: "Hasta hoy mismo, la república en México aparece más preocupada de su independencia y de sus temores hacia el extranjero, que de su engrandecimiento interior, como si la independencia pudiera tener otras garantías que la fuerza inherente al desarrollo de la población, de la riqueza y de la industria en un grado poderoso". (Op. cit., p. 35). Por lo demás, el pesimismo de Alberdi sobre nuestro destino es contundente, y al citarlo lo hacemos para que se tenga presente el juicio que a un estimable latinoamericano merecíamos en 1852: "Ese sistema —el nacionalismo que Alberdi veía en la Constitución de 1824— ha conducido a México a perder a Texas y California, y le llevará quizás a desaparecer como nación". (Op. cit., p. 36).

y que imponían la conciliación de intereses locales mediante una forma federal.

Para nuestros primeros legisladores, 29 años antes, el panorama es muy parecido. Las realidades, ya estaban inclinadas por el sistema federal. El federalismo del Acta Constitutiva no era desunir lo unido, sino mantener ligado lo que estaba desunido.

En ningún punto el Congreso fue tan obligado a obedecer como en la adopción del sistema federal y esto en un momento en que todavía centralismo no era definición de antiliberalismo. En ningún tema la voluntad general se exterioriza tanto como en el de que la República fuese federal. Las tendencias eran tales, que no digamos el pronunciamiento centralista del Congreso, una mayor dilación en la resolución federalista habría desatado fuerzas centrífugas imprevisibles. Es cómodo ver estas fuerzas como simples grupos políticos locales sin raíces y guiados por el puro aspirantismo, como entonces se decía; pero en el fondo, esto es disimular y ocultar el problema. Las manifestaciones federalistas eran emanación, y sólo así se explica su reciedumbre, de fuerzas reales no carentes de profundidad.

Los principales impugnadores de la federación del Acta Constitutiva no desconocen ni niegan la inclinación de las realidades. El punto de partida era ir al centralismo o reducir el federalismo, a pesar de la decisión de los cuadros políticos y las fuerzas populares. Fray Servando Teresa de Mier,[2] en su célebre discurso sobre el artículo 5º del Acta Constitutiva es singularmente claro. El Congreso debe manifestarse contra el federalismo, a pesar de la voluntad general. Los mandatarios no deben obedecer a los mandantes:

> Al pueblo se le ha de conducir, no obedecer. Sus diputados no son los mandaderos, que hemos venido aquí a tanta costa y de tan largas distancias para presentar el billete de nuestros amos. Para tan bajo encargo sobraban lacayos en las provincias o procuradores o corredores en México.

Ciertamente que, en teoría, la argumentación es a favor del mandato representativo y en contra del mandato imperativo; pero políticamente lo que fray Servando propone es tomar una resolución en contra de la decisión de la nación.

---

[2] "Discurso que el día 13 de diciembre del presente año de 1823 pronunció el Dr. D. Servando Teresa de Mier, diputado por Nuevo León, sobre el artículo 5o. del Acta Constitutiva". Reimpreso por Agustín Contreras en la oficina de Santiago Pérez, 1834.

José María Luciano Becerra[3] en su voto particular contra el federalismo, de 1o. de diciembre de 1823, después de hacer una larga interpretación del concepto de voluntad general de Rousseau, para demostrar que en teoría la voluntad general no se ha expresado por el federalismo —no obstante que sea afirmación general que "los pueblos no quieren ninguna otra forma de gobierno; detestan de que los mande México y si no se les da gusto sin duda que se revuelven y levantan"—; acaba por admitir el hecho e invita a convencer a la nación que no conviene el federalismo:

> Ni ¿por qué debiera ser eso? pues qué ¿no son racionales nuestros pueblos? ¿No habían de conducirse como entes dotados con tan precioso don? ¿No habían de variar si se les dan los motivos suficientes? ¿Si se les procura dar confianza? ¿Si se les hace ver que se procede de buena fe y con la más sana intención, que sólo se aspira a lo mejor y que si no se les da ahora o nunca, la República federada es porque no es un bien para ellos, sino antes un grande mal?

Todo demuestra que la decisión al margen del Congreso ya estaba adoptada. El desenvolvimiento de las diputaciones provinciales, su fuerza y actitud ante el Congreso, indican que el país para simplemente conservarse tenía que ser federal.[4]

Los diputados, asienta Zavala, al aprobar el federalismo del

---

[3] Voto particular del Sr. Becerra, diputado por la provincia de Veracruz, sobre el proyecto de Acta Constitutiva. Leído en la sesión del día 2 de noviembre de 1823. Imprenta del Supremo Gobierno, en Palacio. En la última página se asienta que por un equívoco, en la carátula de este voto se puso "2 de noviembre", debiendo ser 1o. de diciembre.

[4] Nettie Lee Benson: *La diputación provincial y el federalismo mexicano.* El Colegio de México, 1955. Esta minuciosa investigación describe con gran claridad el papel de las diputaciones provinciales en la génesis del federalismo mexicano. La tesis de que el Acta Constitutiva de la Federación no introdujo artificialmente la descentralización, sino que ésta: "Se había ido introduciendo de modo gradual y a lo largo del tiempo; se desarrolló aceleradamente bajo la Constitución Española de 1812 por medio del establecimiento de diputaciones provinciales" (p. 9), queda plenamente demostrada. En este libro se indica la posibilidad de que:

1o.—El origen del federalismo en México "se puede remontar a la forma de gobierno establecido por la Constitución de 1812 para España y sus colonias";

2o.—"Considerado generalmente como el padre del federalismo en México, Ramos Arizpe bien puede reclamar también la paternidad de la diputación provincial en México".

El incremento de las diputaciones provinciales de 1820 a 1823, su actitud frente al poder central y ante las maniobras centralistas dilatorias son señaladas con precisión.

acta Constitutiva y su completa organización en la Constitución, vinieron a reconocer una situación existente:

> Estos confirmaron un *hecho establecido*, recientemente, es verdad, pero que existía y necesitaba legalizarse y recibir una forma y una sanción.

Y no sin agudeza ve el triunfo del federalismo inevitable, como resultado de las luchas y propósitos de la clase media: "El interés de la clase media era obtener el poder, y los medios de dominar; era imposible balancear su número y su influencia." Fue la clase media provinciana, la que dentro de la estratificación social que privaba impuso con el apoyo de la masa la república, representativa y federal.

> En realidad era lo que más se acercaba a la república o a la utilidad de las masas; porque las clases pobres siempre que tuviesen capacidad eran llamadas a figurar en el teatro político.[5]

Alamán, refiriéndose a la circulación del Acta Constitutiva y a su discusión, dice:

> El punto esencial era la fijación del sistema de gobierno, aunque en el estado presente de las cosas, era inútil deliberar sobre ello, pues había venido a ser indispensable ceder a lo que las provincias querían: esto era lo que contenía el artículo 5º, que fue el asunto principal de la discusión.[6]

Lo que no impide que a renglón seguido reitere el juicio de fray Servando sobre que el federalismo era desunir lo unido.

El alegato contra la centralización colonial

El afán por la descentralización venía de la Colonia, la lectura cuidadosa de la Memoria de Ramos Arizpe[7] sobre las cuatro provincias internas de oriente, da la impresión de que se está en presencia de un alegato contra la centralización.

---

[5] Zavala: *Ensayo histórico de las revoluciones de México desde 1808 hasta 1830,* tomo I, p. 259. París, 1831, imprenta de P. Dupont et G. Laguionie.

[6] Alamán: *Historia de México,* tomo V., p. 776.

[7] Miguel Ramos Arizpe: *Memoria.* Cádiz, en la imprenta de D. José María Guerrero, calle del Emperador número 191, año de 1812, pp. de la 28 a la 44.

Ramos Arizpe se lanza contra todo aquello que significa centralización gubernamental y del punto 18 al 26 inclusive de su Memoria, se enuncian los defectos o consecuencias de ella. Pero, además, Ramos Arizpe dentro del panorama general de centralización describe, cuando existen, los embriones de la descentralización que probablemente hicieron posible su propia argumentación.

En primer lugar, están los defectos del sistema de gobierno. En tres siglos la monarquía, por error, ignorancia, interés "u otras miras particulares", ha buscado sólo el lujo, esplendor y engrandecimiento de sus gobernadores. Siendo difícil conciliar estos objetivos con los intereses de los gobernados, hay una oposición entre éstos y los gobernantes:

> ...y venciendo el poderío, vinieron a tierra los más sagrados derechos del hombre, adoptándose desde luego sistemas adecuados para asegurar en el trono y sus cercanías al despotismo, a la arbitrariedad, a la estupidez, y mil veces al vicio mismo. A este fin se echó mano de las demás tinieblas de la ignorancia, llegando a prohibirse el estudio del derecho natural y de gentes: Se prefirieron muchas veces para los empleos en toda la Monarquía, no a los ciudadanos ilustrados, y beneméritos de la patria, sino a los extranjeros, o a aquellos que por su carácter *condescendiente y dócil,* por sus enlaces con *ciertas personas* o por ciertos servicios *reales y personales,* se creían más a propósito para sostener aquel sistema general de opresión hacia el pueblo.

Dentro de este sistema se efectúa la Conquista y pacificación de la América, y no puede imaginarse que la Monarquía española en las vastas provincias de la América se apartara de los métodos que había impuesto en la metrópoli.

Es indispensable variar métodos y sistemas. La centralización derivada de la omnipotencia, no consulta los problemas de los gobernados y se traduce en despotismo y arbitrariedad:

> Yo apenas veo a los españoles en América cuando ya se me presenta un Adelantado, un Gobernador y capitán general, que revistiéndose luego con los dictados de Virrey, y proclamado por el Rey un *Alter ego,* resulta de particular transformado en un Rey transeúnte, dueño no por el tiempo de la ley, sino por el de *nuestra voluntad,* de la espada y del bastón, de la paz y de la guerra, del premio y del castigo, de la vida, del honor y propiedades de los ciudadanos, con poder en todos los casos, cosas y negocios que se ofrecieren, para hacer lo que le pareciere, y proveer todo aquello que el mismo Soberano

> proveería, de cualquiera calidad y condición que sea, obligando a todos los cuerpos y personas de América a obedecer sus órdenes, sin excusa, ni interpretación, y sin consultar a S. M. como si fueran firmados de su Real mano, y prometiendo por su Real palabra, que todo cuanto hiciere, ordenare y mandare en su nombre, poder y facultad, lo tendrá por firme, estable y valedero por siempre jamás, y yo aseguro que está cumplida esta palabra.

Junto a la aguda centralización hay durante la Colonia decisiones descentralizadoras que, aventuramos, vinieron a constituir los gérmenes del futuro federalismo:

> Los Señores Reyes y muchos ministros en quienes, aun supuesto este sistema de gobierno, no faltaron buenas intenciones, creyeron templar de varios modos ese poderío excomunal. Mandaron formar en todas las poblaciones, cabildos o municipalidades, y establecer Audiencias, universidades, colegios, juntas y sociedades, para que ilustrándose las gentes de las capitales, y provincias inmediatas, se proporcionase ciudadanos capaces de defender sus derechos, y los de sus compatriotas, contrapesando con sus luces, y representación de aquellos cuerpos, el poderío de los que reunían todo género de mando. Igual efecto han producido los establecimientos de consulado, y minería, y aun los de comunidades eclesiásticas, que tanto influyen en la ilustración, y cuanto más tienen en sí de ilustración, y poder, tanto más tiemplan y moderan el reconcentrado en sólo un jefe militar.

Cabildos, audiencias, universidades, juntas, sociedades, establecimientos de consulado y minería y comunidades religiosas, ¿no fueron acaso factores de descentralización y crearon hábitos de autogobierno en numerosas colectividades? ¿No estarán en estas medidas dirigidas a "templar de varios modos ese poderío excomunal" los gérmenes de las futuras aspiraciones federales?

Tales medidas no son generales. Hay regiones a las que no llegan:

> Mas estas tales cuales mejoras en favor de aquellos pueblos no han llegado por desgracia después de siglos a las provincias internas. En ella se halla entronado el solo mando militar, muy parecido al de México en los seis primeros años de su conquista. El primer jefe de todas ellas con el nombre de comandante general tiene iguales, y aun mayores facultades que el Virrey de México, con sólo el levísimo contrapeso de un Auditor de guerra, quien regularmente no hace otra

cosa en sus dictámenes, sino apoyar la opinión del general ya presentida.

El gobierno de las provincias es absoluto, está bajo el mando militar y los males del gobierno general de las provincias internas se repiten en el particular de cada una de dichas provincias:

> Manda en toda su extensión, y en todos los ramos un Gobernador militar y político, que ha salido de una capitanía, sargentía mayor, o cuando más del coronelato de un regimiento. ¿Y habrá cabeza bien organizada, y amante del orden social que pueda concebir, que un tal militar, por honrado que haya sido, sea apto para el mando político, civil, económico, y de Hacienda en toda una vastísima provincia?

La centralización del poder trae como consecuencia los medios que operan para la consecución de su delegación. Quien consigue el título de gobernador por cinco años, queda endeudado por cincuenta y para salir de sus apuros se entrega en manos de unos cuantos. De lo que deduce Ramos Arizpe que:

> Es preciso concluir que el sistema de gobiernos militares acumulados, por sí mismos, y por las circunstancias, y modos regulares de obtenerse, es absurdo y muy perjudicial a las provincias, y aun a los mismos militares que los obtienen.

La situación se agrava por faltar las medidas que atemperen el poder centralizado, los cabildos:

> Ese mismo sistema por su naturaleza muy propio para fomentar el despotismo, está poderosamente sostenido con perjuicio de los pueblos, en la viciosa constitución de algunos medios cabildos, o más claro, en la falta de cuerpos, que en todas y cada una de las poblaciones entiendan en la justicia y economía política.

¿Cuál es la causa de que no exista en Coahuila más que un solo cabildo?:

> La respuesta es bien obvia, y consiste en la oposición natural de estos establecimientos con un gobierno militar. Este como propenso al despotismo quiere tener arbitrio para quitar y poner con una carta, alcaldes, o tenientes, que obedezcan, y hagan obedecer ciegamente a los pueblos, y de toda esta extensión de poder se privaría, una vez

establecidos esos cuerpos, que vienen a ser el antemural de los pueblos y cada uno de sus individuos, un padre de la república.

Ramos Arizpe se manifiesta contra una situación que ha sido invocada como antecedente unitario: la centralización en la administración de justicia:

A la distancia enorme de setecientas, trescientas, o lo menos doscientas leguas en que se hallan fuera de las provincias, el gobierno superior y Reales Audiencias de México, Guadalajara y Chihuahua: a la naturaleza de ese mando, y del interior de cada provincia bajo un sistema tan absoluto y errado, y a la falta de cabildos, o sean corporaciones bien organizadas, es necesariamente consiguiente una casi absoluta nulidad en la administración de justicia.

No hay justicia expedita por una concentración geográfica:

Las Audiencias, a donde debe apelarse, están fuera de las provincias a una distancia enorme, que hace imposibles los recursos, aun a los ciudadanos de medianas facultades.

El que se decide a litigar es devorado por la distancia y los gastos y costos resultan mayores que el asunto en litigio. Ramos Arizpe indica que ha visto a familias arruinadas por haber ocurrido en demanda de justicia.

La solución a los males enumerados radica en la descentralización gubernamental:

De todo lo expuesto particularmente desde el número diez y nueve hasta el anterior, se demuestra, que los vicios del sistema de gobierno de las provincias internas del Oriente consisten principalmente en no tener en su interior un gobierno superior, y común, así para lo puramente gubernativo como para lo judicial.

Pero ¿qué factor hace indispensable difundir y desconcentrar el gobierno? El espacial: "la extensión de esas provincias". La geografía, distancia y dificultades de comunicación es el argumento físico a favor del federalismo así como el factor humano, la escasez de población, es el principal contra argumento de los centralistas.

Las provincias internas de Oriente requieren gobierno propio, autogobierno en realidad, no sólo por la distancia, sino también

RAMOS ARISPE

..."de no haber existido la fórmula del federalismo norteamericano, probablemente habría terminado por inventarla..."

por razones de seguridad. Al respecto, Ramos Arizpe resulta profético:

> No puede V. M. ser menos justo, ni tener menos previsión, que el gobierno español en tiempos de Godoy; y si éste por las razones expuestas, especialmente por la inmediación de estas provincias con los Estados Unidos, había resuelto en sus últimos años poner en ellas un gobierno independiente de México, y Chihuahua, para el que estuvo nombrado de jefe D. Pedro Grimaret. ¿Cómo puede esperarse, que V. M. tarde un momento en adoptar una medida, acaso la única suficiente para la seguridad de tan importante territorio? Las circunstancias que, con respecto a los Estados Unidos, obligaron a tomar esa medida, subsisten hoy, y tan agravadas como V. M. sabe muy bien. Yo de otra suerte no respondo de aquellas provincias, y me descargo ante V. M. de la responsabilidad que pudiera resultar contra mí, si no hiciera esta solicitud.

Ramos Arizpe, después de solicitar gobierno particular —descentralizado— para las provincias internas de Oriente precisa la naturaleza del gobierno que solicita. Este tendrá que estar de acuerdo con los principios de la Constitución, operando la descentralización, tanto en materia política administrativa, como en lo judicial. El apoyo del autogobierno se encuentra en los principios democráticos y liberales de la Constitución de Cádiz:

> Si según ellos está proclamada la dignidad del hombre constituido en sociedad, si están reconocidos sus derechos de libertad, seguridad personal, y de sus propiedades, e igualdad en presencia de la ley: si no ha de reinar sobre los españoles el despotismo y la arbitrariedad; sino que todos han de depender de sola la ley, y de una ley, a cuya formación hayan cooperado con su voluntad: si el gobierno, y la justicia han de caminar de acuerdo a formar la prosperidad de los ciudadanos, soy de sentir, y pido a V. M. en nombre de doscientos mil, que habitan aquellas provincias; se sirva establecer en ellas un cuerpo gubernativo, y otro que en grado de apelación ejerza el poder judicial: el primero con el nombre de *Junta superior gubernativa de las cuatro Provincias Internas de Oriente en la América Septentrional*, compuesta de siete individuos vecinos de las mismas provincias, y nombrados por la de Coahuila dos, por la del Nuevo Reyno de León dos, por la del Nuevo Santander dos, y uno por la de los Texas, atendida la corta población de ésta y el segundo bajo el nombre de *Tribunal Superior* de apelaciones en dichas cuatro provincias, compuesto de tres ministros

y un fiscal, todos letrados, y nombrados por el Soberano a consulta del Consejo de Estado, en donde se tendrán presentes los informes de la Junta superior gubernativa.

La parte política administrativa se complementaría con las juntas o diputaciones de provincias y las municipalidades:

> Para curar, según ha prometido V. M. unos males tan generales como graves, es necesario establecer en cada provincia una *Junta gubernativa* o llámese *Diputación de provincia*, a cuyo cargo esté la parte gubernativa de toda ella, y en cada población un *cuerpo municipal o cabildo*, que responda de todo el gobierno de aquel territorio. En todos estos establecimientos no hará V. M. otra cosa, que dar testimonios a la nación de ser consiguiente a los principios, que tiene proclamados sobre la dignidad, libertad y demás derechos del hombre.

Ramos Arizpe manifiesta que la descentralización por él propuesta tiene "a su favor la decidida voluntad de los pueblos en toda ella, y que la experiencia acredita su utilidad y ventaja".

La congruencia de Ramos Arizpe es sorprendente. Basta recapacitar un poco sobre su actuación para verla en todo su alcance. Los diputados americanos en realidad estaban pidiendo confederación con la metrópoli antes de la independencia. De ello, en lógica, derivaba un régimen federado dentro de su país. Ramos Arizpe persigue la descentralización gubernamental como solución a los problemas que presencia y de no haber existido la fórmula del federalismo norteamericano, probablemente habría terminado por inventarla, a tal punto lo aguijoneaban las necesidades de su país y el sistema federal resultaba impuesto por las realidades.[8]

Los primeros indicios

Las fuerzas centrífugas que existían en el país repercutían en el Congreso. En la sesión de 30 de mayo de 1822, al discutirse la integración del Consejo de Estado y la intervención que en ella se daba a los representantes de las provincias, Mangino sostuvo

---

[8] Francisco Ramos Mejía, explicando el federalismo argentino como un derivado de los factores nacionales, asienta: "Si no hubiéramos encontrado tan a mano la Constitución Norteamericana, habríamos tenido que hacerla nosotros mismos, y para nuestra originalidad institucional tal vez ha sido un mal haberla hallado". Clodomiro Zavalía: *Derecho federal*. Compañía Argentina de Editores. Buenos Aires, año de 1941, tomo I, p. 35.

que no podía aprobarse este procedimiento "sin incurrirse en gravísimos inconvenientes, y sin excitar un espíritu de provincialismo que debía evitarse con el mayor cuidado". A esto Bocanegra responde, no negando que se producirá lo que Mangino profetiza, sino sosteniendo la conveniencia de que ello suceda:

> Estoy en contradicción con los que opinan, que no hacer estas elecciones por el método de la constitución española, es fomentar el espíritu de provincialismo; porque de nada sirve decirles a las provincias que son libres si no tocan prácticamente los efectos de esta libertad.[9]

Bocanegra —y el fundamento teórico de su federalismo después lo veremos— considera que el método escogido para la integración del Consejo obedece sin duda al propósito de "guardar a las provincias una exacta igualdad en sus derechos, haciéndolas tomar parte en los actos de gobierno". El respeto al derecho al autogobierno de las provincias es una idea federal. Juan Cayetano Portugal, de fidelidad puntillosa a la idea federal, abunda y fortalece este punto de vista:

> El Sr. Portugal dijo: que el Sr. Bocanegra lo había ya prevenido; pero que pedía al Congreso no perdiese de vista lo que ya otra vez había hecho ver, que las provincias podrían en lo sucesivo quejarse de preferencia capital respecto de ellos, por las desigualdades de hecho que se irían notando, aun cuando se decantasen las de derecho; y que tal conducta de los españoles hacia nosotros, nos había puesto en el caso feliz de nuestra emancipación de un gobierno, que aunque nos hacía a los americanos iguales a los españoles, jamás pasó esta igualdad de un nombre insignificante, que si bien nos hizo felices al fin, nos daba antes la amargura de oír denominación de lo que en realidad no existía, ni habría jamás, sin duda alguna, existido.

Portugal emplea una comparación —la de la metrópoli colonial con los virreinatos y la capital con las provincias— que más tarde será esgrimida por las provincias y las diputaciones. Es en estas circunstancias cuando Toribo González claramente expone la representación federal:

> La representación nacional no está igual, porque en la convocatoria no se tuvo presente la población, de que resulta la desigualdad

[9] Actas del Congreso Constituyente Mexicano, tomo I, p. 351 y sigs.

del nombramiento. Los gobiernos representativos estriban en la igualdad; por lo que es justo que se iguale la representación de las provincias para los que han de ser nombrados, repartiéndose entre todos los miembros del Congreso como legítimos representantes. Y haciendo este Sr. diputado referencia al modo con que los Estados Unidos usan del derecho de representación, concluyó pidiendo, que ya que ahora no tenga efecto el nombramiento de consejeros por provincias, se adopte esta base por la comisión de constitución, para fijarla en ella.

El avance de la idea federal y su modelo norteamericano no pasa desapercibido:

> El Sr. Castillo (D. Florencio) hizo ver la diferencia que hay del gobierno de los Estados Unidos al nuestro, y que si bien los países soberanos e independientes pueden federarse, conservando cada uno los derechos peculiares y privativos que tenga, esto no puede entenderse con las provincias de una monarquía moderada, que teniendo un solo derecho, queda consignado éste en sus representantes de un Congreso general y único.

Bocanegra no está de acuerdo, y en su réplica fija la idea de la nación como una asociación mediante contrato de las distintas provincias:

> ...sea cual fuere la forma de gobierno, residiendo la soberanía en la nación, como de hecho reside, los derechos de las provincias debían siempre considerarse como los principales apoyos de esta grande asociación.

La discusión no se orienta por este camino; pero resulta obvio que en mayo de 1822 la idea federal es esbozada en el Congreso.

El 21 de junio de 1822 las necesidades y males de la provincia del nuevo reino de León son expuestas.[10] El abandono de las provincias, como consecuencia de la centralización y el peligro de perder las más distantes, no es ignorado, aun cuando el examen del problema se desvíe. En la sesión del 5 de agosto de 1822 se lee una exposición de Refugio de la Garza, sobre el miserable estado de la provincia de Texas que representa.

El 24 de marzo de 1823, en plena liquidación del Imperio, el dictamen respectivo, después de reconocer la fuerza de las provincias, admite el carácter contractual de la unión nacional:

---

10 Op. cit., tomo II, p. 81.

> Es inconcuso que la general separación de las provincias del gobierno del Emperador ha reducido a éste al estrecho círculo de la corte, perdiendo de hecho el rango y categoría de gobierno supremo en la nación, y de consiguiente la consideración que como tal se merecería. Las provincias todas uniendo su voz al glorioso grito de libertad dado en Veracruz desconocieron al gobierno de México, y recobrando o reasumiendo la parte de libertad sacrificada en obsequio de la unión social, han proclamado unánimemente representación nacional.[11]

En la sesión del 19 de abril de 1823, al darse cuenta del dictamen sobre el establecimiento de la diputación provincial de Monterrey:

> Dijo el Sr. Mier (D. Servando): Que las circunstancias han variado, pues aquellas provincias han creado una junta suprema, para no estar expuestas a las convulsiones de la metrópoli, se han hecho soberanas, confederándose con México.

Melchor Múzquiz interviene manifestando que deben pedirse noticias al gobierno sobre el particular, "pues lo mismo ha sucedido en Oaxaca".[12]

El 30 de abril de 1823 las provincias de Sonora y Sinaloa le dicen al Congreso:

> La inmensa distancia en que se hallan de esta Corte las provincias de Sonora y Sinaloa pone a sus habitantes en la indispensable necesidad de ser infelices para siempre. Las poderosas razones e inevitables obstáculos que para su prosperidad ha tenido la América pendiente de la España, esos mismos, guardada la debida proporción, tienen las provincias respecto de esta Corte.[13]

---

[11] Diario de las sesiones del Congreso Constituyente de México, tomo IV, p. 62.

[12] *Aguila Mexicana,* núm. 8, 22 de abril de 1823, p. 29. La proposición para que se mandara reinstalar la diputación provincial la hizo fray Servando en la sesión de 3 de abril de 1823 —*Aguila Mexicana,* núm. 9, p. 33, 23 de abril de 1823. En la sesión de 1o. de mayo se leyeron las actas de obediencia de la diputación provincial de Monterrey al Soberano Congreso y Supremo Poder Ejecutivo —*Aguila Mexicana,* núm. 19, 3 de mayo, p. 73. Carlos Ma. de Bustamante en su *Diario histórico de México* —primera edición, arreglada por Elías Amador, Zacatecas, 1896— dice el 21 de abril (p. 379): "En Monterrey se ha formado una junta con miembros de Coahuila, Texas, Santander, etc. Estas cuatro provincias indican separarse y aspirar a una federación con México".

[13] *Exposición hecha al Soberano Congreso Constituyente sobre las provincias de Sonora y Sinaloa.* Por el Sr. coronel D. Manuel Terán, diputado por Chiapa, y la

En esta exposición se pedía para las provincias de Sonora y Sinaloa "un gobierno compuesto de un jefe superior político y siete diputados provinciales" y que la expresada diputación no tuviese traba ni restricción alguna en lo gubernativo, directivo y económico.

El 2 de mayo, al leerse representaciones se pasa:

> Una de la diputación provincial de Puebla sobre convocatoria para un nuevo Congreso. Con motivo de vertirse en ella expresiones contra algunos diputados, aunque sin designarlos, se suscitó una corta discusión, acordándose en cuanto a lo primero, que se tenga presente, y en cuanto a lo demás, que haga la acusación de cada diputado en particular.[14]

Y el 3 de mayo, a propósito de ello, emerge el centralismo de Bustamante y la condenación de quienes expresan la tendencia federalista. Bustamante se muestra enérgico y decidido:

> Señor, no hay otro sendero que tomar; póngase bajo la ley la diputación de Puebla, venga al tribunal de cortes, acuse ante él a los malos diputados, y espere sus resultas; si no obramos de este modo, somos perdidos y autorizamos a los mordaces y detractores para que nos calumnien impunemente en deshonor del Congreso, y desconfianza de la nación. Las juntas provinciales no están contentas con sus atribuciones, ni quieren ceñirse a cuidar de lo económico de sus provincias: ellas se han convertido en madrastras de la nación, y quieren dar el tono al Congreso; quieren sujetarlo a sus caprichos, y al rumbo que quieren darle para sus relaciones.[15]

El 9 de mayo, y a propósito del dictamen sobre establecimiento de comandancias en lugar de capitanías generales, Zavala pone de relieve el grave peligro a que el país está expuesto. La separación de provincias, la escisión de la nación, es palpable:

> Nada en juicio de la comisión es más temible en el día, que esa separación simultánea de las provincias, queriendo formar cada una estado separado de la metrópoli, ocasionado de las causas que todos sabemos, y que no es del caso señalar ahora. Sin fuerzas, sin recursos,

mayoría de representantes de dichas provincias que la suscriben. México, 1823. Imprenta Nacional en Palacio.

14 Diario de las sesiones del Congreso Constituyente de México, tomo IV, p. 401.

15 *Op. cit.*, tomo IV, p. 414.

sin elementos para gobernarse por sí, se reduciría la nación al triste estado de las provincias de Buenos Aires, entregadas al capricho de la aristocracia, con la diferencia de que habiendo mucha mayor ilustración en aquella parte de la América, nuestros desastres tendrán más duración y acaso costarán mucha sangre.[16]

La fuerza de las diputaciones provinciales como trasunto de corrientes extensas y profundas, no puede ignorarse ni, y el transcurso del tiempo lo demostró, modificarse. Las diputaciones provinciales no es que quisieran ser, como Bustamante las llama, madrastras de la nación; iban a ser, madres de la federación. El 13 de mayo de 1823 se puso a discusión el dictamen sobre lo que debería contestarse a la diputación de Puebla por su representación. Tanto Mayorga como Bustamante, se oponen a la contestación que el dictamen contiene, por parecerles "sumisos los términos en que estaba concebido". A Marín no le parece sumisa, sino dulce, moderada y propia del Congreso; pero Zavala considera que el dictamen "supone en la diputación provincial de Puebla atribuciones que ciertamente no le corresponde". Zavala se pregunta:

> ¿En dónde está el derecho que se arroga de pedir al Congreso nueva convocatoria? Y ¿qué ley o reglamento la autoriza para entrar en el examen de la conducta política o privada de los representantes de la nación? Yo a la verdad, Señor, estoy escandalizado así de los avanzados pasos de esta corporación, como de la apatía y casi debilidad con que se miran. Los diputados son inviolables en sus opiniones y en ningún tiempo ni por ninguna persona pueden ser reconvenidos: ¿qué resultaría, Señor, de esa atribución que usurpan ahora algunas diputaciones? Los congresos sucesivos serían el juguete del espíritu de partido, y estarían a merced de estas corporaciones municipales en donde generalmente hay personas que tienen sus resentimientos con uno u otro diputado.[17]

La descentralización, el pronunciamiento federal, viene de las provincias. Ciertamente que los disminuidos grupos iturbidistas hacen alianza, sobre todo en Guadalajara, con los federalistas; pero ¿quién usa a quién? Los debilitados iturbidistas fueron instrumentos de la tendencia descentralizadora, como antes los borbonistas habían servido a la corriente republicana en contra de Iturbide.

---

[16] *Op. cit.*, tomo IV, pp. 446-447.
[17] *Op. cit.*, tomo IV, pp. 475-476.

Las provincias se imponen

El Congreso es jalado, conducido. Los centralistas van gradualmente reculando en sus pretensiones y la trayectoria de Carlos María de Bustamante es muy elocuente al respecto. Las provincias buscan, en primer lugar, que el Congreso, de constituyente, pase a ser puramente convocante y lance a la mayor brevedad posible la convocatoria para el Congreso Constituyente. Y en segundo lugar que el Congreso se pronuncie, teórica y prácticamente, por el federalismo.

Bustamante empieza por sostener el carácter constituyente del Congreso, oponiéndose a que éste se convierta en convocante. Más tarde quiere que el Congreso, que ya es convocante, "proponga" un proyecto de texto constitucional o de bases constitucionales al futuro Congreso Constituyente. Por último, y después de oponerse al Acta Constitutiva, ya aprobada ésta, desea ganar tiempo entre su promulgación y la discusión de la Constitución, con el fin de ver si las reacciones populares hacen cambiar la correlación de fuerzas que habían llevado a los federalistas, con los desprendimientos iturbidistas, a dominar plenamente en el Congreso.

Algunas de las maniobras de don Carlos María de Bustamante producen resultados negativos para su causa. Pero en el desarrollo de los acontecimientos no se sabe qué admirar más, si la inflexibilidad de los directores federalistas —Miguel Ramos Arizpe, Manuel Crescencio Rejón, Prisciliano Sánchez, Francisco García, Valentín Gómez Farías, Juan Cayetano Portugal— o la oposición sistemática de los directores centralistas —Bustamante, fray Servando Teresa de Mier y José Ma. Becerra.

En la sesión del día 14 de mayo de 1823, Bocanegra propone:

> Señor, el bien común, y el honor del primer Congreso constituyente mexicano, me animan para proponer a V. Sob., 1º que lo más pronto, y si posible fuere, dentro de ocho días se preparen y publiquen por el Congreso las bases constitucionales, que arregladas a la voluntad general y conocida de la nación, sean el apoyo en todo tiempo. 2º Que sin ocuparse de otros asuntos, concluido el anteriormente propuesto, se proceda luego a la discusión del dictamen sobre nueva convocatoria. Habiendo pedido de palabra que se declarasen urgentes y que en atención a las ocupaciones notorias y recargo de la comisión de puntos constitucionales, se nombrase una especialmente para que

procediese desde luego a examinarlas y presentase las bases que pretendo.[18]

De acuerdo con esta proposición, se nombra la Comisión Especial para que presente las bases de la Constitución, en la cual están José Cecilio Valle, fray Servando Teresa de Mier, José Mariano Marín, Javier Bustamante, Lorenzo de Zavala, José María Jiménez, Juan de Dios Mayorga, Francisco Lombardo y García.[19] Pero siete días después —21 de mayo— la Comisión Especial, para proponer medidas conducentes a evitar los males que amenazan al país, presenta un dictamen,[20] que se reduce a:

1º Que se dé desde luego la convocatoria para el nuevo Congreso.

2º Entre tanto éste se reune, el actual se ocupe principalmente en la organización de la hacienda, del ejército y de la administración de justicia.

3º Que se imprima y circule inmediatamente el proyecto de bases de la República federativa.

4º Que el Poder Ejecutivo según las facultades que le dé la constitución provisional para mantener el orden y tranquilidad interior, tome cuantas providencias le dicte su celo y prudencia, encargándole el Congreso prefiera las de persuasión, como un manifiesto que corrija a unos y precava a otros.

Ahora bien, el primer artículo es aprobado por 71 votos en contra de 33.[21] El artículo 2º es aprobado con sólo 6 votos en con-

---

18 *Historia parlamentaria de los Congresos mexicanos,* por Juan A. Mateos, tomo II, México, 1878. Imprenta de J. F. Jens, p. 369.

19 El acta —*Aguila Mexicana* núm. 32, 16 de mayo de 1823, p. 122— dice que la Comisión estuvo integrada por Valle, fray Servando, Marín, Zavala, Javier Bustamante, José Ma. Jiménez, Mayorga, Bocanegra, Lombardo y García.

20 Mateos: *op. cit.,* tomo II, p. 374.

21 Comentando esta votación, Bustamante —*Diario histórico,* tomo I, p. 505— asienta que Bonifacio Fernández, en contra de los votos particulares de Prisciliano Sánchez y Gómez Farías, "Parecía un mastín enorme aferrado de un conejo, que no sólo lo despedaza, sino que se lo engulle y digiere". Añade que tuvo el honor de votar con la minoría.

El 3 de marzo Carlos Ma. de Bustamante —*Op. cit.,* tomo I, p. 279— dice: "La junta provincial de Puebla ha hecho circular un proyecto de convocatoria del futuro Congreso, en 10 artículos, muy desatinado. Estamos frescos para pensar en esto ahora, siendo los males de la nación ejecutivos y de momento".

El 2 de abril de 1823 Gómez Farías presentó una proposición suscrita también por Melchor Múzquiz, concebida en estos términos en la parte relativa: "Pido al Congreso tra, entre ellos el de Carlos María de Bustamante; y el artículo 3º, con la adición de que estaba encargada una comisión del seno del Congreso de elaborar el proyecto, es aprobado con 18 votos en contra.

El artículo 4º, a proposición de José María Fagoaga, se modifica en los siguientes términos:

> Que el poder ejecutivo en uso de las facultades que le concede la constitución que actualmente nos rige, tome todas las medidas y precauciones que le dicte su celo y prudencia para establecer la tranquilidad pública alterada por los movimientos y revoluciones de lass primeras autoridades de Guadalajara, prefiriendo las medidas de persuasión y convencimiento antes del rigor y uso de las armas.

En esta versión es aprobado con 8 votos en contra, entre ellos el de los federalistas Gómez Farías, Prisciliano Sánchez y Rejón.

Gómez Anaya propone que el proyecto de bases de la República Federativa "sea firmado por los señores diputados que quisieren hacerlo". Javier Bustamante pide que se expida el decreto "sin el artículo 3º que debería salir por separado". La proposición de Javier Bustamante es aprobada, salvando únicamente su voto Florentino Martínez.

Más tarde, Prisciliano Sánchez, en un documento básico del federalismo mexicano, *El Pacto Federal del Anáhuac*,[22] va a decir que

---

se sirva acordar la formación de una convocatoria para otro Congreso que constituya a la nación, bajo la forma que a la misma agrade; y que al efecto forme una comisión, que dentro de ocho días, a lo más, presente su proyecto" (Diario de las sesiones del Congreso Constituyente de México, tomo IV, p. 137). Esta proposición se pasa a una comisión compuesta por Mariano Herrera, Javier y Carlos Ma. Bustamante, Sánchez de Tagle, Toribio González, Beltranena y Gómez Farías; y el 14 de abril: "Se leyó el dictamen de la comisión especial encargada del punto de nueva convocatoria, y se mandó imprimir. El Sr. Bustamante (D. Carlos) individuo de la misma comisión, leyó su voto particular". *(Op. cit.*, tomo IV, pp. 276 y 277).

Bustamante dice el 4 de abril —*Op. cit.*, p. 367— que se presentaron a la Comisión de convocatoria del Congreso los comisionados de las juntas provinciales de Oaxaca, Zacatecas, San Luis Potosí y Guanajuato.

El 2 de mayo Bustamante —*Op. cit.*, p. 388— informa que en el Congreso se leyeron varias exposiciones, entre ellas una de Puebla, "Alarmante y declamatoria contra los diputados de la Junta Instituyente". Su juicio sobre las diputaciones provinciales es claramente expresado: "Las tales juntas se van constituyendo madrastras de la nación, en vez de ser su apoyo; no pueden ordenar sus provincias y quieren gobernar el enorme territorio mexicano".

[22] México, julio 28 de 1823. Reimpreso en Guadalajara en la oficina del ciudadano Mariano Rodríguez, impresor del Gobierno.

EL PACTO FEDERAL DEL ANAHUAC

¡Deplorable sin duda es la constitucion humana á vista de lo que por ella pasa! Nada mas innato al hombre que el deseo de su libertad: pero ninguna cosa le es ma inaccesible. Por ella sacrifica su quietud, su reposo, su existencia misma y despues de tan caro precio muchas veces se encuentra burlado. La sangre se ha vertido á torrentes sobre las aras de esta deidad; mas no por eso han conseguido poseerla tantas naciones desgraciadas que en último resultado transigieron con sus déspotas. Testigo sea la Francia de esta verdad.

De siglos en siglos suele aparecer para consuelo de la humanidad un momento feliz que pasa muy breve y no buelve á asomar jamas. ¡Desventurados los pueblos que dejan escaparlo innutilmente! Tal es el que en la presente ocasion ofrece el cielo en sus misericordias á la nacion de Anáhuac. Santa libertad, joya inestimable, dulce consuelo del mortal afligido ¿ qué, dejarás para siempre iludidas nuestras esperanzas ? No ocultes tras de densas nubes esa faz preciosa, que ya nos has mostrado pasageramente, dignate establecer entre los mexicanos que te adoran, coloca tu solio en medio de nosotros, que una vez elevado juramos sostenerlo à costa de nuestras propias vidas.

Conciudadanos, nuestra època es singular: venturosamente nos hallamos en la mejor ocasion para ser felices si acertamos á constituirnos de un modo digno y correspondiente á las luces del siglo en que vivi-

"La nación queda una, indivisible, independiente, y absolutamente soberana en todo sentido, porque bajo de ningún respecto político reconoce superioridad sobre la tierra".

el voto nacional está por el federalismo "y que el Congreso también asegura que se halla decidido por este sistema a pesar de que las bases impresas sean mal comprobante de esta aserción". ¿Hasta qué punto la publicación de las bases dio armas a las provincias?[23]

En la sesión del 22 de mayo de 1823, al leerse la minuta del decreto, se resuelve: 1º Que el artículo 1º quede en los siguientes términos: "Que se forme desde luego convocatoria para el nuevo Congreso"; 2º El 3º se redacta así: "Que se imprima y circule inmediatamente el proyecto de bases de República Federativa de que estaba encargada una comisión de su seno"; 3º A proposición de Sánchez de Tagle se resuelve agregar al decreto el siguiente encabezamiento: "El soberano Congreso constituyente mexicano atendiendo a las circunstancias en que se halla la nación de darle la última prueba de que no ha tenido más objeto que el de proporcionarle y promover su felicidad, movido de la conveniencia pública y cediendo al derecho incontestable que le compete, ha decretado".

No es difícil que en el cambio de redacción del artículo 1º haya una maniobra dilatoria al sustituir la resolución de dar la convocatoria por formarla. En cuanto al encabezamiento propuesto por Tagle, éste recalca el carácter constituyente del Congreso, que varias provincias se negaban a admitir.

En la misma sesión de 22 de mayo se nombra para presentar proyecto de convocatoria a Francisco García, Carlos María de Bustamante, Prisciliano Sánchez, Bonifacio Fernández, Melchor Múzquiz, Cabrera y José Cecilio Valle.[24]

El 28 de mayo se procede a la lectura del plan de Constitución, presentado por la Comisión Especial, y al voto particular de fray Servando Teresa de Mier. El proyecto de bases aparece firmado por José Cecilio Valle, Juan de Dios Mayorga, fray Servando Teresa de Mier, José Mariano Marín, Lorenzo Zavala, José María Jiménez, José María Bocanegra y Francisco Lombardo.[25] Al voto particular de fray Servando —bicamarismo— se adhiere Javier Bustamante.

---

[23] Bustamante —*Diario histórico*, p. 401— comenta: "Van a publicarse las bases de un gobierno liberal, y que para formarlas se ha meditado mucho: tal vez esto calmará la tempestad que amenaza".

[24] Mateos: *Op. cit.*, tomo II, p. 375.

[25] Plan de la Constitución Política de la Nación Mexicana. Año de 1823. Imprenta Nacional del Supremo Gobierno, en Palacio. El proyecto, debido seguramente a José Cecilio Valle, era bastante claro en la enunciación de las libertades. Establecía como deber del ciudadano "profesar la religión católica apostólica y romana, como única del Estado" y señalaba, y aquí se ve la mano de Valle, entre los derechos de los ciudadanos: "El de libertad, que es el de pensar, hablar, escribir, imprimir y hacer

El plan de la Constitución Política de la Nación Mexicana, en la parte conducente establecía:

> La nación mexicana es la sociedad de todas las provincias del Anáhuac o N. España, que forman un todo político.
>
> La soberanía de la nación, única, inalienable e imprescriptible, puede ejercer su derecho de diverso modo, y de esta diversidad resulta... las diferentes formas de gobierno.
>
> El de la nación mexicana es una República representativa y federal.

A pesar de esta última definición, el plan es fuertemente centralista o, como Bustamante lo define, "bases de una República Federal regulada".[26] En efecto:

1º El texto no surge como pacto ni los Estados como partes integrantes de la Federación. De aquí que el plan establezca: "Habrá un Congreso provincial y un Prefecto en cada una de las provincias en que el Congreso nacional divida el Estado".

2º Al Congreso competía: "Crear un tribunal compuesto de individuos de su seno para juzgar a los diputados de los Congresos provinciales en los casos precisos que determinará una ley clara y bien meditada".

3º Al cuerpo ejecutivo, integrado por tres individuos, se le daba la facultad de: "Proveer los empleos políticos y de hacienda de cada provincia, a propuesta de los Congresos provinciales..."

Al leerse en el Congreso el plan, Carlos María de Bustamante hizo la siguiente proposición:

> La lectura de las bases de constitución me ha llenado de admiración y creo que de la misma ha participado el auditorio. Para que esta

---

todo aquello que no ofenda los derechos de otro". Estatuía, además, la igualdad ante la ley, el derecho de propiedad y en cierto sentido la seguridad personal. Enunciaba la división de poderes y elecciones indirectas. Aproximadamente un mes después de presentado el proyecto, el 30 de junio de 1823, Valle comunicó al Congreso que había sido electo diputado a la Asamblea Nacional de Guatemala, habiendo sido el 4 de septiembre del mismo año, designado miembro del Triunvirato que ejercería el Poder Ejecutivo en dicho país. Partió para Guatemala a principios de 1824. (*Valle:* Prólogo y selección de Rafael Heliodoro Valle. México, 1943. Ediciones de la Secretaría de Educación Pública, p. XIV).

[26] *Diario histórico*, p. 402.

obra salga completa y los pueblos reciban de ella todo el beneficio posible, es indispensable que se redacte en artículos y se forme un proyecto de constitución. Porque ¿quién podrá fundar mejor su concepto ni darles toda la claridad de que son susceptibles sino los mismos que los han formado? El futuro Congreso que apruebe esta constitución, lo hallará todo formado, su trabajo será menos y más pronto, que es lo que más se necesita para calmar los pueblos y ponernos en correspondencia con las naciones extranjeras. Las adiciones que reciba el proyecto serán sin duda las mejores, porque *facilius enim est inveutes addere.* Al tiempo de hacer esta proposición, no se entienda que pretendo sea este Congreso el que dicte y sancione la constitución, sino el que la proponga.[27]

La tendencia descentralizadora de las provincias se mantiene en aumento. El Congreso para calmarlas había ampliado las facultades de las diputaciones provinciales;[28] pero ello no podía contener las fuerzas centrífugas. En la sesión de 31 de mayo el Congreso acuerda que:

> ... el Supremo Poder Ejecutivo tome las providencias necesarias para impedir el establecimiento de la junta gubernativa de Mérida de Yucatán, y en caso de que esté establecida se disuelva, haciéndose extensiva esta providencia (por adición del Sr. Avilés) a las demás provincias.[29]

Se aprueba, asimismo, que se excite al Poder Ejecutivo "para que provea en orden a los empleos y grados militares que hubiera dado la diputación provincial de Yucatán, lo conveniente, estando a las leyes y decretos vigentes".

Cuando el decreto resuelve lo anterior, la Junta Provisional

---

[27] Mateos: *Op. cit.*, tomo II, p. 382-383.

[28] Lucas Alamán: *Historia de México,* tomo V, pp. 764-765. En realidad, la ampliación en las atribuciones de las diputaciones provinciales, sobre todo desde el punto de vista político, viene independientemente del Congreso desde el Plan de Casa Mata. Así lo indica Prisciliano Sánchez, que andaba en ello: "Las diputaciones provinciales que desde el grito dado en Casa Mata, y en virtud de la revolución, tomaron por necesidad y conveniencia pública para hacer la salud de la patria (Ley superior a todas las escritas) un carácter muy distinto de aquel con que se hallaban investidas por la Constitución Española, son las que han dirigido la opinión de sus provincias, y puestas todas de acuerdo, han sido el órgano de la voz de la Nación". (Prisciliano Sánchez: *El pacto federal del Anáhuac.* México, julio 28 de 1823).

[29] Mateos: *Op. cit.*, tomo II, p. 385.

Gubernativa de Yucatán ya se había constituido, pues lo hizo el 29 de mayo,[30] y Guadalajara desde el 9 de mayo suspendió la ejecución del decreto relativo al reconocimiento del gobierno existente.

La tendencia descentralizadora y la decisión federalista son incontenibles.[31] El oportunismo de Santa Anna le hace proclamar el Plan de San Luis Potosí el 5 de junio. Las noticias al respecto llegan a México el 12 de junio. En el Plan se estatuía: 1º "... la activación de la nueva convocatoria"; 2º El compromiso de "sostener y garantir a las provincias que por su espontánea voluntad tengan a bien pronunciarse por la República Federada..."; y 3º "Durante se reunan los nuevos convocados al Congreso para constituir la nación, pueden ser gobernadas las provincias (que quieran ser independientes) por sus diputaciones provinciales" [32]

---

[30] El acta de la junta general de las corporaciones, autoridades, jefes y electores del partido de Yucatán, de 29 de mayo de 1823, es publicada en el Núm. 68 del *Aguila Mexicana*, de 21 de junio de 1823, pp. 254-255. Eligio Ancona: *Historia de Yucatán*, 2a. edición, Jepús, 1889, tomo III, p. 274 y sigs.

[31] El *Aguila Mexicana*, núm. 67, p. 251, informaba el 20 de junio que Campeche "ha proclamado su emancipación absoluta de la nación mexicana" y que ya tiene una junta provisional gubernativa entre tanto se reúne y convoca un senado. Comunica que también Tabasco ha tenido revolución similar. El propio periódico, en el número 68, publica el acta en que se declaró República Federativa Yucatán. En los números 69, 70 y 71 se inserta el acta de la ciudad de Oaxaca, de 1o. de junio de 1823, en que se estableció "que Oaxaca era independiente, y libre absolutamente, constituyéndose en República Federada". En el número 75 se publica el acta de la diputación provincial de Querétaro, de los días 11 y 12 de junio, en que se informa que esa diputación recibió con agrado el pronunciamiento de Celaya y San Miguel el Grande "por el sistema republicano federado". La junta de Querétaro declara: No se reconoce al soberano Congreso más que con el carácter de convocante: sin embargo, se obedecerán las órdenes que emanen de él y del supremo Poder Ejecutivo, cuando a juicio de la provincia resulten en su felicidad. En los números 78 y 79 del propio periódico se publica el acta de Saltillo, en que se reconoce al Congreso para que dicte convocatoria a un congreso que constituya al país "bajo los auspicios de un gobierno de república federada". Esta acta es de 5 de junio.

El 20 de mayo Bustamante informa de la sesión del Congreso sobre los sucesos de Guadalajara, que celebró el 12 de mayo su separación de México —*Diario Histórico*, tomo I, p 404—; pero ya antes, el 17 de mayo, da noticia de que en el Congreso se leyó "un plan de República Federada impreso en Guadalajara". El 21 de junio se publica en la propia ciudad el bando "que contiene el pronunciamiento de separación federal de esta provincia". El *Aguila Mexicana*, núm. 80, informa que el 22 de junio se publicó un bando en Zacatecas, en que, de conformidad con las sesiones de la diputación provincial de los días 12, 13 y 16 del propio mes, se establece: 1o. El carácter convocante del Congreso; 2o. La junta declara tener el derecho de aplicar o no las disposiciones del Congreso.

[32] *Aguila Mexicana*, núm. 62. La circular del Ministerio de Relaciones, de 14 de junio de 1823, firmada por Alamán, contesta a Santa Anna: "No puede decirse

El Congreso, con las noticias de los sucesos de San Luis Potosí, se reune el 12 de junio en la noche en sesión extraordinaria. En ella Francisco García, Valentín Gómez Farías, Antonio J. Valdés, José Ma. Covarrubias, Manuel Crescencio Rejón y Prisciliano Sánchez, presentan un voto en que sostienen que es de suma importancia, en la situación en que el país se encuentra, que el Congreso "no contradiga la opinión de los pueblos, sino que colocándose al frente de ella la dirija y encamine al fin que se han propuesto". En estas condiciones, los seis diputados creen que:

> ... el pueblo mexicano, ansioso del bien que todos apetecen y nunca ha disfrutado, emprendió y ha consumado dos revoluciones gloriosas; mas como las formas de gobierno que ha experimentado le han sido tan gravosas y perjudiciales, suspira por otra que llene sus deseos y haga su felicidad: cree que ésta es la de República federada y nosotros estamos persuadidos, sin embargo de las objeciones que se hacen en contrario, de que este gobierno es el que conviene a la Nación Mexicana; así es que el deseo de ésta nos ha parecido racional y justo.[33]

Manifiestan "que las dos provincias que se han sustraído a la obediencia del Congreso y del gobierno no han proclamado su absoluta separación", sino que "quieren solamente confederarse en todo el rigor de la palabra". Por lo consiguiente:

> ¿Por qué no nos adherimos a la opinión general de las provincias, y con un decreto disipamos dudas, inspiramos confianza, aseguramos la consecución de lo que se apetece y abreviamos el tiempo que algunos querrían que se prolongase para introducir el desorden? No son los serviles, Señor, los que claman por federación, ni esta forma de gobierno les puede agradar. ¿Por qué, pues, nos detenemos? La opinión por República federada está pronunciada suficientemente, y de un modo inequívoco: no hay provincia y casi no hay papel público que no hable de este gobierno con entusiasmo; concluyamos pues la obra que la opinión ha comenzado.

Los seis diputados expresan que el Congreso ha dado un testimonio de desinterés y consideración a las provincias, "conformán-

---

que repugna el gobierno republicano a un congreso que en multitud de papeles públicos fue zaherido irrespetuosamente por su tendencia a aquella forma de administración, un congreso que vio a sus individuos arrestados porque se les creyó de la misma opinión, un congreso que mandó formar bases de República Federal, y publicar y circular las que formaron la comisión de su seno" —*Aguila Mexicana,* núm. 63, 16 de junio.

[33] *Aguila Mexicana,* núm. 60, viernes 13 de junio de 1823.

dose con la voz nacional en punto de convocatoria". Réstale, pues, para que "reuna y conforme todas las voluntades" terminar "de una vez la revolución mexicana y dejando afianzado el gran pacto de confederación".

De acuerdo con estas consideraciones, los seis diputados proponen, para que se declaren urgentes y pasen a la Comisión de Convocatoria:

> 1º A la mayor posible brevedad se nombrarán en las provincias Congresos o legislaturas provinciales en el número y forma que proponga la Comisión y apruebe V. Sob.
>
> 2º Visto el presupuesto presentado de los gastos generales de la nación, el déficit se repartirá proporcionalmente entre las provincias.

En lugar de esta proposición, surge el voto del Congreso por la forma de República Federal:

> El soberano Congreso constituyente en sesión extraordinaria de esta noche, ha tenido a bien acordar, que el gobierno pueda proceder a decir a las provincias estar el voto de su soberanía por el sistema de República Federada, y que no lo ha declarado en virtud de haber decretado se forme convocatoria para el nuevo Congreso que constituya a la nación."—Junio 12 de 1823".[34]

En la sesión extraordinaria del 17 de junio, se terminaron de discutir y aprobaron las bases para las elecciones del nuevo Congreso.[35]

El pacto federal del Anáhuac

El voto por la federación y la convocatoria no libran a los federalistas de maniobras en su contra. Así, al menos, lo piensan

---

[34] Colección de órdenes y decretos, tomo II, 2a. edición. México, 1829, imprenta de Galván a cargo de Mariano Arévalo, p. 125 y sigs.

José María Bocanegra —*Memorias para la Historia de México Independiente, 1822-1846*, tomo I, Imprenta del Gobierno Federal, México, 1892, p. 223— comprueba la interpretación que hacemos del voto y de la proposición de los seis diputados: "Sin embargo de esto, el partido federalista del congreso temió que las cosas tomasen mal aspecto, y en consecuencia, se presentaron en la sesión del 12 de junio dos proposiciones para nombrar congresos provinciales y arreglar la hacienda pública. El congreso general se contentó sólo con declarar la decisión de la asamblea por el sistema federal, dirigiendo al poder ejecutivo una orden para que se circulase".

[35] Mateos: *Op. cit.*, tomo II, p. 410 y sigs. Colección de órdenes y decretos, tomo II, 2a. edición, p. 125 y sigs.

ellos. Se requería el último jalón. La aparición el 28 de julio del Pacto Federal del Anáhuac, de Prisciliano Sánchez, lo viene a constituir. En este folleto se destacan los hechos, la decisión de las provincias que no puede ser detenida y reclama federalismo, las bases del pacto y se anticipa la contestación de las objeciones que surgirán en contra del federalismo al discutirse el artículo 5º del Acta Constitutiva. Es posible que desde el punto de vista jurídico se puedan hacer reparos al Pacto Federal del Anáhuac; pero políticamente es un documento magistral.

Para Prisciliano Sánchez la batalla está ganada. Las diputaciones provinciales, desde el Plan de Casa Mata y "en virtud de la revolución", tomaron un carácter muy distinto a aquél con que se hallaban investidas en la Constitución de Cádiz: "son las que han dirigido la opinión de sus provincias, y puestas todas de acuerdo, han sido el órgano de la voz de la nación". Fueron ellas las que, al adherirse al ejército, "desbarataron el trono de un débil soplo". La convocatoria —y aquí Prisciliano Sánchez estratégicamente sobrestima su acción— "se consiguió en menos de cuatro horas". Las diputaciones provinciales también están por la República Federal y ya se estaría en ella si el Congreso hubiera aprobado la proposición de los seis diputados en la sesión del 12 de junio.

La convocatoria, agrega, circula ya por todas las provincias y las elecciones se verificarán, debiendo salir de ellas un Congreso para constituir a la nación. "¿Pero bajo qué forma de gobierno?"

> Ved aquí todo el motivo de los recelos de unas provincias; y no sabré decir si la única esperanza de la capital de Guadalajara, Yucatán, Oaxaca, Zacatecas y las internas de Oriente, deseosas del federalismo, e impacientes de que se les retarde este bien, ayudadas de la localidad y de sus circunstancias, no considerándose ligadas por el antiguo pacto ya disuelto, se han anticipado a darse por sí mismas lo que acaso desconfían obtener por mano ajena, y se han declarado independientes de toda autoridad para darse su constitución peculiar, y gobernarse con entera separación de las demás, a las que no obstante quieren permanecer unidas con los vínculos fraternales de una justa federación que les garantice su tranquilidad mutua y su seguridad externa. Querétaro, Valladolid, Guanajuato y San Luis Potosí, han manifestado iguales sentimientos, aunque no han dado pasos tan acelerados como las primeras. Las demás no han contradicho la opinión general, y todas ciertamente quieren la federación; mas con la diferencia que estas últimas esperan obtenerla por la decisión del congreso general, porque temen que la desmembración intempestiva y no asegurada por una

preexistente garantía, pueda acarrear el desorden, faltando un centro de autoridad competentemente facultado para deliberar en las dificultades y las dudas que serán consiguientes a su separación. Temor que yo no puedo menos de confesar justo, y conducta bastante prudente; mas no por eso diré que carecen de fundamento los recelos de las primeras, porque, hablemos de buena fe: si ellas ciegamente se comprometiesen en la decisión del futuro congreso, para que éste las constituyera como mejor lo tuviese por conveniente, entendidas de que diferiría a mis ya manifestados deseos por el federalismo, ¿no les quedarían todavía motivos grandes para sospechar que sus esperanzas pudieran quedar burladas?

El golpe de Iturbide está reciente. Ciertamente que "hasta el día no descuella un ambicioso tan astuto ni de tanto prestigio como el que entonces perturbaba"; pero no hay que olvidar las intrigas que pueden "corromper, fascinar o comprometer a unos diputados que, aunque sean los más selectos, peligra su virtud aislada y sin recursos en la Babilonia de México". Hay que elegir diputados que respeten el mandato de sus electores, siendo indispensable que las provincias den a sus diputados "las instrucciones competentes":

> Ellos deben arreglarse a la voluntad general, que es la soberana y no como se os quiere persuadir, que la nación debe quedar sujeta a sus dictámenes y opiniones singulares.

El camino del futuro Congreso, debe ser trazado, lo está siendo por la actitud de las provincias:

> Discutirá en hora buena el futuro congreso las condiciones y los pormenores de ia constitución general que se debe dar: tendrá sus debates sobre cada uno de sus artículos: les dará más o menos extensión; pero nunca hará otra cosa que daros una carta federal, siempre que ésta sea nuestra constante voluntad.

La idea federal es expuesta con toda claridad y la delimitación de las atribuciones de los tres poderes de la Federación establecida en esencia:

> La Nación queda una, indivisible, independiente, y absolutamente soberana en todo sentido, porque bajo de ningún respecto político reconoce superioridad sobre la tierra. Sus intereses generales los administra la autoridad central dividida en tres poderes supremos. El congreso general, representando a la nación dictará las leyes más sabias y convenientes para conservar la mutua separación de los estados y man-

tener la unión federal. El Supremo Poder Ejecutivo será el resorte de la autoridad práctica, el timonel de la nave, y el gobernalle de toda la fuerza nacional, ya para oponerla al enemigo común, ya para contraponerla a la ambición de algún estado que quiera invadir o perturbar los derechos de otro, manteniendo el equilibrio mutuo entre todos ellos. El Supremo poder judicial será el que termine las discordias y oposiciones de un estado con otro en lo contencioso: su fallo será el que deba contenerlo dentro de los límites de lo racional y justo, y evitará de este modo que descuelle el germen de la anarquía. Será asimismo el que juzgue y haga efectiva la responsabilidad de los funcionarios generales, y la de todos los infractores del pacto federal.

La condición de los estados federados es esbozada en un párrafo:

> Cada estado es independiente de los otros en todo lo concerniente a su gobierno interior, bajo cuyo respecto se dice soberano de sí mismo. Tiene su legislatura, su gobierno, y sus tribunales competentes para darse por sí las leyes que mejor le convengan, ejecutarlas, aplicarlas, y administrarse justicia, sin tener necesidad de recurrir a otra autoridad externa, pues dentro de sí tiene toda la que ha menester.

Prisciliano Sánchez, en la última parte de su folleto, presenta las indicaciones previas al Pacto Federal y las bases, tanto para la Constitución general, como para las constituciones particulares de los estados.

Las indicaciones previas, de carácter transitorio, establecen:

1º Que entre tanto se reúne el nuevo Congreso, se reconoce el existente, lo mismo que el Poder Ejecutivo "como centro y unión de todas las provincias".

2º "En el remoto e inesperado caso de que se dicte una ley, o se tome alguna providencia dirigida a impedir o entorpecer el pacto federal a que la nación aspira, no debe ser admitida porque tiende a la anarquía contrariando el voto general de los pueblos".

3º El nuevo Congreso verificará la separación de los estados "que de hecho no están divididos" y terminará las discordias relativas a límites o separación.

4º "Las disputas en el fuero contencioso que en el entretanto puedan originarse por la separación entre particulares contra una provincia, ésta contra particulares, o provincia con

VOTO PARTICULAR

DEL SEÑOR BECERRA.

DIPUTADO

POR LA PROVINCIA DE VERACRUZ,

SOBRE

EL PROYECTO DE ACTA CONSTITUTIVA

Leido en la sesion del dia 2 de Noviembre de 1823, y mandado imprimir de órden del Soberano Congreso,

MEXICO 1823
Imprenta del Supremo Gobierno, en Palacio.

"En lo que se ve que las partes de la sociedad deben estar en una dependencia excesiva tan grande cuanto sea posible, porque sola la fuerza del estado hace la libertad de sus miembros, y aquélla se disminuye cuando éstos se reservan alguna. . ."

provincia, serán terminadas por el Supremo Tribunal de justicia que se ha mandado establecer".

Como bases para la Constitución general, define a las provincias como partes integrantes de la nación de Anáhuac y a ésta soberana, indivisible e independiente. Las provincias, que al fin del gobierno colonial tenían tal rango, seguirían consideradas con el mismo, así como aquellas cuya población fuese de 200 mil habitantes para arriba. Las provincias serían estados soberanos e independientes "para todo lo relativo a su gobierno interior". Se preveía la unión de aquellas que no reunieran 200 mil habitantes y su ulterior separación, así como "la agregación voluntaria en el estado" de "las naciones bárbaras". Prescribía la intolerancia religiosa e indicaba que el gobierno de la nación de Anáhuac "será popular, representativo federado".

Dividía el poder federal —"autoridad central"— en legislativo, ejecutivo y judicial. El primero lo hacía residir en un "Congreso de diputados" electos popularmente. Para establecer sus atribuciones enumeraba como objeto de "legislación central": 1º Seguridad y bien de la nación en todo lo concerniente a relaciones exteriores; 2º Conservar la unión federal, mantener la separación e independencia de los estados en lo relativo a su gobierno interior, así como su igualdad de derechos y obligaciones; 3º Lo relativo a la deuda pública y el presupuesto anual; 4º Juzgar a los funcionarios generales y establecer las penas para las infracciones de la Federación; 5º Dictar ordenanzas del Ejército, marina, aduanas marítimas, correos, casas de moneda, impuestos de importación y exportación, fe pública de los instrumentos, concordato con Roma y plan general de estudios. Por último, señalaba un sistema especial de votación cuando se versaren intereses individuales de los Estados.

Para el Poder Ejecutivo, que residiría en uno o tres individuos electos popularmente, establecía como atribuciones:

1º Promulgar las leyes generales y hacerlas circular.
2º Proveer los empleos permanentes del ejército y la armada que dispusiera la Constitución.
3º Nombrar generales, dirigir sus expediciones, distribuir la fuerza armada en las fronteras, en los puertos y en las provincias mediterráneas con acuerdo del Senado.
4º Declarar la guerra y hacer la paz con acuerdo del mismo Senado, ratificándose después por el Congreso.
5º Dirigir las relaciones exteriores, nombrando embajadores,

ministros y cónsules, de acuerdo con el Senado, y proveer los empleos generales a propuesta del mismo.

6º Conceder el pase o retener los decretos conciliares y bulas pontificias, de conformidad con lo que dispusiera la Constitución.

7º Finalmente, indultar delincuentes de acuerdo con la ley.

Al Senado lo hacía formar parte del Poder Ejecutivo, como una especie de Consejo de Estado y compuesto de uno o dos Senadores por cada estado, nombrados popularmente y removibles por mitad en el período que dispusiera la Constitución. A más de las funciones ya indicadas, le asignaba al Senado el velar sobre la observancia de la Constitución y dar cuenta al Congreso de las infracciones, así como convocar a congreso extraordinario en los casos previstos por la Constitución.

El Poder Judicial estaba integrado por letrados nombrados a propuesta del Senado, en los términos que la Constitución dispusiera y la que debía de determinar su movilidad o inmovilidad. Sus atribuciones serían "Conocer en los negocios contenciosos de unos estados con otros, particulares contra un estado, o viceversa. Dirimir las competencias de los tribunales de un estado con las de otro. Juzgar a los secretarios del despacho. Conocer en las causas de separación, suspensión y responsabilidad de los funcionarios generales. Juzgar todo delito contra la federación, y contra la seguridad nacional".

En las bases para las constituciones de los estados particulares, Prisciliano Sánchez establecía la división de poderes —el Poder Legislativo en una asamblea, el Ejecutivo en un gobernador y el Judicial en tribunales de justicia— y señalaba las atribuciones de cada uno de ellos.

Haciendo el cotejo de las bases de Prisciliano Sánchez con el proyecto de Acta Constitutiva presentado por la Comisión, es obvio que las primeras influyeron decisivamente, sobre todo en la enumeración de las facultades del Poder Legislativo. La forma de gobierno establecida por el artículo 5º del proyecto de Acta Constitutiva se define con las mismas palabras —popular, representativo federado, dice Prisciliano Sánchez—: representativo popular federal, dice el proyecto. Para destacar la influencia, basta comparar las fracciones I, III, IV, V y VII del artículo 13 del proyecto de Acta Constitutiva con los párrafos primero, tercero, segundo, cuarto y artículo 13 de las bases de Prisciliano Sánchez:

Proyecto de Acta Constitutiva de la Federación	*Pacto Federal del Anáhuac*
ARTÍCULO 13	
I.—Para sostener la independencia nacional y proveer a la conservación y seguridad de la Nación en todo lo que mira a sus relaciones exteriores.	Primero: la seguridad y el bien de la nación en todo lo concerniente a sus relaciones exteriores.
III.—Para mantener la independencia de los Estados entre sí.	Tercero: mantener la separación e independencia de los Estados entre sí en todo lo respectivo a su gobierno interior.
IV.—Para conservar la unión federal de todos los Estados que componen la Federación Mexicana, arreglar definitivamente sus límites y terminar del mismo modo las diferencias entre dos o más Estados.	Segundo: conservar la unión federal de todos los Estados que la componen, dictando las providencias necesarias para que ésta no padezca relajación.
V.—Para sostener la igualdad proporcional de obligaciones y derechos que todos los Estados tienen ante la ley.	Cuarto: mantener la igualdad de obligaciones y derechos que todos los Estados deben tener para conservar la tranquilidad recíproca de unos y otros.
VII.—Para fijar cada año los gastos generales de la Nación, en vista de los presupuestos que le presentará el Poder Ejecutivo.	13.—Le toca asimismo aprobar el presupuesto anual de todos los gastos de la administración federal.

Pueden encontrarse otras influencias, aunque menos claras; pero las indicadas ponen de relieve la trascendencia del folleto de Prisciliano Sánchez y dan énfasis de cómo el proyecto de Acta Constitutiva viene a recoger una serie de pretensiones y puntos de vista que abanderaban a diversos grupos federalistas.[36] Más adelante ve-

[36] Este proceso, que supone una elaboración colectiva, no sólo del Acta Constitutiva, sino del proyecto en que se fundó, desvirtúa de por sí aquellas explicaciones que ven el origen del Acta Constitutiva en Austin (F. Jorge Gaxiola: *La crisis del pensamiento político* y otros ensayos. Manuel Porrúa, S. A., 1956, p. 139 y sigs.). Por lo demás, Nettie Lee Benson —*Op. cit.*, pp. 167-168— señala cómo el proyecto de Constitución de Austin, de 29 de marzo de 1823, era centralista y cómo Austin, sólo después de entrevistarse con Ramos Arizpe, habló de una constitución federal.

remos la influencia de Francisco García en la modificación del proyecto de Acta Constitutiva.

El proyecto de Acta Constitutiva y las reflexiones de Francisco García

Al instalarse el nuevo Congreso, era evidente que los representantes federales no tendrían problema para obtener la definición fderal de la forma de gobierno; la elección lo garantizaba plenamente y los directores federalistas, como ya vimos, se habían anticipado a contestar las argumentaciones de los centralistas. El interés vital de los federalistas estaba en los términos concretos en que debería traducirse el régimen federal, el deslinde de competencias o atribuciones entre la Federación y los estados.

El 20 de noviembre de 1823 la Comisión de Constitución presentaba el proyecto de Acta Constitutiva.[37] La Comisión había procedido con gran premura, tanto que un día antes[38] Ramos Arizpe manifestó que le parecía indecoroso que se agregara a la Comisión de Constitución para acelerar sus trabajos, un individuo de fuera del Congreso —Jacobo Villaurrutia—, intervención que hizo que se retirara el nombramiento.

La Comisión de Constitución que presentó el proyecto estuvo formada por Miguel Ramos Arizpe, Manuel Argüelles, Rafael Mangino, Tomás Vargas y José de Jesús Huerta. Ramos Arizpe lo lee e Ibarra pide se imprima a la mayor brevedad posible. Mangino lee su voto particular, solicitando que se imprima.[39] Varios diputados hacen notar que el artículo 7 del proyecto, al enumerar los estados de la Federación. omite Chiapas —Chiapa—, a lo cual Ramos Arizpe admite que después de aclararse la situación de esta provincia la Comisión no tiene ningún inconveniente en agregarla.

El 21 de noviembre se leyó el voto particular de Alejandro Carpio.[40]

---

[37] Mateos: *Op. cit.*, tomo II, pp. 588-589. *Aguila Mexicana,* núm. 221. El *Aguila Mexicana* publica el discurso preliminar en el número 223 y el texto del proyecto a partir del número 225.

[38] Mateos: *Op. cit.*, tomo II, p. 586.

[39] Mangino considera que los artículos relativos a la soberanía deben ser sustituidos por uno que establezca: "La soberanía reside esencialmente en la reunión de los Estados que componen la Nación Mexicana; y la facultad de hacer, ejecutar y aplicar las leyes, será ejercida por los cuerpos o personas que se designen en esta Acta y en la Constitución".

[40] "Sr.: Siempre he estado persuadido de que la Soberanía no puede residir en los Estados tomados distributivamente, sino en toda la Nación; por lo que pido a V. Sob., se agregue este mi voto al proyecto de Acta Federal, que se leyó ayer".

El proyecto constaba de 40 artículos. En su artículo 5º establecía: "La nación adopta para su gobierno la forma de república representativa popular federada", y en el 6º consideraba a las partes integrantes de la nación como "estados independientes, libres y soberanos, en lo que exclusivamente toque a su administración y gobierno interior, según se detalla en esta acta y en la Constitución General". El artículo 7º enumeraba los estados miembros de la Federación; en el 13 las atribuciones del Congreso Federal; en el 16 la naturaleza y carácter del depositario del Poder Ejecutivo Federal y en el 18 enunciaba sus facultades.

En el discurso preliminar, la Comisión asienta que no expone las razones que la condujeron a preferir la forma de república representativa, popular federada, dado que la conducta del anterior Congreso, la del gobierno "y sobre todo las obras y las palabras de casi todas las provincias, la excusan de detenerse en esta parte". Indica que en lo relativo a fijar el número de los estados que deben componer la nación mexicana:

> ...se fijó un principio general, a saber, que ni fuesen tan pocos que por su extensión y riqueza pudiesen en breves años aspirar a constituirse en naciones independientes, rompiendo el lazo federal, ni tantos que por falta de hombres y recursos viniese a ser impracticable el sistema.

Sobre la organización y poderes de los estados, señala:

> En el establecimiento de gobiernos y poderes de cada Estado, no ha querido la Comisión sino fijar y reducir a práctica los principios genuinos de la forma de Gobierno General ya adoptada, dejando que los poderes de los mismos Estados se muevan en su territorio para su bien interior en todo aquello que no puedan perturbar el orden general ni impedir la marcha rápida y majestuosa de los poderes supremos de la federación.

Y por último establece el criterio en lo relativo a las facultades de la Federación y los estados:

> ...y a quienes por el interés de todos sólo se exige, que de la suma de sus derechos depositados en el actual Congreso, cedan a los poderes supremos los necesarios para hacer el bien general, conservando los demás para procurarse su felicidad interior.

En la sesión de 26 de noviembre de 1823,[41] Ramos Arizpe habla de la urgencia de que se delibere sobre el Acta, diciendo que si bien la mayoría de los diputados habían convenido en que ésta sólo se trataría cuando estuviesen reunidas dos terceras partes de los diputados, él considera que ya existe este quórum. Se decide que tres días después se inicie la discusión del Acta y el 1º de diciembre se acuerda la proposición de Basilio Guerra para discutirla en sesiones extraordinarias.

Pero del 28 de noviembre, es decir, ocho días después de presentado el proyecto, son las reflexiones de Francisco García.[42] Estas reflexiones demuestran que el proyecto Ramos Arizpe no satisfacía plenamente las pretensiones de los representantes federalistas y en segundo lugar, que éstos ya no discuten la definición frente a los centralistas, sino los términos del federalismo, la delimitación entre las atribuciones de la Federación y las de los estados.

En términos generales, puede decirse que Francisco García defiende, frente al proyecto de Ramos Arizpe, los derechos de los estados, o bien, hace observaciones de carácter teórico constitucional. Las reflexiones de Francisco García se refieren a los artículos 7, 13 fracciones II, VIII, IX, XIV, XVI, XVII, artículos 15, 16, 18 fracciones VII, VIII, XIII, XV, XVI, artículos 20, 22, 24, 34 y 39.

Las reflexiones sobre el artículo 7º de Francisco García dan lugar a que se introduzca el concepto de territorio dependiente de la Federación y que las Californias se separen de Sonora y pasen a depender del gobierno federal. La visión histórica del autor se pone claramente de relieve:

> La provincia que no quiera agregarse a las que esta acta designa, permanecerá con el carácter de provincia dependiente directamente del gobierno central, ínterin en la constitución se toma la resolución definitiva que en la misma acta se anuncia. Las Californias deben llamar la atención del Congreso por la importancia de su posición, por su inmediación a los establecimientos de una potencia poderosa, por su falta de recursos, y por la distancia a que se hallan para proporcionárselos con prontitud. Su agregación a Sonora, Estado también pobre y escaso de recursos, puede perjudicarlas privándolas de los auxilios directos que podrían percibir del gobierno central, y entorpeciendo sus relaciones con éste, que deben estar muy expeditas: por todo lo cual

---

41 *Aguila Mexicana*, núms. 227 y 228.

42 *Reflexiones sobre el Acta Constitutiva*. México, noviembre 28 de 1823. Francisco García. Oficina de José Ma. Benavente y socios.

yo creo que mientras aquella península no pueda formar por sí sola estado separado, debe depender directamente del gobierno central.

No progresan los puntos de vista de Francisco García sobre la fracción II del artículo 13 —conservación de la paz y del orden interior de la Federación— ni sobre la fracción VIII —establecimiento de las contribuciones para cubrir los gastos generales de la República—, siendo curioso destacar que en esta última pedía que el Acta se apartara de la Constitución Norteamericana. Tampoco tiene éxito la relativa a la fracción IX del propio artículo 13 —arreglar el comercio interior y exterior—, en que solicitaba se omitiera la parte relativa al comercio interior, por creer que en éste debía imperar la más absoluta libertad. Igualmente, no prosperó su observación sobre la fracción XIV, en que pretendía se precisara la facultad del Congreso en lo relativo a la organización de la milicia local de los estados. En cambio, se suprime del Acta Constitutiva la fracción XVI del artículo 13, que señalaba como atribución del Congreso general conceder facultades extraordinarias al Poder Ejecutivo, con conocimiento de causa y por tiempo limitado. García sostenía que para conceder facultades extraordinarias al Poder Ejecutivo, debía establecerse un sistema especial de votación, exigiendo la concurrencia de las dos terceras partes de los votos del Congreso.

Fue suprimida, asimismo, la fracción XVII del artículo 13, que establecía las facultades implícitas del Congreso general, al señalar como atribución de éste dictar "todas las leyes que sean necesarias; a fin de desempeñar las facultades precedentes y todas las demás que se concedan por la Constitución a los supremos poderes de la Federación Mexicana". García consideró redundante lo establecido por esta fracción, o por lo menos, esto es lo que expresa en sus reflexiones. La fracción XVII fue sustituida por la adición de otras facultades expresas: determinación de la moneda, sistema de pesas y medidas, conceder o negar la entrada a tropas extranjeras en el territorio y habilitar toda clase de puertos.

Logra que se suprima el artículo 15, que convocaba a un senado constituyente para revisar y sancionar la Constitución general. Sus argumentos consistieron fundamentalmente en que era extraña la creación de un senado constituyente sin enumerar claramente sus atribuciones.

Sus observaciones influyeron en la modificación sufrida por el artículo 16, relativo a la naturaleza y carácter del Poder Ejecutivo. Obtuvo, que se suprimieran la fracción V del artículo 18, que daba facultades al Poder Ejecutivo para deponer a los empleados de las oficinas generales de Gobierno y Hacienda y de sus dependencias y de la fracción XV del propio artículo, que le concedía facultades para suspender de sus empleos y privar de la mitad de sus rentas a los empleados que no cumplieran con las órdenes y decretos del gobierno. No progresan, en cambio, sus observaciones sobre la fracción VII —disposición de las fuerzas armadas por parte del Poder Ejecutivo— ni de la VIII —disposición de la milicia local para los mismos objetos. En estos dos últimos casos, García estaba defendiendo las que consideraba facultades de las provincias y expresando sus temores al gobierno central.

No prospera tampoco su observación sobre la fracción XIII del artículo 18 —cuidar que la justicia se administre pronta y cumplidamente—, obteniendo, por el contrario, la supresión de la XVI —que daba facultades de indultar a los delincuentes al Ejecutivo—, cuya facultad "es muy preciosa para que el Congreso se desprenda de toda intervención en su aplicación".

El artículo 20 del proyecto preceptuaba que el Presidente y Vicepresidente o personas depositarias del Supremo Poder Ejecutivo, podían ser acusadas y juzgadas "de una conducta manifiestamente contraria a la Constitución o las leyes". García propone que se suprima la palabra "manifiestamente", dado que "lo manifiesto debe ser un resultado del proceso y no una condición indispensable para formarlo". El artículo 20 fue suprimido del Acta Constitutiva.

Influye en la eliminación del artículo 22, que preceptuaba que las personas a que se refería el artículo 20 "sólo podrán ser acusadas por la Cámara de Diputados ante el Senado". García consideraba que este artículo era un golpe mortal a la seguridad y libertad de los ciudadanos y a los estados de la Federación, porque se les privaba de la acción de acusarlo, "circunstancia no sólo repugnante a los principios de un sistema liberal, sino a todos los derechos del hombre en sociedad".

Creemos que las reflexiones de García jugaron un papel decisivo en la eliminación en el artículo 24 del párrafo: "No son comisiones especiales los tribunales establecidos por el Congreso anterior para la persecución de malhechores y ladrones". En efecto, al respecto señaló que esta declaración no debía tener lugar en el Acta Constitutiva, a menos que se quisieran establecer constitucionalmente esos tribunales, medida que por su propia naturaleza era provisional.

Obtiene, también, la supresión del artículo 27, que estatuía que una ley posterior designaría a los electores que por primera vez ha-

"Pidió que se considerase a las provincias como que están separadas y van a unirse, y no al contrario, porque ciertamente no hay tal unión, falta un pacto fundamental".

bían de nombrar a los legisladores de los estados, en donde no estuvieran establecidos, y el tiempo, lugar y modo de efectuarlas. García logra en esta parte no sólo que se suprima este artículo, sino también que el Acta Constitutiva contemple el problema por él señalado:

> Nada se habrá hecho con esta acta para calmar la inquietud de la nación, restablecer la confianza, recurrir a la opinión y salir del estado crítico en que nos hallamos, si no se le reduce a práctica; mas ella no puede practicarse a lo menos en la extensión que se desea, sin la existencia de los gobiernos de los estados, ¿por qué no pues ocupa esta providencia, que podría concebirse en unos cuantos artículos, un lugar en el acta, siendo como es una parte tan principal de ella?

No progresan, en cambio, sus observaciones sobre el artículo 34 —la imposición de contribuciones o derechos sobre importaciones o exportaciones por parte de los estados, sin consentimiento del Congreso— ni sobre el artículo 39: la no variación del Acta Constitutiva sino en el tiempo y términos que prescribiera la Constitución general.

Como se ve, no nada más resulta evidente la influencia de Prisciliano Sánchez en el proyecto de Acta Constitutiva, presentado por la Comisión el 20 de noviembre, sino también la de las reflexiones de Francisco García en la modificación de dicho proyecto.

Es posible conocer, en términos generales, la orientación teórica de Francisco García, dado que sus reflexiones originaron algunos reparos que dieron lugar a una contestación.[43]

Francisco García, aclarando por qué considera que dentro de la federación cada uno de los estados tendrá soberanía, indica que para ello se sujeta al concepto de Estado y al de soberanía. El nombre de Estado "excluye la idea de una dependencia absoluta"; "luego los estados deben ser independientes en algunos ramos de su gobierno, luego con respecto a éstos pueden llamarse soberanos: de otra manera sería inútil mudarles el nombre de provincias". En cuanto a la soberanía, ésta o *superomnia* "quiere decir, que una nación tiene los derechos innatos de gobernarse a sí misma". Los derechos a gobernarse son relativos a diversos objetos, tantos como encierra la expresión general de gobernar:

> . . .luego si dividimos estos objetos de manera, que el ejercicio de unos pertenezca a las autoridades centrales, y el de otros a las de de-

[43] Los reparos son firmados por J. D. V.—*Aguila Mexicana,* núm. 237.—Francisco García contesta en *Aguila Mexicana,* núm. 244.

terminadas fracciones de la sociedad, como debe ser en el sistema federado nada impide, que estas fracciones se llamen soberanas con una soberanía relativa; esto es, con respecto a los derechos que se reserven, y sobre los cuales tiene una inspección absoluta e independiente.

García se plantea el insoluble problema de la indivisibilidad de la soberanía y la existencia de un Estado federal soberano, junto a estados federados también soberanos:

> Las ideas abstractas no representan a seres existentes en la naturaleza: son modos de reunir en nuestra mente propiedades comunes a muchos individuos para clasificarlos, y las palabras que los expresan varían de concepción según el punto en que aquellas propiedades se tocan, y uniforman; de aquí es que el que dijo la soberanía es indivisible, dijo bien, porque lo dijo bajo un sentido; y el que ha dicho la nación mexicana es soberana, y sus partes integrantes son estados soberanos e independientes ha dicho bien en otro sentido distinto del primero.

Se refiere después al régimen que privaba en las provincias de Holanda, diciendo que este país, a pesar de su pequeñez, "se dio una constitución federal más laxa, que la que desea la nación mexicana". Para él el federalismo no introduce división, sino, al contrario, viene a permitir la unión:

> Las revoluciones que ha sufrido este país, las ejecutivas necesidades que han resultado de ellas y de las viciosas instituciones, que lo han regido y aún rigen, y la extensión inmensa de su territorio han relajado los resortes que lo sujetaban a un centro común, y no quedaba más recurso para volver a esos resortes la elasticidad que han perdido, que la erección de un Congreso que reuniera la opinión; pero desde que se han propagado ciertos principios, que destruyen los fundamentos en que estriba esta institución: desde que se ha tratado de sostener que los congresos no deben compasar sus operaciones por la voluntad general, que es su apoyo, ha resultado lo que necesariamente debía resultar, sin embargo de no haberse calificado de anárquicos esos principios, y es, que el mismo Congreso no tendría la acción necesaria para dirigir la marcha del estado ¿y qué debería suceder en estas circunstancias? Que el estado se disolviese, y resultasen de esta disolución tres o cuatro naciones diversas, consecuencia que ya conoció un centralista decidido; pero como éste sería un mal, y mal

de inmensa trascendencia, porque los intereses opuestos que carecerían de un punto legal de unión chocarían entre sí, y crearían entre nosotros un sistema militar semejante al de Europa, los deseosos de removerlos apelaron al sistema federal como el único medio de evitarlo, y salvar la unión nacional, multiplicando al mismo tiempo la acción necesaria para la reorganización del estado, instituyendo un resorte vigoroso, que regularice los intereses de todos, y dirija la fuerza común contra una invasión interior.

El voto particular de José María Becerra

En la sesión del 1º de diciembre de 1823,[44] después de leerse el proyecto de Acta Constitutiva, José María Becerra "individuo de la Comisión", leyó su voto particular. Becerra tiene interés en que no se piense que aboga por una provincia y, mucho menos, por la de México, de la que no es diputado. Como argumento político invoca la estabilidad del país, pues no hay tiempo "tan peligroso para las naciones como aquel que precede y en el que se les da Constitución".

El voto particular de Becerra se desvía, en cuanto la mayor parte de él está dedicado a demostrar en teoría que la voluntad general no se ha expresado por la forma federal. Para ello recurre a William Paley, a Bentham, a Blanco White y, sobre todo, a Rousseau. Le importa mucho aclarar el concepto de voluntad general,[45] pues si no:

> Cualquier partido dispondría las cosas de tal suerte que pudiese alegarla en su favor, y el estado quedaría expuesto a ser el juguete de todas las facciones y a los terribles daños y desastres que son a esto consiguientes".

Para Becerra el pacto social, la soberanía de la nación, la voluntad general, la libertad y otros principios semejantes:

---

44 *Aguila Mexicana,* núm. 233.

45 Las discusiones sobre la interpretación del concepto de voluntad general son frecuentes. En la sesión del 14 de junio de 1823 Marín pidió, al discutirse el dictamen sobre convocatoria, que se variase el artículo 77 que introducía el concepto de voluntad general. Sánchez de Tagle lo apoya e igual actitud asume Becerra, quien se oponía "siempre a las interpretaciones arbitrarias que se daban a la cláusula de la voluntad general". Prisciliano Sánchez reduce el problema a sus justos términos: "¿El Congreso debe seguir la voluntad de la nación, o la nación la voluntad del Congreso?" Lo primero, dice, es incuestionable. José Cecilio Valle lo respalda *(Aguila Mexicana,* núm. 65).

> ...¿son más que unas puras teorías respecto de los cuerpos políticos como lo son para los físicos los vórtices de Descartes, la atracción de Newton, el sistema corpuscular y algunos que otros? No se encuentra más diferencia sino que éstas en nada influyen en los cuerpos físicos que no se formaron según ellas, sino según las reglas incomprensibles de la Sabiduría Divina, y aquéllas contagian con su debilidad e imperfecciones a los que se forman según ellas, los más grandes hombres de las naciones más cultas de la Europa los tienen abandonados con los autores que los enseñaron, Rousseau, Paine y otros de la misma clase que por desgracia son tal vez los únicos que se leen en nuestros pueblos.

Sería deseable que en nuestros pueblos se elevara la ilustración política, "se extendiera el Blanco, el Bentham y algunos otros semejantes"; pero mientras ello no suceda, es bizantino hablar de voluntad general. Becerra, después de considerar que ha rebatido la pretensión de que la voluntad general se expresa por el federalismo, indica:

> La república federal, Señor, en la manera que se propone en el proyecto, con estados libres, soberanos e independientes, es un edificio que amenaza ruina y que no promete ninguna felicidad a la nación. No es una máquina sencilla, y de una sola rueda que nada tiene en qué tropezar, ni que le impida seguir su movimiento: es una máquina complicada y que se compone de otras tantas ruedas, cuantos son los congresos provinciales, de las que bastará que se pare una, o tome dirección contraria para estorbar su movimiento y aun causar su destrucción.

Lo sucedido con las diputaciones provinciales demuestra a qué grado de disgregación nos llevará la federación:

> Si los congresos provinciales en caso de que pongan, han de obrar por sí y sin subordinación se rozarán inmediatamente con el Congreso y gobierno general, y hallándose en continua lucha entorpecerán o pararán el movimiento de la máquina, originando a la nación innumerables males, y finalmente su ruina.

Agrega un argumento al que ya los federalistas se habían anticipado:

> Con la federación se crearán rivalidades y se aumentarán las que estén creadas. Algunos estados quedarían resentidos y nuestros enemigos atizarían los celos y procurarían fomentar la división.

Prisciliano Sánchez lo había previsto:

> La principal dificultad y la más favorita con que se nos quiere espantar como a niños medrosos, es la imbecilidad en que suponen va a quedar la nación para resistir las agresiones extranjeras, por la separación gubernativa de sus provincias; pero esto tiene más de ilusión o de malicia, que de solidez; es verdad que en el sistema federado se divide la nación en estados pequeños e independientes entre sí para todo aquello que les conviene, a fin de ocurrir a sus necesidades políticas y domésticas; mas inmediatamente, a menor costa, con menor conocimiento y con mayor interés que el que pueda tomar por ellos una providencia lejana y extraña, cuya anterioridad las más veces obra ignorante o mal informada, y de consiguiente sin tino ni justicia. Pero esta independencia recíproca de los estados que nada debilita la fuerza nacional, porque ella en virtud de la federación rueda siempre sobre un solo eje, y se mueve por un resorte central y común.

Becerra recuerda los sucesos de Caracas, a quien Blanco, en carta dirigida a fray Servando, "les anuncia que volverían a ser subyugados, como se verificó efectivamente por haber dado en la manía de federarse dividiéndose para unirse, cuando estaban bien unidos". Pone ejemplos de las ventajas del centralismo para la defensa exterior, pero su base teórica es Rousseau en el famoso párrafo en que señalaba que las cláusulas del contrato social se reducen a una sola: "la enajenación total de cada asociado con todos sus derechos a la comunidad". Por analogía deduce:

> En lo que se ve que las partes de la sociedad deben estar en una dependencia excesiva tan grande cuanto sea posible, porque sola la fuerza del estado hace la libertad de sus miembros, y aquélla se disminuye cuanto éstos se reservan alguna, como debe suceder en gran manera en la reunión de estados libres e independientes por la mucha que a éstos se reserva con lo que lejos de favorecerse la libertad, que es lo que se pretende, se pone por el contrario en el mayor peligro contemplándose además que ésta debe quedar más asegurada cuando los congresos y gobiernos provinciales esperen que sus providencias hayan de ser revisadas por el Congreso y Gobierno general.

Considera inoportuna la implantación del federalismo y pide se reserve "para cuando nos veamos reconocidos o para de aquí a 8 ó 10 años". Si los pueblos no quieren más que el federalismo, el camino es convencerlos de que no conviene. Finalmente, ofrece redactar en artículos sus proposiciones, si ello se juzga necesario.

Terminada la lectura del voto de Becerra, Ibarra pidió que no se continuara la discusión del Acta Constitutiva hasta que no fuese impreso este voto; pero Ramos Arizpe se opone a esta dilación, siendo apoyado por Vargas, quien indica que los diputados que vienen de provincia saben la urgencia que existe para la decisión federal.[46] El punto lo ganan Ramos Arizpe y Vargas, pero sólo transitoriamente, pues en la sesión del 2 de diciembre,[47] Lombardo hace suya la proposición de que se suspenda la discusión del proyecto de Acta Constitutiva, apoyado por Barbabosa y Becerra.

Ramos Arizpe, Covarrubias y el Secretario de Justicia insisten en su punto de vista y se acuerda proceder a la discusión "sin esperar el voto impreso del Sr. Becerra".

En la sesión de 4 de diciembre[48] se continúa la discusión del Acta en lo general. Llave apoya al federalismo, sistema recomendable "en sentir de los sabios, y según la recta razón". El federalismo divide a los pueblos, no como enemigos, sino para repartir la administración, haciéndola mejor. Colombia obtuvo malos resultados con el sistema federal porque pasó de un extremo a otro, "de la tiranía a un grado muy elevado de libertad", situación que no es la nuestra. Por último, expresa que la voluntad general ya se ha manifestado por la forma federal.

Paz dice que el conocimiento de la voluntad general no se debe fundar en la manifestación de las autoridades; pero Marín hizo presente que para probar que hay voluntad general, basta atender a los hechos, y a la vista se tiene la existencia de un cuerpo legislativo, "cuyos miembros han recibido sus facultades no de una persona, sino de la mayoría de la nación que quiso elegirlos, y esa es voluntad general". La doctrina contraria, dice Marín, nos conduciría a una monarquía absoluta.

En la sesión de 5 de diciembre se continua la discusión del proyecto en lo general y:

> El Sr. Castorena notó, que el proyecto parece quiere establecer una soberanía parcial, que es la de cada estado, y una general que es la de todos los estados. Observó que la soberanía no puede ser más

[46] *Aguila Mexicana,* núm. 233.
[47] *Aguila Mexicana,* núm. 234.
[48] *Aguila Mexicana,* núm. 235.

que una, porque ella consiste en el supremo poder para todo lo respectivo a la sociedad.

A lo que inmediatamente se contesta:

> El Sr. Vélez dijo en cuanto a la observación del Sr. Castorena sobre la soberanía parcial y general que la primera, esto es la de cada estado, consiste en el uso de los derechos que éste se ha reservado, y la segunda, o la de todos los estados, consiste en los derechos que cada uno ha puesto a disposición de la confederación para que pueda subsistir ella y los estados que la componen; todo lo cual no era incompatible ni difícil de comprender y distinguir.

Florentino Martínez asienta que el proyecto no marca con exactitud los límites "del gobierno general y del particular de cada estado", solicitando se devuelva a la Comisión. Hábilmente, Ramos Arizpe interviene para precisar que la Comisión sólo ha querido proporcionar bases y está en la mejor disposición de recibir y admitir observaciones cuando se proceda a la discusión particular.

Interviene Ibarra contra el proyecto, expresando que quienes se oponían al federalismo no se atrevían a manifestarse con claridad, por temor a los pueblos, y excita al Congreso a que repare en que el Acta Constitutiva, salvo por su nombre, era ya la Constitución.[49]

En la sesión del 7 de diciembre, por 44 votos contra 27, se establece que ya se ha discutido suficientemente en lo general el proyecto.

El discurso de fray Servando

En la sesión de 11 de diciembre se procedió a discutir el artículo 5º [50] o sea la definición de la forma de gobierno como república representativa popular federal. Según el Águila Mexicana,[51] éste es el día en que fray Servando pronuncia su célebre discurso, relacionando el artículo 5º con el 6º

---

49 *Aguila Mexicana,* núms. 239 y 240.

50 Mateos: *Op. cit.*, p. 614, tomo II, *Aguila Mexicana,* núm. 241.

51 *Aguila Mexicana,* núm. 241. Lo publica con el título: *Discurso que pronunció el dia 11 de diciembre de 1823 en el Soberano Congreso el Sr. Dr. D. Servando Teresa de Mier sobre el artículo 5o.* Se empieza a publicar el discurso en el número 244. Bustamante —*Diario histórico,* p. 645— también lo consigna el 11 de diciembre, comentando que el discurso dejó atónito al Congreso: "Verdaderamente (se decían unos a otros) éste es un sabio del siglo... pero inútiles esfuerzos".

Fray Servando recuerda su republicanismo, rechaza que las provincias hayan obligado al Congreso a dar la convocatoria y sabrosamente narra que una comisión "de mis amigos nombrada por mí" trabajó el proyecto de bases, que no llegó a discutirse, y:

> Dígase lo que se quiera, en aquel proyecto hay mucha sabiduría y sensatez y ojalá que la nación no lo eche de menos algún día.

Dólido, dice:

> Se nos ha censurado de que proponíamos un gobierno federal en el nombre y central en la realidad. Yo he oído hacer la misma crítica del proyecto constitucional de la nueva comisión.

Para después preguntar:

> Pero ¿qué no hay más de un modo de federarse? Hay federación en Alemania, la hay en Suiza, la hubo en Holanda, la hay en los Estados Unidos de América, en cada parte ha sido o es diferente, y aún puede haberla de otras varias maneras. Cuál sea la que a nosotros convenga *hoc opus, hic labor est.* Sobre este objeto va a girar mi discurso.

Fray Servando sostiene que en su iniciación la federación "debe ser muy compacta", tanto por nuestra educación y costumbres, como "para la guerra que nos amenaza". Pasadas estas circunstancias, que requieren de "mucha unión" "y progresando en la carrera de la libertad", se podría, sin peligro "ir soltando las andaderas de nuestra infancia política hasta llegar al colmo de la perfección social, que tanto nos ha arrebatado la atención en los Estados Unidos". En ese momento fray Servando lanza dos opiniones que han perdurado y circulan a pesar de que cuando fueron dichas debieron haber sonado a falso:

> La prosperidad de esta república vecina ha sido, y está siendo, el disparador de nuestras Américas, porque no se ha ponderado bastante la inmensa distancia que media entre ellos y nosotros. Ellos eran ya Estados separados e independientes unos de otros, y se federaron para unirse contra la opresión de la Inglaterra; federarnos nosotros estando unidos, es dividirnos y atraernos los males que ellos procuraron remediar con esa federación.

El federalismo en México es una imitación extralógica y viene a desunir lo unido. Invoca trescientos años de colonia para decir que es imposible brincar al federalismo; pero, cabe preguntarse, ¿no acaso desde 1812 Ramos Arizpe hacía notar los males de la centralización y proponía la descentralización como remedio? Evidentemente que el punto de partida de fray Servando era que las diputaciones provinciales constituían cuerpos artificiales de "demagogos" y "aspirantes". No captaba o, al menos no reconocía, que estas diputaciones provinciales eran expresión de una realidad.

Por otra parte, Fray Servando, cuando ve el federalismo en México como un método de desunir lo unido, sólo está aplicando una ingeniosa frase a una situación para la cual no había sido hecha. Becerra en su voto habla del concepto desunir lo unido como empleado por Blanco White en una carta a fray Servando sobre las condiciones de Caracas. Fray Servando toma la frase, a pesar de que cuando la dice, nuestro país no estaba unido. Las fuerzas centrífugas predominaban, la disgregación estaba a la vista y a punto estuvimos de caer en ella, como sucedió en Centroamérica. Fray Servando mismo en su discurso lo va a afirmar.

Quizás su gran imaginación lo haya conducido a sostener que la naturaleza misma "nos ha centralizado". La geografía lo desmiente. Ni grandes ríos navegables, ni grandes planos que faciliten las comunicaciones, ni unidad de clima y de raza y cientos de dialectos distintos. Ciertamente que la geografía, la naturaleza, no nos llevaba al régimen centralista.

Fray Servando pone los ejemplos de Venezuela, de Colombia y de Argentina. Para ello prescinde de la geografía y a veces de la historia. Esta última se vengó, probando en el caso de la Argentina su error de apreciación. Su otro argumento resulta puramente político:

> Yo no sé adular ni temo ofender, porque la culpa no es nuestra sino de los españoles; pero es cierto que en las más de las provincias apenas hay hombres aptos para enviar al Congreso general; ¡y quieren tenerlos para Congresos provinciales, poderes ejecutivos y judiciales, ayuntamientos, etc., etc.! No alcanzan las provincias a pagar sus diputados al Congreso central, ¡y quieren echarse a cuestas todo el tren y el peso enorme de los empleados de una soberanía!

Es posible que los hombres no estuvieran en aptitud de gobernar el país; pero, en todo caso, sí lo estaban para gobernar su aldea o su región. En cuanto al costo de la administración, éste lo iba a

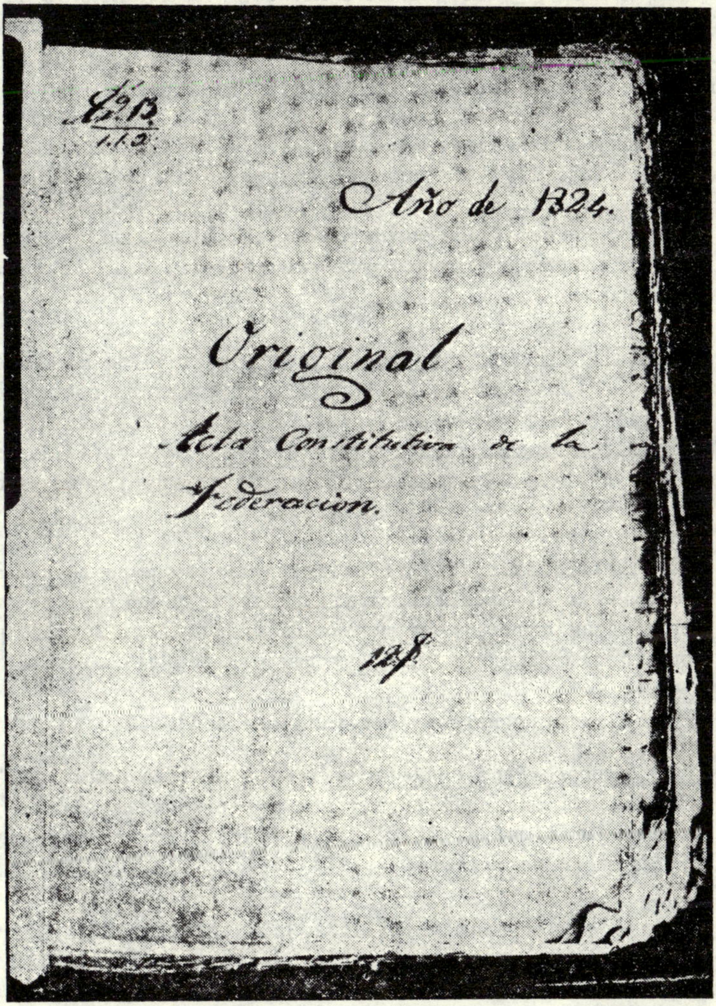

"... viene a recoger una serie de pretensiones y puntos de vista que abanderaban a diversos grupos federalistas".

fijar el país. No era un costo determinado que el país dijera lo cubro o no lo cubro, puedo pagarlo o no. Eran las condiciones de la nación las que iban a determinar el costo de nuestra administración.

Fray Servando pasa a ocuparse de la voluntad general. Al efecto recuerda los principios del mandato representativo:

> La soberanía reside esencialmente en la nación, y no pudiendo ella en masa elegir sus diputados, se distribuye la elección, por las provincias; pero una vez verificada, ya no son los electos, diputados precisamente de tal o tal provincia, sino de toda la nación. Este es un axioma reconocido de cuantos publicistas han tratado del sistema representativo.

La teoría, sin embargo, no excluye la disyuntiva de Prisciliano Sánchez: o el Congreso seguía a la nación o pretendía conducirla. En el segundo caso, el choque habría sido inevitable. Las fuerzas centrífugas, con gran simplicidad, estaban constituidas para fray Servando por un mero aspirantismo. El pueblo no sabe lo que es federalismo:

> Yo no quisiera ofender a nadie; pero me parece que algunos inteligentes en las capitales, previendo que por lo mismo han de recaer en ellos los mandos y los empleos de sus provincias, son los que quieren esa federación y han hecho decir a los pueblos que la quieren.

Pero a continuación fray Servando retrocede:

> Algunos señores diputados se han empeñado en probar que las provincias quieren república federada; pero ninguno ha probado, ni probará jamás, que quieran tal especie de federación angloamericana, y más que angloamericana.

Y en este camino acaba por negar la misma base del mandato representativo que antes ha invocado: el principio de mayorías y minorías:

> ¡Y esa es la pretendida voluntad general con que se nos quiere comulgar como niños! Esa voluntad general numérica, es un sofisma, un mero sofisma, un sofisma que se puede decir reprobado por Dios cuando dice en las escrituras: "No sigas a la turba para obrar el mal, ni descanses en el dictamen de la multitud para apartarte del sendero de la verdad".

Su horror a la Revolución Francesa, su antijacobinismo, su liberalismo ilustrado, emerge:

> Desde que uno lee los primeros capítulos del pacto social de Rousseau, se irrita contra todo gobierno como contra una usurpación de sus derechos; salta, atropella y rompe todas las barreras, todas las leyes, todas las instituciones sociales establecidas para contener sus pasiones, como otras tantas trabas indignas de su soberanía. Pero como cada uno de la multitud ambiciona su pedazo, y ella en la sociedad es indivisible, ellos son los que se dividen y despedazan, se roban, se saquean, se matan, hasta que sobre ellos cansados o desolados, se levanta un déspota coronado, o un demagogo hábil y los enfrena con un cetro, no metafísico, sino de hierro verdadero; paradero último de la ambición de los pueblos y de sus divisiones intestinas.

Y él mismo se asusta de a dónde lo lleva su oposición a Rousseau, a identificar federalismo y jacobinismo:

> ¿Qué, pues, concluiremos de todo esto?, se me dirá. ¿Quiere Ud. que nos constituyamos en una república central? No. Yo siempre he estado por la federación, pero una federación razonable y moderada, una federación conveniente a nuestra poca ilustración y a las circunstancias de una guerra inminente, que debe hallarnos muy unidos. Yo siempre he opinado por un medio entre la confederación laxa de los Estados Unidos, cuyos defectos han patentizado muchos escritores y que allá mismo tiene muchos antagonistas, pues el pueblo está dividido entre federalistas y demócratas: un medio, digo, entre la federación laxa de los Estados Unidos y la concentración peligrosa de Colombia y del Perú: un medio, en que dejando a las provincias las facultades muy precisas para proveer a las necesidades de su interior, y promover su prosperidad, no se destruya a la unidad, ahora más que nunca indispensable, para hacernos respetables y temibles a la santa alianza, ni se enerve la acción del gobierno, que ahora más que nunca debe ser enérgica, para hacer obrar simultánea y prontamente todas las fuerzas y recursos de la nación *Medio tutissimus ibis.* Este es mi voto y mi testamento político.

La comisión que presentó el proyecto de Acta Constitutiva no ha encontrado el justo medio, "ha condescendido demasiado con los principios anárquicos de los jacobinos", "han convertido en ligas de potencias la federación de nuestras provincias". Pero, a renglón seguido, se contradice: Querétaro, Zacatecas, Jalisco, se han entregado al provincialismo:

> Son notorios los excesos a que se han propasado las provincias desde que se figuraron soberanas. ¿Qué será cuando las autorice el Congreso general? ¡Ah! ni en éste nos hallaríamos si no se les hubiera aparecido un ejército.

No le convence que se diga que la soberanía de los estados es nominal. Si la soberanía reside en la nación, no puede residir en los estados que la componen. El concepto de la soberanía de los estados sólo serviría para que los demagogos irriten a las provincias y las induzcan a la insubordinación por cualquier decreto que no les acomode. Aun cuando el artículo 6º del Acta constitutiva sólo establezca la soberanía de los estados miembros en lo relativo a su administración y gobierno interior:

> Eso del interior tiene una significación tan vaga como inmensa, y sobrarán intérpretes voluntarios, que alterando el recinto de los Congresos provinciales, según sus intereses, embaracen a cada paso y confundan al gobierno central.

Insiste en los peligros que el federalismo entraña para el país y patéticamente se define:

> No, no. Yo estoy por el proyecto de bases del antiguo Congreso. Allí se da al pueblo la federación que pide, si la pide; pero organizada de la manera menos dañosa, de la manera más adecuada, como antes dije ya, a las circunstancias de nuestra poca ilustración, y de la guerra que pende sobre nuestras cabezas, y exige para nuestra defensa la más estrecha unión.

Reitera las ventajas del plan de Constitución y del federalismo regulado que contenía, para señalar que el del Acta Constitutiva supondría pasar de un extremo a otro, sin ensayar el medio. Esto, dice, es delirio.

No falta maña en su argumentación. La Constitución norteamericana de 1787 derogó el artículo 2º del Pacto de Confederación de 1778:

> Protesto ante los cielos y la tierra que nos perdemos si no se suprime el artículo de soberanías parciales. *Actum est de republica.*

Señor, por Dios, ya que queremos imitar a los Estados Unidos en la federación, imitémoslo en la cordura con que suprimieron el artículo de Estados soberanos en su segunda constitución.

Para fray Servando, tan tirano puede ser el pueblo, y más violento, que un monarca absoluto. Para no conceder "las soberanías parciales", no debe ser un obstáculo el que pueda haber guerra civil. De hecho ella existe y si se sanciona la federación, la guerra civil será general, pues "¿Es acaso menos ambicioso un pueblo soberano que un soberano particular?" El pez grande se comerá al chico. Los conflictos entre los estados y entre ellos y las regiones serán permanentes.

La "alianza, santa por antífrasis", nos amenaza y es necesario que nos halle bien constituidos. El federalismo impide o estorba la defensa. Hay ejemplos de ello y los viajeros juiciosos observan que los Estados Unidos no "podrían sostenerse contra una potencia central que los atacase en su continente".

Cuando Becerra pidió en "su sabio y juicioso voto" que aguardáramos para constituirnos a ser reconocidos y a que estuviera más ilustrada la nación, no dijo nada extraño. Los Estados Unidos no se constituyeron sino hasta después de ser reconocidos por Gran Bretaña, Francia y España y se rigieron por una constitución no escrita, como Inglaterra. Este es un buen ejemplo, pues:

> Es propio del genio cómico de los franceses fabricar constituciones dispuestas como comedias por escenas, que de nada les han servido.

Lo que se quiere, en realidad, no es la Constitución, sino "arrancarnos el decreto de las soberanías particulares". Y no se debe condescender a ello. El Congreso debe mantenerse firme. Si se aprueba el Acta Constitutiva en su totalidad:

> Protestaré que no he tenido parte en los males que van a llover sobre los pueblos del Anáhuac. Los han seducido para que pidan lo que no saben ni entienden, y preveo la división, las emulaciones, el desorden, la ruina y el trastorno de nuestra tierra hasta sus cimientos.

El discurso de fray Servando reiteradamente ha sido calificado de profético, y más profético lo habría sido si se sigue y no se implanta el federalismo. Fray Servando no ignoraba el costo del centralismo que pretendía y en terrible frase lo señaló:

> Cuatro son las provincias disidentes y si quieren separarse que se separen, poco mal y chico pleito.

Los debates finales

En la sesión de 13 de diciembre de 1823[52] Carpio impugnó las ventajas del sistema federal, asentando que fue el federalismo, y no el terremoto de Caracas, lo que hizo que esas provincias sucumbieran al yugo español y:

> Que los Estados Unidos, pueblo que ha experimentado por muchos años la federación ha ido y va centralizando su gobierno.

A propósito de voluntad general, señala que si se descuentan de los seis millones de la población las mujeres, los niños, "los hombres que no piensan en materia de gobierno", los iturbidistas, centralistas y borbonistas, sólo quedarán doscientos mil partidarios de la federación.

Ramos Arizpe manifiesta que en los sucesos de Caracas se ha concretado a informar lo que consta en la capitulación y otros documentos públicos.

Barbosa asienta que la voluntad general se forma de la parte ilustrada de la nación, "a la cual sigue el resto, no servilmente sino por convencimiento" y que esa parte ilustrada está por el federalismo. Señala que las provincias ya se han pronunciado expresamente por el federalismo y considera que este sistema "consiste en un enlace de todos los estados que lo adoptan para defenderse mutuamente de los enemigos interiores y exteriores; y que por tanto no se debía temer que adoptadas las formas de gobierno nos dividamos y debilitemos". Sobre el argumento de que el pueblo no sabe lo que es federalismo, dijo que el pueblo, con lo que sabe, le basta para apetecerlo y desearlo y que no se podía exigir más; así como en materia de religión, para juzgarlo creyente no se le pedía que tuviera los conocimientos de un teólogo.

Carlos María de Bustamante alega la separación "que va a causar en las provincias, al contrario de lo que sucedió en los Estados Unidos, que estando separados se unieron". Invoca el aumento

---

52 *Aguila Mexicana,* núms. 244 y 245.

de empleados que el federalismo supone y la posibilidad de que ciertos grupos se apoderen del gobierno de las provincias y las opriman. Repite los efectos que considera produjo el federalismo en Colombia y los peligros que para nuestro país derivaban de los intentos de reconquista de España y de "la liga de los tiranos".

Covarrubias apoya el federalismo, por considerar que sólo así las provincias remotas "recibirán la atención e impulso que no puede darles un gobierno central". Se refiere a los inconvenientes del centralismo y dice:

> Que todos los males que nuestro país sufrió en su ilustración y su comercio bajo el gobierno español, fue de que España deseaba centralizarlo todo, y que esta centralización es interesante a los que quieren percibir sólo las utilidades, que por el federalismo se han de distribuir entre muchos.

Marín sostiene que debe concederse a los pueblos el federalismo que desean. Opina que los males que se anuncian con la federación se anunciaron con la independencia y con el sistema republicano, sin que los hallamos padecido:

> Manifestó que ese sistema no hace más que llevar adelante y perfeccionar el que está adoptado de dividir a los individuos de las naciones, en familias, pueblos, partidos y provincias sin que nadie diga que por eso se debilita la energía de toda la nación, ni la de su autoridad suprema.

Becerra reitera sus argumentos y agrega que los Estados Unidos se sostuvieron en el federalismo con el apoyo de España y Francia "y que después han ido estrechando sus vínculos, porque la experiencia les ha enseñado que es indispensable". Con el federalismo estaríamos expuestos a los enemigos interiores y exteriores y:

> Que faltan a la nación costumbres, no morales ni sociales, sino políticas, que son indispensables para la transición al sistema que se propone.

Cañedo apoya el federalismo y dice que la voluntad general, que no es la de todos, está por este sistema. Niega que la heterogeneidad de la población sea un obstáculo para la federación, pues no lo fue en los Estados Unidos y que si en México falta ilustración para el sistema federal, igual faltaría para el sistema republicano:

> Comparó la población de los Estados Unidos al tiempo que se federaron con la que tiene nuestro país, para demostrar que aquélla era inferior a ésta en la mitad.

Cañedo considera que los gastos públicos no se aumentan, pues el ejército permanente en un régimen federal es pequeño y acabó diciendo que, en su concepto, no había obstáculos para la adopción del régimen federal.

En la sesión del 14 de diciembre, Guridi y Alcocer, sobre el artículo 5º, dijo que aceptaba lo de *republicano*, que lo de *representativo* estaba implícito en un gobierno republicano, que no tenía inconveniente en lo de *popular* para distinguirlo de un gobierno aristocrático y que en cuanto a lo de *federal*, debía sustituirse por mixto, o sea, un gobierno con las ventajas del centralista, "sin romper ni aflojar los vínculos de la sociedad".

Es en esta sesión en la que Gómez Farías lee un importante discurso, manifestando que las provincias no dejan lugar a duda sobre su opinión federalista y refiriéndose al problema teórico de la federación:

> Pidió que se considerase a las provincias como que están separadas y van a unirse, y no al contrario, porque ciertamente no hay tal unión, falta un pacto fundamental.

Ibarra se manifiesta contra el federalismo, pidiendo que se reservase el artículo 5º hasta el final de la discusión del proyecto.

Juan Bautista Morales responde a los argumentos que se exponen contra la federación. Expresa:

> Que no hay pacto porque nos falta una constitución, nos faltan leyes fijas, y todo lo que existe en esta línea es provisional y únicamente tolerado.

Añade Morales que si la nación ignora lo que es federalismo, tampoco sabe lo que es república central ni monarquía, "y por tanto si aquello es razón para no darle la forma federal, también lo será para que no haya gobierno alguno". La nación, con lo que sabe, le basta para conocer las ventajas del federalismo, apetecerlo y desearlo. El régimen federal difundirá la ilustración y en las provincias que se han pronunciado por el federalismo no ha habido desórdenes, a pesar de que se hayan buscado. Añade que los iturbidistas, los borbonistas y los aspirantes son más peligrosos en un régimen centralista que en el federal.

Su argumento teórico es claramente expuesto:

> Que así como los hombres ceden parte de sus derechos a la sociedad, quedándose ellos con otra parte, así los pueblos ceden una parte de su soberanía, la necesaria para la felicidad general quedándose ellos con otra parte.

Para Morales la nación tiene lo suficiente para sus gastos y cada estado costeará su administración y contribuirá para la federal. Para él la palabra federación denota unión, y si Colombia no se consolidó con el sistema federal, fue porque tenía el enemigo cerca y estaba dividida en varios partidos. Con argucia indica que si se alegan los hábitos y costumbres de 300 años en contra del federalismo, tendríamos que ser gobernados dentro del régimen borbonista. Termina diciendo que la nación está por la federación y que lo que se busca es que las provincias estén unidas por la ley.

Después de esta intervención, se pregunta a la asamblea si se considera suficientemente discutido el artículo 5º, resultando la opinión negativa, y en la sesión de 15 de diciembre de 1823[53] el debate continúa.

Paz defiende a la provincia de México, acusada de aspirar a la centralización, e irritado concluye diciendo que se apruebe el artículo, pues cuanto en contra de él se hiciese "se interpretaría siniestramente".

En la sesión del 16 de diciembre[54] Solórzano dice que la voluntad general ya se manifestó por el federalismo y que el artículo debe aprobarse sin más discusión ni demora.

Espinosa habla en contra del federalismo, expresando que éste hará que se relaje aún más el vínculo de las provincias; reprocha su actitud a Guadalajara y sostiene que no está por un riguroso centralismo, considerando que a las provincias deben dejárseles las facultades necesarias, "sin peligro de disolver y destruir la nación".

Declarado el artículo suficientemente discutido, se presenta otra maniobra de Carlos María de Bustamante, quien hace una proposición en el sentido que, de aprobarse el artículo 5º, "no se ponga en ejecución la forma federal, hasta que sea reconocida nuestra independencia". Esta proposición se reserva para posterior discu-

---

[53] *Aguila Mexicana,* núm. 246.

[54] *Aguila Mexicana,* núm. 247.

sión y se desecha una de Lombardo y Castillero, pidiendo que la votación fuese secreta.

A proposición de Rejón la votación fue nominal. Las palabras *república* y *popular* fueron aprobadas por unanimidad. En contra de la palabra *representativa* votaron Martínez Vea y Guridi y Alcocer. En contra de la palabra *federal*, Florentino Martínez, Vea, Guridi y Alcocer, Carlos María Bustamante, Javier Bustamante, José Ma. Becerra, Carpio, Ibarra y Mora.

Varios diputados proponen que inmediatamente se publique el artículo 5º "con las solemnidades de salvas de artillería, repiques y demás demostraciones de regocijo, y que se comunicase a las provincias", proposición que fue aprobada. Y es así cómo el país adopta la definición federal.

Queda, sin embargo, pendiente de aprobar el artículo 6º, complementario del artículo 5º, en cuanto preceptúa que las partes integrantes de la Federación "son estados independientes, libres y soberanos, en lo que exclusivamente toque a su administración y gobierno interior, según se detalle en esta acta y en la Constitución General".

Si bien políticamente el problema estaba resuelto, desde el punto de vista teórico, la situación de los federalistas era difícil, pues se iban a enfrentar, nada menos, que al problema de las soberanías coexistentes, divididas o compartidas, poco compaginable con la naturaleza de indivisibilidad de la propia soberanía.

En la sesión del 17 de diciembre de 1823[55] se entra en la discusión del artículo 6º del Acta Constitutiva. En ella:

> El Sr. Rodríguez fue de sentir, que la soberanía parcial de los estados, no es incompatible con la soberanía general de la nación, porque cada una tiene designada su órbita y marcados sus límites: cada estado es soberano en lo que mira a su gobierno interior, y la nación lo es en lo que mira a toda la confederación.

Este criterio es rebatido por Florentino Martínez, quien dijo:

> ...que si la soberanía consistía en la omnipotencia política de una nación sobre cuantos individuos la componen, cuya suma de poder le venía de ella misma, y era la fuente y origen de todas las autoridades, no se podía decir que los estados eran soberanos en ese sentido, porque no son omnipotentes respecto de sus individuos, ni el poder les viene de sí mismos ni son el origen y fuente de las autoridades.

---

[55] *Aguila Mexicana*, núm. 248.

Que si han de ser soberanos en el sentido que se ha explicado de la soberanía parcial, también se debe dar aquel nombre a los partidos, a los pueblos y a los individuos porque todos tienen cosas cuyo dominio les pertenece exclusivamente; pero que la soberanía es una e indivisible, y ni con respecto al ejercicio y objeto de ella se puede llamar soberanos a los estados.

Florentino Martínez pide se suprima la palabra *soberanos.* En su contra se manifiesta Covarrubias, quien, "alegó que los estados deben llamarse soberanos, porque esta voz quiere decir dueño, y ellos lo son de cuanto privativamente les pertenece"

En la sesión de 18 de diciembre:[56]

El Sr. Rejón sostuvo el artículo, alegando que pues la soberanía es un poder independiente y supremo, los estados se deben llamar soberanos, porque tienen poder para disponer definitivamente y con exclusión de toda otra autoridad, de los negocios que les pertenecen.

Le rebate Cabrera, sosteniendo que siendo características de la soberanía su unidad, universalidad e indivisibilidad, estas características "no pueden convenir a la soberanía que se atribuye a los estados".

Cañedo expone que, en su concepto, ni en el artículo 4º ni en el 6º debió hablarse de soberanía; pero que habiéndose hecho, era preciso aprobar el artículo como estaba. Para él, "la soberanía consiste en el ejercicio de los tres poderes, y cada estado lo ha de tener dentro de sus límites". Añade:

Que así como la nación se llama soberana, sin embargo de que no le toca el gobierno interior de los estados, así éstos pueden llamarse soberanos aunque han cedido parte de su soberanía en obsequio del bien general de la confederación.

En la sesión de 19 de diciembre prosigue la discusión del artículo 6º [57] En ella están en contra de que se califique de soberanos a los estados miembros, González Caralmuro, Castillero, Paz y Becerra:

...fundados en que el atributo de soberanos, entendido en su verdadera, genuina y común significación, no se podía aplicar a los

[56] *Aguila Mexicana,* núm. 249.
[57] *Aguila Mexicana,* núm. 250.

Constitucion

FEDERAL

de los Estados-unidos mexicanos

SANCYONADA

Por el congreso general constituyente el 4. de Octubre de

1.824.

"Su puro estudio, empero, no nos permite medir los trabajos legislativos".

estados, porque esa supremacía de la voluntad general, esa suma de los poderes, esa fuente y origen de toda sociedad y poder, sólo puede hallarse en la nación, y de ninguna manera en cada una de sus partes integrantes; que si las facultades que se dejan a éstas para su gobierno interior se quiere llamar soberanía, es una impropiedad en el uso de la voz, que no se puede permitir, porque serviría de ejemplo para abusos muy perjudiciales.

Les contestan Vélez, Romero y Gómez Farías quienes dan la base del pacto federal. Señalan que la soberanía de la nación "tiene órbita separada de la de los estados y no es incompatible, ni aun puede rozarse con ésta". E indican:

> Que todas las cualidades que se atribuyen a la soberanía de la nación, se hallan en la soberanía de los estados, limitada la última al gobierno interior de ellos, así como aquélla está limitada al territorio de la misma nación, sin que pueda extenderse a las extrañas.

La teoría del pacto, del origen contractual de la federación, es claramente expuesta al precisarse:

> Que es un equívoco decir, que la soberanía de los estados no les viene de ellos mismos, sino de la constitución general, pues, que ésta no será más que el pacto en que todos los estados soberanos expresen por medio de sus representantes los derechos que ceden a la confederación para el bien general de ella, y los que cada uno se reserva.

Son estados soberanos de por sí quienes celebran un pacto mediante sus representantes, en el que crean la federación y expresan los derechos que le ceden.

Después de esta intervención se procede a votar. La primera parte —*estados libres e independientes*— es aprobada por 62 votos en contra de 7. La palabra *soberanos* es aprobada por 40 votos contra 28.

De esta manera, nuestro país entra en el camino del federalismo.

El móvil ideológico

Pero, si bien la realidad imponía el federalismo y el Congreso sólo legitimó una situación de facto, es necesario examinar cuál fue el mecanismo intelectual, y el camino teórico que llevó a la mayoría de los liberales mexicanos al federalismo. Afortunadamente es posible registrar con bastante aproximación el proceso.

Zavala, que nada comprensivo se muestra con nuestros primeros legisladores, al referirse al Congreso Constituyente, instalado en octubre de 1823, afirma:

> Los diputados de los nuevos estados vinieron llenos de entusiasmo por el sistema federal y su manual era la constitución de los Estados Unidos del norte, de la que corría una mala traducción impresa en Puebla de los Angeles, que servía de texto y de modelo a los nuevos legisladores.[58]

Al describir la sanción del Acta Constitutiva, indica que este decreto constitucional apareció a los cuatro meses de instalado el Congreso, "como si hubiera sido preciso hacer un gran esfuerzo para copiar artículos de la constitución española y de la de los Estados Unidos del Norte, y darles una forma regular y ordenada".[59] Por si esto fuera poco, enjuiciando el debate sobre el federalismo, dice:

> Las discusiones fueron largas y acaloradas: la mayor parte de los discursos indigestos y poco convenientes.

Y ocupándose de la clase directora y de las dificultades que tenía que vencer en la aplicación del federalismo, subraya:

> El nombre mismo de *federación* era nuevo para muchos de ellos; no tenían ni podían tener ideas sobre una forma de gobierno, de la que no se habían ocupado los libros políticos franceses y españoles que circulaban en México. Esta forma de gobierno presta muy poco campo a las teorías constitucionales que han agitado por medio siglo la Europa continental.

Los informes de Zavala sobre los conocimientos de los diputados y la naturaleza de las discusiones, no coinciden con datos objetivos.

La Constitución de los Estados Unidos no corría únicamente en una mala traducción hecha en Puebla. Francisco García en sus im-

---

[58] *Ensayo histórico de las revoluciones de México, desde 1808 hasta 1830,* por D. Lorenzo de Zavala, tomo primero. París, imprenta de P. Dupont et G. Laguionie, 1831, pp. 261-262.

[59] *Op. cit.,* tomo I, p. 273 y sigs.

portantes *Reflexiones sobre el Acta Constitutiva*[60] habla de "La Constitución de los Estados Unidos, o sean las traducciones que tenemos de ese Código..." García añade que estas traducciones son imperfectas; pero ello lo hace con un fin político: defender el derecho de las provincias a su milicia. En un punto en que no encontraba apoyo claro en la Constitución de los Estados Unidos, imputa ello a las traducciones. Pero el hecho es que habla de traducciones.

En 1823 se edita en Puebla *Ideas necesarias a todo pueblo americano independiente, que quiera ser libre,*[61] en que, a más de el *Sentido Común* de Paine, se publican los artículos de *Confederación y perpetua unión,* la Constitución de los Estados Unidos, XII enmiendas y un proyecto de enmienda. Las reservas que Zavala tenía sobre Rocafuerte, no eran, ni podían serlo, en el carácter de traductor de éste. Pero, es más, también de 1823 es el *Ensayo político,* que según Rocafuerte fue escrito por encargo de sus amigos mexicanos "contra los borbones y contra el federalismo" y que, por consiguiente, debe haber llegado con cierta oportunidad, y en este libro se contiene, no obstante el juicio de Rocafuerte —"He compuesto una ensalada italiana acomodada al gusto mexicano"—,[62] el muy bien estructurado *Bosquejo de la Constitución Americana,* a que ya nos hemos referido.

Zavala aprecia que los federalistas no podían tener idea sobre una forma de gobierno "de la que no se habían ocupado los libros políticos franceses y españoles que circulaban en México". La forma de gobierno, como modelo a seguir, ciertamente que no se encuentra en los libros europeos que se leían; pero la idea federal y la conveniencia de implantarla para lograr que imperasen los principios de la libertad, sí está en los libros europeos y son éstos, junto con la Constitución Norteamericana, los que citan los partidarios del federalismo. Esta misma idea federal, las mismas fuentes, y sobre todo Montesquieu, orientan a los clásicos del federalismo norteamericano.[63] Es interesante ver cómo la conjugación de la idea

[60] *Reflexiones sobre el Acta Constitutiva.* México, noviembre 28 de 1823. Francisco García. Oficina de José Ma. Benavente y socios.

[61] Pedro de la Rosa, 1823. El libro tiene tanta aceptación, que todavía en 1861 se publica como folletín de *El siglo diez y nueve* y lo reimprime Cumplido.

[62] Vicente Rocafuerte: *Un americano libre.* Prólogo y notas de José Antonio Fernández de Castro. Secretaría de Educación Pública, 1947, p. 75.

[63] Hamilton, Madison, Jay: *El Federalista o la Nueva Constitución.* Fondo de Cultura Económica. México, 1943. En el prólogo, Gustavo R. Velasco —p. XIV— fundadamente afirma que los autores de *El federalista* "poseían un dominio completo del repertorio de ideas políticas prevalecientes en esa época", conociendo a fondo a Montesquieu y percibiendo la influencia de Blackstone, Hume, Mably o Delolme. A

federal, sostenida por los clásicos europeos, con el modelo norteamericano y las realidades nacionales, produce el federalismo mexicano.

En febrero de 1825 el Colegio de San Ildefonso, para recibir a don Guadalupe Victoria, convoca a un certamen, uno de cuyos temas era la apología del régimen federal, bajo el cual acababa de constituirse la nación. Al certamen concurre José Ma. Bocanegra, que había participado en los acontecimientos. Bocanegra, en medio de lirismos, asienta que:

1º Los Estados Unidos del Norte son los "fundadores del federalismo moderno" y que cuando ese país se organizó en tal sistema, "pululaban las impugnaciones y las profecías políticas de insubsistencia"; pero que los hechos, la prosperidad de esa República vinieron a demostrar prácticamente las posibilidades del federalismo.

2º La experiencia norteamericana venía a destruir "el inconveniente que sintieron tal, hasta elevarlo al grado de imposible los Rousseaus, Mablys, y últimamente Raynal, de que una nación de territorio extenso resistía el gobernarse por principios populares representativos".

3º Al señalar los objetivos que con el federalismo se buscan, Bocanegra concluye: "Es pues evidente, en expresión del grande Montesquieu, que la República Federal es capaz de resistir a la fuerza exterior conservando su extensión sin que se corrompa su interior".

Este aserto se ve apoyado por otras reflexiones de índole parecida:

Casi al tiempo mismo de la revolución de los Estados Unidos del Norte, escribía sus principios de moral, política, y filosófica el célebre inglés William Paley, y cuando habla de gobiernos afirma, que si es verdad que una nación extensa no puede gobernarse por el mecanicismo complicado de una constitución democrática, también es cierto que podrán superarse todos los inconvenientes por medio de la federación y que sólo con este sistema desaparecerán las dificultades todas que se pulsan para la ejecución y brevedad que siempre requiere el go-

---

este último, en las discusiones del Congreso, sólo lo encontré citado una vez a propósito de seguridad personal. D. A. Sánchez Bustamante en 1835 todavía no informa que hubiera traducción de Delolme. M. I. Macarel: *Curso completo de derecho público general,* tomo III. París, Lecointe, p. 214.

bierno proporcionalmente a la grandeza, variedad y extensión de sus intereses.[64]

Bocanegra insistentemente emplea el razonamiento de que sólo el régimen federal puede superar los obstáculos que ofrece una nación extensa al gobierno democrático y liberal. La idea, expresada con tanta claridad por Bocanegra, se encuentra también en Francisco Severo Maldonado,[65] cuyo *Contrato de asociación para la República de los Estados Unidos del Anáhuac*, empezado a publicar a principios de marzo de 1821, tanto debe haber concurrido al federalismo jalisciense. Francisco Severo Maldonado dice que con el pacto o contrato de los estados persigue:

> Hallar la forma de asociación, en que toda la masa de un pueblo, por numeroso que sea, y por más vasto territorio que ocupe sobre la superficie del globo, pueda desarrollarse completa, cabal y progresivamente, para concurrir a la formación de todas y cada una de las leyes, y corregir las aberraciones del Poder legislativo, origen de las aberraciones de los otros.

En este párrafo de Francisco Severo Maldonado son perceptibles dos ideas: 1º Obtener mediante el federalismo la existencia de un régimen democrático y liberal en un país extenso; 2º Ver el pacto federal como una continuación o proyección del contrato social ori-

64 *Disertación apologética del sistema federal.* Su autor, el ciudadano José Ma. Bocanegra. México, 4 de febrero de 1825.

65 *Contrato de asociación para la República de los Estados Unidos del Anáhuac.* Por un ciudadano del Estado de Jalisco. 2a. edición, Guadalajara, en la imprenta de la viuda de D. José Fruto Romero. Figura en el llamado del autor a sus compatriotas. Por lo demás, Francisco Severo Maldonado, antes de entrar al título I, hace que los habitantes de Anáhuac, a través de las distintas provincias, celebren el pacto para ponerse a cubierto de los ataques del exterior y "asegurar el goce de los naturales e imprescriptibles derechos que todos recibimos, al nacer, de la bondad del Ser Supremo" (p. 1). Consigna soberanía de los asociados y división de poderes (p. 2). La influencia de este libro en Prisciliano Sánchez parece indiscutible, no sólo por el título, sino por una serie de ideas coincidentes. Así por ejemplo, Francisco Severo Maldonado, en el artíulo 5o. establece: "La soberanía, o la suprema autoridad de regir a una asociación, reside naturalmente en los mismos asociados, así como la facultad de apreciar las condiciones de una compañía de comercio, reside en los mismos negociantes reunidos para formarla". Y Prisciliano Sánchez, para explicar el sistema federal, recurre al símil de una compañía de comercio *(Op. cit.*, p. 4).

Maldonado distingue claramente federación de confederación. Sobre este autor puede verse: *Don Francisco Severo Maldonado: Un pensador jalisciense del primer tercio del siglo XIX.* Por el Lic. Paulino Machorro Narváez. Polis, México, 1938. Sobre Prisciliano Sánchez: *Biografías.* Luis Pérez Verdía. Ediciones I. T. G., Guadalajara, 1952.

gen de la sociedad política. Ambos conceptos se hallan también en Prisciliano Sánchez.

La inspiración u origen de estas ideas es europeo. Montesquieu, en el breve pero enjundioso capítulo primero del libro IX del *Espíritu de las leyes,* diáfanamente establece que si una república es pequeña, será destruida por la fuerza extranjera y si es grande, ella se destruirá por un vicio interior. De esto deduce que parecería que los hombres estuvieran obligados a siempre vivir bajo el gobierno de uno solo "si no hubiesen imaginado una manera de constitución que tiene todas las ventajas interiores del gobierno republicano, y la fuerza exterior de la monarquía. Yo hablo de la república federativa".

Montesquieu define el gobierno federal:

> Esta forma de gobierno es una convención, por la cual varios cuerpos políticos consienten en devenir ciudadanos de un estado más grande que ellos quieren formar. Es una sociedad de sociedades, que forma una nueva, que pueda engrandecerse por nuevos asociados que se hayan unido.[66]

Montesquieu indica que el federalismo fue realizado por los griegos. Federándose los romanos atacaron al universo y éste se defendió de ellos. Es el federalismo lo que hace que Holanda, Alemania y las ligas suizas sean vistas en Europa "como repúblicas eternas", y sienta que esta forma de república es capaz de resistir a la fuerza exterior y mantener su grandeza "sin que el interior se corrompa". Categóricamente afirma: "La forma de esta sociedad previene todos los inconvenientes".

Para Montesquieu, siendo la federación una sociedad de sociedades, un usurpador no podría serlo en todas ellas, pues no podría estar igualmente acreditado en todas. La fuerza que un usurpador alcanzara en algún estado, alarmaría a los otros y si domina una parte, las otras se resistirían. Si se presenta en un estado un peligro, los otros federados lo auxiliarían, así como corregirían los abusos que en uno se presentaran. El estado federal, dice Montesquieu, puede perecer de un lado sin perecer del otro; puede disolverse la federación y subsistir como estados soberanos quienes la forman.

---

[66] Montesquieu: *Oeuvres complètes.* Bibliothèque de la Pléiade, 1951, tomo II, p. 369 y sigs. De las obras de Montesquieu, al igual que de las de Rousseau, hubo numerosas traducciones al español (Ediciones Beaume, de Burdeos y J. Smith, de París). Beaume, entre otras, en 1817, edita la traducción hecha por Marchena de Rousseau.

Montesquieu, en diez pequeños capítulos de este libro IX, da las ventajas del gobierno federal y con ejemplos históricos precisa las atribuciones de los estados miembros y de la federación o confederación.

¿Puede acaso desestimarse la influencia que este pronunciamiento de Montesquieu tuvo en la identificación que el proceso mexicano realiza entre liberalismo y federalismo? El federalismo es el medio de lograr que haya liberalismo en un país extenso como el nuestro. Para impedir la dictadura y la arbitrariedad es preciso organizar el país en régimen federal, esto es, como sociedad de sociedades.

En Rousseau también está la idea federal. Para eludir la falta de representación, dice que su sistema de gobierno debe aplicarse a ciudades pequeñas, estando éstas en libertad de confederarse. Sus principios son para "pequeñas repúblicas" que puedan asociarse. Rousseau sostiene que la distancia y la falta de población estimulan a los tiranos, pues éstos, como "las bestias feroces, sólo reinan en el desierto".[67]

Francisco Severo Maldonado no hace más que trasladar la definición del contrato social a un contrato de la sociedad de sociedades. Prisciliano Sánchez, para enumerar las ventajas de la federación y atribuciones de los federados, se ciñe muy de cerca a Montesquieu y también comprende el pacto federal como una continuación del contrato origen de la sociedad:[68]

> El objeto de las asociaciones civiles fue la comodidad y bienestar de los ciudadanos, no el privarlos de su libertad, ni comprometerlos a sacrificios estériles que para nada contribuyen a hacerlos felices. Siempre que la seguridad y el orden de una nación se pueda obtener sin encadenar a los pueblos, dicta la naturaleza que se prefiera el medio suave y se economice el desperdicio de la libertad, por razones de humanidad, de justicia y de conveniencia: porque nada es más extraño a la dignidad y gusto del hombre, a su voto general y a la subsistencia del pacto social, que el que se le exija más parte de libertad que aquella necesaria para asegurar la otra porción que se reserva. Un estado bien constituido no debe dar a los gobernantes más autoridad sobre los súbditos que la que sea bastante para mantener el Instituto Social. Todo cuanto sea excederse de estos límites es

---

[67] J. J. Rousseau: *Contrat social.* París, Garnier. Libro 2o., del capítulo VII al X, inclusive, p. 268 y sigs, y p. 297.

[68] Prisciliano Sánchez: *Pacto federal del Anáhuac.* México, julio 28 de 1823.

abuso, tiranía, es usurpación porque nunca el hombre se despoja por voluntad mas que de lo muy preciso, para darlo en cambio de otro mayor bien; y de aquí es que el ánimo de donar nunca se presume.

Pero, es más:

> Es verdad que en el sistema federado se divide la nación en estados pequeños e independientes entre sí para todo aquello que les conviene, a fin de ocurrir a sus necesidades políticas y domésticas; mas inmediatamente, a menor costo, con mejor conocimiento y con mayor interés que el que pueda tomar por ellos una providencia lejana y extraña cuya autoridad las más veces obra ignorante, o mal informada, y de consiguiente sin tino ni justicia. Pero esta independencia recíproca de los estados en nada debilita la fuerza nacional, porque en ella en virtud de la federación rueda siempre sobre un solo eje, y se mueve por un resorte central y común.

Prisciliano Sánchez tiene interés en distinguir alianza de potencias de federalismo, confusión a que lleva la novedad del asunto. Las provincias se separan para obtener el autogobierno; pero se unen para impedir la agresión externa o de una provincia a otra:

> No se separan las provincias para ser otras tantas naciones independientes en lo obsoluto: ninguna ha pensado en semejante delirio, sino que respecto a su gobierno interior se han pronunciado estados soberanos, porque quieren ejercer éste sin subordinación a otra autoridad. Se independen mutuamente para administrarse y regirse por sí mismas, puesto que nadie mejor que ellas pueden hacerlo con más interés, con mayor economía, ni con mejor acierto, y para esto tienen un derecho incontestable, así como lo tiene cada ciudadano para ser el Señor de su casa, y sistemar su régimen doméstico como mejor le acomode. Pero sin embargo, ellas aseguran que quieren permanecer siempre partes integrantes del gran todo de la nación de que son miembros, unidas por el vínculo insoluble de federación, bajo de una autoridad central que dirija la fuerza en masa, tanto para asegurar a todas y a cada una, de las agresiones extranjeras, como para garantizar su independencia recíproca.

Es la federación, con Montesquieu, para defender de la agresión externa e impedir la usurpación y la arbitrariedad que en los países extensos surge de su propio seno si no se constituyen en sociedad de sociedades.

La inspiración europea, al igual que el modelo norteamericano, no son ocultados por los federalistas. Bocanegra, para dar los méritos de la federación recurre a Montesquieu y Paley; para explicar el arraigo provinciano, toma "el patriotismo de la localidad" de Benjamín Constant; para indicar las virtudes de la federación emplea el principio "incontestable" de Destutt de Tracy, de la perfección de la administración pública, por dividirse los poderes entre la unión y los estados particulares.

Existe, además, un debate sumamente esclarecedor. Ya aprobada el Acta Constitutiva de la Federación, se presenta una discusión sobre el dictamen relativo a providencias para asegurar la tranquilidad pública.[69] En esta discusión José Miguel Ramírez sostiene que las facultades que se concedían al Ejecutivo venían a violar el Acta Constitutiva. Al respecto cita a Filangieri, Benjamín Constant y Bentham; este último en la edición de Guadalajara. Las facultades que se piden, y Ramos Arizpe lo indica claramente, obedecen a los peligros que para la estabilidad política del país representan "los borbonistas, los iturbidistas y los falsos federalistas, siendo éstos los peores, porque entre ellos hay de las otras facciones".[70] Rejón apoya la concesión de facultades, sobre todo por el peligro que los iturbidistas representan. Y como Bustamante hubiese dicho que, de acuerdo con Montesquieu, no era adecuada una dictadura a la república federal, Espinosa lee un pasaje de Montesquieu, queriendo demostrar que en una república federal se puede adoptar, con menos peligro que en la central, una dictadura, dado que en el régimen federal "hay muchos soberanos celosos de cuidar que no haya abusos y no es fácil engañarlos o seducirlos a todos".

En la sesión del 14 de abril, Castro contesta a Espinosa diciendo que después del discurso de éste repasó a Montesquieu, sobre todo su capítulo primero del libro IX:

> ...y ¿cuál fue mi sorpresa cuando al recorrer una y muchas veces el capítulo, no encontré en él una palabra relativa no digo a dictador, pero ni aún al jefe presidente o poder ejecutivo de esta república federativa? Lo único que asienta Montesquieu, y esto hace a mi intento, es que para contrariar los males que puedan sobrevenir a una república central, de la que habla el primer período, originados de un vicio interior, si es grande, el remedio es convertir esta república central en federativa; como lo arroja de sí todo el capítulo.

---

69 *Aguila Mexicana,* núm. 366, sesión de 12 de abril de 1824.
70 *Aguila Mexicana,* año 2o., núm. 1, sesión del día 13 de abril.

Ahora bien, en esta misma discusión Juan Cayetano Portugal remite a la lectura del derecho natural y de gentes de Burlamaqui,[71] ya citado por otro diputado, y en la explicación del régimen federal concilia la idea de Montesquieu con el modelo norteamericano, incluyendo la enmienda X:[72]

> Antes de publicar la acta constitutiva, y recibirla los estados podría alguno dar facultades a este Congreso, para proceder en otro sentido que el de una forma de gobierno federal, aunque los representantes de Jalisco no traemos voz ni voto sino para esto, y no más. Pero después del pacto celebrado por la acta de la federación, es inconcuso que este Congreso no puede traspasar ni en un ápice las atribuciones que la acta mencionada le señala. Por una acta de esta naturaleza, los Estados federales se comprometen entre sí esto es, toda la nación se compromete a no ejercer el común consentimiento, en un congreso general, sino ciertas partes de la soberanía sobre todo, las que conciernen a su defensa mutua contra los enemigos de fuera.
>
> Mas cada uno de los Estados, o la nación misma en muchas representaciones parciales, retiene una entera libertad de ejercer como lo juzgue más a propósito, las partes de la soberanía de que no se hizo mención, en la acta federativa, como debiendo ser ejercidas en común. Por manera que en este sistema la representación de la soberanía, no está toda en el congreso general, sino una porción en éste, y la otra en ejercicio legislativo de la misma soberanía, y este ejercicio está repartido, entre el congreso general y los congresos de los Estados.

Por lo demás, la existencia de esta inspiración no reduce la significación de la influencia norteamericana. El modelo federal para la magnitud o extensión territorial dada, no podía ser otro que el

---

71 El discurso de Juan Cayetano Portugal es publicado en *Aguila Mexicana*, año 2, núms. 4 y 5. Es curioso que se recurra a Juan Santiago Burlamaqui en materia de federalismo, pues este autor, como suizo, expresa consideración por el autogobierno, por la pequeña comunidad federada o confederada. Los *Elementos de derecho natural*, de Burlamaqui, de 1774, fueron traducidos al español por D. M. B. García Suelto. Es corriente sostener que existió una gran influencia de Burlamaqui en el *Contrato social de Rousseau*. Del Vecchio —*Los derechos del hombre y el contrato social*, Madrid, Reus, 1914, p. 230 y sigs., precisa los límites de esta influencia.

72 Simultáneamente se maneja el artículo 2o. del Pacto de Confederación y Perpetua Unión —"Cada Estado conserva su soberanía, libertad e independencia, así como todo su poder, jurisdicción y derechos no delegados expresamente por esta Confederación a los Estados Unidos cuando actúan por medio de su Congreso"— y la enmienda X de la Constitución: "Los poderes no delegados a los Estados Unidos por la Constitución, ni prohibidos por ella a los Estados, serán reservados a los Estados o al pueblo respectivamente".

norteamericano, que aparte cualquier ventaja teórica, constituía para nuestros legisladores una experiencia que demostraba cómo era posible lograr un sistema democrático y liberal en un gran espacio. Era el modelo a seguir, tanto para satisfacer auténticas necesidades, como para lograr, al menos así se creía, que imperara un sistema liberal.

La idea federal, reelaborada por un clásico, Montesquieu, necesitó de un modelo para convertirse en sistema. A nuestros legisladores la inspiración federal les venía con el liberalismo y el esquema jurídico, claro, preciso y casi geométrico, lo encontraron en los Estados Unidos.

Segunda Parte

LA SOCIEDAD FLUCTUANTE

PRELIMINAR

En la formación del liberalismo mexicano, proceso y resultado son en cierta medida inescindibles y ello reza, tanto para la integración de las ideas, como para la transformación de la realidad histórica. El conjunto doctrinal que constituye el liberalismo mexicano no puede ser comprendido si se prescinde del proceso mediante el cual las ideas fueron surgiendo, adaptándose y ensamblándose entre sí al ser confrontadas con la propia realidad. Por otra parte, aislar esta evolución ideológica del proceso histórico político en que se da, sería formalizar lo que es real y desvincular ambos aspectos del medio, del camino, de las etapas de la lucha, con derrotas y victorias parciales y de los instrumentos en ella empleados, perdiendo así de vista uno de los ángulos más ricos y aleccionadores de la formación liberal mexicana.

Cuando dijimos que podíamos ver el liberalismo como experiencia, esbozamos lo que ahora precisamos: estudiar el liberalismo como experiencia es ver las ideas en acción, integrándose a la luz de esta acción, transformando el medio y transformándose ante las exigencias de éste. El proceso de integración de las ideas y de modificación de las realidades es inseparable de los resultados en ambos sentidos. Estos, a su vez, sean ideológicos o histórico políticos, no pueden escindirse sin riesgo inminente de frustrar la comprensión del todo, que es ideológico e histórico político, considerando que el concepto de lo político concentra ideas y acción, resultado y medios para alcanzarlo. El enfoque político de nuestro estudio, que busca medir el liberalismo mexicano en sus rendimientos, obliga a sí a proceder en la investigación con un método complejo. Escaso es lo ajeno a la ciencia política cuando quiere precisar la formación y simultáneamente el rendimiento de ideas operantes y de instituciones vigentes. Instituciones y leyes han sido en la historia del liberalismo métodos para modificar la realidad y principios, que al ponerse en práctica, se amplían o reducen en su acoplamiento a la realidad y lenta o precipitadamente de ésta a ellos.

En la entraña misma de la evolución de México yace una divergencia medular sobre el papel de las leyes y de las instituciones. Para los liberales, en mayor o menor grado, según inclinaciones o formación mental, las leyes y las instituciones son instrumentos para impulsar el progreso. La convicción al respecto va desde el fetichismo de la ley y la institución, asignando a éstas facultades milagrosas, hasta los que siguiendo un idealismo práctico creen que, dentro de ciertos límites, el derecho público ejerce una acción transformadora de la realidad. Frente a tales concepciones, el pensamiento conservador reprocha y hace responsables a los liberales de haber dotado al país de normas e instituciones que no concordaban con sus realidades. De contrabando, la tesis conservadora califica de contrarias a la realidad instituciones o ideas que, como el federalismo, al nacer no hicieron más que recoger, eso sí bajo signo positivo, imperativos de la propia realidad. Singularmente claro es el empleo del razonamiento en contra de la ley innovadora, nada menos que por Alamán en *El Tiempo*, en 1846: los males de México derivan de que nuestros primeros legisladores dictaron normas que no coincidían con la realidad imperante. A contrario sensu, el argumento significaba que la Independencia únicamente debió suponer el rompimiento de los lazos de subordinación a la metrópoli, manteniendo, en cambio, sancionada por la ley, la situación colonial. Es decir, paradójicamente, una colonia en todo, salvo en su independencia.

Ahora bien, ante la disyuntiva de leyes e instituciones, expuestas al incumplimiento por fijar metas ideales y el propiciar el cambio de realidades deprimentes o leyes que, reconociendo éstas y postulando su acatamiento, retarden y frenen la evolución, no creemos que sea difícil escoger. Sólo que ya desde nuestra perspectiva, a ciento cincuenta años de haberse iniciado la recepción mexicana del liberalismo, la comprensión de éste obliga a ver los rendimientos de leyes e instituciones. Mas la medición del rendimiento es difícil. Frecuentemente induce al error, a saber: medir, comparando las realidades con las normas, con los principios y ver en la falta de correspondencia el fracaso de la acción y de la ideología. El error es lamentable: para conocer los rendimientos hay que ver las realidades en distintos momentos y junto a ellas los principios e instituciones en las sucesivas fases, o sea, que el progreso se mide comparando realidades con realidades y normas e instituciones con normas e instituciones en fases sucesivas, atendiendo en uno u otro caso a las fronteras temporales. ¿Son las realidades de México superiores, mejores, menos defectuosas si se quiere, después del triunfo liberal que antes? Y ajustando más la interrogante: ¿fueron mejorando las realidades nacionales conforme el liberalismo fue imponiéndose? Estableciendo esta perspectiva, las respuestas en sentido afirmativo pueden ser categóricas. Ciertamente que el costo de lo obtenido fue alto; pero las instituciones que se implantaron fueron tan firmes y tan sólida la fe en ellas, que permanecen indemnes frente a los pecados o negligencias que en su contra se cometen. Son tan recias, que provocan voluntades irresistibles cuando formalmente se intenta desterrarlas. En nuestro desarrollo político se ha presenciado el disimulo, haciendo que no operen instituciones vigentes; la negación en la práctica de ellas. Pero pocas veces se ha pretendido, después del triunfo liberal, subvertirlas teóricamente y cuando ha sucedido, se reacciona con calor y pasión, defendiendo esas instituciones como si fueran en verdad realidades que se disfrutan.

En el otro aspecto, ¿hubo o no un perfeccionamiento programático en los subsecuentes momentos de la integración ideológica liberal? No necesitamos indagar mucho para contestar también afirmativamente. Es suficiente inventariar documentos legislativos del avance liberal: la Constitución de 1824, el Proyecto de la Minoría en 1842, el Acta de Reformas en 1847, la Constitución de 1857, etc. Queremos subrayar que en la contestación afirmativa no hay problema de seguir u obedecer a una posición ideológica, pensando que partiendo de otra se arribaría a respuestas diametralmente opuestas. Los prejuicios ideológicos no son, no pueden ser objetivamente, tantos que lleven a ese extremo.

El primer Tomo de este trabajo se refirió a los orígenes del liberalismo mexicano. Estos obviamente estaban marcados por las ideas: la recepción de éstas, sus iniciales adaptaciones y las primeras leyes que constituyen jurídicamente a la nación. Se trata de la lucha por la independencia, de la organización primaria del país, en que lo teórico predomina. Las tamizaciones al respecto se manifiestan: apunta la heterodoxia en materia económica y se barruntan, y más aún las características sociales que a la larga formarán rasgos salientes del liberalismo mexicano. Predomina en esa etapa lo doctrinario, aun cuando siempre en relación con una nación que se está forjando. Los que sobre bases antiliberales consumaron la Independencia para impedir el liberalismo que de la metrópoli venía, compartieron el poder con los liberales y éstos exponen en nuestros primeros congresos sus ideas y plasman documentos jurídico políticos fundamentales para México.

En este segundo Tomo se examina un aspecto bien distinto, aun cuando íntimamente conectado con el planteamiento teórico inicial. Se trata de las luchas, los triunfos y las derrotas que mantienen al país fluctuante por un largo período entre dos órdenes: el colonial que no se liquida con la Independencia y el que podríamos llamar secularizante, moderno, laico, democrático liberal, que no nace con ella. Por supuesto que las ideas que por convicción u obedeciendo a intereses de grupos, sectores o clases se manejan, son las que dan la clave de este período. Sólo una consideración superficial puede caracterizar esta época como simple anarquía. Más superficiales son las explicaciones de ella, que se conforman con encontrar las causas de los trastornos en caudillos, aspirantismo, dominio de los trepadores, para usar vocablos de frecuente empleo en ese entonces. Pobre de un pueblo que tuviera que explicar cincuenta años de su historia con la existencia de meras pasiones y ambiciones personales. La sociedad fluctuante fue consecuencia del choque de intereses colectivos, de ideas, de principios políticos. Se explica más por "las cosas" que por las personas.

Afortunadamente dispusimos de estudios de la sociedad mexicana realizados por los propios liberales, que nos han permitido explicar las fuerzas en pugna, los intereses encontrados y, por supuesto, las motivaciones ideológicas y los propósitos políticos. Magistral examen de la sociedad colonial y de la que le sucedió realiza Otero en 1842; en 1844 es el propio Gómez Farías quien nos describe la sociedad mexicana. Extraordinario es el análisis que hace un folleto liberal después de la guerra con los Estados Unidos y en 1853 una carta de Lerdo de Tejada nos describe en sus grandes rasgos la sociedad mexicana en su última recaída.

Son las ideas, los intereses, más colectivos que individuales, los dos órdenes en colisión, los que en verdad, explican esos difíciles momentos.

Mas no se trata de ideas desenvueltas con minuciosidad, entendidas y discutidas en toda su extensión y profundidad, que gradualmente van configurando el cuerpo ideológico de lo general a lo particular y viceversa. Los golpes de historia, los grandes procesos no se dan o se hacen persiguiendo pequeñeces teóricas, por trascendentales que sean, sino pretendiendo implantar como norma o realidad unos cuantos grandes principios. Son las ideas actuantes, esenciales; en síntesis, las coordenadas de un vasto movimiento histórico político. En dicho preciso sentido, este libro se refiere más al proceso que al resultado, aun cuando, como hemos aclarado, sin mantenerse a su margen, cosa por lo demás imposible. Y todavía más, sobre la base de que nos ocupamos del proceso, nuestra atención se dirige fundamentalmente al histórico político y no al ideológico o de integración de las ideas. Ello no implica la exclusión de temas de este segundo proceso; simplemente se trata de preponderancia.

Por supuesto que abordamos el proceso ideológico. Estudiamos las grandes ideas operantes; luego, por una parte, se trata de ideas, por generales que sean, y por otro, estas coordenadas constituyen los cimientos, el marco, las incitaciones y, en cierta medida, el coronamiento del amplio proceso de integración de las ideas. Todo ello nos hace reiterar lo que ya expresamos: el carácter de unidad sintética que el liberalismo mexicano tiene y la imposibilidad de separar, salvo por inexorables razones metodológicas, resultado y proceso, comprendiendo dentro de éste, el ideológico y el histórico político.

Deben tenerse en cuenta las estrechas relaciones que política y economía tienen en el proceso, pues los problemas económicos son abordados dentro de objetivos políticos, persiguiendo miras de esta naturaleza. Así, veremos que Alamán en su intento industrializador, lejos de apartarse de las miras políticas, se ve impelido por ellas. Quienes por razones económicas reaccionan en contra del intento, lo hacen en una actitud evidentemente política. Aquellos, a su vez, que por principios y temores políticos, están en contra, también obedecen en ello, en algunos casos a impulsos doctrinarios. En suma, en las coordenadas de la sociedad fluctuante, economía y política están mezcladas, dándose la prioridad de lo político y siendo imposible precisar "ese lindero imaginario, esa línea matemática" que, según Zarco, separa las cuestiones políticas de las económicas.

En este estudio a veces hemos tenido que irnos por las tangentes. Una directriz política nos ha llevado a examinar aquella que se le opone, violando la cronología. En otros casos, para explicar el mecanismo de la lucha, los poderes actuantes y sus métodos, hemos tenido que recurrir al examen minucioso, casi cotidiano, de cortos períodos de tiempo.

Y no acaban aquí las advertencias y salvedades. Difícilmente podríamos entender las grandes directrices del liberalismo mexicano y captar la sociedad fluctuante si nos concretáramos a examinar las ideas liberales, olvidándonos que ellas se dan en una lucha, en una amplia polémica en que, como es elemental, existen las ideas, las fuerzas y los intereses contrarios, en una evolución casi pareja. Los enemigos inconciliables en la lucha son partes íntimamente unidas en un esfuerzo por comprender alguno de ellos. Ni las ideas liberales ni las conservadoras pueden ser comprendidas cuando para examinar a unas se prescinde de otras. En estas condiciones, en la sociedad fluctuante vemos unas y otras. Hay momentos en que el liberalismo mexicano se forma frente a su contrario. ¿Se podría, en estas circunstancias, lícitamente, ignorar a éste? Indudablemente que no. Si es peligroso fragmentar el liberalismo, olvidando la articulación del todo, también lo es suponerlo sólo en su formación, individualizado y ni siquiera victorioso, puesto que para serlo, el rival derrotado es indispensable. Liberalismo y conservadurismo, con sus subsecuentes nombres y matices, son dos caras de la evolución política de México. Inconcebible es la una sin la otra.

La evolución que analizamos se caracteriza por la existencia de un liberalismo beligerante en torno a unos cuantos principios: federalismo, abolición de los privilegios, supremacía de la autoridad civil, separación de la Iglesia y el Estado o, al menos, ejercicio unilateral del patronato por parte del Estado, secularización de la sociedad, ampliación de las libertades, gobierno mayoritario, etc. Frente a ellos, o a la inversa, están: centralismo, mantenimiento o ampliación de los privilegios legales, mantenimiento del patronato no arreglado o arreglado previo concordato —de un tipo que, por lo que sabemos, mantendría las dos potestades—, restricción de las libertades. Y estas son las ideas. En cuanto a las fuerzas e intereses, de un lado alto clero y jefes del ejército, aristocracia territorial, todos ellos con intereses centralizados, defendiendo privilegios consignados o no legalmente. De otro, "clases intermedias" diseminadas en los Estados, defendiendo un federalismo que garantiza su acceso al poder y que figura en la ley de leyes, un federalismo que, con palabras de Mora, es "algo"; y pugnando, por diversas razones o móviles, por la solución del problema de las relaciones Estado-Iglesia sobre bases distintas, según las diversas corrientes —patronato o separación— y buscando asegurar la independencia de la sociedad civil y la supremacía del Estado. Estas clases intermedias, formadas en parte y fortalecidas en mucho por las contradicciones de sus contrarias: bajos jefes del ejército y, sobre todo, bajo clero. La acción y reacción resulta así extremadamente compleja y las esquematizaciones usuales fútiles y expuestas. El avance en ciertos momentos se detiene; no siempre mantiene en toda su amplitud sus pretensiones; a veces se reduce y en ocasiones las fuerzas que lo buscan apenas luchan por subsistir. Las del retroceso también evolucionan y no siempre cediendo, sino, al contrario, ante una situación que por sí misma marcha en contra de ellas, exageran sus apetitos, quieren volver más atrás o, al menos, consolidar, sin importarles los medios, el *statu quo*. Las oportunidades o coyunturas para la acción, son múltiples y variadas. Estas vienen reiteradamente de la permanente falta de complementaridad de intereses de las fuerzas privilegiadas, de los afanes de predominio de una u otra. La desconfianza que esta falta de complementaridad engendra se manifiesta repetidamente: el clero dominando a un ejército aliado —proteico, como expresión que es de una sociedad falta de densidad— quiere maniatar a su aliado. El ejército, coincidiendo con los liberales para independizarse del clero. Yorkinos jugando su carta al ejército y escoceses al clero. Si algo hay permanente en estos juegos políticos, tan variados y desconcertantes, son las ideas generales, los intereses de los sectores y clases en pugna. Unos y otros, a la larga, son congruentes con su modo de pensar.

Debe tenerse presente que la lucha política se realiza durante largo tiempo dentro del mecanismo gubernamental. Son las localidades, los Estados y las clases medias dispersas por el país, quienes activan el progreso liberal, tanto en materia federal, como en las relaciones Estado-Iglesia y libertades. Son las fuerzas centralizadas, alto clero y altos jefes del ejército, las que se oponen al impulso liberal y pretenden retrotraer la sociedad a la Colonia o mantener, al menos, por el mayor tiempo posible, la vigencia de los elementos coloniales. Cuando el encuentro político asume características muy especiales a través de las logias, estos cuerpos extraconstitucionales, como son llamados, no afectan la contienda política esencialmente librada dentro del mecanismo gubernamental. Las localidades, con las milicias cívicas, con las coaliciones de Estados, son instrumentos de quienes buscan el progreso político.

El liberalismo mexicano postuló y logró el gobierno de las clases intermedias con el apoyo popular, anticipándose en la formulación del programa a los intereses del pueblo. Triunfó en este propósito y ello permitió que el país dispusiera de un marco sociológico y político que, en todo caso, iba por delante de las realidades nacionales, y lejos, por consiguiente, de frenarlas, alentaba su modificación.

Alamán, visionario del ideario conservador, proyecta desde la administración del Plan de Jalapa, fortalecer las clases privilegiadas, incorporando a ellas una clase industrial que debía formarse con protecciones, privilegios. Es Colonia con industria y las ramas industriales siguiendo inspiración colonial. Los liberales denuncian el intento. *El Indicador de la Federación Mexicana* subraya el objetivo político perseguido con la creación del Banco de Avío. Más tarde, los liberales dirán que el intento alamanista acumula riqueza, da riquezas a quienes riquezas tienen, configurando económicamente el pensamiento político del constitucionalismo oligárquico. Una clase, nueva en relación con la Colonia, el comercio de importación fundamentalmente francés, aliado a los liberales en su lucha contra el gobierno de Bustamante. El liberalismo va a reaccionar frente al intento de industrialización protegida, de dos maneras: una corriente lo condenará por razones políticas —su propósito de fortalecer las clases privilegiadas— y se apoyará en el doctrinarismo: librecambio. La industrialización no es aconsejable en un país como el nuestro; sería impracticable. Se formaría una industria —y la palabra la emplean— de invernadero. La clase industrial ensancharía y fortalecería a las clases privilegiadas. Y tiene que reconocerse que políticamente la sospecha era fundada. Para otra corriente liberal, la industrialización —"naturalización de la industria europea"— fortalecería a las clases medias liberales. Para ello es indispensable que el Banco de Avío no añada riqueza a la riqueza, acumulándola, prestando a los que ya tienen capitales. Y en el diálogo no es nacionalismo lo que se debate. Los mismos liberales que se oponen a la industrialización alamanista proponen y apoyan la nacionalización del comercio de menudeo y ello por pensar que la primera ampliaría las clases privilegiadas y la segunda a las liberales. Y hay devotos del Banco de Avío que luchan apasionadamente contra el proyecto de nacionalización del pequeño comercio.

Si el clero cuando domina impone límites —tutor y padrastro, como veremos— a un Presidente militar, una fracción del ejército rompe esta artificiosa subordinación y logra un texto constitucional a la medida de sus necesidades y casi a la medida de las necesidades de su jefe. Y si la primera acción dio origen al constitucionalismo oligárquico, la segunda da nacimiento al despotismo constitucional. Frente a este último, otras fracciones del ejército y un importante sector conservador, que se da cuenta que los elementos coloniales no pueden mantenerse ni dominar, sin un remozamiento o cambio de cuadros, este último en un amplio sentido político, van a postular una nueva tesis conservadora: el gobierno de las clases pudientes. A reserva que se vea con el respectivo material probatorio, vamos en esquema a referirnos brevemente a esta evolución.

Para 1835-1836 las fuerzas del retroceso postulan y lo obtienen constitucionalmente, el gobierno de las clases privilegiadas tradicionales: clero y ejército. Las primeras predominan en el Congreso y dictan las Siete Leyes, que maniatan al General Presidente, representante del ejército. El ejército no se deja tan fácilmente reducir en lo que considera sus atribuciones. Fracciones de él exteriorizan su inconformidad y ésta, junto con la oposición liberal, da al traste con el constitucionalismo oligárquico. Mas en la caída de este régimen intervienen los grupos industriales que se habían manifestado fuertemente en contra de la autorización del Gobierno para introducir mercancías prohibidas. Por ello, al surgir el despotismo constitucional con las Bases Orgánicas, éstas limitan o restringen, sujetando a un especial procedimiento las decisiones legislativas en materia de modificar las prohibiciones a la importación. Poco después o casi en ese entonces un fuerte sector conservador, una fracción del ejército con su jefe Paredes Arrillaga, va a sostener para México la necesidad del gobierno de las clases pudientes, que era una ampliación del concepto conservador de clases privilegiadas gobernantes. Y en el gobierno de Paredes Arrillaga, con la cooperación de Alamán, se pretende realizar el proyecto dictándose una convocatoria de elecciones, sobre la base de que al Congreso concurran las clases tradicionales privilegiadas, clero y ejército, y las clases pudientes, propietarios agrícolas, urbanos e industriales.

La situación para las clases conservadoras está tan deteriorada, que simultáneamente a este intento, el órgano conservador, *El Tiempo*, lanza como corriente general la idea monárquica. Los elementos coloniales no pueden gobernar: el régimen del constitucionalismo oligárquico, las Siete Leyes, no arraigaron. ¿Podrán gobernar estas clases con las pudientes? Ello no va a estar al alcance de su mano. Alamán, que quiere conservar los privilegios —por inquebrantable convicción los del clero; por táctica política los del ejército—, es el hombre de este plan. Pero frente a él se encuentra ya, como síntoma, el oráculo de las clases industriales en formación, Antuñano, quien para 1846 es partidario de desamortizar los bienes del clero para con ellos financiar la creación de la industria. El cariño de Alamán por la industria no es tanto que le permita superar al respecto el contrasentido en que se mueve. Los bienes de la Iglesia son intocables. A las contradicciones que las clases tradicionales privilegiadas traían consigo y a la falta de complementaridad entre sus intereses, se agrega, pues, esta nueva contradicción y esta nueva falta de complementaridad. En estas condiciones, el pensamiento conservador predica la monarquía: apuntalar las clases coloniales con un apoyo externo a través de un monarca venido de fuera.

Es la tercera fase del pensamiento monárquico, siendo ésta la que años después va temporalmente a dominar. La primera fue la que nació con la consumación de la Independencia, o mejor dicho, la que hizo que la Independencia se consumara por las clases conservadoras: independencia para que no haya liberalismo en la Nueva España, con un monarca importado. Idea que algunos liberales apoyan, sobre la base de un monarca constitucional. La segunda fase del pensamiento monárquico va a surgir cuando un liberal desencantado, que pertenece al liberalismo ilustrado, Gutiérrez Estrada. por afán de paz, propone la monarquía. Más tarde, en la tercera fase del pensamiento monárquico, va a surgir la tesis histórica, que no es otra que la interpretación conservadora de la historia de México. A la necesidad de fortalecer con un apoyo externo los elementos coloniales, se agrega la idea de equilibrar con una potencia europea la influencia norteamericana. Esta idea de equilibrio surge en toda su extensión hasta después de la guerra con los Estados Unidos.

La guerra con los Estados Unidos ocurre en el peor momento de nuestra historia: cuando la lucha política interna tiene gran intensidad, cuando la sociedad colonial está agonizante y la nueva aún no se levanta; cuando ya no éramos lo que habíamos sido ni éramos aún lo que íbamos a ser.

Y en este complejo proceso no sólo debe atenderse a la evolución de las ideas de los contrarios al liberalismo, sino también a las diversas corrientes liberales, a la divergencia de fondo y forma que en el gran movimiento existe. A la formación de lo que viene a ser el liberalismo mexicano concurren varias corrientes. Si el liberalismo mexicano acabó siendo democrático, no fue sin dificultades. Junto al liberalismo democrático, y mucho nos tememos que con mayor tradición que él, existió un liberalismo ilustrado. En síntesis, su pensamiento era simple: gobierno para el pueblo, pero no del pueblo. Celosos en la lucha por las libertades, no lo son por el valor democrático de la igualdad. Los defensores de la oligarquía van a tomar prestados razonamientos antiigualitarios del liberalismo ilustrado. *El Observador de la República Mexicana,* órgano del liberalismo ilustrado, nace como expreción de los escoceses —aristocratizantes, criollistas, españolizantes. *El Sol,* claramente oligárquico, publicará a Mora, para argüir sobre la necesidad de sujetar el derecho del sufragio a la propiedad. *El Tiempo,* de Alamán, cuando propugna el gobierno de las clases pudientes, reproducirá el mismo ensayo de Mora. Y la divergencia no es sólo en relación con la igualdad. También sobre la naturaleza y orígenes del federalismo: del centro a la periferia para el liberalismo ilustrado; de la periferia al centro para el liberalismo democrático. Y esto, a su vez, se traduce en opiniones sobre los instrumentos de la lucha. Cuando ésta se polariza en torno a federalismo o centralismo y el primero cuenta como fuerza ante el ejército con las milicias cívicas; el liberalismo ilustrado, que hace juego de gabinete, no las defiende como debiera.

A la larga, el liberalismo democrático se impone. La lógica interna de la lucha conduce a ello. Cuando la contienda se desata en torno a privilegios —fueros— o supresión de éstos, es natural que el pensamiento democrático acabe privando. El liberalismo ilustrado quiere la abolición de los fueros para que el federalismo se consolide y, sobre todo, para que se logre la supremacía de la autoridad civil. El democrático, queriendo ambas cosas, funda su lucha contra los privilegios en el valor de la igualdad ante la ley. Tal fundamento acaba imponiéndose y el liberalismo mexicano termina siendo democrático. En el lapso en que ello sucede, el liberalismo democrático no se reduce a las prédicas. En los escasos momentos en que gobierna, asesta fuertes y certeros golpes a la que pudiera considerarse la simiente de la oligarquía. Ello explica, junto con la falta de complementaridad de los intereses de las clases privilegiadas y sus contradicciones, que cuando éstas pretenden gobernar de jure, no pueden hacerlo. Los golpes del liberalismo igualitario habían debilitado, si no es que pulverizado, el núcleo para la formación de una oligarquía tradicional hereditaria, perpetuada.

Y si esta diferencia doctrinaria tiene incalculables efectos en la evolución política del país, no menores son los que produce la diferencia de método, de ritmo sobre el avance liberal. Una divergencia persistente, a veces insuperable y que produce insospechables consecuencias. De hecho, ella no desaparece en todo el curso del proceso. Hay momentos en que coincidencias en lo mayor la amortiguan o disimulan; pero a poco emerge en todo su rigor. Los términos para designarla —puros y moderados— aparecen cuando ya la divergencia se ha exteriorizado y manifestado repetidamente, o sea, que ella precede a la denominación. Es la diferencia entre quienes postulan el avance acelerado, implacable, sin contemplaciones, y aquellos que, coincidiendo en el fondo, en los objetivos, con más o menos matices, no están de acuerdo en los medios de ejecución, en el ritmo que deba imprimirse al progreso. Los unos quieren calar hondo y rápido; los otros predican el gradualismo. La diferencia doctrinaria —liberalismo ilustrado o democrático— no decide y a veces no influye en la determinación de la postura con relación al ritmo. Los yorkinos, igualitarios, son partidarios de un liberalismo beligerante; en los diez meses de Gómez Farías un liberal ilustrado, Mora, pugna por el avance forzado. Un liberal democrático y profundamente igualitario, Otero, es moderado. Por consiguiente, se dan liberales ilustrados puros y moderados e igual sucede con los demócratas.

Y entre el radicalismo y el gradualismo se da toda una gama de posiciones, teñidas por las más diversas concepciones con respecto al ritmo. Desde el "todavía no es tiempo" hasta el quietismo conservador; desde el indulgente *modus vivendi* con las fuerzas conservadoras o del retroceso, manteniendo estacionario el país e incongruente en cuanto demanda lo imposible: detener a unos en el avance y a otros en el retroceso; hasta la plañidera entrega, por fatiga y tedio, que surge en una lucha despiadada, interminable y que los débiles llegan a considerar estéril. En el desarrollo de los acontecimientos se ve el moderantismo como fuente de hombres para los conservadores. Liberales moderados, por desencanto en la lucha, por las características inflexibles de ésta, por el empleo de instrumentos despiadados que las circunstancias imponen, abandonan la contienda y llegan a pasarse al lado contrario. Algunos sucumben por un afán de paz. La tensión social, las resistencias, son de tal envergadura, que no es raro superen su función —lo que resiste apoya— e induzcan al retiro o a la rendición.

Las medidas despiadadas son explicadas por sus efectos. Ellas quebrantan el núcleo oligárquico; estorban el gobierno del Plan de Jalapa con un centralismo de facto y un régimen oligárquico. El avance de la primera administración de Gómez Farías esclarece las metas y debilita aún más el núcleo y así, cuando surgen las Siete Leyes, éstas, como se comenta en la época, no pueden plantearse.

Momentos decisivos de la divergencia se ven en 1828-29, 1833-34, 1841-42, 1846-48 y 1855-57.

Las medidas despiadadas eran inevitables. No se forja una nación con ingenuidad e indulgencia ni son hombres simples e ingenuos los que la crean. Era el todo lo que estaba en el juego. Siempre en política se elige entre inconvenientes. La fórmula la usa Mora, añadiendo que los inconvenientes en el orden común de las cosas y en el curso ordinario de los sucesos no se hallan tan equilibrados como en un estado revolucionario. La sociedad fluctuante fue un estado revolucionario permanente y, por consiguiente, siempre se tuvo que elegir entre inconvenientes, a veces de extrema peligrosidad y de máxima responsabilidad histórica para quienes tenían que elegir. No eran simulacros, sino verdaderas batallas. La acción liberal, auxiliada por las contradicciones internas de las clases enemigas, algunas de éstas de gran envergadura, impide el gobierno oligárquico y supera el despotismo constitucional. Frustra el intento por establecer el gobierno de las clases pudientes. Simultáneamente y más tarde, evita el gobierno monárquico.

El liberalismo mexicano proporciona una doble lección: por una parte, con lo que obtiene, lo que logra, la implantación de principios; por otra, con lo que impide: el triunfo de los contrarios; el no dejar cimentar nada que ayudara al retroceso. Algunos problemas son resueltos por el liberalismo mexicano en forma definitiva, en tanto esta palabra puede emplearse en historia. Otros sólo los resuelve en y para su época y son recurrentes en la evolución de México. Tal, por ejemplo, la pretensión del gobierno de las clases pudientes.

La lección de estrategia es de incalculable valor, tanto por lo que se obtiene, como por lo que se impide. En parte, la flexibilidad, la paciencia y la audaz decisión, cuando ésta es requerida, provienen de que, teniendo firmeza de convicciones, ideario político, por racionalismo hay la conciencia de que no se aspira a un absoluto. El liberalismo mexicano, siendo beligerante por las mismas circunstancias del país durante muchos años, no llegó ni a la neutralidad política ni al agnosticismo doctrinal. Fue, y en esto además se distingue del de otros países, un liberalismo triunfante.

El estudio de la sociedad fluctuante es, además, complicado, por el empalme de generaciones que en ella se presenta. Hombres distintos reaccionan de diversa manera, persiguiendo similares ideas. Entre los precursores, los realizadores y los continuadores hay profundas diferencias, derivadas de las características personales.

Después de la guerra con los Estados Unidos, la crisis económica y los propios cambios experimentados en la estructura de la sociedad, hacen imposible un gobierno de equilibrio. El fracaso de

Arista tiene esta explicación par. Surge entonces la última recaída: las fuerzas conservadoras con los elementos desorganizadores y en descomposición se aferran a Santa Anna. Se ve entonces un cuerpo débil, que para cumplir con el testamento de Alamán tiene que llevar las ideas conservadoras a sus últimas consecuencias. Se ve un aparato gubernamental sin respuesta en la sociedad, que se quiere defender con la represión y las barreras artificiales de las falsas investiduras. El movimiento de Ayutla es una victora, así, de la opinión pública.

A partir del triunfo del movimiento de Ayutla resulta fundamental, para comprender el liberalismo mexicano, ocuparse de su estrategia política. La línea pura se ve en Melchor Ocampo y en Juárez. El primero, separandose del gabiente, porque coincidiendo en los fines, difiere en los medios de Comonfort, y en política los medios son el todo; el segundo permaneciendo en el gabinete para lograr la Ley de la Administración de Justicia, que va a medir las resistencias de las fuerzas del retroceso. Comonfort expone claramente la posición moderada, que le impide ser gobernante revolucionario, lo aparta de la legalidad y lo lleva al golpe de Estado. La Constitución de 1857 resulta, así, un fruto atemperado por las diversas corrientes que existen. No consigna expresamente la libertad de creencias; suprime, en cambio, los fueros e implanta la igualdad ante la ley. Por supuesto, establece la forma federal y en cierta medida da las bases para la futura acción secularizante de las Leyes de Reforma.

La Guerra de Tres Años hace que los liberales, el gobierno juarista a su cabeza, no se limiten a defender las instituciones, sino a mejorarlas, a obtener nuevos avances, para que, con palabras de Juárez, al triunfo, no se volviese al punto de partida de 1857, sino que se hubiesen dado pasos y afianzado radicales reformas que hicieran imposible el retroceso.

El camino no podía ser otro. El ejército, después de la guerra con los Estados Unidos, estaba en plena descomposición. El mismo clero negaba ya a su tradicional aliado. En estas condiciones, los golpes tenían que dirigirse al poder colonial, que mermado y todo, subsistía con el clero. Las circunstancias, contando desde luego con la hostilidad del clero, permitían que las Leyes de Reforma, sobre todo en el aspecto desamortizador, sumaran aliados por intereses, impidieran el financiamiento de las resistencias y ayudaran a mantener las fuerzas liberales. Calibrada la situación, certeramente se escoge este camino y se acelera el avance liberal. Se inicia la etapa en que, con palabras de Zarco, se va a destruir con una mano y a edificar con la otra; en que las medidas reformistas atraen más adictos sin engendrar nuevos enemigos. El país cuenta con un texto constitucional y con leyes que presionarán la realidad hacia el progreso y en muchos aspectos lo modificarán. La divergencia de ritmo se resuelve en estos últimos instantes. La moderación y la contemporización son dejadas de lado por un liberalismo que en la Guerra de Tres Años se percata que la contienda abierta obliga a llevar las ideas a sus extremos, aprovechando minutos irremplazables. En la Guerra de Reforma la identidad de origen entre liberalismo y nacionalidad se confirma, hermanándose definitivamente progreso y supervivencia. Al mismo tiempo, mientras el liberalismo completa su identificación con la nacionalidad, los conservadores, con la idea monárquica en la Intervención, concluyen su divorcio definitivo.

Cuando la intervención se presenta, la sociedad mexicana actúa enérgicamente y cuenta con los instrumentos para su defensa. En la Guerra de Reforma, el poder del clero ha sido quebrantado en forma definitiva; se han engrosado las filas con quienes están conscientes de beneficiarse con la desamortización de los bienes eclesiásticos. El ejército tradicional fue licenciado en 1860. Un nuevo ejército del pueblo se ha levantado. La sociedad mexicana está así en aptitud de defenderse.

EN BUSCA DE FISONOMIA

Los liberales llegan a los primeros Congresos. Su temor es el despotismo. Un caudillo surgido del movimiento que consumó la independencia, gobernando personalísimamente con un ejército que ha adquirido fuerza. La embriaguez del ejemplo napoleónico campea en todos los altos jefes del ejército y ella contagia y persiste. Si Bolívar no permanece indemne, ¿qué pensar de nuestros jefes castrenses? El cesarismo embriaga a unos e intimida a otros?.[1]

De ahí la justificada suspicacia frente a Iturbide después de que había servido para impedir un Borbón. De ahí también la lucha en nuestros primeros congresos en defensa de la división de poderes y de la supremacía del Legislativo. La teoría contra el despotismo potencial es la división de poderes. El primer valor político manejado en los congresos apasionantemente es el valor liberal de la división de poderes. La supremacía del Legislativo además servía a los representantes del clero, temerosos de un Poder Ejecutivo que por su fuerza se asemejara al poder real español que tanto había sujetado el cuerpo a que pertenecían.

Ahora bien, en la lucha no sólo se supera el temor a la arbitrariedad y al despotismo, no sólo se defiende con pasión y garra la técnica liberal de la división de poderes, sino que los acontecimientos hacen que llegue un momento en que el Congreso actúe como único centro de unidad nacional a la caída de Iturbide y el Segundo Congreso Constituyente va más allá, obteniendo lo que, según Mora, ya es "algo": el federalismo.

La forma federal era "algo", en cuanto hacía posible el advenimiento de las clases liberales al poder. La polarización de la lucha política en torno a federalismo o centralismo no era artificial

---

[1] Todavía en 1837 el General José Antonio Facio, defensor acérrimo de los privilegios del ejército, traduce y publica el "*Resumen de los comentarios de César*, obra escrita por Napoleón y traducida del francés por el General mexicano José Antonio Facio". París, Librería de Rosa. 1837.

ni producto de meras inquietudes intelectuales. Cierto es que, como hemos visto, hubo un proceso ideológico que condujo a identificar la forma federal con el sistema liberal; pero a más de ello, las realidades y los intereses hacían que las clases liberales fuesen federalistas y que las fuerzas coloniales fuesen centralistas: las primeras estaban diseminadas, descentralizadas; las segundas convergían en la metrópoli, estaban centralizadas. Federalismo y centralismo no fueron solamente los términos de una polémica teórica, sino la alternativa que marcaría el rumbo de la sociedad mexicana: o se conservaban las fuerzas coloniales —centralizadas por sí— o predominaban las fuerzas liberales, descentralizadas y federalistas por su propia esencia.

Mora precisa la primacía de esta división e incluso la elaboración del programa de la administración de 1833 en torno a ella. Así, la necesidad de abolir los privilegios del clero y del ejército la explica como derivada de la forma representativa y federal adoptada por la Constitución de 1824 y de los intereses creados y fortalecidos a su amparo. La administración de 1833-34 partía en su lucha en contra de los fueros de haber visto al clero y a la milicia "resueltos a poner en acción todo su poder, no sólo para la abolición de las *formas federales* sino para hacer que desapareciesen con ellas las *bases del sistema representativo*". El federalismo "ya medio-establecido en México" no podía hacerse desaparecer sin grandes trastornos y la oposición que se le hacía para Mora sólo tendría un resultado dilatorio. Entre los obstáculos a que el federalismo se enfrentaba, era uno de los principales "el *espíritu de cuerpo* difundido por todas las clases de la sociedad, y que debilita notablemente o destruye el espíritu *nacional*". Para los hombres de 1833, según Mora, la lucha contra los privilegios era temporalmente subsidiaria de la defensa y consolidación del sistema federal.[2]

La lucha se polariza en torno a federalismo-centralismo en cuanto una y otra forma son instrumentos políticos de los órdenes sociales en pugna. Federalismo o centralismo constituían el instrumento para dilucidar la contienda; la lucha, el choque entre las dos sociedades se concreta y adquiere su sentido inicial, su fondo y fin en torno a mantenimiento o supresión de los privilegios. Así como el principio liberal de división de poderes es la divisa de los liberales apenas realizada la independencia y en las primeras labores

---

2 Mora: *Obras Sueltas*, Tomo Primero, pp. XCV y XCVI.

legislativas; así, en vigor la Constitución de 1824 y en un amplio período del México fluctuante, la igualdad —valor democrático— aglutina voluntades y es el arma teórica de los liberales, después de superar en la lucha misma las reservas doctrinales al respecto, opuestas por el liberalismo ilustrado. La Constitución misma, como texto de transacción, dejaba la contienda en pie, manteniéndose entre la igualdad y el privilegio, al consignar los privilegios o fueros del ejército y de la iglesia. De un lado, pues, privilegios de clases centralizadas; del otro, la igualdad de las clases diseminadas a lo ancho y largo del territorio.

Si, según Montesquieu, en un país extenso sólo el federalismo puede impedir que el despotismo surja de su propio seno, ¿no estaba esto a la vista cuando eran perceptibles los intereses centralizados de las clases privilegiadas defensoras del retorno cabal a la sociedad virreinal? Los intereses y expectativas de las clases privilegiadas se cifraban en el centralismo. Pero, cuando al consumarse la independencia estas clases comparten el poder con los liberales, pierden un punto que era avanzada para las futuras luchas: la consignación de la forma federal y el reconocimiento de la soberanía de los estados. Los intereses de la sociedad virreinal dominaban en la capital y en un régimen de centralismo fácilmente podían adueñarse del poder imponiéndose en la capital. Los intereses y grupos liberales se encontraban difundidos en el país y en un régimen federal que reconocía la soberanía de los estados, se hallaban en aptitud de repeler, de combatir e incluso prever, los ataques de los elementos coloniales centralizados y centralizadores. Convincentemente expone la situación un artículo del *Aguila Mexicana*[3] de 1828,en que hablando de federación dice:

> Cualquiera empresa en su contra no puede desempeñarse por pocos agentes, y no basta que sean muchos, sino que es preciso que formen un cuerpo organizado en cada uno de los estados. En un sistema central sería suficiente lo primero; en un federal es necesario lo segundo. Todas las partes integrantes en el centralismo, se afectan en cierto modo del interés de la capital, y el influjo de ésta se comunica a aquellas con bastante vigor. No es lo mismo en el sistema federal. Sus partes integrantes se afectan del interés común, es decir, de la necesidad de sostener las instituciones que afianzan su soberanía, libertad e independencia

[3] Febrero 13 de 1828, pp. 2 y 3. Imprenta de la *Aguila,* dirigida por José Ximeno. Calle de Medinas No. 6.

interior y exterior, sea o no este mismo el interés de la capital. De suerte que corrompida ésta o tomada por un enemigo, la federación no peligraría; pues lo más que podía decirse era que una ciudad de ella estaba en mal sentido o en poder de los enemigos; pero nunca que la federación había sufrido un golpe mortal en su raíz"

Dentro de federalismo, el éxito de los elementos coloniales dependía de que cambiara su naturaleza, necesitaban ser algo que no eran: descentralizados. El artículo del *Aguila Mexicana* a que nos referimos no deja de ponerlo de relieve:

> De aquí es que los agentes sus contrarios para obrar contra la federación, deben considerarla como subdividida en otras tantas repúblicas centrales cuantas son sus partes integrantes. De consiguiente tienen necesidad de formar en cada una de ellas una facción tan grande y poderosa, que sea capaz de sofocar a todo el estado en particular, haciendo prevalecer contra sus intereses reales y que conoce muy bien, como que los tiene presentes, otros ficticios que los agentes de la facción le propongan, y que no ve sino de lejos".

Este juego de fuerzas antitéticas polarizadas en torno a federalismo o centralismo por intereses reales y concretos, se realiza entre los Estados y las clases medias dispersas por el país, por una parte, y los jefes del ejército y el clero como fuerzas centralizadas y centralizantes, por la otra. Si bien en esta forma se polariza la lucha y el interés primordial de los Estados y las fuerzas que a ellos se adhieren radica en la defensa de la soberanía y la forma federal de gobierno, esto no excluye que las fuerzas descentralizadas, los Estados, estén interesados en el avance liberal en otros aspectos. Fundamentalmente, se ve ello en el problema relaciones Estado-Iglesia. Las constituciones de los Estados, dictadas de acuerdo con la Constitución Federal de 1824, partían del ejercicio del patronato y disponían lo concerniente a las atribuciones del Gobierno respectivo. Algunas condicionaban dichas facultades al arreglo que se hiciera del ejercicio del patronato en toda la Federación, como Durango; otras simplemente disponían lo relativo a las facultades. La Constitución del Estado de Jalisco, en su artículo 7o.[4] estable-

[4] Varias constituciones de los Estados contenían preceptos similares al 7o.

cía que el Estado fijaría y costearía los gastos necesarios para la conservación del culto, lo que engendra un conflicto entre el Cabildo de Guadalajara y el gobierno del Estado, que llega al Congreso General, y la situación es tal, que éste decreta que, aun cuando son facultades del Congreso General arreglar el ejercicio del patronato en toda la Federación y no se podía, por consiguiente, hacer variación en puntos concernientes a rentas eclesiásticas, si las autoridades civiles y eclesiásticas se ponían de acuerdo, se podían introducir reformas, y de no haber el acuerdo, las legislaturas de los Estados deberían ocurrir al Congreso.[5]

Y el Congreso de Zacatecas, el 29 de noviembre de 1827 acuerda, de conformidad con este decreto, celebrar juntas con los cabildos para uniformar los derechos parroquiales.

E incluso el avance es a veces mayor. El cabildo eclesiástico de Guadalajara se ve privado por tres meses de las rentas decimales, así como de toda autoridad e intervención en ellas y es castigado con una multa,[6] dando esto origen a un incidente que también repercute nacionalmente. El Estado de San Luis Potosí en su decreto número 40 previene que en tanto se arregla el ejercicio del patronato, se crea una junta eclesiástica superior que termine los asuntos contenciosos, fundamentalmente provenientes del fuero eclesiástico, decreto que el Congreso General declara que se anticipa al arreglo del patronato, que concierne a la Federación.[7] La Constitución del Estado de México, por acción probablemente de José María Luis Mora, contenía en materia de relaciones Estado-Iglesia algunos intentos de avance: 1. En su artículo 9o. establecía: "Quedan prohibidas en el Estado para lo sucesivo las adquisiciones de bienes raíces por manos muertas"; 2. Supeditación del ejercicio de autoridad dentro del Estado, al consentimiento del Gobierno (artículo 11); 3. Suspensión de los derechos ciudadanos a los eclesiásticos regulares (fracción V del artículo 21). Y precisamente en la administración del Plan de Jalapa fue declarado in-

---

del de Jalisco: 14 del Estado de México, 10 del de Chihuahua, 8 del de Tamaulipas y 7 del de Guanajuato.

[5] *Colección de órdenes y decretos de la Soberana Junta Provisional Guber*nativa. Segunda edición. Imprenta de Galván a cargo de Mariano Arévalo. México, 1829, Tomo III, pp. 129 y 137.

[6] Suplemento al No. 258 del *Aguila Mexicana,* de 15 de septiembre de 1827.

[7] *El Sol,* Año IV, número 1445, 21 de mayo de 1827.

constitucional el artículo 9 de la Constitución del Estado de México.[8]

Pero el conflicto se plantea entre el gobierno del Estado de México y el Cabildo Metropolitano, cuando se circula el decreto de 15 de octubre de 1827 del Congreso de esa entidad, en el sentido de que los curas párrocos debían informar cuál era la extensión de sus parroquias, su población, etc. Toda una polémica se desarrolla al respecto, que inclusive constituye un antecedente de una posterior resolución del Congreso Federal.[9] El propio gobierno del Estado de México, por decreto número 7 de su Congreso, de 22 de marzo de 1827, se adjudica los bienes de los hospicios destinados a misiones de China y Filipinas, llegando el problema también al Congreso Federal e impeliendo a éste a una importante discusión.[10]

Y la situación al respecto llega a tal grado, que en serio se plantea la expectativa de que los Estados ejerzan el patronato ante la abstención del Gobierno Federal por arreglarlo y así el Congreso de Guanajuato presenta al Congreso Federal una iniciativa que, de haber prosperado, habría implicado el ejercicio unilateral del patronato por parte de las legislaturas de los Estados.[11] Por último, no debe olvidarse, por una parte, el decreto desamortizador de Francisco García en Zacatecas, de 11 de diciembre de 1829, y que el gobierno de esa entidad, para aclarar el problema, abre, por decreto de 20 de junio de 1831, el concurso en que se va a presentar la importante disertación de Mora, sobre la naturaleza y aplicación de las rentas y bienes eclesiásticos.

Por consiguiente, puede decirse que si la lucha se polariza en torno a federalismo o centralismo, no se concreta por parte de los Estados a la mera defensa de la forma federal, sino que cuanta coyuntura se presenta es aprovechada para avanzar en otros aspectos y, sobre todo, en el relativo a las relaciones Estado-Iglesia.

El choque político entre Estados y clases medias dispersas en el país y el alto clero y las fuerzas castrenses, se complica cuando en 1826 actúan, según Mora, "dos partidos extraconstitucionales":

---

[8] *Colección de Constituciones de los Estados Unidos Mexicanos.* Tres tomos. México, 1828, Imprenta de Galván, a cargo de Mariano Arévalo.

[9] Véase: *Correo de la Federación Mexicana,* tomo IV, número 476.

[10] *El Sol,* número 432, 9 de mayo de 1827.

[11] La iniciativa del Congreso de Guanajuato es leída en la Cámara de Diputados el 1o. de mayo de 1827. El acta de la sesión viene en *El Sol,* año IV, número 1439, de 16 de mayo de 1827.

escoceses y yorkinos. Antes de que ello sucediera, era opinión general que habría una solución a los problemas dentro de la ley y al amparo de la Constitución de 1824, creyéndose que en 1830, año en que podría reformarse la Constitución, se marcarían las directrices del futuro y se superaría el aparente punto muerto a que se había llegado en la pugna. Mora describe la situación:

> Una lucha prolongada entre fuerzas políticas que se hallan en conflicto natural por su origen y por la oposición de sus tendencias, no puede mantenerse indefinidamente; ella ha de terminar más tarde o más temprano por la destrucción de una o de otra: la *constitución* pues, que había creado una de estas fuerzas y querido mantener la otra, no podía quedar como estaba, y debía acabar por sufrir una reforma fundamental.[12]

Las fuerzas se manifestaban claramente:

> A fines de 1826, el *progreso* estaba en lo general representado por los gobiernos de los Estados, el *retroceso* o *statu quo* por el Clero y la Milicia, y el gobierno general era un poder sin *sistema* que, por su fuerza muy superior, fijaba el triunfo del lado donde se cargaba en las luchas que, sin haberlas previsto ni calculado, encontraba al paso empeñadas entre el *progreso* y el *retroceso;* o, lo que es lo mismo, entre los Estados por un lado, y los obispos, cabildos y comandantes por el otro. Sin embargo, es necesario hacer al gobierno supremo la justicia de confesar, que a pesar de su falta de principios, en las ocurrencias del momento que era llamado a decidir, se declaraba casi siempre por el *progreso.*

Tan simple encuadramiento político de fuerzas y su correspondiente mecánica y procedimientos se rompen o, por lo menos, así se piensa entonces, a partir de 1826. La naturaleza de los agrupamientos políticos, sus métodos operativos, el juego intergubernamental y extragubernamental, el papel mismo del gobierno y sobre todo, del Poder Ejecutivo Federal en ese juego, son puntos debatidos y que recibirán un enfoque que influirá en todo el lapso que comprende el México fluctuante. Para determinarlo es preciso examinar los distintos planteamientos y posiciones que se presentan al operar los que Mora llama "cuerpos extraconstitucionales"

12 Mora: *Obras Sueltas,* tomo primero, pp. X y XI.

NOTA SOBRE EL MÉTODO DE OTERO

Fortuna, y no pequeña, para nuestro país fue contar en 1842 con la elaboración de un método para la investigación social y su aplicación al análisis de las realidades y problemas de México, tal como el de Otero. Otero fue tan gran jurista y contribuyó en tal medida al perfeccionamiento de nuestras instituciones, que poco se ha reparado en su carácter de sociólogo y economista. Nuestro autor fue aun más que jurista, sociólogo y economista: un profundo filósofo político y un avezado intérprete de las realidades mexicanas, de las causas que las producían y de los caminos de que el país disponía para transformarse. Su *Ensayo,* por razones circunstanciales, no tuvo en los momentos en que apareció las repercusiones que intrínsecamente ameritaba. Más tarde, su estilo, cierto desorden en la redacción, el diluir los criterios y conceptos en medio de alusiones a cuestiones meramente provisionales y cierta tendencia a la minuciosidad, han hecho que quienes no estén revestidos de la paciencia requerida, pierdan la lectura de una obra fundamental para la comprensión de México. Por último, a los anteriores factores, que explican el poco conocimiento de algunos aspectos del pensamiento de Otero, hay que añadir la dispersión de la obra que no se concentra al *Ensayo,* sino que se extiende a discursos, intervenciones legislativas, artículos periodísticos y biografías, material difícil de conseguir.

A través de Otero, en gran proporción, hemos pretendido bosquejar las fuerzas de los órdenes antagónicos, por lo que creemos que no es ajeno al estudio del liberalismo mexicano con enfoque político hacer una ligera apreciación sobre el método de Otero y los criterios en que se funda.

Al margen de la contribución que la obra de Otero supone en cuanto al desentrañamiento del cuadro social que presencia y de los antecedentes que lo producen, las aportaciones y elementos constitutivos del método consisten esencialmente en:

1º—El abandono de subjetivismos en la explicación de la evolución mexicana y la empeñosa búsqueda de factores objetivos para su cabal comprensión;

2º—La determinación del concepto de clase y el papel por éstas desempeñado en el juego político, económico y social;

3º—La identificación del factor decisivo en la configuración de las clases, en la producción de las relaciones de éstas entre sí y de sus contradicciones internas, las consecuencias políticas y sociales de estas contradicciones y su influencia en la sociedad y sus movimientos;

4º—El señalamiento de las vías para la transformación nacional, los instrumentos de que los liberales disponían para acelerar esa transformación, los campos en que debían aplicarse y las acciones a emprender. Es el trayecto que México debe seguir para obtener fisonomía liberal.

Todo ello formulado para 1842 sustancialmente en un solo libro, en plena juventud y con tal escasez de antecedentes teóricos en línea recta, que resulta impresionante y al Ensayo se le puede aplicar —por su mérito— la frase invocada por Montesquieu en *El Espíritu de las Leyes*: hijo sin madre.

a) *Objetividad*

Cuanto ha pasado en México "ha sido producido por causas viejas e inevitables". Cuando Laplace analiza las probabilidades y destierra las casualidades como superficiales y fruto de la ignorancia humana en lo relativo al mundo natural, está formulando un principio válido para acercarse a la sociedad, pues, según Otero: "En el mundo moral, como en el mundo físico, todo está enlazado, todo tiene su causa y su fin...[1] El cuadro social que Otero ve en 1842 tiene raíces, antecedentes, es efecto del pasado y causa del porvenir. Sólo que los protagonistas de los acontecimientos influyen mucho menos de lo que creen en la vida social y en el desarrollo histórico:

> Cuando los hombres que hacen el papel de actores en este drama, se esfuerzan para comunicar vida al papel que desempe-

[1] *Ensayo sobre el verdadero estado de la cuestión social y política que se agita en la República Mexicana*, por Mariano Otero. México, impreso por Ignacio Cumplido. 1842, pp. 28-29.

ñan, y lo expresan de esta o la otra manera, dejando siempre intacto el fondo, creen que todo depende de sus débiles manos, y en su lógica apasionada refieren los grandes efectos a las causas más pequeñas. Entre tanto los sucesos marchan, pasan las generaciones unas tras otras, y con ellas sus errores y sus preocupaciones; y cuando la historia de todo un pueblo pasa al dominio de los que le han seguido, el hombre pensador descubre allí el enlace de los grandes hechos, y comprende las causas inmutables de todo lo que los hombres coetáneos a esos sucesos atribuían al valor de un personaje o a las intrigas de un partido.

Es la articulación de lo histórico, su contemplación como un todo en cuya realización los hombres intervienen mucho menos de lo que piensan:

> **La historia se presenta en este caso como un monumento visto a la distancia conveniente para percibir sus partes colosales y sus grandes dimensiones, y en el que las pequeñas modificaciones y el débil contorno de los arabescos que lo cubren, se distinguen sólo como una débil sombra, incapaz de alterar todo; y entonces, ¡qué grandes son los sucesos, y qué pequeños los hombres!**

¡Qué grandes son los sucesos y qué pequeños son los hombres! El hombre es actor de su drama, pero no puede eludir la inexorabilidad del mundo social. Su libertad, su capacidad de acción es restringida. Hay factores objetivos, hay una inexorabilidad de las relaciones sociales que lo conducen. Hay fuerzas externas al hombre que lo coaccionan e influyen decisivamente en la marcha de la sociedad. Todo está enlazado en el mundo social, éste es un enjambre que tiene un principio común.

Quien busca explicaciones de la historia exclusivamente a través de los actores —personas— olvida la trama. Los actores se ven, pero no son los autores del drama. Muestran la superficie y ocultan o disimulan el fondo. Son partes que observadas aisladamente parecen fragmentos discordes, siendo que están sometidas a una armonía superior resultante de las causas verdaderas del desarrollo histórico. Quienes se ocupan de los hombres para comprender la historia, observan los adornos y no se percatan de los cimientos ni de la construcción misma en toda su grandeza:

Procuremos, pues, prescindir de los actores para examinar el drama, y apartándonos de aquel punto de vista en que los adornos y los bordados se nos presentan claramente, pero sin dejarnos ver más que trozos aislados del edificio, veámos si descendiendo al examen del origen de esta sociedad, y analizando sus partes constitutivas y las revoluciones que ha sufrido, nos es dado conocer su verdadera situación actual.

La "situación actual" es resultado de todo un desarrollo histórico; ella en sí es historia y para conocerla es indispensable indicar el origen de los males, pudiendo después hacer el análisis de sus elementos constitutivos. Es, pues, necesario apartarse momentáneamente de "las pasiones fugaces del día, para examinar la larga obra de los siglos". Los elementos constitutivos de la sociedad que se presencia vienen de lejos y sólo pueden ser medidos, desmenuzados, comprendidos y corregidos, si se inquiere sobre sus orígenes y desenvolvimiento. Sólo que en esta tarea es frecuente naufragar, porque es muy difícil exponer lo que es un todo, ligado en su fondo, cuando la forma exige dividirlo y subdividirlo:

...el que esto escribe, ha reconocido que era más difícil la forma que el fondo, en un escrito en el que la naturaleza de las cosas lo liga todo, mientras que su clasificación diversa lo separa al parecer.[2]

Otero —"frío por carácter", según se autodescribe— cree disponer hasta del temperamento para hacer un análisis que resulte imparcial y sereno, duro e impersonal en un momento en que las pasiones disfrazan las realidades y desvían a los hombres. Todos los intereses que agitan a México, las pasiones que lo mueven, son resultado de factores objetivos, configurados en el transcurso del tiempo y motivados por causas lejanas, tan remotas que se pierden.

El mundo histórico tiene leyes que deben ser precisadas y conocidas para hacer cálculos. Leyes que necesariamente poseen un denominador común que al abarcarlas le da sus rasgos y las determina al menos en lo fundamental. Con este denominador común, aprovechado como criterio de investigación y punto de partida, es posible reconstruir la evolución de los elementos constitutivos de la sociedad mexicana, tal como Cuvier completaba con los principios

---

[2] *Op. cit.*, p. 6.

de la anatomía comparada y con restos incompletos, seres cabales, y como Laplace precisaba la edad de monumentos con los restos mutilados y los cálculos astronómicos.

b) *El principio generador. Las clases*

Las agitaciones sufridas por México sólo muestran lo ostensible y secundario, haciendo que los síntomas o consecuencias sean tomados como "la verdadera expresión del estado social". Existe un "principio generador", un "principio dominante" que comprende la sociedad. Tocqueville en Norteamérica había encontrado en la igualdad de condiciones el hecho generador de que derivaban los distintos hechos parciales o particulares. Otero encuentra el principio generador en la propiedad. La constitución real de la sociedad radica en la propiedad:

> Los que buscan las instituciones y las leyes de un país como ingeniosas combinaciones de números, ignoran que esa constitución existe toda entera en la organización de la propiedad, tomando esta frase en su latitud debida.[3]

Múltiples factores o elementos constituyen a las sociedades; pero uno abarca a todos; la propiedad. De la organización de ésta depende la conformación de la sociedad. La propiedad es el "principio generador", el "principio dominante de toda sociedad":

> Son sin duda muchos y numerosos los elementos que constituyen las sociedades; pero si entre ellos se buscara un principio generador, un hecho que modifique y comprenda a todos los otros y del que salgan como de un origen común todos los fenómenos sociales que parecen aislados, éste no puede ser otro que la organización de la propiedad.

Es la propiedad el factor esencial en la determinación del régimen político. Este emana de la organización de la propiedad:

> Ella ha constituido el despotismo en los pueblos del Asia, ella constituyó el feudalismo que dominara tantos años a la Europa, ella constituyó las aristocracias de la antigüedad, y ella sola ha fundado la democracia.

---

3 *Op. cit.*, p. 35.

En el caso de México es indiscutible que la organización de las clases y la naturaleza del territorio marcan necesariamente la única constitución posible.[4]

El conocimiento del "principio generador" es la antorcha para el investigador. Mediante su manejo se pueden reconstruir, iluminar, los distintos momentos de la historia de los pueblos. La propiedad es "el principio dominante" que comprende todo, que no deja de abarcar nada:

> Investigadlo todo, analizad cuanto encierra la historia de las sociedades, y al examinar las fases y las revoluciones por donde han pasado, en ese conjunto inmenso de hechos al parecer extraños y confusos, se hallará por todas partes el principio dominante, moviéndolo y organizándolo todo...

Pero el principio generador y dominante reviste singularísima importancia en el estudio de nuestro país: "Y en nuestro caso, ¡cuán luminoso no se presenta el principio! ¡Con cuánta facilidad no se deducen de él las más importantes consecuencias!"

La base del concepto clase es la propiedad y la distribución de ella, determina las distintas clases sociales y fija las relaciones entre las mismas.

> Veamos ahora cómo la repartición de la propiedad ha dividido a la población en las diversas clases que constituyen el estado, las relaciones que ha establecido entre ellas, y los resultados de estas relaciones. Y este estudio indispensable, siempre que se quiera conocer la constitución de un país, es tanto más exigente en nuestro caso, cuanto que hemos cometido los más graves errores por no reconocer que nuestra sociedad tenía una fisonomía propia, y que en nada se parecía a las sociedades europeas, con las que siempre nos estamos comparando, tan sólo porque hemos tomado prestados los nombres de su organización social, sin tener en manera alguna sus partes constitutivas.[5]

[4] En el voto particular de 1847 —*Derecho público mexicano,* Compilación que contiene importantes documentos..., hecha por el Lic. Isidro Antonio Montiel y Duarte, Tomo II, p. 351, Imprenta del Gobierno Federal en Palacio, 1882— Otero se opone a la idea de que al organizar el Senado se llame "allá a la clase propietaria" y dice que para apoyar esta opinión no le es dado exponer "algunas observaciones que la organización de la propiedad tiene en el orden político, pues que esto nos llevaría a las más abstractas y dilatadas teorías de la ciencia social..."

[5] *Ensayo,* pp. 35-36.

La propiedad fija la división de la sociedad en clases, las relaciones de éstas entre sí, y en conjunción con la geografía, el régimen político. Ciertamente que las características reales del país incitaban a estudiar el papel de las clases sociales y su integración. Hemos visto cómo Otero podía contar con un antecedente tan importante para conocer las clases coloniales mexicanas, como el libro de Villarroel; pero, ¿cuál es la inspiración teórica de Otero en su intento por determinar sobre bases objetivas el concepto clase en 1842? Es posible que influyera Saint Simón. Es segura la influencia de Tocqueville en cuanto a ideas democráticas y liberales, y de Sismondi y Considerant en lo que se refiere a ideas sociales y algo, en este último aspecto, Lamennais.

En cuanto a Tocqueville, Otero no lo cita en el Ensayo. Sus fuentes en éste son Mme. Stael —emparentada literariamente con Sismondi—, Montesquieu, Considerant,[6] Rousseau y otros. En el voto de la minoría en 1842[7] tampoco se cita a Tocqueville. No obstante ello, es obvio que para 1842, cuando se publica el *Ensayo*, Otero conoce y maneja a Tocqueville, ya sea en la traducción de Sánchez de Bustamante o más probablemente en francés. La lectura del texto lo prueba; pero por si no fuera ello suficiente, en un discurso pronunciado el 16 de septiembre de 1841, Otero expresamente cita a Tocqueville.[8] Si para Tocqueville el hecho ge-

---

[6] La transcripción de Considerant, en la p. 71 de su *Ensayo*, se refiere a los males del espíritu mercantil. El libro de Considerant citado es precisamente *Le Destinée Sociale*, obra en que resume las ideas de su maestro Fourier, concurriendo así con Sismondi otra influencia socialista.

[7] *Proyecto de Constitución que presenta al Soberano Congreso Constituyente la mayoría de su Comisión Especial y voto particular de la minoría.* México, Imprenta de Ignacio Cumplido, 1842.

[8] Otero transcribe el pacto de una de las colonias inglesas, "que he tomado del profundo Tocqueville" —*Obras del Sr. Lic. D. Mariano Otero,* Tomo I, p. 5. Tocqueville evidentemente influye en el igualitarismo de Otero y también debe haber contribuido a aclarar el papel de la propiedad en el régimen político, dado que para Tocqueville en la Francia aristocrática y feudal "no se reconoce otro origen del poder que la propiedad inmobiliaria" —*De la dêmocratie en Amérique, Quinzieme edition, Paris, Levy, tome premier,* 1868, p. 3. La influencia de Tocqueville se comprueba en: "Examen analítico del sistema constitucional, contenido en el proyecto presentado al Congreso, por la mayoría de su Comisión de Constitución" (Artículo 1o.— *El Siglo Diez y Nueve,* Núm. 357, 3 de octubre de 1842), en que se expone la "verdadera idea de la federación dada por Tocqueville".

Por curiosidad indicaremos que las influencias literarias sobre Otero son variadas. En el *Ensayo,* Byron, Chateaubriand, y en otros trabajos, mucho de Hugo y algo de Lanmenais. En cuanto a la posible influencia de Saint Simón, a quien se nerador es la igualdad e influye en el igualitarismo de Otero, para éste el principio generador es la propiedad.

En lo relativo a Sismondi, la influencia de éste es decisiva. En el discurso del 16 de septiembre de 1841, que tan útil es para conocer las fuentes de Otero, fundamentalmente a través de sus notas, nuestro autor emite un juicio y hace una cita, que permiten no sólo captar sus fuentes, sino asistir a una profecía, a una brillante anticipación de las circunstancias que dieron lugar a los intentos por construir un derecho social dentro del capitalismo o de superar a éste en la búsqueda de la justicia social. Es imprescindible detenernos en el juicio y la cita.

Otero, después de señalar el significado de la igualdad, incluye una nota en que su preocupación por la cuestión social se pone de relieve. En los pueblos en que más brillan los beneficios de la civilización "la multitud no sólo es siempre infeliz, sino que se halla reducida a una miseria y a un envilecimiento cual no se había visto jamás en la historia de los dolores de la humanidad".[9] El estricto alcance y significado del fenómeno —enfermedad del automatismo— son rigurosamente comprendidos y:

> ...al contemplar que la división del trabajo que tanto ha aumentado la perfección de la industria, ha causado en Europa la completa degradación del artesano, que pasando todos los días en ejercitarse en un solo y muy sencillo trabajo, renuncia a la inteligencia, ciñendo su vida a una sucesión de hábitos mecánicos, de suerte que la historia de un minuto es la historia acabada de la existencia toda de millares de generaciones".

Se trata de que el prodigioso crecimiento en la industria tiene una lamentable consecuncia: "la historia de un minuto es la historia acabada de la existencia toda de millares de generaciones", no por afán ni por maldad —concepto subjetivo—, sino por un avance —el paso del artesanado a la producción industrial— y por un sistema: el salario. Como consecuencia de esto la miseria y una nueva esclavitud privan en el mundo:

---

recurría inconfesadamente, éste era bastante conocido en el país. El número 73 de *El Gladiador*, de 12 de junio de 1831 —pp. de la 289 a la 291— publica un artículo sobre *Sansimonismo,* debido a la pluma de Bayard Enfantin, quien es "calificado de "jefe de la secta de los san simonianos".

9 El *Discurso pronunciado en la solemnidad del* 16 *de septiembre de* 1841 *en la ciudad de Guadalajara —Obras del Sr. Lic. D. Mariano Otero—* de la p. 3 a la 25.

> ...mirando cómo este artesano degradado ya en su alma de tal manera, que puede compararse con los brutos, se ve reducido por el prodigioso crecimiento de la industria, a un salario tan miserable, que aun sus meras necesidades animales, satisface apenas en lo necesario para conservar la vida.

Estos hombres no sólo se enfrentan a las duras condiciones del trabajo, sino también a la carencia de éste; "que muchas veces le falta ese trabajo de animal y ese pan de dolor, y muere de hambre, mientras que las altas clases gozan del refinamiento más exquisito del lujo y de los placeres viendo a la sociedad toda sustraída de los principios de filantropía y de caridad que endulzaron antes la suerte del esclavo y del siervo". Este cuadro hace que el hombre, a la vez que admira la civilización, desespere de ella

> ...penetrando en el interior de esa concurrencia de industria y de comercio que se ha convertido en una guerra sistemada, que se hace sin valor ni nobleza entre todos los pueblos, las clases y los individuos, cuya divisa ha caracterizado el sabio Sismondi en estas horribles palabras: "*Votre mort c'est notre vie*" contemplando cómo la propagación misma de las luces ha venido a corromper las costumbres y producir la multiplicación de los delitos: viendo todo esto y mucho mayores males, los medios de la civilización se admiran, y se llora sobre las consecuencias que ha producido sobre la multitud.

Sismondi y "Votre mort c'est notre vie" ayudan a Otero a determinar objetivamente las clases, a fiiar sus relaciones y a prever un hecho y una necesidad:

> Mas este desorden es transitorio: los medios del bien sólo en un estado de subversión pueden producir el mal. Si el estado actual continuara largo tiempo, si esa desigualdad la más horrible e inicua de todas, la que ahora divide a los hombres en dos clases, negándolo todo a los que todo lo producen, y concediéndolo a los que nada hacen, si esta desigualdad continuara de la manera que hoy se halla en Europa, habría indefectiblemente una crisis inmensa y espantosa; crisis que se debe esperar no llegará, porque antes el mundo moral descubrirá al genio del hombre sus leyes tan sencillas y fecundas, como las del mundo físico, y el orden y la armonía se restablecerán por las grandes mejoras de que aun es capaz la especie humana.

Las clases para Otero,[10] y toda su obra lo prueba, son agrupamientos, cuerpos, definidos no por un status jurídico, sino por condiciones económicas sociales y fundamentalmente por la propiedad. Las clases esencialmente se dividen en propietarias y no propietarias. El clero, como clase definida formalmente, presenta en México contradicciones engendradas por razones económicas: clero rico y clero pobre. Similar fenómeno se presenta en la burocracia: alta y baja. Del clero y de la buracracia surgen los elementos de las clases intermedias o medias. Estas clases dirigen el movimiento liberal, buscando conducir el poder ciego de las clases no propietarias o proletarias. Existe una gran movilidad social derivada de las contradicciones de las clases propietarias, que explica las clases medias. En éstas reside la inteligencia, "las luces". Ellas dirigen el movimiento de independencia e impulsan las luchas liberales, buscando el apoyo de las clases no propietarias, contando en su lucha contra el orden colonial con la coincidencia de intereses de la nueva clase comercial y aprovechando las fisuras y no complementaridad de intereses de las clases jurídicamente privilegiadas, sobre todo a la luz de la fuerza de una clase también nueva: el ejército. Ya vimos las fuerzas en pugna y no vamos a volver a ellas. Simplemente deseamos recordar los resultados de la aplicación del método de Otero al análisis de las condiciones nacionales y su posible desenvolvimiento. Su método indudablemente conduce a formular una especie de principio del desarrollo histórico de México, como a continuación veremos.

c) *Las vías de transformación*

Los liberales se enfrentan al problema de cómo transformar al país. La preocupación es constante y el desconcierto a veces aso-

---

10 *Proyecto de Constitución que presenta al Soberano Congreso Constituyente la mayoría de su Comisión Especial y voto particular de la minoría.* No es de extrañar que Otero, que ve a la clase media portadora y realizadora del liberalismo evidentemente social en que creía, encuentre inspiración en el socialismo de clase media de Sismondi o socialismo pequeño burgués, como ha sido llamado, y se oriente en este precursor de la legislación social. En 1842, en unos artículos sobre federalismc en que se percibe la mano de Otero, publicados por *El Siglo Diez y Nueve* y que posteriormente analizaremos, la orientación fundamental radica en Sismondi. En su notable *Voto particular* de 1847, Otero también recurre a Sismondi. El libro de éste, reiteradamente citado, es: *Etudes sur les constitución des peuples libres,* par J.C.L. Simonde de Sismondi, a París chez Treutel e Würtz, ... MDCCCXXXVI".

ma. Tendremos oportunidad posteriormente de referirnos a este afán transformador en su aspecto de promoción económica y de modificación política, señalando las disparidades que al respecto se presentan, explicándose algunas de éstas en función del propio proceso político del país. En Otero las vías para la transformación de la nación están íntimamente vinculadas con su método de investigación y con los resultados que éste produce en el análisis de las condiciones de México. Por consiguiente, la exposición del método resultaría incompleta de no abordarse las vías para la transformación nacional expresadas por Otero.[11]

Otero se enfrenta a la trágica alternativa de senderos para el progreso del país. ¿La evolución política de México podrá modificar las deprimentes condiciones materiales de la sociedad? ¿O será indispensable tranformar estas condiciones reales para lograr el progreso político de México? ¿Existirá prioridad a favor de alguno de estos aspectos?

Al margen de la decisión que en torno a esta alternativa Otero toma, lo admirable es su planteamiento, la percepción y enunciación del conflicto resulta en sí creadora. Otero, cree, con Mme. Stael, en la ley de perfectibilidad, ley humana; la civilización no es más que expresión de esta ley. Pero esta ley y la civilización no consisten en los sistemas políticos que han dividido a los filósofos y a los políticos o en principios religiosos o administrativos, "su acción se extiende a todas las partes de la organización social, por lo mismo que ella no es más que el conjunto de todos los medios adquiridos para la satisfacción de las necesidades físicas y morales del hombre". Cuando Otero dice que la nación se agita por adquirir una nueva forma, debe entenderse que ella sólo se logrará modificando las condiciones reales imperantes, los elementos que integran a la sociedad: "*se entiende muy bien que la república no puede llegar al estado de civilización, sin que los diversos elementos que la componen y que han existido hasta ahora en la manera conveniente para constituir el estado actual, se cambien en la forma necesaria para ese nuevo estado*".

Es decir, hay que cambiar las condiciones materiales de la sociedad. No basta la definición política o religiosa ni la adopción de reglas administrativas

> Necesitamos, pues, un cambio general, y este cambio debe comenzar por las relaciones materiales de la sociedad, por estas

---

11 *Ensayo sobre el verdadero estado de la cuestión social y política que se agita en la República Mexicana.*

mismas relaciones que hasta hoy han decidido de nuestra situación, y que en todos los pueblos de la tierra han producido los diversos fenómenos sociales que hemos visto.[12]

La modificación de las condiciones reales debe ir acompañada por el progreso político; pero el pleno disfrute de las libertades supone el previo cambio de las condiciones materiales. La evolución política de la sociedad, su progreso, exige la modificación de las "relaciones materiales de la sociedad":

> Repitamos, pues, que la adquisición de las leyes que con el menor sacrificio posible garanticen a cada individuo la satisfacción de sus facultades o derechos, depende de que el progreso de las relaciones materiales de la sociedad haya creado en el mayor número de los ciudadanos que la componen la necesidad de gozar de esos derechos; y a la verdad que una vez adquirido esto, sería ya también mucho más fácil y enteramente asequible el organizar los poderes públicos en la forma conveniente para conservar las garantías individuales.[13]

La clave de estas relaciones materiales está constituida por el principio generador, la propiedad. Las condiciones subyacentes, las relaciones reales de la sociedad marcan en definitiva el destino de las leyes. En México la distribución de la propiedad y la geografía determinan la naturaleza del gobierno. Para establecer un orden político en que prive la libertad es necesario impulsar el progreso económico, la creación de riqueza, mejorar las condiciones de vida de la población, pues:

> El establecimiento de un orden social equitativo y justo, en el que la libertad sustituya un día completamente a la servidumbre, la igualdad a los privilegios, y la voluntad nacional a la fuerza bruta; depende también de la realización de estas condiciones.[14]

¿Cuáles son las condiciones reales de la sociedad? Estas están determinadas por la distribución de la propiedad y las clases. Pero, además, por la riqueza pública. Es necesario no confundir los elementos de la riqueza con la riqueza misma. De los primeros Mé-

---

12 *Op. cit.*, pp. 76-77.
13 *Op. cit.*, p. 88
14 *Op. cit.*, p. 82.

xico no carece; de lo segundo sí. Su juicio, ajustado a la realidad, como acontecimientos ulteriores lo demostrarían, no deja de ser desesperante:

> Las naciones, como los individuos, son más o menos ricas, según que los recursos con que cuentan les permiten, después de haber cubierto sus primeras necesidades, atender a las exigencias del lujo y aumentar constantemente sus capitales; y lejos de que nosotros estemos en este último caso, nuestros productos apenas bastan para las primeras necesidades de la sociedad; y nuestros capitales, disminuyéndose sin cesar, están próximos a una bancarrota.[15]

La agricultura sólo produce los más elementales artículos de consumo; la industria se limita a operaciones muy parciales para sacar algunas sustancias poco valiosas de las primeras materias o para proporcionar rudimentarios vestidos "a las últimas clases de la sociedad"; las artes se reducen a lo que antes se designaba con el nombre de oficios y sólo dan pasos vacilantes en la producción de "exquisitas obras de lujo":

> ...y de esta suerte gran parte de nuestros alimentos, la mayoría inmensa de los efectos que empleamos en nuestros vestidos, y todos los objetos innumerables que nos han hecho necesarios los progresos del lujo y los adelantos de la civilización, los recibimos del extranjero por medio de cambios.

El diagnóstico sobre el estado de la sociedad es riguroso. Sector por sector es considerado. La agricultura produce unos cuantos artículos sin salida, "consistentes en gran parte en meros productos brutos". En general, se limita a abastecer las poblaciones inmediatas a los centros de producción. La agricultura resulta así una actividad pobre, aleatoria y sumamente expuesta, siendo las principales causas de ello la despoblación, el atraso de los procedimientos y las dificultades de los transportes. Los precios de los productos agrícolas —que son de "consumo limitado"— permanecen abatidos y dejan una utilidad "cortísima" y ella, que apenas bastaría para el sostenimiento de una familia, se tiene que distraer generalmente "para el pago de los capitales impuestos, que en muchas fincas exceden a su valor, y que se reconocen a un censo mo-

[15] *Op. cit.*, pp. 30-34.

deradísimo, pero superior al producto que rinden los capitales". Otero es claro en la descripción de los males

> La propiedad raíz, pues, de la república que se encuentra entre los particulares, está en una verdadera bancarrota, como lo demuestran muy bien la sola vista de nuestros campos llenos de ruinas, y la noticia de los innumerables expedientes que se siguen contra los propietarios, sobre pago de réditos, y que concluyen casi siempre por el embargo y concurso de la finca.

No menos severo se muestra con la industria. Esta progresa muy despacio. La existente se enfrenta a la falta de materias primas provenientes de la agricultura, a la dificultad en los transportes, al consumo limitado y emplea "procedimientos torpes". La verdadera industria —"la naturalización de la industria europea"— está por crearse; pero ella, a más de los anteriores obstáculos, "tiene que vencer la lucha obstinada del comercio europeo". Para comprobar sus afirmaciones, Otero emplaza a que se revise la historia de las fábricas de hilados y tejidos.

En cuanto a la minería, Otero ve a los capitales retirándose de esta actividad y "la multitud de minas abandonadas y paralizadas que vemos" lo comprueba.

Es crudo y muy gráfico en el enjuiciamiento del comercio. Su fuerza, la deformación mercantil del país, las enfermedades y vicios en lo que debiera ser sólo aparato de distribución, son gráficamente señalados:

> Queda sólo el comercio, dispensador de la realización y dueño del capital mobiliario; pero cuando este comercio no está equilibrado por la repartición de los capitales entre él y las otras fuentes de la riqueza, cuando él ni proporciona una salida ventajosa a los frutos nacionales, ni sirve de escala en la traslación de los extranjeros a otros países, cuando está reducido a recibir las mercancías extranjeras, y mandar en cambio el dinero que debía animar la circulación, cuando no es más que el mecánico instrumento de esta relación ruinosa, sus capitales no se pueden considerar como parte de la riqueza nacional, ni de ellos ha de venir a la prosperidad nacional el más pequeño bien.

La conclusión que de este penetrante examen resulta es dramática: "...no bastando el producto de nuestros capitales para nuestros gastos, anualmente consumimos parte de estos mismos capitales".

Después de conocer el cuadro de la población, cómo se distribuyeron las diversas clases de la sociedad y se repartieron en el territorio, y las relaciones de estas clases, Otero se ocupa de la promoción económica. Es preciso interrumpir el consumo de capital que en el país priva. Para ello hay que introducir nuevos cultivos y los procedimientos que en Europa producen la prosperidad de la agricultura. Otero también en promoción económica se anticipa: es precisa la redistribución demográfica: "La diseminación de la población por las costas de la república y el interior de ella, nos permitiría explotar los tesoros todavía vírgenes de la parte mayor y más fértil del territorio de la república, y de la que puede proporcionarnos un comercio activísimo de exportación". Asimismo, la promoción económica exige la construcción de caminos: "...la sola construcción de algunos caminos haría sumamente fáciles las comunicaciones y el cambio de los productos".

La prosperidad de la agricultura podría sustentar el fomento industrial:

> Progresando la agricultura que ministra las materias primeras que la industria modifica en la manera necesaria para satisfacer las necesidades del hombre, esta industria se naturalizaría indispensablemente entre nosotros; de esta manera nos iríamos libertando de la necesidad de ocurrir al extranjero; todos los capitales que ahora mandamos en cambio de tantos artículos que podríamos proporcionarnos, quedarían para fomentar más y más los diversos ramos de la prosperidad...[16]

En la promoción económica está el "interés de las masas". Por consiguiente, el fomento económico es la principal tarea del país. Es más, de este fomento dependería la corrección de defectos en la estructura económica y social de nuestro país. Tal, por ejemplo, la deforme distribución de la propiedad, que se corregiría con el fomento económico:

> Convengamos, pues, en que el fomento de los diversos ramos de la prosperidad pública, es nuestra primera y más indispensable necesidad, y no lo olvidemos, como se olvidan tantas otras verdades importantísimas, porque con ella tienen una rela-

[16] *Op. cit.*, p. 78 y sigs.

ción estrechísima todas las demás. *En efecto, si la propiedad ha estado mal repartida, y ésto ha producido las más funestas consecuencias, con sólo fomentar su prosperidad y sin ofender el menor interés, los vicios de esa repartición desaparecerán.*

Para Otero la acumulación de grandes porciones de territorio en propiedades vinculadas o estancadas subsiste por el atraso de la agricultura; pero con el aumento de la población, la existencia de caminos, la introducción de cultivos y de más adecuados procedimientos que mejoren la agricultura, "entonces el interés mismo de los dueños de esas propiedades, hará que las enajenen y entren en la organización común". Pero, aun permaneciendo estancadas, su valor, en relación con los valores nacionales, se reduciría tanto, que vendría a ser insignificante. Igual comentario hace sobre el gravamen de cuarenta y cuatro y medio millones de pesos impuestos sobre la propiedad raíz de la República: al aumentar el valor de las propiedades gravadas obtendrá un producto medio al rédito y el provecho de sus productos destruirá la servidumbre.

Otero, que como hemos visto encuentra en la organización de la propiedad el principio generador de los fenómenos sociales, la causa del atraso del país, halla en la misma propiedad, en la modificación de su organización, el método para variar ese cuadro:

> ...la organización de la propiedad que nos sirvió de principio para conocer el estado de la sociedad que heredamos, nos debe también servir de guía al hacer el análisis de lo que necesitamos para sanar de los males que nos aquejan.

La promoción económica, el fomento de las actividades y la modificación en la organización de la propiedad, transformarían a la sociedad y el juego de sus clases. El poder político se desplazaría de las clases acomodadas a las clases industriosas y trabajadoras:

> Así, pues, debemos también calcular sin temor de equívoco, que el crecimiento consiguiente de las clases industriosas y trabajadoras, y el aumento de sus goces y comodidades, harán de esta población un gran poder político eminentemente superior al de las otras clases acomodadas.

El punto de partida es el liberalismo: si la propiedad es de derecho natural, hay un derecho natural al goce de la propiedad que tienen todos los hombres. Esto es, la difusión del derecho de propiedad aumenta el número de propietarios, liberando así a la mayoría de las clases sociales de "los yugos que imponen la necesidad y el error". Estas clases, "dueñas de los recursos materiales y morales que dan la influencia", "vendrán a ser el verdadero principio constitutivo de la república". Se formaría una clase propietaria extensa que cambiaría la fisonomía del país "y fuera por cierto inútil y largo indicar todo lo que quiere decir esta influencia de la clase capitalista, en la que no debemos ya temer el encontrar fuerte y dominante a un comercio extranjero, que cederá su lugar a otro nacional, luego que haya las importantes mejoras que elevarán la agricultura y la industria". Otero postula el ascenso de las clases medias al poder político mediante su fortalecimiento económico, que derivaría de la promoción de las actividades económicas, misma que incitaría la circulación de la propiedad y su mejor distribución.

Las clases medias propietarias se verían ampliadas por el tránsito a ellas de proletarios. Los proletarios mejorarían con el fomento económico; comenzarían "la carrera de su perfección física y moral", al mejorar la educación, "al mismo tiempo de que el precio de su trabajo haya aumentado". El proletario elevaría sus condiciones de vida y disminuiría su número:

> En cuanto a la clase proletaria, ¿no es más claro que la luz, el que ella disminuirá su número y mejorará de condición en proporción que se aumenten y prosperen los giros de que vive?

Del proletariado se nutriría la clase de propietarios. La educación y el mejoramiento de los jornales haría que la clase trabajadora pudiera en México, como en los Estados Unidos, "aumentar incesantemente la clase de los propietarios, disminuyéndose y mejorándose así constantemente la de los proletarios".

Las consecuencias políticas de este ascenso económico son obvias:

> Y una vez que tengamos una población acomodada y libre de miseria, ¿se cree acaso que los hombres industriosos y contentos puedan ser máquinas estúpidas?

Resolviendo el problema económico se pondrían los cimientos para el progreso social y político. El progreso económico sería seguido por el moral. La resolución de los problemas económicos, la modificación de las condiciones reales de la sociedad mexicana, asegurarían el progreso social y político. Otero recalca que la implantación de las leyes que garanticen a los individuos sus derechos "depende de que el progreso de las relaciones materiales de la sociedad haya creado en el mayor número de los ciudadanos que la componen la necesidad de gozar de esos derechos". Logrado esto, ya es más fácil organizar los poderes públicos "en la forma conveniente para conservar las garantías individuales".

Vendría entonces el régimen de derecho y de división de poderes. Las leyes no tienen más objeto que organizar los poderes y garantizar a los individuos todas sus facultades de hombres. Los derechos serían el de propiedad, el de seguridad personal, el de igualdad y la libertad que parte de la libertad del pensamiento, el "más precioso y sublime de todos los derechos humanos".[17]

Pero el derecho de propiedad que se da en nuestro país no es el que figura en el catálogo de los derechos de los pueblos libres. La propiedad sólo necesita ser garantizada "cuando se pasa del consumo a la capitalización". En la mayoría de nuestra población no existe el derecho de propiedad, pues para que éste se dé, sería necesario llegar a cierto estado en que el hombre "no se contenta ya con alimentos y vestidos groseros, ni limita sus deseos al día de hoy". Sólo después de que este concepto del derecho de propiedad exista y que ésta se haya difundido, vienen la libertad de industria y la libertad de comercio.

El derecho de propiedad —"este derecho el primero de todos en el estado social'[18]— encuentra su origen en la necesidad "que el hombre tiene de aplicar a la conservación de su vida los frutos de la naturaleza". La necesidad del hombre al respecto varía conforme las sociedades se desarrollan y evolucionan. Del trabajo y la naturaleza, o mejor dicho, del trabajo aplicado a la naturaleza para satisfacer las necesidades humanas, nace la propiedad, que a

---

[17] En el voto particular de la minoría, de 1842 —p. 14 y siguientes— los derechos individuales se proyectan en: libertad personal, propiedad, seguridad e igualdad.

[18] A Otero, seis años después, le impresiona la Revolución Francesa de 1848: "Desde que vi que la Revolución Francesa, después de destruir la monarquía, amenazaba la propiedad y la familia, me temí una reacción". (Carta a José María Luis Mora, de 14 de octubre de 1848. *Documentos inéditos o muy raros para la historia de México,* publicados por Genaro García, Tomo VI. "Papeles inéditos y obras selectas del Doctor Mora," pp. 120-21). Y en otra carta al propio Mora, de mayo 13 de 1849, entre los "extravíos" que en el país se presentan —con "apóstoles", "escritores" y "conspiradores"— menciona "el comunismo" (*Op. cit.,* p. 141).

partir del estado social, del surgimiento de la sociedad civil, se convierte en derecho, y cuya importancia como tal aumenta en cuanto la sociedad evoluciona.

Junto al derecho de propiedad viene la seguridad personal, derecho que consiste "en no estar sometido más que a la ley, en no obedecer otra autoridad que la establecida por la ley". De él proviene la tranquilidad, "la dulce confianza" de que sólo se está sometido a la ley y a las autoridades legales y que éstos son "poderes tutelares" y fuera de estos dos poderes ninguno otro puede al hombre privarlo de la vida, del honor, de la libertad y de los demás bienes a que aspire. La seguridad personal también evoluciona y se amplía conforme evoluciona la sociedad. En un estado libre las leyes son la expresión de la voluntad "y del interés de todos los asociados" y los magistrados, "los mandatarios sumisos de esa misma sociedad".

El cambio de las condiciones materiales, la difusión de la propiedad, harían firme y seguro el disfrute de las libertades, la liquidación del orden colonial, la primacía de la voluntad mayoritaria y asegurarían el gobierno representativo:

> En efecto, si cuando el poder y la influencia social están concentrados en la minoría que subsiste a expensas de la mayoría, es muy natural que esta mayoría débil e ignorante, ni conozca ni defienda sus intereses; debemos esperar indefectiblemente, que cuando ella venga a ser dueña de la mayor parte de las propiedades nacionales, y goce de las demás ventajas que hemos visto le traerá la mejora de los giros de que subsiste, que entonces esa mayoría, cuyos enemigos entre nosotros son tan débiles y están pereciendo de una manera tan rápida como antes hemos visto, adquirirá toda la influencia de los negocios, y dirigida la acción pública por el espíritu de justicia del interés mutuo de los asociados, se establecerán las formas más convenientes para lograr ese objeto común, y los funcionarios encargados del poder público, abusarán de él con tanta menos facilidad, cuando que el interés general evitará y corregirá esos abusos.

La modificación de las condiciones materiales y el progreso político exigen, por consiguiente, medidas íntimamente relacionadas con el arreglo de los diversos intereses que constituyen a la sociedad; estas medidas pueden entorpecer o facilitar el desarrollo del progreso:

...y por esto desde luego se conoce que las leyes que arreglen la repartición de la propiedad, la clasificación de los moradores de la república, y las franquicias o las restricciones de los diversos ramos de la prosperidad pública, tienen una relación necesaria e inseparable con las exigencias de ese estado material que deciden hasta cierto punto de la suerte de la actual generación y del adelanto de las que le siguieran, y que forman, por tanto un conjunto de cuestiones que yo llamaría del orden legislativo, puesto que pertenecen a las leyes comunes.

Modificada la situación real del país, las leyes deben consignar los derechos del individuo y organizar los poderes, de tal manera que se tutelen los derechos humanos y las relaciones sociales:

Oíd este problema en su más sencilla expresión. Las leyes se deben dirigir a garantizar a cada individuo, con el menor sacrificio posible, la satisfacción de todas sus facultades de hombre; y la organización de los poderes públicos, no tiene otro objeto que el de establecer el poder más propio para expedir, conservar y ejecutar esas leyes tutelares de los derechos humanos y de las relaciones sociales. Estos son los fines, y lo demás no es más que la ciencia de los medios que alcanzan su realización.

Otero es profundamente igualitario, así como fiel amigo de la libertad. La lucha por la igualdad y la libertad, viene del movimiento de independencia. La libertad es "hija de la justicia y conservadora del orden"; "la igualdad, el más precioso y fecundo de los derechos humanos". En Grecia hubo una libertad que pereció, "la libertad, hija de las costumbres; pero la libertad, hija de las luces, es tan perdurable, como el espíritu humano". Se marcha hacia la libertad y la igualdad. La democracia en las instituciones políticas es esencial para el logro de la justicia social:

La democracia en las instituciones políticas está irrevocablemente establecida, y una vez que el pueblo ha allanado todas las desigualdades que se elevaban entre él y el poder, desigualdades poderosas y profundamente enraizadas y fortificadas, sus miserables restos, que se hallan ahora como en desgracia y pidiendo asilo en las últimas relaciones de la vida social, desaparecerán por una muerte súbita y sin los honores del combate.[19]

---

[19] Otero: *Obras*. "Discurso pronunciado en la solemnidad del 16 de septiembre de 1841 en la ciudad de Guadalajara", pp. 21-23.

Este progreso político es universal: "Ni es ésta la revolución de un solo pueblo: es el destino de la humanidad entera". El nuevo mundo es más grande aun "por los medios que ofrece, que por los resultados que ha producido: no constituye quizá más que una rica época en transición". Hasta hoy en materia de igualdad poco se ha avanzado, pero se avanzará:

> ...y si nos es lícito creer que la armonía del mundo no se desmentirá en su más bella obra, que es el hombre; si podemos esperar que Dios no habrá dado en valde la igualdad de las facultades y de las aspiraciones a todos los individuos de la especie humana, es justo y hermoso confiar que, en su obra incomprensible, estarán los medios *de desarrollar todas estas facultades, de satisfacer todas estas aspiraciones; que es el grande y definitivo problema de la igualdad, principio decisivo de la suerte del hombre y sobre el que es necesario confesar que no hemos obtenido más que soluciones imperfectas.* Ignoramos los medios de obtener estos resultados; pero debemos dudas de nuestras luces y no de las de Dios.

Otero formula una ley de nuestro desarrollo histórico en un discurso pronunciado el 16 de septiembre de 1843 en la ciudad de México.[20] Hay una continuidad en las luchas del México por su independencia y por el liberalismo:

> El movimiento de Dolores no fue, pues, la obra de la casualidad, ni el simple esfuerzo de una colonia, que quiere sacudir el yugo de la metrópoli. Considerando los sucesos con alguna más extensión y profundidad, vemos que aquella empresa no fue más que un medio de hacer triunfar una causa más grande y más universal todavía; la causa de la emancipación de la especie humana.

El movimiento de Independencia de México es consecuencia y medio para la lucha liberal. El principio de la libertad fue puro: "Ningún nuevo impuesto había hecho sentir la dura mano de la metrópoli. Ningún infortunio nuevo había venido a recordar la dura y humilde condición de esclavo". El movimiento de Dolores se proyectaba más allá de lo previsto por sus iniciadores:

> Esa bandera, señores, proclamaba la emancipación de millones de hombres destinados a la esclavitud, en favor de una

---

20 Otero: *Op. cit.*, de la p. 129 a la 141.

corte lejana y ávida de sus riquezas; proclamaba el dogma santo de que estos hombres libres, por la naturaleza, tenían derecho de organizar su asociación política de la manera que lo creyesen más conveniente a su propia felicidad; proclamaba la igualdad de todos los derechos y de todas las obligaciones, extinguiendo las distinciones absurdas y funestas, que han dividido a los pueblos en dos razas, la una de señores y la otra de esclavos; y proclamaba, en fin, la máxima fundamental de la libertad del pensamiento, que conduce a todas las mejoras, y sanciona y protege todos los derechos.

Esos principios:

...constituían la verdadera cuestión de la independencia, y abrazaban en su conjunto todas las verdades, todos los derechos de la especie humana; la libertad del pensamiento, la libertad civil, la libertad política, la libertad religiosa; en una palabra, la libertad radical y completa de la especie humana, sancionada por el dogma de la igualdad y encaminada a la perfección moral del hombre.

La lucha liberal se inicia con el movimiento emancipador. Ella se ha continuado en el México independiente, sólo que para 1843: "La generación de la gloria va desapareciendo ante la generación del dolor y del infortunio...". México, pues, se ha mantenido en perpetua agitación; pero ella no afecta el progreso de la democracia y del liberalismo. La agitación, si bien no ha construido lo necesario, sí, en cambio, ha derrumbado lo que al progreso se oponía. En elegante párrafo Otero lo indica:

Todo se conmueve y se trastorna, y los elementos de esta obra inmensa quedan ilesos, y crecen, y se fortifican enmedio de los combates. Estos cambios continuos y esa inestabilidad peligrosa, nada han fundado; pero han destruido lo que debían destruir, y no han dejado cimentar nada de lo que pudiera hacernos retroceder.

En este párrafo está el sentido mismo del México fluctuante: No se dejó cimentar nada de lo que nos pudiera hacer retroceder. Y ya para 1843 había un cambio evidente:

Treinta años hace, que obedecíamos a los nobles y a los reyes, que estábamos divididos en castas, y que creíamos que la soberanía del pueblo era la herejía más execrable.

En sólo treinta años se destruye un edificio que se había levantado en siglos. Ni nobles ni reyes ni señores de derecho divinó: "...¿quién es el que viene a predicar la esclavitud, ni a proclamar absurdas distinciones de nacimiento, títulos mentidos de la divinidad?" La libertad y la igualdad resuenan en los aires. La igualdad y la libertad están "encarnadas con el espíritu y los intereses de las generaciones que se suceden". Los partidarios del retroceso sólo podrán triunfar si se presentase el absurdo.

Este principio del desarrollo histórico de México es el *leit motiv* de Otero. El mundo marcha hacia un régimen de libertad e igualdad:

> Lo obtendremos también nosotros, porque todo tiende a ello, las necesidades materiales de la sociedad, la marcha del pensamiento y nuestras relaciones con esos pueblos que nos sirven de ejemplo. Los sucesos inclinarán las cosas a este resultado e independientemente de toda voluntad individual tendremos instituciones análogas a nuestra situación particular y al espíritu del siglo. Cuanto muere pertenece a las viejas ideas, y cuanto nace viene en apoyo de las nuevas.[21]

Los intereses materiales, la fuerza del pensamiento, inexorablemente a la larga conducen al triunfo democrático y liberal, "independientemente de toda voluntad individual". Pero esto no supone ningún fatalismo político. El destino de México no está predeterminado; los factores reales y la ley de la perfectibilidad del hombre lo inclinan hacia el progreso, pero sin excluir la necesidad de la acción humana. La acción del hombre no es todopoderosa, su capacidad es restringida; pero tampoco es inexistente. Por ello el destino de México depende de lo que se haga, de lo que los hombres hagan, tanto en materia política, como en lo relativo al cambio de las condiciones materiales. En su *Ensayo,* Otero nos dice: "...nada cierto hay para nuestro próximo porvenir"; el futuro de México depende "casi absolutamente de lo que hoy se haga".

---

21 *Op. cit.,* "Discurso pronunciado en la solemnidad del 16 de septiembre de 1841 en la ciudad de Guadalajara", p. 20.

LOS DOS LIBERALISMOS

Soberanía popular limitada

Democracia y liberalismo se enlazan de tal manera en México, que acaban siendo la misma cosa. El proceso de identificación no es, sin embargo, simple. No es raro, sobre todo en los orígenes y primeros momentos del desarrollo liberal, encontrar liberales que no son demócratas. La disidencia se presenta con respecto al principio de soberanía popular; menos frecuente es la heterodoxia con respecto a la representación política; muy extendida, la relativa a la igualdad, aun cuando nada sencilla en sus términos.

El pensamiento político democrático es para 1827 manejado en todo su alcance, expresándose con excelente conocimiento sus técnicas jurídicas y políticas. Al respecto, singularmente elocuente resulta el "Discurso sobre la opinión pública y voluntad general", publicado el 1º de agosto de 1827 en *El Observador de la República Mexicana.*[1] Este artículo se ocupa de dar el significado de las principales voces o palabras del sistema representativo democrático. Su orientación es antirusoniana, no aceptando el concepto de que la ley es la expresión de la voluntad general y coincidiendo con el "Tratado sobre los sofismas políticos", de Jeremías Bentham,[2] en que si la ley fuese la expresión de la voluntad general, en ninguna parte existirían leyes, pues no se da la universalidad del derecho del sufragio ni siquiera en las pequeñas ciudades o cantones democráticos. La voluntad general es vista como voluntad

---

1 Período semanal. México, 1827, Imprenta de Galván, a cargo de Mariano Arévalo. Primera época. Tomo I, No. 9, página 255.

2 A este libro de Bentham, de honda repercusión, nos referiremos al tratar de la estrategia política en el liberalismo mexicano.

unánime. La sola razón de mayoría no obliga a ceder. La obligación de ceder viene del pacto, siguiéndose al respecto a Locke y a Paley. Interesante en verdad es la precisión que se hace del concepto de representación. Se califica de "equívoco funestísimo" el creer "que un diputado no es otra cosa que el *mandatario del pueblo* que lo elige; que ha de recibir de él instrucciones, reglas y órdenes que no puede traspasar; que puede el pueblo retirarle los poderes cuando lo tenga a bien; en una palabra, que es un simple órgano pasivo de los deseos o caprichos de sus comitentes". Es decir, se rebate el concepto del mandato imperativo y, por consiguiente, la revocabilidad del mandato público. Se considera esta confusión un equívoco peligroso y su origen parcial es claramente señalado, deslindando la representación democrática de la estamentaria:

> Para algo de esto ha dado ocasión el célebre Martínez Marina, que empapado y lleno todo de las antiguas cortes de España (adonde los procuradores de las ciudades que tenían voto en ellas, iban, no a deliberar, sino a elevar peticiones de los ayuntamientos, y a promover intereses puramente municipales, y a veces tan ridículos como que se añadiera una figura en el escudo de armas, etc., etc.) llamó a los diputados *mandatarios,* y quiso aplicar algunas de las cualidades que la jurisprudencia civil da al *mandato* común.

El artículo distingue claramente el principio de identidad del principio de representación —"Nada tiene que ver la *democracia* de los modernos con la de los antiguos, son de naturaleza diversísima"—, sosteniendo que es falso y peligroso aplicar en derecho público la idea de mandatario y de mandante e invocando, en apoyo de su tesis, "al inmortal Burke", a quien se califica de "uno de los políticos mayores que ha tenido la nación madre fecunda de ellos" Y esta cita, al igual que otras circunstancias, nos dan la pauta para establecer lo tenue que en ciertos momentos resulta la frontera entre el liberalismo ilustrado y las ideas de los partidarios del constitucionalismo oligárquico. Para el artículo, los representantes deben guiarse por su conciencia, no estando sujetos obligatoriamente a seguir a la opinión pública, pues ésta puede ser injusta o equivocarse. Es más, un representante popular está obligado a resistir a la opinión pública cuando la decisión de ésta puede perjudicar a la nación. El representante tampoco debe empeñarse en la adopción de una medida contraria a la opinión común, en cuyo caso, de conformidad con Bentham, debe diferirla "para sazón mejor".

La complicada situación del país, cuyo destino político inmediato difícilmente se conjetura, obliga a los liberales a precisar el sentido y alcance de la idea democrática a través del examen de su punto de partida: la soberanía del pueblo. Con este título publica *El Observador de la República Mexicana,* el 6 de octubre de 1830, uno de los ensayos técnicamente mejor elaborados sobre el tema.[3] Se pretende en apariencia salirle al paso a las exageraciones del principio democrático de la soberanía popular. El epígrafe es una frase de Benjamín Constant: "Ningún poder de la tierra es ilimitado: ni el del pueblo, ni el de los hombres que se dicen sus representantes, ni el de los reyes, sea cualquiera el título porque reinan, ni el de la ley tampoco". Los hombres, dice el artículo, se precipitan entre extremos. De negar la soberanía del pueblo, han caído en la exageración de proclamarla "omnipotente, libre de toda traba, y sin límites algunos en la sustancia ni en el modo". Esto convierte a los pueblos en juguete de las facciones y de las ambiciones y los lleva a la anarquía, y de la anarquía, del libertinaje, vuelve a surgir el despotismo. Por tanto, definir los límites de la soberanía popular es anticiparse a que la anarquía lleve a la tiranía.

La soberanía como concepto sin límites se prestó a los gobiernos absolutos; el poder ilimitado de uno o unos cuantos llevó a la arbitrariedad y al atropello de los principios de la justicia:

> Otro tanto ha sucedido, cuando se ha dado la misma ilimitación a la soberanía del pueblo, porque la sustancia y lo principal del mal está en la arma, y no en las manos que la dirigen.

Lo importante está en precisar el arma, más que quien la usa. Fue Juan Jacobo Rousseau quien en su *Contrato Social* "estableció definiciones y principios" de que sacaron sus consecuencias prácticas los "furiosos" revolucionarios franceses y que lejos de favorecer la libertad de los pueblos "son el proyecto más firme del despotismo". De aquí el artículo pasa a una interpretación con la cual se podrá estar o no de acuerdo; pero cuya seriedad es evidente:

---

3 *El Observador de la República Mexicana,* Segunda Epoca, Tomo Tercero, pp. 313-322.

> Consideró Rousseau la soberanía en el cuerpo social, sin acordarse de que este soberano no podía ejercer por sí mismo su autoridad, sino que es preciso delegarla, y que delegándola con toda la amplitud indefinida que se le ha querido atribuir, resultaría un gobierno despótico en manos de uno, de pocos o de muchos, que para los efectos es lo mismo. Por eso asustado, como observa un político de nuestros días, y lleno de horror a la vista del inmenso poder que creaba; no sabiendo a quien confiar una atribución tan monstruosa, no encontró más preservativo contra el peligro inseparable de semejante soberanía que el imposibiltar su ejercicio, declarando que no podía ser enajenada, ni delegada, ni representada, que es lo mismo que anularla de hecho, para que nunca tenga efecto en la práctica.

La soberanía popular es insusceptible de ser definida, pero "no puede dudarse de que es limitada". ¿Cuáles son los límites de la soberanía popular?: los principios eternos de justicia, los del derecho de gentes y las necesidades y conveniencias de las mismas naciones. Si un pueblo entero comete injusticias, éstas no dejan de serlo. En el fondo, se trata de la justicia a través de los derechos naturales como límites de la soberanía. Pero la limitación de la soberanía y de su ejercicio no se reduce a las anteriores fronteras. La evolución de la sociedad ha hecho que la soberanía no se pueda ejercer "por el pueblo mismo, sino por medio de sus representantes". La imposibilidad de la identidad, del autogobierno directo de las colectividades, planteada por la propia evolución social, es manifiesta

> Esta imposibilidad condujo a la invención del sistema representativo, y el pueblo no ejerce otro acto de soberanía que el de elegir ya directa o ya indirectamente sus representantes.

La soberanía popular no se trasmite íntegramente a los representantes para que la ejerzan en toda su extensión, "ni aun con las limitaciones que tiene por su naturaleza". Surge la necesidad de la división de poderes: "El despotismo consiste, no solamente en el abuso de la soberanía, sino en que ésta se halle toda en una sola mano, bien la de un monarca o la de una asamblea". La soberanía "concentrada en una persona o corporación" es una suma de poder, que mal administrado afecta al pueblo de quien procede; "por eso es calidad esencial del sistema representativo la división de los poderes".

De estos principios "resulta que el pueblo nunca puede obrar por sí como soberano, excepto en el único acto de elegir sus representantes". Y aun entonces, "no puede obrar como soberano ilimitado y absoluto", sino con arreglo a la ley que fija su concurrencia. Se rebate el que las sociedades ejerzan su soberanía en el estado natural. El estado natural no fue un momento histórico.

La conclusión a que este artículo llega es categórica: "En suma, la soberanía del pueblo es limitada, no la puede ejercer por sí mismo, ni la debe delegar toda entera a una sola persona o corporación".

Con el curso de los años, la teoría democrática de la soberanía popular y su técnica, la representación política, obtienen una aceptación general en los grupos liberales. A su cabal comprensión ayuda excepcionalmente la aparición del libro de Tocqueville. Ello resulta obvio de 1840 en adelante.[4] En 1855 el libro de Tocqueville es editado en México por el periódico *El Republicano*. Sobre la influencia de Tocqueville en lo que se refiere a soberanía popular y representación política, extraordinariamente claro es el planteamiento que *El Monitor Republicano* hace en un artículo del 14 de septiembre de 1855:

> En una sociedad fundada en la soberanía del pueblo, ningún individuo ni corporación debe someter al resto a su voluntad particular, porque ningún individuo, ninguna facción, ni asociación parcial, puede atribuirse el poder supremo si no se le delega. El establecimiento de la sociedad civil supone que los consocios han reunido sus voluntades y sus fuerzas para bien común; su voluntad para ordenar o prohibir lo que puede servir o perjudicar al interés de todos, o de cada uno, y de sus fuerzas para hacer ejecutar lo que han querido.
>
> La ley es el resultado de esta unión de voluntades. La fuerza pública es el resultado de esta reunión de fuerzas particulares. Una y otra están comprendidas en la denominación de soberanía, por la cual se debe entender la colección de los derechos de todos, o este derecho indelegable e imprescriptible para una nación así formada, de *querer* y de hacer ejecutar lo que ella quiere.

4 En 1841 *El Siglo Diez y Nueve* publica un ensayo sobre soberanía popular. El conocimiento de la teoría se pone de manifiesto junto con una tendencia hacia el gobierno como equilibrio de los intereses comunes, viéndose en este equilibrio la existencia misma de la vida social y las metas a que aspira la Constitución. (*Op. cit.*, números 53 y 62, de 29 de noviembre y 8 de diciembre de 1841, respectivamente).

Liberalismo ilustrado

Pero si esencialmente democracia y liberalismo se enlazan en México, en cuanto la primera implica soberanía popular y el carácter representativo del gobierno, el camino para llegar a ello no deja de ser penoso y fatigante, tanto en lo que se refiere al sufragio universal, como en lo relativo a la igualdad. Existe una corriente fuerte e influyente de liberalismo ilustrado, ademocrático, que confía en la difusión de las ideas y no es despotismo en cuanto es estricto en luchar por las libertades generalizadas. Su carácter ademocrático le viene de no ser igualitario ni aspirar al sufragio universal. Quiere el gobierno para el pueblo, pero no por el pueblo. No excluye, sin embargo, totalmente a éste ni admite una aristocracia hereditaria.

El 11 de agosto de 1830[5] *El Observador* publica un artículo encaminado a desterrar la falsa idea de que la igualdad política y civil "excluía todas las distinciones naturales y sociales, y que en virtud de ella, por una especie de magia, se igualaba el pobre con el rico, el ignorante con el sabio, y el corrompido con el virtuoso". Si bien las monarquías llegaron a excesos intolerables en el establecimiento de distinciones, convirtiéndose las condecoraciones "en adornos de la molicie y afeminación" y degenerando "en marcas de oprobio y de ignominia" —los honores no coincidiendo con el honor, según la idea de Montesquieu. Estos vicios, que han hecho "a ciertos republicanos superficiales" "declamar contra toda condecoración y distintivo", no deben inducir a ignorar que el funcionamiento de la sociedad exige de estímulos y distinciones y que éstos no pueden desaparecer en tanto que no se acabe su origen, "que es la desigualdad en las cualidades físicas y morales de los hombres, y la necesidad que tienen de un gobierno". Un gobierno necesariamente es aristocrático, sólo que entendiendo esta palabra en cierto sentido:

> Si se entiende por aristocracia el gobierno en que la autoridad y los empleos se encargan a los hombres más honrados, más ilustrados, más fuertes, más valientes, y en que se aprecia a los que más sobresalen, entonces todas las sociedades deben ser aristocráticas, y más las republicanas, porque las instituciones de éstas excluyen de los

5 Segunda Epoca. Tomo Tercero, pp. 25-47.

empleos y cargos todo título que no sea el de la aptitud, la probidad y el mérito.

Se señala que no se da una aristocracia cuando los privilegios y el poder están en personas distinguidas por su nacimiento, pues en este caso se está frente a una eugenocracia. La verdadera aristocracia como gobierno de los mejores, es seleccionada en la propia sociedad y por la propia sociedad, y:

> Los mismos que declaman contra esa aristocracia vienen a convenir en que es preciso que la haya tal como nosotros proponemos, o más bien como lo demandan las necesidades, y el estado actual de las naciones.

Dentro de la naturaleza de estos gobiernos está la oposición. Esta es una verdadera necesidad para ellos: "es la fuerza que los sostiene, la antorcha que los ilumina; sin su apoyo ellos se extravían y se precipitan".

Y el 8 de septiembre de 1830[6] se publica un artículo sobre la *Igualdad*, que contiene los pronunciamientos más radicales. Su premisa es la afirmación de que la naturaleza todo lo ha hecho desigual:

> Los hombres son tan desiguales en sus cualidades físicas y morales, como lo son en sus rostros; y sin embargo se ha proclamado y querido sostener entre ellos una igualdad impracticable. Una evidencia, a que no se puede resistir, enseña que ni las leyes ni todos los esfuerzos humanos pueden hacer que todos fuésemos de igual talento, igual ilustración, igual figura, igual complexión, etc.

La desigualdad es una evidencia de la naturaleza a la que no se puede resistir y no fue muy extenso y duradero el error torpe y vulgar "de que la igualdad consistía en la comunidad de bienes, o más bien en que los pobres se apoderasen de los haberes ajenos". Son intrínsecas cualidades naturales las que "han hecho y han de hacer siempre a unos ricos y a otros pobres". Pero si bien fue fácil desvanecer este error en materia de igualdad, no ha sucedido lo mismo con otros. Tal por ejemplo, aquella "igualdad absurda" que rompe o relaja "el vínculo de la subordinación" y, en

---

[6] *Op. cit.*, Segunda Epoca, Tomo Tercero, de la p. 169 a la 182, número 6.

consecuencia, debilita las leyes y engendra la anarquía. En realidad, lo que se quiere decir es que afecta la jerarquía social y el sentido oligárquico asoma con toda claridad al darse el fundamento teórico:

> En toda sociedad civil, sea cual fuere la forma de su gobierno, es indispensable que unos manden y otros obedezcan, y los que se hallan en turno o en estado perpetuo de obedecer, es necesario que se sujeten a los que se hallan con el poder de mandar.

Una "desatinada igualdad" hace que se desconozcan las superioridades y las desigualdades naturales. El artículo es un intento por defender las jerarquías, pero originadas éstas no en el nacimiento, sino en la función, el saber, el mérito y la edad.

El artículo pasa a examinar las distintas acepciones que se dan al término igualdad. En primer lugar, aquella que considera que la igualdad consiste en que todos los hombres tengan los mismos derechos y las mismas obligaciones. Esta acepción claudica por muchas partes y se opone a las costumbres, a las inclinaciones "y a los intereses de la sociedad", de modo tal, que resulta impracticable. Ni las obligaciones ni los derechos son iguales para todos los hombres. Hay diferencia entre extranjeros y nacionales, hombres y mujeres, y hombres según sus edades, vecindades, etc. Es esto tan obvio, que se recurre a la igualdad ante la ley, siendo que ésta tampoco impera en su aspecto de igualdad en el acceso a los puestos públicos, ni tan siquiera en el aspecto de que "todos los ciudadanos sean gobernados por unas mismas leyes". Las leyes no pueden estar calculadas para todos los casos; la previsión humana no llega a tanto, y por otra parte, analizando los impuestos, se llega a la conclusión de que la igualdad ante la ley ni siquiera sería deseable, pues la aconsejable "progresión en los impuestos" es opuesta a la igualdad legal. En materia penal, también se observa la imposibilidad de la igualdad.

De todo ello se deduce, y esta es la finalidad práctica del artículo, que aun cuando la igualdad absoluta demanda que tengan el voto público todos los individuos de la sociedad, "el bien de la misma sociedad exige que sean excluidos los que no podrían influir en el mismo bien, o podrían conspirar contra el. La conclusión es, con Bentham: "El establecimiento de la igualdad es una pura quimera, y lo más que se puede hacer es disminuir la desigualdad" dientes, y hacerlos exclusivos de éstos; con lo que el gobierno, los títulos y las condecoraciones vinieron a adquirirse por el nacimiento, y sólo por el nacimiento y se vió el absurdo monstruoso y ridículo de que muchos individuos sin más título que el de la raza, ocupasen puestos, y obtuviesen distintivos, que suponían cualidades y méritos de que estaban totalmente privados, y aun muchas veces en lugar de ellos tenían los defectos y vicios contrarios.

La aristocracia primero se autodotó de prerrogativas y privilegios y más tarde, al hacer depender estos privilegios y prerrogativas del nacimiento, perdió su significado. Se convirtió en aristocracia simple que "está reprobada por todos los publicistas", que con razón se inclinan por los gobiernos moderados o mixtos que atemperan los males de los gobiernos simples. Como se ve, Montesquieu está latente en esta tesis.

Pero no hay que confundir el despotismo de los nobles y los abusos de la aristocracia con lo que es aristocracia y con lo que debe ser en "nuestro sistema republicano". Ni tampoco hay que aplicar la etiqueta de aristocracia en un sentido peyorativo a instituciones y principios, a limitaciones y requisitos imprescindibles para toda república bien ordenada. No hay que confundir la aristocracia con el lujo o el brillo que les permite a ciertas gentes sus recursos; ni con la molicie o los refinamientos artificiales. No debe tampoco confundirse aristocracia con riqueza. No debe, mucho menos, usarse el vocablo para calificar las limitaciones necesarias a los derechos políticos, derivadas del derecho de propiedad. Y este es el objetivo del artículo. Así como se restringe el acceso a los puestos públicos, atendiendo a ciertos requisitos como vecindad o edad:

> Este mismo fundamento tiene la condición de la propiedad. El interés de conservarla y aumentarla está íntimamente unido, y de varios modos con el interés común, y por eso se ha creido justamente que debe exigirse este requisito.

Fijándolo, además, se estimula el trabajo y la industria y:

> ¿Qué tiene esto de aristocrático? ¿Se reserva algo al nacimiento o a determinadas familias? ¿El que hoy carece de propiedad, no puede adquirirla mañana, sean quienes fuesen sus padres?

¿Los hombres ricos no pueden pasar a ser pobres? La propiedad puede ser adquirida y es idea liberal su extensión. Posición

El artículo anterior es radical en su espíritu antiigualitario. Pero no se detiene en él la crítica contra el principio de la igualdad y el afán por un régimen liberal aristocrático. Extraordinariamente crudo y sincero resulta un ensayo sobre aristocracia, publicado en el propio *Observador* el 22 de septiembre de 1830.[7]

Muchas veces, el significado de las palabras depende del espíritu con que son tomadas por el fanatismo, la inclinación de partido, la novedad o la ignorancia. La palabra aristocracia ha corrido con mala suerte y siempre ha sido entendida con un sentido peyorativo como sinónimo de tiranía:

> Los políticos llaman aristocracia o poligarquía a la forma de gobierno en que un cierto número de individuos de la sociedad, formando un cuerpo separado de ésta, ejercen exclusivamente la autoridad soberana.

Esta connotación es impropia. En su justo sentido debería entenderse por aristocracia aquel gobierno "en que la autoridad reside en manos de los hombres más sobresalientes por su virtud, por su talento, por su luces, por su valor, u otras prendas a propósito para dirigir la administración pública en cualquiera de sus ramos". Este es el origen del régimen aristocrático y surgió porque los gobernados experimentaron la necesidad de poner al frente de los asuntos públicos a los mejores. Sin embargo, con el transcurso del tiempo:

> Los gobernantes fueron olvidando el origen y objetos de su autoridad, hasta desconocerlos del todo. Se declararon de esfera y naturaleza superiores al pueblo de que dimanaba su elevación, y lo consideraron como un patrimonio suyo, compuesto de individuos destinados a servirles, y llevar el yugo de sus errores, de sus caprichos y sus maldades. Se olvidaron del interés común de la sociedad, por atender el suyo particular, y se arrogaron prerrogativas y privilegios tan desmerecidos por ellos, como gravosos a la comunidad, y contrarios a la prosperidad pública.

Se dividió a los pueblos en dos partes, "una opresora y la otra oprimida hasta el extremo de una bárbara esclavitud". Y:

> No paró en esto pues los opresores emprendieron y lograron transmitir su autoridad, sus prerrogativas y privilegios a sus descen-

7 *Op. cit.*, número 8, pp. 169-182.

franca contra los privilegios y restricción de los derechos políticos democráticos en consideración al principio de la propiedad, que se ve abierta a todo aquel que con su trabajo está dispuesto a luchar por adquirirla. Es la selección natural que se mide y pondera atendiendo a la propiedad; pero una propiedad que las condiciones económicas y sociales del país hacen que se reduzca el mero disfrute de medios de subsistencia, abonada esta interpretación por el hecho de que los dirigentes liberales no se caracterizaban, hasta donde la generalización vale en esta materia, por ser propietarios, sino que pertenecían a esa clase media o intermedia que vivía de los servicios profesionales, en el foro, la administración, la iglesia u otras actividades.

El artículo termina invocando la virtud como sostén de la aristocracia de las repúblicas, pero no sin antes dirigir un dardo a quienes en las condiciones que privan en el país buscan convertirse en clase rectora, aquellos que:

> Quieren que el haber servido a la nación de un derecho sobre ella para regirla y apoderarse de sus negocios, aunque sea trastornándolo todo, como lo hacen, y es preciso que lo hagan los que se entremeten a manejar asuntos sin conocimiento, sin disposición, y hasta sin ánimo recto y sólo con miras de engrandecimiento y de codicia.

Ahora bien, a pesar de este espíritu antiigualitario, la igualdad acaba privando como norma fundamental de los liberales en un gran trecho de nuestra historia, como bandera de lucha en todo el México fluctuante y acaba incorporándose a la teoría. La lucha contra el régimen derivado del Plan de Jalapa y, sobre todo, contra el constitucionalismo oligárquico, fundado en los privilegios, disipa las diferencias doctrinales entre el liberalismo ilustrado y el igualitario, acabando por dominar un liberalismo plenamente democrático. El igualitarismo de los yorkinos y las prédicas del *Correo de la Federación Mexicana*, *El Fénix de la libertad* y *La Oposición*, son conductos de este espíritu, surgido de la implacable lucha. Así, los liberales adquirieron la ventaja ideológica: la posibilidad de enfrentar un bloque doctrinal, una masa armónica y rigurosamente configurada de ideas, a quienes sólo esgrimían la conservación de privilegios desarticulados y no complementarios entre sí. La contienda hizo que se prescindiera de distingos, matices y precisiones, que resultaban inoportunos y de fomulación contraproducente. Ellos podían afectar, después del Plan de Jalapa y sobre todo durante la vigencia de las Siete Leyes, la lucha que se libraba. Debe subrayarse, asimismo, que en todo este pensamiento liberal antiigualitario no se encuentra la base para sostener que se pretendiera dotar al país de una organización estrictamente oligárquica; no es a los propietarios a quienes se quiere reducir el ejercicio de los derechos políticos, sino a aquellos que disponen de medios de subsistencia, idea distante de la estructuración jurídico política de un país en base a su propiedad. Cuando dicho pensamiento de liberalismo ilustrado se expresa, las clases conservadoras están pensando gobernar con los privilegios de estamento o herencia y sólo más tarde se refugian en las restricciones por razones de propiedad, en la idea del gobierno de las clases pudientes.

Por lo demás, este liberalismo ilustrado sólo se encuentra con tanta claridad en el sector más ortodoxo y practicante de un liberalismo integral, y se expone antes de que el constitucionalismo oligárquico se manifieste en su rigor.

Lucha contra los privilegios

Se da un paso hacia el liberalismo democrático cuando se piensa que una cosa es la lucha contra el privilegio, o sea el goce de beneficios y preeminencias por el mero nacimiento, el que se combate con el espíritu de igualdad consignado en el artículo 6º de la Declaración de los Derechos del Hombre y del Ciudadano, de 1789 —igualdad ante la ley; igualdad en la admisibilidad a todas las dignidades, cargos y empleos públicos, "según su capacidad y sin otra distinción que la de sus virtudes y talentos"—, y otra cosa muy distinta y de estirpe diversa es luchar en contra de las desigualdades o diferencias surgidas en el desarrollo mismo de la vida social, mismas que engendran las selecciones llamadas a dirigir políticamente a una nación. Los privilegios son inmutables; las desigualdades, producto de la vida misma, son sumamente cambiantes. No se trata de defender una aristocracia por el nacimiento, sino de mantener libre la circulación de las aristocracias.

Zavala —igualitario en el *Correo de la Federación Mexicana*— aclara los términos. En su *Viaje a los Estados Unidos del Norte de América*[8] señala que lo mismo ha oído opiniones en el sentido de que en los Estados Unidos había una verdadera aristocracia, que otras en el sentido de que era el país "de la *igualdad* absoluta". Di-

8 París, Imprenta de Decourchant, 1834, pp. 167-170.

ce que quienes opinan en uno u otro sentido tienen razón, pues depende del significado que se le de al término aristocracia. "Ninguna ley, ni costumbre, ni recuerdo histórico existe en aquel país cuya tendencia sea a formar una clase *aristocrática*. La ley civil llama a todos los ciudadanos delante de los mismos tribunales, la ley política los reviste de los mismos derechos". Pero, añade, existe la desigualdad que la naturaleza ha establecido y que ningún legislador puede abolir: la diferencia de talento, capacidad, instrucción, etc. Además: "Hay otra superioridad que, aunque no es de la naturaleza, es una consecuencia necesaria del estado en que se halla constituida la sociedad en general, y que han querido infructuosamente modificar varios filósofos utopianistas: esta es la de la riqueza. Un hombre rico debe tener más conexiones, debe ofrecer más esperanzas, debe hacer más gastos que otro pobre. Tiene más medios de influir, y más capacidad de hacer bien y mal, que otro en quien no concurren las circunstancias de riqueza o de talento. Semejante hombre se considera elevado sobre los demás, y en cierta manera lo está, porque de él dependen muchos, porque no necesita trabajar para subsistir, porque puede satisfacer sus necesidades y sus placeres". Sagazmente, al realizar la comparación entre las gentes que en Estados Unidos mantienen "una especie de jerarquía habitual" y la aristocracia mexicana, Zavala indica el carácter de la nuestra como clase privilegiada por leyes excepcionales:

> Entre nosotros las leyes y las antiguas preocupaciones mantienen una *aristocracia* verdadera, una *aristocracia* de privilegio, en suma una *aristocracia* de leyes *excepcionales* y de consiguiente mortífera en una sociedad republicana popular. ¿Cómo podrán persuadir de su sincero y verdadero afecto a la libertad quienes reconocen clases enteras superiores a las otras por privilegios legales? Esto es lo que no he podido nuncan entender, y esto explica también el origen de nuestras últimas revoluciones. En los Estados Unidos podrán transmitirse los venerables nombres de sus hombres de estado, a sus hijos y nietos, si éstos mantienen con sus luces, patriotismo y honor el lustre de sus ascendientes. Pero ya se ve que esta no es una prerrogativa de las leyes; es del mérito personal.

Si bien el liberalismo mexicano se enlaza con la idea democrática, el predominio es evidente para el elemento liberal. Puede ser definido, simplificando, como un liberalismo democrático, pero no como una democracia liberal, pues el orden de las palabras carga necesariamente el acento. Desde sus orígenes, frente a los liberales que pugnan por la idea democrática de la soberanía popular, existe otro temor nada oculto frente a los posibles excesos de la idea democrática y fundamentalmente del principio de la igualdad. Las luchas y convulsiones de la sociedad fluctuante llevan a los liberales mexicanos, cuando la doctrina se integra a contragolpe con la administración de Jalapa y el constitucionalismo oligárquico, a erigir la igualdad en bandera fundamental ante los privilegios. Pero este hecho, que obedecía a evidentes necesidades políticas, no deja de suscitar discordancias dentro de los mismos liberales, exponiéndose muy serias dudas sobre el valor igualdad, y de traducirse en un proceso que acaba por eliminar estas discordancias, subordinándolas a la lucha contra los privilegios, que no podía permitir matices.

Desde los primeros congresos mexicanos el principio liberal de restringir el voto y, sobre todo, de restringir el acceso a los puestos públicos, con base en el derecho de propiedad, es expuesto sin tapujos. Doctrinalmente auxilia a ello el pensamiento de Benjamín Constant, cuya influencia no acaba de ser contrarrestada por las ideas democráticas de Thomas Paine. Pero excepcionalmente se trata de reservas ante el principio de igualdad legal y nunca frente a igualdad racial. Son reservas frente a la igualdad política y, sobre todo, en su aspecto de libre acceso a los puestos de elección popular. Estas reservas raramente derivan en una idea estrictamente oligárquica y por supuesto ello sucede fundamentalmente antes de que vengan la influencia niveladora de la obra de Tocqueville y la lucha contra el constitucionalismo oligárquico.

En Mora, por ejemplo, frecuentemente se acusan de tal manera los rasgos de un pensamiento antiigualitario en materia política que da la impresión de que busca la estructuración y progreso político del país en la formación de una oligarquía ilustrada y liberal.

Las complicaciones de las realidades políticas, los cauces y senderos que las luchas van adoptando, hacen que la igualdad en masa sea en un momento dado la coraza teórica de los liberales. Pero las líneas que llevan a ello no son nada rectas ni el proceso un mero esqueleto ideológico. Es más, el pensamiento igualitario no se expresa sin muy serias discrepancias. Aun en momentos en que la exteriorización de las reservas liberales frente al principio de la igualdad resultaban políticamente inoportunas, ellas surgen.

Conviene aclarar los matices que en tan importante cuestión se presentan. ¿Cómo conciliar las dudas sobre el valor de la igualdad cuando se lucha en contra de los privilegios? Antes de que el liberalismo mexicano se tenga que definir e integrar frente a un contrario, el problema induce a serias meditaciones.

El 3 de octubre de 1827 *El Observador de la República Mexicana* publica, bajo el rubro de *Igualdad legal*, un discurso pronunciado por José del Valle en 1820, al que los editores intercalan intencionados comentarios. La teoría del discurso y de los comentarios es bien clara: la sociedad es una compañía y todos sus miembros socios; por tanto, los privilegios para unos en detrimento de otros hacen que se forme en la sociedad "otra sociedad contraria a ella". En México —comentan los editores—, república, se parte de la igualdad de derechos entre todos los individuos que la componen y los privilegios en nuestro país son abusivos y en beneficio de una fracción, que sea cual fuere, será minoritaria. Cualquier agravio que sufra un ciudadano lo sufre toda la sociedad, pues todos los individuos son socios de ella. En este artículo la adhesión a la igualdad es plena; se trata de igualdad ante la ley.[9]

Pero en 1830 aparece un largo artículo sobre elecciones,[10] con vistas a obtener reformas que limiten el acceso a los puestos de elección. Después de señalar como criterio de restricción el de edad, se asienta: "...otra garantía que debe requerir la nación en sus representantes es la propiedad". El fundamento teórico principal radica en Benjamín Constant, a quien se cita en extenso: es indispensable que las asambleas representativas se compongan de propietarios. Pero el artículo de *El Observador* se separa de Constant en cuanto éste adopta como criterio la propiedad territorial. Coincide con él en considerar que las clases propietarias son estabilizadoras; pero se separa en cuanto:

> Nosotros reconocemos la utilidad y las ventajas de la propiedad territorial; pero vemos también que los comerciantes, los artesanos y los profesores de las ciencias, tienen interés en que se mantenga la paz interior y exterior.

Es imposible guiarse por la propiedad territorial en un país como México. Ciertamente que se invoca como requisito para el acceso a la representación política la propiedad; pero en un sentido sumamente amplio, tan amplio, que da cabida a las clases medias, en sentido estricto no propietarias:

---

9 *Op. cit.*, Primera Epoca, Tomo II, número 4, pp. 127 y 133.
10 *Op. cit.*, Segunda Epoca, Tomo I, número 5, p. 159.

> En fin, una renta suficiente para vivir con independencia, ya proceda de bienes raíces, ya del comercio, o ya de algún oficio o profesión útil y honrada, es lo que por ahora se puede exigir.

El artículo señala, además, otro requisito que no se atreve a proponer: la graduación de los empleos, el ascenso en éstos, que permita la formación de una clase política profesional. O sea, otro apoyo a la existencia de una clase media gobernante.

La restricción propuesta se considera que no afecta ni a la libertad ni a la igualdad. La primera en cuanto:

> Así como hay razón para exigir ciertas cualidades, como las ha exigido nuestra constitución, y se exigen en todas partes; y por ello no se ofende la libertad, así también hay razón para que se exijan las que proponemos, y no se ofenderá por ello la libertad.

La segunda en virtud de que, aun cuando la condición de la propiedad exigida por la ley para otros cargos es tachada de aristocrática, ello es falso y tal afirmación implica desconocer el significado de las palabras, suponiendo que democracia consiste en exponer los empleos más importantes. El derecho de igualdad nada padece, como no padece por las reglas que fijan los requisitos de edad y vecindad y:

> Además, el derecho de igualdad así como no se destruye por la preferencia que se da a ciertas distinciones personales, como el mérito, el talento, la ilustración, etc., así tampoco se destruye porque no sean admitidos al goce de algún derecho político los individuos que carezcan de ciertas cualidades, que se requieren no por capricho, sino en bien de la sociedad y para la conservación de su libertad y buen orden.

Más tarde, el propio periódico[11] publica el discurso de José María Luis Mora *Sobre la necesidad de fijar el derecho de ciudadanía en la República y hacerlo esencialmente afecto a la propiedad*. Mora ve como uno de los grandes peligros de los pueblos inexpertos "la igualdad mal entendida". Ella conduce a graves tropiezos:

> Alucinados con esta idea seductora y halagüeña, se han persuadido que para serlo todo, bastaba el título de hombre, sin otras dis-

11 *Op. cit.*, número 7. 14 de abril de 1830, p. 213. Mora: *Obras Sueltas*, Tomo Segundo, p. 289-290. París, Librería de Rosa, 1837.

posiciones que las precisas para pertenecer a la especie humana: de esto ha resultado, que todos y cada uno de los miembros del cuerpo social, cuando en él se han puesto en boga estas ideas, han aspirado a ocupar todos los puestos públicos, pretendiendo que se les hace un agravio en excluirlos por su falta de disposiciones, y que éste no es más que un pretexto para crear una *aristocracia* ofensiva de la *igualdad*.

Basta ver la historia de México para convencerse "que esta decantada *igualdad,* entendida en todo el rigor de la letra, ha sido entre nosotros un semillero de errores y un manantial fecundísimo de desgracias". Por la igualdad se comparan hombres que no tienen punto de comparación; ocupan puestos los menos aptos y se pierde el respeto a las autoridades. Pero el mayor de sus males ha consistido "en la escandalosa profusión con que se han prodigado los derechos políticos, haciéndolos extensivos y comunes hasta las últimas clases de la sociedad". Este disfrute universal de los derechos políticos ha sido causa de muchos de los males del país.

Mora señala la necesidad de restringir los derechos políticos mediante la propiedad, entendida ésta como medio de subsistencia, es decir, con el mismo sentido que el artículo sobre *Elecciones.* Pero el primer artículo de la Segunda Epoca de *El Observador,* de 31 de marzo de 1830, fue precisamente el muy importante trabajo de Mora titulado *Ensayo filosófico sobre nuestra revolución constitucional.*[12] En este ensayo, al preguntarse si en nuestro país ha regido el sistema representativo, que para él supone la limitación del poder público y su división tripartita, las elecciones políticas y populares, la libertad de opiniones, la de imprenta y la de industria, la inviolabilidad de las propiedades, el derecho de acordar las contribuciones por los representantes de la nación y la responsabilidad de los funcionarios públicos; refiriéndose en concreto a la soberanía, dirá:

> Desde luego se advierte entre nuestros conciudadanos un error bien común e igualmente perjudicial sobre la naturaleza y extensión de la *soberanía.* La idea que hasta aquí se ha tenido del poder supremo, es la del absolutismo, es decir, el derecho de hacer todo lo que se quisiere; y nosotros al variar de gobierno y hacernos independientes, no hemos hecho otra cosa que trasladar este poder formidable de uno a muchos, o lo que es lo mismo, del rey a los congresos.

---

12 *Op. cit.,* número 1, pp. 1-16. Mora: *op. cit.,* pp. 275-288.

El despotismo de los muchos no deja de ser despotismo. El poder absoluto, aun siendo democrático, es poder absoluto. Aquí se encuentra la diferencia precisa entre el poder del pueblo y la libertad del pueblo, tan claramente señalada por Montesquieu.

Mora se preocupa por el despotismo, así sea éste mayoritario. En su *Discurso sobre los medios de que se vale la ambición para destruir la libertad,*[13] ve en el despotismo el peligro mayor a que se enfrenta un país cuando ha conquistado su libertad. El régimen representativo corre este riesgo, por las medidas que dicta para su conservación:

> La ruina de las instituciones populares ha provenido casi siempre de las medidas que se han dictado indiscretamente para su conservación, no porque no se haya intentado esta de veras y eficazmente, sino porque los efectos naturales e invariables de las causas necesarias, no pueden alterarse por la voluntad de quien los pone en acción.

Uno de los inconvenientes del sistema representativo consiste "en la poquísima fuerza física y moral que se confía a los depositarios del poder". Esto es consecuencia de la naturaleza misma del sistema, que tiene ventajas y desventajas. Con base en ello, Mora formula un discutible principio:

> El amor del poder, innato en el hombre y siempre progresivo en el gobierno, es mucho más temible en las repúblicas que en las monarquías.

Esto sucede porque el que sabe que goza permanentemente del poder se esfuerza poco por acrecentarlo; pero el que lo tiene a término:

> . . .si la masa inmensa de la nación y la fuerza irresistible de una verdadera opinión pública no le impone freno, estará siempre trabajando con actividad incansable por ocupar el puesto supremo, si se cree próximo a él, o por prolongar indefinidamente su duración y ensanchar sus límites, si ha llegado a obtenerlo.

Con auténtica sabiduría política, Mora formula entonces una regla sobre los peligros a que se expone la democracia en un país

13 *Op. cit.* Primera época. Tomo I, 1827. p. 55 y sigs. Mora: *Op. cit.*, pp. 68-77.

nuevo. En los países nuevos la demagogia tiene un muy amplio campo de acción, por existir pasiones y ambiciones que fácilmente entran en juego:

> Buscar las pasiones populares y una vez halladas adularlas sin medida; proclamar los principios llevándolos hasta un grado de exageración que se hagan odiosos; e infundir la desconfianza de todos aquellos que no hayan pasado tan adelante y profesen o persuadan máximas de moderación: he aquí el modo de hacerse de popularidad en una nación compuesta de hombres que por primera vez pisan la senda difícil, y siempre peligrosa de la libertad.

Un pueblo que ha vivido bajo un régimen opresor no se cree libre con ser independiente, sino que confunde su afán de libertad con la lucha contra toda autoridad, rompiendo los lazos que lo unen con ella. La lucha por la libertad se lleva más allá:

> . . . y aun la dependencia necesaria que trae consigo la desigualdad de clases, debida, no a las leyes sino a las diversas facultades físicas y morales con que la naturaleza ha dotado a cada uno de los hombres.

Este es el clima, el medio ambiente en que tienen éxito las prédicas igualitarias y en que se lleva a los puestos públicos "a los que predican esa igualdad quimérica de fortunas, goces y habilidad para serlo todo".

Los excesos de la democracia, el fetichismo de la voluntad general, el significado del régimen de facciones, son pintados en todos sus perniciosos efectos. Tan condenable como el despotismo de uno es el despotismo de muchos. El sistema representativo es un mecanismo tan delicado, que su funcionamiento puede echarse a perder por falta o por sobra. La moderación, la templanza, el espíritu de Montesquieu, que pedía límites hasta para la virtud, informan la tesis de Mora. Con la prédica de la igualdad exagerada, las facciones predominan y los demagogos imperan. Facciones y demagogos encuentran un terreno sumamente propicio en un país como México:

> Una nación, pues, que ha caminado muchos años por esta senda peligrosa y que además se halla empobrecida por la acumulación de propiedades en un corto número de ciudadanos, por su falta de industria y por la multitud de empleos que fomenta el aspirantismo,

es un campo abierto a las intrigas de la ambición astuta y emprendedora, y ofrece mil elementos para la organización de facciones atrevidas.[14]

Lo que en *El Observador* es liberalismo ilustrado, en *El Sol* es antiigualitarismo y antidemocracia. *El Sol* aprovecha al *Observador*, reproduciendo artículos de él, como el muy importante "Discurso sobre los límites de la autoridad civil deducidos de su origen", debido a Mora. La argumentación de Mora será usada por *El Tiempo* en su campaña monarquista y de gobierno de las clases pudientes.[15]

El liberalismo ilustrado se traduce en pensamiento oligárquico. En marzo de 1826[16] *El Sol* publica un artículo sobre igualdad. La tesis es que los hombres serían iguales si no tuvieran necesidades. Concluye:

> En nuestro infeliz globo es imposible que los hombres que viven en sociedad, no estén divididos en dos clases, una de los ricos que mandan y otra de los pobres que sirven, y estas dos clases se subdividen en otras mil, que también tienen mucha diferencia.

Sin embargo, el igualitarismo de los yorkinos y la dialéctica de la lucha, al ponerse de relieve los objetivos oligárquicos de los poderes conservadores, hacen que los liberales formen un bloque doctrinario en torno al principio democrático de la igualdad. Ello se manifiesta para 1832 frente al gobierno del Plan de Jalapa y en *El Fénix de la libertad*,[17] donde está la mano de Vicente Rocafuerte, en quien además hay la influencia de las ideas democráticas norteamericanas, se exterioriza:

> El fuero eclesiástico y el fuero militar, constituyendo unas clases privilegiadas, que interrumpen la igualdad civil que debe ser com-

14 Mora, que es seguramente el liberal más integral de los grandes liberales mexicanos y que prácticamente adopta la doctrina en masa, tanto en sus aspectos políticos, como económicos, no ignora, sin embargo, los males de la concentración de la propiedad, no solamente en el clero, sino también en los laicos, como después veremos.

15 *El Sol,* Año V, número 1686, 9 de enero de 1828. México, imprenta a cargo de Martín Rivera. *El Tiempo* publica el "Discurso sobre la necesidad de fijar el derecho de ciudadanía en la República y hacerlo esencialmente afecto a la propiedad". (Tomo I, número 3, 26 de enero de 1846).

16 *El Sol,* número 1723.

17 Tomo I, núm. 34, p. 144. 31 de marzo de 1832. Imprenta a cargo del C. Agustín Guiol.

pañera inseparable de la libertad, ponen en oposición los principios republicanos de la constitución, con los antiguos elementos de la monarquía: y en esta contradicción de la libertad con su hermana la igualdad, destruida por los fueros, encontraremos una de las principales causas de las revoluciones que hemos experimentado, y de la continuación de los futuros disturbios que afligirán a la república, mientras no renuncie a los privilegios y distinciones, y corte de raíz hasta el más pequeño de los elementos capaces de inficionar el nuevo orden de instituciones liberales.

La supremacía de la sociedad civil

La lógica interna del movimiento liberal tenía que llevarlo a la igualdad. La lucha entre los partidarios de Gómez Pedraza y Guerrero se desarrolló entre quienes auspiciaban un criollismo exclusivista y los que pugnaban por la igualdad. Pero inicialmente y aún después de este planteamiento, en el sector que podríamos llamar del liberalismo ilustrado, la lucha contra los fueros no se emprende a nombre de una igualdad en la que no se cree. La lucha contra los fueros ayudó a conducir el liberalismo mexicano a la igualdad legal y no al revés. Es por la vía de la secularización y por el examen de otros problemas por donde el liberalismo ilustrado pugna por la supresión de los fueros y llega a la igualdad legal.

En el programa de los principios políticos del partido del progreso y que una sección de este partido pretendió hacer valer en la administración de 1833-1834, José María Luis Mora incluye: "...2º abolición de los privilegios del Clero y de la Milicia; 3º supresión de las instituciones monásticas, y de todas las leyes que atribuyen al Clero el conocimiento de negocios civiles, como el contrato del matrimonio, etc."[18] Esto es, la abolición de privilegios y principios secularizantes aparecen unidos y Mora, al realizar en el mismo apartado de su libro el examen de los puntos 2º y 3º del programa, claramente realza el carácter solidario que estos puntos tienen.

La supresión de los fueros opera como un puente entre la igualdad y la secularización y el goce de la libertad. Es la trabazón de las ideas impuestas por el propio movimiento político. Políticamente la lucha contra los privilegios provenía de la oposición que clero y milicia hacían a la forma federal y representativa. La contienda

18 Mora: *Op. cit.*, Tomo I, p. XCI.

política se polarizaba en torno a federalismo y centralismo. Luchar contra los privilegios era fortalecer y consolidar el federalismo en la Constitución de 1824, quebrantando las fuerzas que a él se oponían. Mora expresamente lo indica. Pero entre los fundamentos que Mora asigna a la abolición de los privilegios no figura la igualdad.

A más de señalar el sentido político de esta lucha, Mora da a la misma los siguientes fundamentos:

1º—El espíritu de cuerpo debilita al espíritu nacional. Son las corporaciones con fueros cuerpos perfectos, independientes, con medios de subsistencia propios, ajenos a la vida y unidad nacional. Los miembros de los cuerpos privilegiados colocan sus intereses profesionales por encima del interés nacional;

2º—No sólo la existencia de los cuerpos es contraria al espíritu nacional, sino también a la moral pública. Las instituciones aforadas subvierten la moral pública: "Nada más inmoral que ocultar, paliar, disculpar, dejar impunes, y defender, contra los esfuerzos de la autoridad pública, los delincuentes y perpetradores de crímenes o delitos comunes, y perseguir como criminales a los que sólo faltan a obligaciones creadas por los reglamentos de las *corporaciones*".[19] Ello ataca las bases del orden público y la tabla moral en que ésta se funda;

3º—Los fueros y los cuerpos que los gozan son contrarios "a la independencia y libertad personal". El hombre a través de su razón debe formar juicio y obrar: "Los *cuerpos* ejercen una especie de tiranía mental y de acción sobre sus miembros, y tienen tendencias bien marcadas a monopolizar el influjo y la opinión, por el símbolo de doctrina que profesan, por los compromisos que exigen y por las obligaciones que imponen". Los hombres pertenecientes a los cuerpos aforados carecen de independencia y libertad personal, o en palabras de Mora, estos organismos ejercen tal tiranía sobre sus miembros, "que hace ilusoria la *libertad civil y la independencia personal* que a sus miembros corresponde como ciudadanos".

---

19 *Op. cit.*, p. XCVIII.

4º—La multiplicidad de los cuerpos "es un embarazo perpetuo al curso de la justicia". Los distintos fueros, las leyes que los constituyen, las personas que los disfrutan, el deslinde y conflicto de competencias que ello engendra, "la ineficacia de las leyes criminales" y la falta de respeto a los tribunales civiles —"que son las fuentes de la justicia nacional"—, en síntesis, el establecimiento de jurisdicciones exclusivas, deprime la autoridad civil. Pero:

> Además la jurisdicción ordinaria o lo que es lo mismo la nacional, pierde de su consideración y aprecio, desde que se segregan de su conocimiento los negocios contenciosos que por su número y calidad deben influir de un modo poderoso en las transacciones sociales y en la suerte de las familias; como sucede y sucederá siempre por la multiplicidad de fueros a que aspira de una manera irresistible el *espíritu de cuerpo*. Entonces se invierte todo el orden judicial, y aunque los nombres de las instituciones conserven los mismos, la jurisdicción ordinaria se convierte en excepcional, y la excepcional en ordinaria.

5º—Similares y hasta más graves perjuicios causan los fueros al orden administrativo. Las contradicciones entre las leyes ordinarias y las de los cuerpos privilegiados, las de éstos entre sí, el choque de los intereses de los cuerpos con los comunes, quebranta el orden administrativo:

> El gobierno, falto de leyes nacionales, y sobrado de las que organizan a los cuerpos, no sabe cómo marchar: se le pone en las manos una constitución atestada de declaraciones y principios que favorecen a la masa, se le dan funcionarios públicos y poderes organizados para obtener este objeto, pero se le mandan leyes que están en oposición con él, y respetar tendencias que lo destruyen.

6º—Los fueros se oponen a la prosperidad y a la riqueza pública:

> El mayor obstáculo contra que tiene que luchar la prosperidad pública de las naciones es la tendencia a estancar, acumular y reunir eternamente las tierras y capitales. Desde que en la

> sociedad se puede aumentar indefinidamente una fortuna dada, sin que llegue la necesidad de repartirla, es claro que no se necesita más que el transcurso de algunos siglos para que los medios de subsistir vengan a ser muy difíciles o absolutamente imposibles en la masa.

Este párrafo de Mora, que condena en sí la tendencia a la concentración de la propiedad, reduce su significado económico, que no político, cuando agrega:

> Este resultado es único y exclusivo de los *cuerpos* políticos, y una nación en que éstos llegan a multiplicarse, o aunque sean cortos en número, se hallan muy difundidos en la sociedad, ha abierto ya el abismo donde ha de sumergirse su fortuna pública. Los *cuerpos* por sí mismos tienden a emanciparse, a subsistir y a llenar su objeto; para todo les es necesaria la acumulación de bienes y generalmente prefieren los fondos territoriales.

Mora comenta que desde el Fuero Juzgo hasta la Novísima Recopilación se ha sostenido la prohibición de adquirir para las manos muertas, no obstante lo cual éstas han seguido adquiriendo. Ello se debe a que las leyes han sido eludidas:

> ¿Por qué así? Porque no se ha extinguido en su fuente el origen de estos deseos siempre más activos y eficaces que las disposiciones de las leyes; porque se ha querido que cesen las resistencias dejando en actividad las causas que las producen.

La tesis de Mora va a desempeñar una importante función en el enjuiciamiento de la propiedad y su acumulación en nuestro país. Si se analiza dicha tesis, se ve que Mora condena la acumulación en sí, pero la ve como consecuencia de los cuerpos políticos, excluyendo —pecado de liberalismo económico— de la tendencia acumulativa a los individuos.

Los anteriores puntos hacen que Mora concluya estableciendo que a la administración de 1833 se presentó la disyuntiva de elegir "entre el sistema *representativo federal* establecido en la Constitución del país, y el antiguo régimen basado en el *espíritu de cuerpo*". De aquí que, incluso el gobierno español de la Colonia, tratara de debilitar a los cuerpos políticos, reducir sus fueros, y el error de la Constitución de 1824 fue dejar subsistentes cuerpos, clases, separados de la sociedad.

Mora, pues, conecta la existencia de cuerpos aforados con la falta de unidad nacional, soberanía estatal y con el problema de la secularización de la sociedad mediante la indispensable laicización de la justicia. Además, los cuerpos y sus fueros van contra la libertad civil, la independencia personal, la moral pública y la prosperidad y riqueza del país. Políticamente, no cabe duda que Mora ve los cuerpos aforados como organismos que siendo infraestatales mantienen un poder similar, al menos en calidad, si no es que también en cantidad, al poder soberano del Estado.

La supresión de los fueros en el pensamiento de Mora está vinculada fundamentalmente con la secularización y con las libertades personales; de otra vertiente surgió la vinculación de la desaparición de los fueros con el principio democrático de la igualdad ante la ley.

Igualdad y fueros

En pleno gobierno de Santa Anna, el periódico *La Oposición,* detrás del cual está don Andrés Quintana Roo, sigue la línea de *El Fénix de la libertad.* Así como Quintana Roo en *El Federalista.* al luchar contra la reacción del Plan de Jalapa puso énfasis en la defensa del federalismo, *La Oposición,* frente a la contrarrevolución negadora de la administración de Gómez Farías, enfatiza la lucha contra los fueros y privilegios y a favor de la igualdad ante la ley.

En artículo de 4 de diciembre de 1834[20] va a decir:

> Considerados los fueros en sí mismos resultan monstruosos; y reducidos a práctica aparecen subversivos. Los excesos que se han cometido a su nombre son sin número, y con ellos no hay gobierno que pueda subsistir.

En Francia, dice *La Oposición,* los privilegios del clero y de la nobleza "en que estaban invívitos los de la milicia", produjeron la revolución y los días de terror fueron la reacción frente a ellos. Porque Hume tiene razón: nunca hay más riesgo de caer en un extremo, que cuando se ha llegado al opuesto. Toda la historia de México lo comprueba:

---

20 *La Oposición,* Primera Epoca, Tomo I, número 15, México, 1834. Impreso por Juan Ojeda.

> ...el influjo que la detestable administración de Bustamante dió a las clases privilegiadas, y los necios manejos de otro personaje muy conocido, si bien han organizado al partido servil han puesto en movimiento otro más poderoso, exaltando en él las ideas de libertad; emprendieron el ataque, y al mismo tiempo multiplicaron las resistencias.

En ese entonces las fuerzas conservadoras marcaron su destino:

> Para cada privilegiado que se ganaron, adquirieron un millar de enemigos: así es que su ruina será infalible, y tanto más estragosa, cuanto mayores sean sus afanes en perpetuar la lucha.

Los privilegios capitalizan el odio. En ellos coincide el malestar general. Los fueros son antiigualitarios y niegan la dignidad del hombre:

> Los fueros se han hecho detestables por la desigualdad en que se fundan. ¿Qué ciudadano vivirá contento teniendo sobre sí un poder que lo amenaza o lo burla con sus artificios? ¿Quién descansará en brazos de la justicia, sabiendo que el poder de ésta no alcanza a ciertas personas que pueden ofenderlo? ¿Quién fiará en unos tribunales afectados del espíritu de corporación y de partido? ¿Quién se apoyará en unas leyes llenas de excepciones? ¿Quién por último tendrá tan poco honor, o estará tan destituido de vergüenza que tolera en esas clases elevadas el orgullo que las acompaña y la superioridad de que se glorían? Es necesario renunciar al título de hombre, para conformarse con ese vilipendio que infieren a todo el género humano las clases y los privilegios.

Todos los mexicanos han pagado tributo a los fueros. Estos carecen de todo fundamento, son ficticios y están condenados:

> ¡Clases privilegiadas! Todavía es tiempo de que os reconcilieis con un pueblo a quien tanto disgusta vuestra preponderancia. Todavía podéis bajar honrosamente de esa elevación peligrosa donde os colocó la injusticia. Todavía, dejando el título de señores, podéis adquirir el de hermanos. Desengañáos: la naturaleza no ha formado clases: la única desigualdad que admite es la que dan la virtud y el saber, en contraposición del vicio y la ignorancia.

La base igualitaria salta a la vista: "la naturaleza no ha formado clases".

Y dos días después,[21] en un artículo lleno de miga política, *La Oposición* va a sostener:

> Los fueros no sólo son dañosos a la sociedad, sino que lo son también a la mayoría del cuerpo que los disfruta. Sus ventajas se reconcentran en los pocos individuos que hacen cabeza: los demás son víctimas de un despotismo, tanto más insolente, cuanto más unido se halla el espíritu de parcialidad.

El argumento político es muy importante: dentro del régimen de fueros y privilegios los sectores bajos de las clases aforadas padecen más que gozan de los fueros:

> El Jefe de un cuerpo privilegiado no sólo gusta de ser superior a todos los ciudadanos, sino de ser absoluto entre sus súbditos. No consentirá que uno de ellos sea juzgado por otra autoridad distinta de la suya; pero en cambio obrará con él arbitrariamente. Ese mismo aislamiento en que se halla, respecto al todo de la máquina social, le da derecho en cierta manera para no guardar restricciones y miramientos. Cuando se trate de disminuir su jurisdicción, pondrá en ejercicio todos los recursos legales para sostener una competencia; y cuando se trate de ejercerla, no atenderá más que a la ley del encaje, es decir, a su simple parecer.

De tal situación proviene que "los eclesiásticos y militares disfruten tan pocas garantías personales". Los aforados sufren un tratamiento inhumano por parte de sus superiores. Quienes defienden los fueros van más allá de la Inquisición y su teoría es absurda: "Se citan al efecto doctrinas rancias y superficiales (tales como las que enseña la Universidad de México) y algunas decretales, que por opuestas al derecho natural, vendrían todos en conocimiento de lo que valen". Los aforados en el clero y en el ejército no son otra cosa "que unos esclavos disimulados, revestidos de oropeles, o rodeados de un mentido respeto; pero esclavos que hacen fluir sobre el pueblo todos los inconvenientes de sus distinciones, es decir, de su infeliz condición". El establecimiento de los fueros es un gran extravío que supone sacrificar al interés particular el interés común.

---

21 *Op. cit.*, Primera Epoca, Tomo I, número 16, 6 de diciembre de 1834.

Su supervivencia es una monstruosidad; con los adelantos de la ciencia política no pueden subsistir.

> Antes estaba sostenida de las preocupaciones de todos, ¿pero hoy que la ciencia política ha hecho tantos adelantos, y en que la discusión de estas materias, las ha puesto en el último grado de claridad que puede desearse? ¿cómo pueden permanecer, y no por mera tolerancia, sino consignadas en un código constitucional, cuyas bases son la igualdad y la justicia?

Los fueros chocan con la igualdad y la justicia y por ello están condenados. La base, pues de la lucha contra los fueros es el principio de la igualdad, misma que para *La Oposición* es el fundamento de la democracia.

En enero de 1835[22] este periódico lo manifiesta claramente:

> Todo sistema popular representativo tiene por una de sus bases principales la IGUALDAD legal. Esta es la que hemos sostenido y sostendremos, ¿por qué pues variar un título que tanto nos honra?

La lógica interna del conflicto lleva inexorablemente a la igualdad. Si se combaten los privilegios no es posible sostener las diferencias, por naturales que sean. Las necesidades políticas concretas conducen a la igualdad, al liberalismo democrático y de 1835 en adelante ello es evidente. A partir de que el proceso interno que conduce al liberalismo democrático se realiza, la ventaja ideológica corresponde a los liberales. Quienes desean mantener el *statu quo* o retroceder suprimiendo los leves adelantos obtenidos, defienden los privilegios. El liberalismo mexicano, enfrentado a estos privilegios, va a encontrar el denominador común de la igualdad democrática. Esta acaba por ser el fundamento de su lucha contra los privilegios.[23]

---

22 *Op. cit.*, núm. 28. 31 de enero de 1835.

23 Por supuesto que el liberalismo ilustrado es absorbido como corriente, lo que no obsta para que subsista como pensamiento de ciertas individualidades. Todavía triunfante el Plan de Ayutla, don Luis de la Rosa lo combate: "No hay que tener miedo de adoptar y proclamar el principio de la popularidad; no hay otro principio a que atenerse". "¿Por qué hemos de tener miedo de proclamar como base de las elecciones, y por consiguiente de la nueva constitución, la democracia, es decir la popularidad?". La idea encuentra su fundamento, entre otros principios, en aquél que proclama "la igualdad de todos los hombres ante Dios y ante la justicia".

Para que la igualdad sea una realidad, es preciso que haya un equilibrio entre las partes de la sociedad, que se sienta el mal de cualquier privilegio, sin importar su naturaleza. Los privilegios de orden civil rompen la seguridad personal y van contra la igualdad. La igualdad es el programa general, la idea democrática que ayuda a los liberales a combatir los intereses de la sociedad colonial que pugna por subsistir. La sociedad colonial se fundaba en los privilegios. La nueva sociedad, para formarse, necesitaba la desaparición de los privilegios. Las nuevas fuerzas adquieren una doctrina general; les estorbaban todos los privilegios, se luchaba contra éstos en general, fuese cual fuese la clase que los disfrutaba. La teoría era muy clara: la igualdad. En cambio, las clases conservadoras sólo buscaban defender los privilegios específicos peculiares que cada una de ellas gozaba. No tenía interés el ejército en defender los privilegios de la Iglesia ni ésta en que se conservaran los privilegios del ejército. De aquí que la coherencia, la ideología y la congruencia política no pudieran estar del lado de las fuerzas conservadoras. Si la sociedad colonial había sido un edificio agrietado, no existían intereses comunes que permitieran restaurarla en su conjunto. No había, no podía haberla, unidad sustancial para la restauración; había coincidencias circunstanciales.

La doctrina y las fuerzas conservadoras, el conflicto, hacen que el liberalismo mexicano se convierta en unidad ideológica. Intereses materiales y el principio de igualdad hacen que se tenga que luchar contra todos los privilegios del ejército y del clero. La fuerza del clero no es puramente económica; su poder social y político supera a su poder económico. Por consiguiente, la lucha contra el clero no se reduce a la desamortización de los bienes eclesiásticos y a la supresión de los privilegios. Plantea la necesidad de liberar a la sociedad del poder de la Iglesia. Esto exige la secularización de la sociedad. Igualdad y secularización se traban. Suprimir el monopolio de la enseñanza, el monopolio del pensamiento, para llegar a la libertad de conciencia. Pero ésta sólo es posible si existe la seguridad personal, misma que para imperar requiere de la igualdad civil. Hay, pues, que secularizar a la sociedad, haciendo libres el nacimiento, el matrimonio y la muerte. Se hacen libres el nacimiento, el matrimonio y la muerte en cuanto para sancionarlos no se requiere compulsivamente, coactivamente, la intervención del clero. En cuanto ellos, si la conciencia individual así lo aconseja,

---

(*El Siglo Diez y Nueve,* Cuarta Epoca, No. 2423, 15 de agosto de 1855. México, Imprenta de Ignacio Cumplido).

pueden en sus efectos sociales ser actos puramente civiles. Después del constitucionalismo oligárquico, la ventaja ideológica correspondió al liberalismo.

El enlace se establece de tal manera, que el movimiento de Ayutla da su primer paso reformista en la disminución de los fueros con la Ley Juárez, de 23 de noviembre de 1855, y sigue en la Constitución de 1857 la abolición de los fueros, antes de lograr la libertad de conciencia, en un sugerente proceso que examinaremos en la integración de las ideas. Mas al proceso histórico de identificación de estos dos liberalismos también concurre a favor de la idea democrática en gran medida una aportación teórica: la de Tocqueville.

La bienhechora influencia de Tocqueville

A principios de 1835 aparecen los dos primeros volúmenes de *De la democracia en América del Norte,* de Alexis de Tocqueville, y dos años después se encontraban traducidos al español.[24] Nada llamó más la atención a Tocqueville en su viaje por los Estados Unidos ni le causó mayor impresión "que la igualdad de clases", procurando deducir el influjo de ella en el rumbo de la sociedad:

> Entre las cosas nuevas que durante mi viaje a los Estados Unidos han llamado mi atención, ninguna atrajo más vivamente mis miradas que la igualdad de condiciones. Descubrí sin dificultad la influencia prodigiosa que ejerce este primer hecho sobre la marcha de la sociedad; él da al espíritu público una cierta dirección, un cierto curso a las leyes; a los gobernantes máximas nuevas y hábitos particulares a los gobernandos.[25]

Tocqueville asienta que la igualdad de clases extendía su influencia a las costumbres políticas, a las leyes y a la sociedad civil:

> Así pues, a medida que yo estudiaba la sociedad americana, veía de más en más, en la igualdad de condiciones, el hecho generador de

24 "De la Democracia en América del Norte", por Alejo de Tocqueville. Traducido de la 4a. edición por D. A. Sánchez de Bustamante. París, Lecointe. 1837. dos tomos.

25 *"De la Democratie en Amérique". Quinzieme Edition. Tome Premier.* Michel Levy Fréres. París, 1868, p. 1.

donde cada hecho particular parecía descender, y lo encontraba sin cesar delante de mí como un punto central al que todas mis observaciones venía a parar.[26]

A la lógica interna del movimiento liberal mexicano, a la naturaleza de sus *posiciones* —su lucha contra los privilegios—, que inexorablemente lo conducían a incorporar en su ideario el principio democrático de la igualdad, se añadió la concurrencia teórica bienhechora y muy amplia de los dos primeros volúmenes del libro de Tocqueville. La obra de éste, sus orígenes y sentido íntimo, personal, la hacían encajar casi a la perfección dentro del cuadro mexicano, y vino a ser en varios aspectos un fermento para nuestro liberalismo y su cabal enlace con la idea democrática. Tocqueville era hombre entre dos mundos, y su obra, que reflejaba esta situación, advino a un país que se debatía también entre dos órdenes, sin saber cuál iba a dominar. Tocqueville no oculta su dramática situación de hombre puente entre dos mundos y recién publicada *De la democracia en América del Norte*, se la describe a Henry Reeve el 22 de marzo de 1837: "Yo he venido al mundo al fin de una larga revolución que después de haber destruido el estado antiguo, no había creado nada duradero. La aristocracia estaba ya muerta cuando yo comencé a vivir, y la democracia no existía todavía."[27] Para Tocqueville la igualdad se desarrollará irremisiblemente y en forma gradual. Ella es universal, "escapa a la potestad humana" y tiene una proyección indiscutible. Todos los acontecimientos y los hombres ayudan al desarrollo de la igualdad de la democracia y:

> ¿Será sensato creer que un movimiento social que viene de tan lejos, podrá ser suspendido por los esfuerzos de una generación? ¿Puede pensarse que después de haber destruido el federalismo y vencido los reyes, la democracia retrocederá ante los burgueses y los ricos? ¿Se detendrá ahora que ha devenido tan fuerte y sus enemigos tan débiles?[28]

Tocqueville ayuda a construir una ciencia política nueva para

---

26 *Op. cit.*, p. 2. Sánchez de Bustamante —p. IJ— traduce "hecho engendrador por "Hecho generador".

27 "Oeuvres Completes D'Alexis de Tocqueville". *Publieés par Madam de Tocqueville. Correspondance.* Tomo II. Levy, París, 1867, p. 68.

28 "De la Democratie en Amérique". *Quinzieme Edition. Tome Premier.* Pág. 68.

un mundo nuevo, brindando a nuestros liberales un instrumento para comprender la sociedad mexicana y las líneas de su posible evolución, permitiéndoles ligar democracia y liberalismo de una manera inescindible. Esto último no sólo en cuanto se ve que el poder del pueblo —la soberanía popular base de la idea democrática— es complemento y garantía de la libertad del pueblo —del individuo, liberalismo—, sino también en cuanto, con palabras del periódico *El Fénix de la libertad*, libertad e igualdad son hermanas. Ellas se apoyan mutuamente; la libertad humana, "fuente de toda grandeza moral", es en Tocqueville fundamento de la igualdad ante la ley. La igualdad puede conducir a la libertad o a la servidumbre, dependiendo ello precisamente de que esté vinculada o no al liberalismo.

Tocqueville contribuye al liberalismo mexicano en cuanto precisa el sentido de la democracia y de la representación política y tiene aportaciones indudables, que en su oportunidad veremos, a la teoría del federalismo mexicano y al establecimiento de las libertades individuales y sus garantías.

LA ESTRATEGIA LIBERAL

Triunfante el movimiento de Ayutla, el problema de la estrategia del liberalismo mexicano, del camino a seguir, se perfila con todo rigor. *El Siglo Diez y Nueve,* el 13 de septiembre de 1855, señala la necesidad de acelerar el avance liberal: "Una revolución que se detiene, retrocede".[1] Es la vieja cuestión de que los liberales necesitan ponerse de acuerdo no sólo en teorías políticas, "sino también en los medios de convertirlas en verdades prácticas". Se trata del problema de la estrategia sobre el cual surgen las disparidades más profundas. El desacuerdo, en método, en ritmo, origina dolorosos desprendimientos para el liberalismo, como hemos visto, e influye en el moldeamiento de la propia ideología. Las discusiones al respecto fueron tanto más ricas, cuanto los movimientos más impresionantes, efectivos e inteligentes; incluso, los que disimulaban la inspiración ideológica, se apoyaban en razones de estrategia política. Todo ello explica la importancia de la materia y sus repercusiones en la realización del proceso histórico, en la implantación de las ideas y en su formulación e integración.

El tema se presentó desde los orígenes del liberalismo mexicano en una doble y contradictoria línea: disimulo de los verdaderos objetivos o expresión franca de éstos. De una parte el movimiento de independencia de 1808, y de otro el Decreto de Apatzingán. En los primeros congresos surgen también las distintas tendencias: Liberales que expresan la necesidad de consignar la tolerancia y aun la libertad de conciencia; enemigos de ésta que

---

1 *El Siglo Diez y Nueve,* Cuarta época. Año 15, número 2452. México, Imprenta de Ignacio Cumplido. Editorial "Peligro de la situación".

se oponen de frente y enemigos que encubren su posición bajo el disfraz de la inoportunidad de su adopción; fieles creyentes en la necesidad de la libertad de conciencia que flexiblemente lo ocultan, por considerar que no se respira un ambiente que permita instaurarla. Y parecidas posiciones emergen respecto a las relaciones Estado-Iglesia. La diferencia entre yorquinos y escoceses surge también en cuanto a la admisión o no del constitucionalismo oligárquico, como hemos visto, o se polariza en torno a consignar en 1842 el federalismo o transar en ello. En 1847, la diferencia entre puros y moderados es decisiva y dramática. Y así, el problema del método y del ritmo, del gradualismo o el avance frontal opera en las realidades políticas.

Triunfante el movimiento de Ayutla, las divisiones en relación con la estrategia juegan un papel decisivo y la estrategia adoptada a la postre va a marcar el camino del triunfo.

Los sofismas políticos

En la literatura que es fuente teórica de nuestros liberales, el problema de la táctica política es examinado. De Pradt, Blanco White, Constant, Condorcet —este último con claridad— aconsejan no exponer el avance por la precipitación. No ignoran el clima en que se vive, las preocupaciones de la época; no herir al enemigo sin imposibilitar la reacción; ir paso a paso, de la intolerancia a la semitolerancia, de ésta a la tolerancia, para llegar a la libertad de conciencia. Pero hay, sobre todo, un libro magistral de estrategia política que causa un gran impacto y adquiere una importancia persistente en los métodos del liberalismo mexicano de 1825 a la Guerra de Tres Años. De él se reproducen fragmentos y sirve, como muchos buenos libros, a los liberales y a sus contrarios que también creen encontrar en él bases para sus recetas dilatorias. Su autor, Bentham, tiene tratos con Mora, reiteradamente citado en nuestra folletería y en los periódicos, inspira numerosas intervenciones legislativas y orienta múltiples acciones políticas. El libro es "El Tratado de los Sofismas Políticos", obra penetrante, escrita persiguiendo objetivos concretos.[2]

---

2 *Tactique des Assemblés Legislatives,* Suivie d'un traité des sophismes politiques.Ouvrages extraits des manuscrits de M. Jerémie Bentham. E. D. Dumont. Seconde Edition Revue e Augmentee. 2 tomos. París. Dossanso et Fréres. 1822.

"El Tratado de los Sofismas Políticos" es arsenal de ideas para liberales y antiliberales. Recordarlo es tener presente las ideas que constituyeron la base lógica de las distintas posiciones tácticas y su explicación dentro de una evolución política complicada y cargada de contradicciones. Para Bentham puede caerse en el sofisma político de buena o de mala fe. Sólo que él siempre implica cierta sutileza y constituye un medio para perseguir un fin. Bentham los divide en sofisma de prejuicio o de autoridad, dilatorios y de confusión. De todos éstos, los dilatorios son los que más aplicación tienen en nuestro país, aun cuando no se excluyen los primeros ni los terceros. Los sofismas de autoridad no dejan de ser empleados y tener su función en un país nuevo que nace a la vida independiente. Los sofismas de autoridad consisten en a) la autoridad de la opinión positiva o negativa de los antepasados: es el origen de los rutineros, la inspiración de los precedentes: hacer lo que nuestros antepasados hicieron y no hacer lo que ellos no hicieron; b) la autoridad deducida del peligro de las innovaciones; c) la irrevocabilidad —inmutabilidad— de las leyes: "Leyes que encadenan a la posteridad"; d) la autoridad de la generalidad: el número de los que mantienen una opinión. Se trata de la identidad mayoría —verdad; e) por último, la autoridad que un individuo quiere dar a su opinión personal. De estos sofismas de autoridad se presencia en nuestro país el rutinarismo y el miedo a las innovaciones. La irrevocabilidad la aprovechan los liberales declarando perpetuas algunas disposiciones de la Constitución de 1824. El sofisma de generalidad lo mismo les sirve que les perjudica: federalismo por voluntad general e intolerancia por no enfrentarse a la opinión general. El último de los sofismas enumerados por Bentham es tan subjetivo e individual que su existencia resulta no susceptible de determinar y de poca monta en un proceso histórico político.

Los sofismas dilatorios en sus distintas especies —tácticas, podríamos llamarlas— son los más socorridos en las luchas de nuestro país. De uno de ellos se desprende la división adjetiva

---

La táctica de las asambleas legislativas es publicada en una edición revisada y corregida en 1829. Burdeos. Pedro Beaumę. El libro es escrito y publicado por el discípulo de Bentham, E. Dumont. *El Tratado de los Sofismas Políticos* es también editado en París, en la Imprenta de J. Smith, 1824. Asimismo en 2 volúmenes en Guadalajara, 1823, Imprenta del ciudadano Urbano San Román. Hay edición contemporánea: Editorial Rosario, Argentina. 1944. Prólogo y traducción de Francisco Ayala.

entre puros y moderados. Ellos también son empleados para disimular las pretensiones de parar la evolución del país o hacerlo retroceder. Los sofismas dilatorios son, según Bentham: a) El del quietista: la medida propuesta no es demandada, no hay una corriente popular a su favor, "no hay murmuraciones". Por tanto se puede permanecer tranquilo. b) El del tiempo más oportuno: no se discute el fondo de la innovación, sino su oportunidad. Hay que dejar madurar las cosas. Esta táctica se traduce con el "todavía no es tiempo" expresado en nuestros congresos por quienes a nombre de la oportunidad se oponen a las innovaciones. c) En menor escala que éstos, casi pasan inadvertidos —se emplean los sofismas de la desconfianza: "No pueden reunirse todas las ventajas a la vez, y el mal de los unos es compensado por el bien de los otros". Se recurre con frecuencia al de los personalismos injuriosos o adulatorios: peligrosidad o virtud en sí de quienes proponen las medidas. Asimismo, es frecuente el uso del de las "diversiones artificiosas": no adopción de la medida, pues se va a proponer una mejor. Estos resultan, sin embargo, irrelevantes. Capital, en cambio, resulta el empleo del que Bentham llama sofisma de la marcha gradual: "Todo se cumple por grados en la naturaleza. Todo debe marchar por grados en la política. La marcha gradual es escoltada por todos los epítetos halagüeños; es templada, es pacífica, es conciliatoria. La marcha opuesta es temeraria, es alarmante; tiene en su contra la experiencia universal". La divergencia táctica proviene de partir de que un plan de reforma para efectuarse en su integridad, exige operaciones "que pueden ser realizadas de una vez o sucesivamente, sin intervalos o con breves intervalos". Por consiguiente: "El sofisma consiste en echar por medio la idea de una marcha gradual, en querer separar lo que debería formar un todo, en hacer la medida nula o ineficaz dividiéndola en trozos".

Celeridad y gradualismo

Ahora bien, la táctica del tiempo más oportuno —"recurso de aquellos que, queriendo hacer fracasar la proposición, no se atreven a combatirla abiertamente"— es empleada con reiteración por quienes, oponiéndose al liberalismo, saben que la lucha frontal es inconsecuente. Frente al grito de *Religión y Fueros* o a los planes centralistas y monarquistas, se da la táctica del "todavía no es tiempo". Pero "la marcha gradual" a veces se confunde con la táctica de la oportunidad. El gradualismo es el criterio y método de los liberales moderados y tal línea de conducta, en su inexorabilidad lógica, los lleva a veces a coincidir con los conservadores que con disimulo usan el "todavía no es tiempo". Difícil es, si se desconoce la filiación de las personas, determinar si el "todavía no es tiempo" obedece a quietismo, maniobra dilatoria de quienes en el fondo se oponen inconfesadamente a la medida, o es resultado del gradualismo que conduce a los moderados.

Además entre el todavía no es tiempo, el quietismo y el gradualismo, se da toda una gama productora de los desenlaces personales más complejos y desconcertantes. Bernardo Couto, liberal, que se opone valientemente en 1835-36 a la derogación de la carta de 24, acaba en 1856-1857 oponiéndose a la tolerancia y redactando el periódico *La Cruz*. José Fernando Ramírez, del liberalismo moderado, va evolucionando hacia el conservadurismo y termina igual que Cortés Esparza y otros muchos, colaborando con Maximiliano. Gutiérrez Estrada, por afán de paz, acaba en monarquista. Y los casos dramáticos se repiten y las contradicciones se amontonan. Otero, moderado, que condena los que considera radicalismos de la primera administración de Gómez Farías, es intransigente en cuanto a federalismo en 1842, en el problema de paz o guerra en 1847 y jalona fuertemente el progreso político en el propio año. En cambio, desgraciadamente va muy lejos en su oposición a la ley de 11 de enero de 1847 —financiamiento de la guerra con hipoteca o venta de los bienes del clero—, por considerarla inoportuna.

Y es que la diferencia entre puros y moderados es una diferencia de ritmo y una divergencia de tal naturaleza, que es por su propia esencia flúida y cambiante, no ya en un trecho histórico largo, como lo es el que comprende la gestación y triunfo liberal, sino aun en períodos cortos. Por otra parte, en el mantenimiento de la sociedad fluctuante, muchos hombres que quieren el progreso, llegan a desesperar de su causa por los males que la inestabilidad engendra al país. Asumen entonces la actitud de creer posible un modus vivendi con las fuerzas del retroceso. Otros caen en esto mismo por la vía del desencanto ante los métodos necesariamente duros de la lucha, o bien, equivocados sobre las fuerzas reales de los partidarios del retroceso, llegan a la rendición. Además, los problemas frente a los cuales surge la definición radical o gradualista, varían en el desarrollo del proceso. En ciertos momentos la polarización es centralismo o federalismo; en otros, igualdad y privilegios; tolerancia o intolerancia, expresa o latente, en todo el proceso está el problema de las relaciones Estado-Iglesia. La rapidez de los avances y la actitud de los hombres ante ellos, está así determinada por la ideología y la primacía que dentro de ella se concede a los distintos principios en debate y a la oportunidad de obtenerlos.

La división de puros y moderados, como hemos visto, procede radicalmente de los orígenes del liberalismo mexicano. La terminología surge durante el constitucionalismo oligárquico en 1838. Pero el liberalismo nunca constituyó formalmente un partido. Nunca tuvo la rigidez de éstos ni funcionó en alas. Era un movimiento más que un partido; con un amplio denominador común de ideas que aglutinaba voluntades dispersas. Había fracciones y subfracciones con diferencias sobre las ideas, pero más que sobre éstas, sobre los métodos para implantarlas y divididos también en cuanto a los hombres. Y las divergencias sobre el ritmo de la reforma son persistentes hasta después de la Intervención. Gran parte de las páginas del *Siglo Diez y Nueve*, en los años clave de la gestación liberal, están destinadas a dilucidar y precisar las diferencias, su razón y la coexistencia de los grupos que las sostienen. En el mismo *Siglo Diez y Nueve* se ven cambios tácticos, cuando las circunstancias lo demandan. La moderación de 1841-42 no es comparable al radicalismo de 1856.

La táctica de "no es tiempo" se manifiesta sucesivamente frente a los temas que adquieren primacía como meta de la fracción liberal radical en los distintos momentos del proceso histórico. En ocasiones la fracción radical es acompañada por muchos moderados; en otras, los gradualistas coinciden con los quietistas y los reactores. La coincidencia está determinada por el tema. Así, cuando destiérrase de jure el federalismo, el objetivo es su restauración El acuerdo sobre la abolición de los fueros es unánime; pero el fundamento para obtenerla varía, según la tendencia ideológica: secularización de la sociedad y, sobre todo, supremacía de la autoridad civil, en el liberalismo ilustrado, igualdad ante la ley, en el democrático. Todavía en 1847 los puros se quedan solos cuando plantean la posibilidad de suprimir los fueros. En cuanto a la tolerancia o libertad de conciencia, en 1856-1857 hay divergencias, no sobre el principio, sino sobre la posibilidad de que se consigne en el texto constitucional.

Sin embargo, como la divergencia de ritmo es circunstancial, derivada de factores eventuales, no es posible establecer fronteras rígidas en lo relativo a las posiciones frente a los distintos temas, máxime cuando éstos se ligan al problema de su alcance, de la interpretación lata o restringida de su significado. Por ejemplo, en lo tocante a federalismo, en el Congreso Constituyente de 1856-1857, don Luis de la Rosa se manifiesta en contra de su consignación lata, en tales términos, que su intervención puede ser juzgada antifederal. José María Iglesias, como veremos, también se manifiesta en contra de la interpretación que se tiene de los orígenes del federalismo mexicano, sin que, sin embargo, su posición pueda ni por asomo ser juzgada antifederal. Todo esto complica extremadamente el esclarecimiento de las posiciones y la distinción de las mismas. Es difícil determinar cuándo se está frente al gradualismo o quietismo. Menos difícil, aunque no sencillo, es la distinción entre gradualismo y retroceso y también lo es en la práctica, establecer la diferencia entre retroceso y quietismo.

El "no es tiempo" se manifiesta, como antes decíamos, desde nuestros primeros congresos. Pero expresamente se invoca en el Congreso de 1847. Vicente Romero, influyente puro que gobernó San Luis Potosí, plantea el avance y la contestación es "el no es tiempo". En la sesión de 19 de abril de 1847, Vicente Romero presenta una iniciativa encaminada a que la Comisión de Constitución formule a la mayor brevedad posible los proyectos de leyes que deben emanar del Acta de Reformas. El pensamiento de Romero es claro: de nada sirven los progresos consignados en el Acta de Reformas si no se dicta la legislación a que quede sujeto su ejercicio. Tal, el derecho de petición o de sufragio; pero, como fundamento de su iniciativa, Romero condena las tácticas dilatorias en un rico párrafo:

> *En Inglaterra las costumbres forman la Constitución* y entre nosotros necesitamos que la Constitución y las leyes formen las costumbres: es una desventaja y para muchos parecerá imposible; pero es preciso arrostrarlo todo y quitar esa pereza de "no es tiempo"; pues lo mismo dirán de aquí a mil años si no se comienza a dar principio a ese tiempo, que en mi opinión llegó desde la independencia, que cortó las cadenas al pueblo mexicano y lo forzó a abrir los ojos para que por todas partes vea los raudales de luz que despide el siglo.[3]

---

3 MONTIEL Y DUARTE. Tomo II. Sesión del Congreso Extraordinario 1847, del día 19 de abril, pp. 373-74.

Para Romero si las "Constituciones a *paso acelerado* llevan el sello de la violencia", peor sello produce "si se deja para después lo que es de hoy". Y una de las técnicas del quietismo es que las leyes constitucionales remitan a leyes particulares que nunca se elaboran.

La actitud pura

El Plan de Ayutla, de 1º de marzo de 1854 y la reforma de Acapulco, de 11 de marzo del propio año, resultan documentos moderados, poco explícitos en sus objetivos. Los puros de Nueva Orleans —Ocampo, Arriaga, Juárez y Mata— impulsan el progreso de la revolución liberal a través de sus fuerzas, confluyendo al movimiento inicial de Ayutla. Debe, sin embargo, aclararse que los puros tampoco son, por precaución, explícitos en sus objetivos. El Plan de la Junta Revolucionaria de Brownsville disimula las ideas, pensando que el mismo movimiento revolucionario las hará aflorar. El documento aprobado el 23 de mayo de 1855, leído por Arriaga y firmado por Ocampo y Mata, asienta que, siendo una necesidad imperiosa "preeminente, superior a todos los debates políticos", sacudir el yugo de la dominación dictatorial, los que toman parte en la empresa revolucionaria "se abstienen de formular desde luego un programa político que depende más bien de la observación y de la experiencia de los sucesos revolucionarios". Estos sucesos, se piensa, harán nacer el programa.[4]

Al confluir los puros de Brownsville a la revolución de Ayutla, híbrida desde sus orígenes, pues en ella intervinieron moderados como Comonfort y puros como Eligio Romero, dentro del propio movimiento va a surgir el choque táctico que prácticamente termina hasta la Guerra de Tres Años.

---

4 *Actas de las sesiones de la Junta Revolucionaria Mexicana.* 1855. Biblioteca Aportación Histórica. Editor Vargas Rea. México, 1957. P. 15. El día 23 de mayo de 1855, cuando la Junta Revolucionaria aprueba "el Plan que convendría mandar a Monterrey", Vidaurri ya ha proclamado en Lampazos su Plan "Restaurador de la Libertad". (Correspondencia particular de don Santiago Vidaurri. 1855-1864, prologada y anotada por el licenciado Santiago Roel. Tomo I, p. VIII. Monterrey, N. L., 1946). Se tienen que sincronizar los objetivos generales de la Junta Revolucionaria de Brownsville con el federalismo, por imperativos localistas de Vidaurri.

En el Gobierno derivado de Ayutla, la diferencia de métodos entre sus primeros integrantes se manifiesta claramente y es descrita con mucho sabor por Melchor Ocampo en *Mis quince días de ministro*.[5] Comonfort y Ocampo coinciden en votar por Juan Álvarez para Presidente; del Consejo que lo elige es Presidente Gómez Farías y Vicepresidente Ocampo. Bien pronto, no obstante, la divergencia en materia de método emerge en toda su fuerza y da origen a una crisis y a una exposición política de Melchor Ocampo, clásica para la comprensión de la diferencia entre radicales y gradualistas en el liberalismo mexicano.

Ocampo, como buen radical, empieza negando la diferencia. Para él, profesar el liberalismo es abrazar una concepción completa y seguir una práctica, una acción unívoca: "Ser liberal en todo cuesta trabajo, porque se necesita el ánimo de ser hombre en todo",[6] dirá en otra ocasión. En el "simulacro de ministerio" que se forma en Cuernavaca a raíz del triunfo del movimiento de Ayutla, Ocampo se opone a la idea de Comonfort, "quien quería que el ministerio estuviese formado por mitad, de moderados y progresistas". Para Ocampo ello es un error, en virtud de que:

> ..."creía y creo que entre nosotros no debía atenderse ni aun mentarse tal distinción, y que debía componerse el gabinete de personas que pudieran caminar de acuerdo, sin buscarles antecedente filiación.[7]

Ocampo es explícito en su clasificación política. No comprende la función de los moderados. Entiende más fácilmente la existencia de tres entidades políticas: "*progresistas, conservadores* y *retrógrados*, que no el papel que en la práctica desempeñan los moderados". Los primeros quieren el avance; los segundos no quieren ni avance ni retroceso, su lema es "no atropelles las personas, ni destruyas los intereses existentes"; los terceros buscan el retroceso, la restauración de lo que se ha superado:

> Los unos quieren que el hombre y la humanidad se desarrollen, crezcan y se perfeccionen: los otros, admitiendo el desarrollo que encuentran, quieren que quede estacionario: los últimos, admitiendo

5 Obras completas de Melchor Ocampo. Tomo II. Escritos políticos. México. F. Vázquez, Editor. 1901, p. 73 y sigs.

6 *Op. cit.*, p. LVI.

7 *Op. cit.*, p. 81 y sigs.

también, aunque a más no poder, ese mismo desarrollo, pretenden que se reduzca de nuevo al germen. Los conservadores, consintiendo el movimiento y regularizándolo, serían la prudencia de la humanidad, si reconociesen la necesidad del progreso y en la práctica se conformasen con ir cediendo gradualmente; única condición, la de consentir en ser sucesivamente vencidos, que volvería sus aspiraciones y su misión legítimas, como lógicas y racionales; pero en la práctica nunca consienten en ser vencidos: los progresos se cumplen a pesar de ellos, y después de derrotas encarnizadas, y haciendo perder a la humanidad tiempo, sangre y riquezas: con sólo conservar el estado de actualidad (*statu quo*) se convierten en retrógrados. Estos son unos ciegos voluntarios que reniegan la tradición de la humanidad y renuncian al buen uso de la razón.

Y es entonces cuando Ocampo, al interrogarse sobre lo que representaban y eran los moderados, da cátedra de táctica política:

> ¿Qué son en todo esto los moderados? Parece que deberían ser el eslabón que uniese a los puros con los conservadores, y este es su lugar ideológico, pero en la práctica parece que no son más que conservadores más despiertos, porque para ellos nunca es tiempo de hacer reformas, considerándolas siempre como inoportunas o inmaturas; o si por rara fortuna las intentan, sólo es a medias e imperfectamente. Fresca está, muy fresca todavía la historia de sus errores, de sus debilidades y de su negligencia.

Para Ocampo, el método deriva de la idea; la teoría condiciona la práctica. Son las ideas y el temple de los hombres los que marcan el ritmo: "Los liberales se extienden en la teoría hasta donde llega su instrucción, y en la práctica hasta donde alcanza la energía de su carácter, la sencillez de sus hábitos, la independencia de sus lazos sociales o de sus medios de subsistencia". En México los liberales aun no están bien clasificados, "porque para muchos no están definidos ni los primeros principios, ni arraigadas las ideas primordiales: buenos instintos de felices organizaciones, más que un sistema lógico y bien razonado de obrar, es lo que forma nuestro partido liberal". De tal carácter derivan las incongruencias en el desarrollo o práctica de la teoría:

> Nada más común que encontrarse personas que defienden el principio, y que en la aplicación teórica o práctica inciden en groseras contradicciones.

El mal es universal, en el estado de progreso de la humanidad "pocas personas hay, cuyo conjunto de ideas forme un todo razonado y consecuente". Esto no justifica tantas y tan variadas divergencias, pues, por lo menos, "en una sola serie de ideas, en los puntos prominentes" se deben evitar las contradicciones. Muchas divergencias en la práctica arrancan de diferencias en las ideas; hay quienes creen "que el pueblo debe estar en perpetua tutela, que los fueros profesionales deben extenderse a todos los actos de la vida, que convienen los monopolios y las alcabalas". Por otra parte, en todos los partidos hay "exagerados y simplemente entusiastas, moderados y tibios, atrasados y morosos". Por lo demás:

> Las mismas calificaciones de puros y moderados son presuntuosas e inadecuadas. La moderación y la pureza son dos virtudes: poseerlas una ventaja, y despreciarlas un extravío. ¡Cuántos moderados hay con pureza! ¡Cuántos puros con moderación! Aun en cada subdivisión de un mismo partido, aun en las subdivisiones mejor marcadas se encuentran todos los tintes. ¿Es acaso imposible en la política reunir una convicción bastante profunda para que muera sin transigir y bastante prudente para contenerse en límites racionales? No, no, mil veces no.

Comonfort insistía en que en el Gabinete hubiese por mitad puros y moderados. Ocampo se oponía a ello, por considerar "que toda coalición entorpece cuando no paraliza el movimiento", "que el equilibrio es justamente una de las ideas opuestas a la de movimiento". Dos técnicas de gobierno entran en conflicto: la contemporización, fundada en la idea del equilibrio, y el avance acelerado modificador de las realidades. Ante el temor de que Comonfort pensara en establecer un gobierno en contraposición al de Alvarez, la pelea es perdida por Ocampo. Comonfort busca la coincidencia en cuanto a programa; considera que hay acuerdo en cuanto a principios, si bien no lo hay en cuanto a los objetos o fines de la revolución y al respecto presenta su programa, "en cuya mayor parte —dice Ocampo— estábamos en efecto conformes, mientras su enunciación se conservaba en las regiones vagas de la generalidad". Había puntos, agrega Ocampo, en que ni siquiera en los principios se coincidía; divergencias de esencia. Uno consistía en las ideas de Comonfort sobre la guardia nacional, formada por una guardia móvil compuesta de proletarios y otra sedentaria formada de propietarios. Diferencia marcada por la propiedad que Ocampo no admitía. Otro consistía en que:

> ...el señor Comonfort pretendía que en el consejo hubiera dos eclesiásticos, ¡como garantía del clero! No lo discutimos, el momento no era oportuno; pero cualquiera que tenga la razón fría convendría en que el consejo formado según el plan de Ayutla, era de representantes, no de *clases*, sino de Departamentos considerados como entidades políticas.

De todo ello Ocampo deduce que no les eran comunes los principios. Dos eclesiásticos ¿cómo iban a ser garantía del clero: "Impidiendo la acción del gobierno, cuando a aquél le convenga? ¿Dos eclesiásticos bastarían para maniatarlo cuando no estuviese impotente?". Para que representaran al clero, éste debía nombrarlos y no escogerlos el jefe del movimiento de Ayutla: "¿Y las otras clases, ya qué clases se habían de nombrar, y los otros intereses, qué garantía tenían...?". Ocampo llegó a la conclusión de que era imposible el acuerdo y en el borrador de su renuncia incluye un párrafo fundándola en el método de contemporización que Comonfort imprimía al gobierno, párrafo que en las negociaciones relativas a la presentación de la renuncia, es suprimido y que decía así: "He sabido entre otras cosas, que la presente revolución sigue el camino de las transacciones". El párrafo substituto sólo establecía: "He sabido, entre otras cosas, el verdadero *camino* que sigue la presente revolución". Pero en la renuncia oficial Ocampo manifiesta que ha discutido detenida y fríamente con Comonfort: "...hemos discutido nuestros medios de acción, y yo he reconocido que son inconciliables, aunque el fin que nos proponemos sea el mismo". Agrega que: "Como en la administración los medios son el todo, una vez que se ha conocido y fijado el fin...", debe renunciar, "reconociendo que no es ésta mi ocasión de obrar, porque yo no entraré en ese camino, y porque la naturaleza misma de lo adelantado que se está pide ya separarse de él". El estado de la sociedad, los avances logrados, la descomposición de las fuerzas enemigas, el grado de desarrollo de las ideas liberales, exigen el abandono de la transacción y del gradualismo. Ocampo era enemigo de transigir; sigue el lema de Lamennáis:

prefiere quebrarse a doblarse y reconoce su falta de elasticidad. Ocampo, pues, se separa del gabinete representando la línea pura.[8]

La línea pura o radical domina en provincia. El joven Vallarta es un claro exponente de ella: "La época que en la actualidad estamos tocando, es una época de crisis, lo he repetido ya hasta el fastidio; y en esas épocas, preciso es que la ruina de todo lo viejo y que anda haciendo mal en la sociedad, sea un hecho consumado, para que así las exigencias sentidas sean satisfechas por las instituciones nuevas". Vallarta se percata del momento que vive: "Es necesario, pues, distinguir la adopción de las ideas democráticas de la destrucción que siempre engendran tiempos de transición: entre nosotros, ambas cosas coinciden a la vez; y la democracia no viene a ser, en último término, más que la satisfacción de las necesidades de nuestra época". La fórmula para la convivencia es bien sencilla: "México se ha de regir necesariamente por instituciones liberales: es necesario que esta verdad, la reconozcan nuestros amigos y nuestros enemigos". El partido conservador está derrotado en el campo de las ideas; su pensamiento vencido. Por consiguiente, no es ni necesario ni posible la transacción: "El partido conservador no puede ya dar, no puede ofrecer a México lo que no le haya dado, ofrecido y que haya sido insuficiente para constituirle...". El partido liberal tiene una doble potencia: la del espíritu del siglo y la voluntad nacional. No ha aplicado a nuestra patria "todas sus teorías". El parangón entre los dos partidos es realizado:

> ...el conservador es un viejo impotente que no sabe más que recordar un pasado que no volverá: el republicano es un joven que

8 La diferencia de táctica y la división por ésta engendrada, había originado previas reflexiones en Melchor Ocampo. El 8 de marzo de 1853, al escribir a un amigo y refiriéndose a las diferencias entre los liberales, le dice: "...si por desgracia debe haber entre nosotros diferencias del más al menos, del antes al después, tengamos siquiera la prudencia de ventilarlas cuando triunfemos, porque acibararlas mientras nos dominan, aumenta nuestra debilidad. Esta nunca llegará a ser impotencia: el mañana es nuestro indefectiblemente, y no hay poder capaz de conservar a la especie humana en un perpetuo ayer". Y agregaba sobre las diferencias entre los liberales y su necesidad, al contrario de la unidad de los conservadores: "Por desgracia, el partido liberal es esencialmente anárquico; ni dejará de serlo sino después de muchos miles de años. Nuestro *criterio de verdad está en la mutua glosa de los sentidos*, o en las *inducciones rigurosamente lógicas que estén de acuerdo con la experiencia*: el criterio de nuestros enemigos en la autoridad". (Ocampo: *Op. cit.*, Tomo II. pp. LIV-LV.

pelea en el campo de batalla, que habla en la tribuna, que tiene fe en el porvenir.

El partido conservador debe saber si se opone a la marcha de las ideas "que no es posible ni conservar fueros ni amortizar millones, ni engañar a los pueblos en el siglo XIX".[9]

Prieto y Juárez renunciaron con Ocampo; pero éste combate la renuncia al ministerio de Hacienda de Prieto "con mi antiguo argumento de que la Hacienda es terreno neutral". Se integra un nuevo gabinete en que permanecen Juárez y Prieto y a la primera coyuntura Juárez dicta la Ley sobre la Administración de Justicia, de 21 de noviembre de 1855, que tiene un carácter transitorio, sin abarcar todos los propósitos de reforma que en materia de fueros animan a los liberales. La ley simplemente excluye de los fueros eclesiástico y militar las controversias de orden civil, dejando provisionalmente en el fuero eclesiástico lo que concierne al orden penal de los miembros de la Iglesia y los delitos puramente militares o mixtos en el fuero de guerra. Aparte de ello, contiene otras disposiciones, como la federalización de los asuntos relativos a los fueros —artículo 42. La ley de 23 de noviembre de 1855 fue "moderada e incompleta" y sólo "a medias suprimió el fuero eclesiástico".[10] Pero ella despertó "el espíritu reformista de un modo valiente para su tiempo" y preparó el camino para la abolición de los fueros y el logro de la igualdad jurídica en la Constitución de 1857. Además, como en su lugar veremos, sirvió para medir la reacción del clero: protestas de los Arzobispos de México y Michoacán y rebelión, en cuanto el Arzobispo de México "previno que los tribunales eclesiásticos no entregasen a los jueces ordinarios los expedientes que hay en ellos".[11]

Entre otras muchas cosas, las resistencias a la reforma, surgidas de la oposición a la Ley de Administración de Justicia, pusieron claramente de relieve que el clero ya no invocaba su alianza con el ejército, sino que, al contrario, procuraba demostrar que ésta no existe. Es un sueño o delirio de "la filosofía del socialismo que

9 *Obras completas del C. Lic. Ignacio L. Vallarta.* Segunda Serie. Tomo VI. Discurso pronunciado el día 16 de septiembre de 1855 en Guadalajara. México, José Joaquín Terrazas e hijas. 1897. P. 14 y sigs.

10 *Leyes de Reforma,* colección formada por el licenciado Blas José Gutiérrez. México. Miguel Zornoza, impresor, 1870. Tomo II, parte 2a., pp. 817-818.

11 *La Cruz,* Tomo I, número 7, diciembre 13 de 1855, p. 209.

el clero se afirma en la sociedad haciendo causa común con la milicia y otras clases diversas". Por sus orígenes y fines, la tesis es falsa. Los argumentos son múltiples, pero: "En suma, entre el clero y el ejército no hay nada de común considerados como entidades sociales".[12]

Tal argumento difiere ya mucho de la solidaridad de clases e intereses invocada por los conservadores en 1846 y reiterada por Alamán en su carta a Santa Anna en 1853. El clero sabe que la alianza con un ejército desprestigiado y del cual sólo quedan despojos es contraproducente y se quiere librar de ella. La desesperación la va a resucitar.

Junto a esta pretensión, las fuerzas conservadoras tienen otra: eludir la responsabilidad por los actos del último gobierno de Santa Anna. Al respecto un folleto que aparece en 1855,[13] sostiene que la responsabilidad conservadora sólo existe por el corto período de tiempo que ocupó el Ministerio de Relaciones don Lucas Alamán. Tal tesis no la admitieron los liberales. *El Siglo Diez y Nueve* hace notar a los conservadores que para sostenerla tienen que renegar de otros prohombres, como Díez de Bonilla y Aguilar y que no es posible desligarse de la responsabilidad adquirida. El manifiesto del partido conservador hace una confesión por demás importante: "La última administración del general Santa Anna acaba de ser derrocada más bien por la fuerza de la opinión pública que por la fuerza de las armas". La admisión de ello explica por qué el clero se quiere desligar de la suerte del ejército y los conservadores pretenden eludir la responsabilidad que les toca en el último gobierno de Santa Anna. Pero *El Siglo Diez y Nueve* aprovecha la oportunidad para recordar toda la actuación del partido conservador.[14]

Tanto las luchas como las polémicas teóricas demostraron con cuánta prudencia y audacia procedió el gobierno al dictar la Ley de Administración de Justicia que no sólo midió las resistencias, sino que también las quebrantó en parte.

Juárez, logró su propósito y viendo el curso que toma el gobierno de Comonfort, renuncia el 21 de octubre de 1855. Su re-

12 *Op. cit.,* Tomo I, número 5, pp. 158-164. "El clero y el ejército y la cuestión del fuero". La línea general consistió en distinguir y disociar el fuero eclesiástico del militar. Ella fue trazada por el Arzobispo Labastida (*Op. cit.,* Tomo I, número 7, pp. 208-213).

13 *El Partido Conservador en México.* México, Imprenta de *El Universal.* 1855.

14 *Siglo Diez y Nueve,* 19 de septiembre, 11 y 12 de octubre de 1885.

nuncia coincide con la posición de Ocampo: "Los medios de acción —dice en el texto— que la mayoría del gabinete juzga indispensables para que el gobierno satisfaga las actuales exigencias de la nación, son diferentes de los que han propuesto el Excmo. señor ministro de la guerra, en las diversas conferencias que con él se han tenido". Es decir, diferencia de método, en el "modo de juzgar las cosas" que "nacida de las mejores intenciones entorpecería la marcha del gobierno".[15]

Había que avanzar de tal manera que no se pudiera retroceder. Zarco extrae la experiencia y reafirma la línea pura, analizando la oposición a la Ley de Administración de Justicia. En un clarividente artículo[16] subraya que el gobierno no debe desesperar de la prudencia y de las medidas de conciliación; pero debe estar dispuesto a obrar con la energía que le imponen las circunstancias y le demanda su deber. Debe recordar que la revolución de Ayutla "venció sin soldados, sin armas, y sin dinero"; no intervino en ella el ejército, fue un triunfo del pueblo. Es preciso, por consiguiente, sostener los principios de la revolución de Ayutla y avanzar en su realización. El lema es claro: la misión del gobierno, "representante del partido liberal" es: "luchar con una mano y edificar con la otra". La conclusión, categórica:

> Nada de transacción; encomendar al pueblo las defensas de sus derechos y guerra sin tregua a los reaccionarios; tal es el camino que ha de seguir el gobierno si quiere cumplir los deberes que tiene para con la patria.

La línea moderada

En enero de 1856 y precisamente cuando está pendiente la elección de diputados, Juan Bautista Morales publica en *El Siglo Diez y Nueve* un artículo referido enteramente a la estrategia política. *El Gallo Pitagórico* dice que al plantearse la elección de los representantes populares, más que decidir el voto en virtud de sus cualidades y características, debe ser criterio orientador buscar aque-

---

15 Benito Juárez: *Miscelánea.* Recopilación de Angel Pola. México. A. Pola, Editor. 1906. Pp. 262-263.

16 *El Siglo Diez y Nueve,* número 2554, 4 de enero de 1856. Editorial "La Reacción".

llas personas que mejor conozcan los males del país y elegir el que más acierto tenga en remediarlos "y sobre todo el que más prudencia tenga para ir conduciendo los remedios según las oportunidades". Morales, antes de hacer una inteligente exposición y como punto de partida de la misma, da su inspiración y fuente:

> Bentham ha dicho que la república es lo mismo que un cuerpo humano, que tiene sus enfermedades y remedios; pero que es necesario saber aplicarlos. Estamos muy conformes en la comparación, y advertimos, según las doctrinas del autor citado, que es necesario mucho tino para saber aplicar los remedios. El autor que hemos insinuado escribió un tratado que intituló *Sofismas políticos;* entre ellos habla de uno que consiste en decir que todavía no es tiempo para tal o cual cosa, lo que retarda los remedios mucho más de lo que debieran, y aun a veces los hace enteramente inútiles.[17]

El todavía no es tiempo, con frecuencia retarda los remedios más de lo necesario "y aun a veces los hace enteramente inútiles". Juan Bautista Morales capta la dificultad que existe para establecer un límite preciso y válido entre el gradualismo y el quietismo a través del empleo del "no es tiempo". "El tino para acertar entre los límites de ese sofisma, y el de una precipitación mal entendida es la cualidad que más debe resplandecer en nuestros diputados, aun cuando conozcan los males de la república". *El Gallo Pitagórico* recurre al ejemplo de Bentham: un hombre enfermo a quien se diagnostica certeramente y se conoce la sana terapéutica; el médico sabe los remedios que hay que aplicarle: "...pero si se los aplica todos de un golpe, lo matará en lugar de aliviarlo; si se los aplica con demasiada lentitud, puede ser que el mal crezca en vez de disminuirse". Morales traslada la comparación al cuerpo político. Así como en el enfermo es preciso aplicar los remedios "gradualmente, pero sin perder tiempo en su secuela", así también en los cuerpos políticos el saber aplicar los remedios es lo decisivo y es en ello en lo que han surgido las grandes equivocaciones que pueden volver a padecerse "merced a los partidos que se han levantado en la república, desde que se dividió desgraciadamente en escoceses y yorkinos". Desde 1828, dice Morales, los males del país fueron ignorados u ocultados. Los escoceses cayeron en el

---

17 *El Siglo Diez y Nueve.* Cuarta época. Año décimosexto. México. Jueves 10 de enero de 1856. Número 2560.

monarquismo; los yorkinos "sólo fijaban su vista en la extensión de la libertad". Su lema: "Haya libertad para todo, y están remediados todos los males de la república". De aquí vienen la Acordada y los trastornos.

El país se enfrenta a nuevas perspectivas. Cuando todos pensaron encontrar en don Juan Alvarez "una pantera", tropezaron con "un cordero". Juan Bautista Morales en esos momentos se adhiere a Comonfort y a su técnica. Sólo los aspirantes y los precipitados pueden no coincidir con él. El partido conservador prácticamente no existe. Los pronunciamientos son artificiales y carecen de fundamento:

> Unos gritando religión y fueros, en lo que manifestaron su mala fe, o su crasa ignorancia; porque querían dar a entender que los fueros eran parte de la religión; pero ya se les ha demostrado qne no hay tal cosa, que los fueros eclesiásticos y militares son concesiones gratuitas de los reyes, y aunque el eclesiástico tiene bastante razón en que fundarse, como la de honrar a Dios y a sus ministros, no por eso deja de ser voluntaria. Otros se han pronunciado contra la ley-Juárez, que en sustancia viene a ser lo mismo que lo anterior. Otros por las bases orgánicas. Este programa es verdaderamente ridículo, pues es un pronunciamiento contra el futuro congreso, al que desde ahora se quiere obligar a que elija tal o cual forma de gobierno.

Los enemigos no existen: "El partido conservador está reducido a la nulidad. Son muy pocos los que pertenecen a él, y no son nada influyentes". De aquí que para hacer algo tienen necesidad "de unirse a otro partido". Quieren tener a la nación revuelta para ver si con ello logran alguna coyuntura favorable. Los liberales deben huir de ellos como enemigos de la patria; sólo que la causa de los problemas consiste: "En que las desavenencias pueden ser, o mejor dicho, deben ser entre los mismos liberales, y por ideas secundarias, y como éstas son tantas, ya podrá persuadirse cualquiera, cuántos pronunciamientos puede haber".

Juan Bautista Morales, a la luz de este cuadro, llega a conclusiones templadas y dirigiéndose a los diputados les dice:

> También es necesario que moderéis vuestras aspiraciones. Acordáos siempre del ejemplo de Bentham: no se puede sanar a un enfermo en un minuto, no pueden aplicársele de un golpe todas las medicinas que son buenas para curar su enfermedad.

La moderación, por inhibición o temor a las resistencias, va muy lejos en Comonfort. Su exégeta, Anselmo de la Portilla y el manifiesto que el propio general Comonfort da en julio de 1858 en la ciudad de Nueva York, permiten reconstruir la línea política seguida y que lo condujo hasta abjurar de la legalidad, cayendo en el golpe de Estado.

En su primer libro, relativo a los acontecimientos de Ayutla,[18] Anselmo de la Portilla formula su ley sobre las revoluciones. Estas en México, como en todo el mundo, "tienen por causa la exageración de los principios políticos". Las revoluciones son hijas de la lucha entre "los hombres del pasado y los hombres del porvenir" y su resultado es bien "la opresión del pensamiento amarrándolo sin piedad a la cadena de las tradiciones" o los extravíos y el desenfreno de las pasiones. Los que invocan el principio de la libertad, en su exageración olvidan que "nada más justo ni más prudente buscar en el pasado las raíces del porvenir, para que no falte la base al nuevo edificio que se levanta". Los otros, que giran en torno al orden, ponen trabas al progreso de la humanidad. La tarea es conciliar orden y libertad y si ello no se logra se debe a las exageraciones: "...los partidarios del orden no aciertan a sostenerlo sin cerrar la puerta a todas las esperanzas del porvenir; los partidarios de la libertad no saben elogiarla sin borrar todos los recuerdos de lo pasado".

La ley del péndulo en la evolución del país se traduce en la sucesiva "opresión de las facciones". De la Portilla piensa que en la historia de México "se echa de ver palpablemente de que la exageración de principios es la causa de la revolución". Juzgando el gobierno de Arista dice que en 1852 "se había exagerado tanto el principio de libertad", que era imposible para el gobierno "reprimir la revolución de los partidarios del orden amenazable". Las exageraciones de la libertad, para De la Portilla, consistieron en una excesiva descentralización que erigió "a los Estados en otras tantas entidades independientes y soberanas" y que encadenó "a la autoridad suprema con trabas invencibles". Arista sucumbió víctima "de su respeto a la mal entendida ley, y a las formas constitucionales".[19] Este dato lo publica De la Portilla en 1856, antes del golpe de estado de Comonfort.

---

18 *Historia de la Revolución de México contra la dictadura del general Santa Anna.* 1853-1855. México: 1856. Imprenta de Vicente García Torres.

19 *Op. cit.*, p. 2 y sigs.

Siguiendo el criterio moderado, De la Portilla considera que la opinión pública veía con muchas aprensiones el movimiento de Ayutla, hasta que circuló la noticia de que en él figuraba Comonfort. El nombre de Comonfort valió a la Revolución del Sur lo que Lamartine a la Revolución Francesa de 1848: fue un bálsamo tranquilizador para quienes estaban temerosos de un posible radicalismo.[20] Señalando las características de Comonfort, De la Portilla indica como la principal que se le preconizara "como el vínculo de unión entre los mexicanos".[21]

La primera prueba del moderantismo de Comonfort surgió apenas vencedora la revolución de Ayutla y fue en relación con el ejército. El movimiento de Ayutla no había triunfado apoyándose en una o varias fracciones del ejército; tampoco había permitido que éste le escamoteara el triunfo mediante las maniobras de los generales Carrera y Díaz de la Vega.[22] Este hecho abría amplias perspectivas a la revolución para superar la inestabilidad, eliminando al factor decisivo en su producción. De aquí que, según De la Portilla:

---

20 *Op. cit.*, p. 65.

21 *Op. cit.*, p. 247.

22 Al movimiento de Ayutla se le quiere escamotear el triunfo. Por una parte, lo pretende lo que resta del ejército en las ciudades de México, Toluca y Puebla, con los generales Rómulo Díaz de la Vega y Martín Carrera. Este último, como "presidente interino de la República", se dirige a los jefes de la revolución, proponiendo una convención (*El Siglo Diez y nueve*, número 2432, 24 de agosto de 1855). *El Siglo Diez y Nueve* no ve razón "para oponerse al gobierno que nació de las circunstancias" y auspicia la idea de la convención, buscando "que haya un centro de unidad nacional". Por otra parte, también hay un intento conservador antisantanista, conforme al Plan de San Luis Potosí, con la dirección de Haro y Tamariz y Anastasio Parrodi. Este, al no coincidir con Carrera y Díaz de la Vega (véase la carta de Haro y Tamariz a Díaz de la Vega —*Siglo Diez y Nueve*, 26 de agosto de 1855) facilitó que se impusiera el movimiento de Ayutla. En el Plan de San Luis figuraban dos artículos, de los cuales para *El Siglo Diez y Nueve* uno era superfluo y el otro inoportuno: "Es el primero el que protesta protección al clero y al ejército, clases que no han sido atacadas por la revolución, que no están amenazadas, y que no es posible que sean más de lo que han sido". El segundo es la invitación a los "comandantes generales y gobernadores a secundar el plan". Si esta invitación fuera aceptada, manifiesta *El Siglo*, "perpetuaría la opresión de la República, minaría en su base el plan de Ayutla, y facilitaría a los bajáes del dictador el modo de *caer parados*" (*Op. cit.*, número 2435, 27 de agosto de 1855). Los hombres de Ayutla se colocan al margen de ambos intentos, superando los peligros previos a la iniciación de la administración.

> Triunfante la revolución, habíase conservado en su seno el odio más profundo hacia el ejército que la había hecho tan cruda guerra. La idea de disolverle iba prevaleciendo en la opinión que más abiertamente podía manifestarse entonces, y acaso estaba también en el programa de los partidos dominantes.

Si bien no se trató formalmente la disolución del ejército, la idea flotaba en el ambiente y existieron intentos por plantearla. Comonfort se opuso a ello. En estas condiciones, al publicarse el decreto mediante el cual se nombraba al general Comonfort Presidente Sustituto de la República, hubo movimientos en la ciudad de México en contra de tal proclamación, auspiciados y dirigidos por ciertas secciones liberales radicales que veían en el advenimiento de Comonfort al poder "un paso hacia la reacción". Para De la Portilla:

> Había perjudicado para con ellas al ilustre caudillo, las ideas de moderación y de templanza que había manifestado en el seno del gabinete, y las alabanzas que le habían tributado otros bandos políticos que no habían sido antes partidarios de la revolución reformadora.

En su segundo libro, relativo al gobierno de Comonfort,[23] De la Portilla aclara aun más la inspiración de la idea moderada de Comonfort. Arista, se dice, cayó en 1852 porque gobernó con las "ideas de los moderados"; Santa Anna en 1855, porque se apoyó "únicamente en los conservadores"; Alvarez dejó el gobierno "porque no pudo sostenerse con la exclusiva dominación de los puros", la caída de Comonfort se debió a que "quiso reconciliarlos a todos". Hasta 1856 la explicación de las oscilaciones políticas es bien simple. Los gobiernos caían porque los mexicanos rechazan "la dominación exclusiva de un partido".

Para De la Portilla el liberalismo en cada uno de sus intentos se llevaba un pedazo del edificio tradicional y los encargados "del depósito tradicional" han hecho bien en oponerse al movimiento continuo del liberalismo; pero se pregunta si algún día la revolución liberal se presentara "con ademán amigo y con pacíficas in-

---

23 *México en* 1856 *y* 1857. Gobierno del general Comonfort. Por D. Anselmo de la Portilla. Nueva York, Imprenta de S. Hallet. 1858. Prólogo, pp. III-VIII.

tenciones, como ya una vez quiso hacerlo" —gobierno de Comonfort—, harían bien los conservadores en rechazarla. De la Portilla es incapaz de dilucidar la cuestión; pero su mero planteamiento aclara los propósitos del gobierno de Comonfort; el *modus vivendi* entre fuerzas antitéticas.

El triunfo de la revolución de Ayutla —y Comonfort lo reitera— se había debido "más bien a la fuerza de la opinión que a la fuerza de las armas". En el gobierno de Alvarez predominaron los hombres "que exageraban el principio de la libertad y la idea de la reforma hasta el punto de comprometer el orden". Por ello no obtuvo apoyo en la opinión pública y se vio rodeado de dificultades. En estas condiciones, para De la Portilla la política de Comonfort debía distar del sistema represivo y retrógrado de la dictadura de Santa Anna, como del prurito innovador del gobierno de Alvarez; debía reformar sin destruir; debía conciliar orden y libertad.

Comonfort no captaba la profundidad del movimiento liberal. Los ultraconservadores querían atajarle el paso; los puros precipitarlo. El propio Comonfort explica su postura en el Manifiesto de Nueva York. Reconoce que puede ser tachado de retrógrado por una facción "porque no atropelló los elementos sociales" y calificado de demagogo por otra "porque llevé en mis manos la bandera de la libertad". Como se ve, Comonfort prescindía del hecho de que gobernaba con una revolución. Fue presionado por "la revolución liberal convertida en gobierno". Pensó más como gobernante que como revolucionario; no pudo ser gobernante revolucionario, Comonfort se plantea las hipótesis de su gobierno:

> "Tres eran los caminos que se me presentaban: 1º dejar las cosas en el mismo estado en que se encontraban cuando triunfó la revolución de Ayutla; 2º arrojarme en brazos del principio revolucionario, e introducir todas las innovaciones exigidas por él; 3º emprender con prudencia las reformas reclamadas por la opinión liberal".[24]

Escogió el tercer camino. Pensó, como Ocampo se lo hizo notar, en función de equilibrio, olvidando que éste es opuesto al movimiento. Aunque niega que haya aplazado el triunfo liberal

24 El manifiesto del general Comonfort es publicado por De la Portilla en su libro. México, 1856-57, de la p. 367 a la 396.

con su política, ello resulta obvio. Confirmando la tesis de De la Portilla, dice que cuando subió al poder: "Todas las tendencias del espíritu público se habían formulado en estas dos palabras: *orden y libertad*". La opinión logró que triunfara Ayutla "contra un gobierno fuerte y rico, que estaba sostenido por clases poderosas". La separación de Alvarez había sido también fruto de la opinión: "En cuanto al primer gobierno de Ayutla, obra habían sido también de la opinión las dificultades contra él suscitadas; dificultades que no había podido vencer, no obstante que tenía aun en sus manos toda la fuerza de la revolución vencedora". El choque de la opinión pública frente a Santa Anna y frente al general Alvarez le daba por pauta la contemporización y es entonces cuando Comonfort nos da la clave de su régimen:

> La principal misión de mi gobierno debía ser quitar pretextos a las reacciones, y nada más a propósito para lograr este fin, que reformar lo antiguo para conservarlo, y marchar por las sendas del progreso sin precipitaciones ni violencias".

Comonfort tiene una inspiración negativa: quitar pretextos a las reacciones. El fundamento de tal actitud radica en la tesis de De la Portilla: las revoluciones mexicanas son fruto de la exageración de los principios. La política gubernamental para eludir revoluciones debe huir de las exageraciones. Es la forma negativa de pensar en función de reacción y no de acción. Comonfort lo establece claramente con un eclecticismo impropio de quien emanaba de un movimiento revolucionario:

> "Yo creía entonces, como siempre he creído, que el motivo de todas las reacciones conservadoras ha sido la exageración del principio revolucionario, así como el motivo de todas las reacciones revolucionarias ha sido la exageración del principio conservador. Ninguno de estos dos elementos debía entrar por consiguiente en la formación de mi política para dominar en ella de un modo exclusivo y absoluto, aunque ambos debían ser admitidos en lo que tuvieran de bueno, como representantes de intereses legítimos y de derechos respetables".

Su pecado contra la legalidad también tiene su explicación. ¿No acaso, según De la Portilla, el moderado Arista había sucumbido por su respeto a la ley y a las formas constitucionales? No fue la técnica contemporizadora ni el moderantismo lo que asfixió a Arista, sino la ley y las formas constitucionales que mal se llevaban con la técnica contemporizadora. Por consiguiente, para Comonfort era claro que para salvar su criterio gubernamental, ajeno a las "exageraciones" debía llegar, como llegó, hasta el sacrificio de la legalidad. Con ello perdió lo único que lo podía mantener entre la intransigencia de los ultraconservadores y el impulso irresistible de los liberales puros, después de que su acción y la de quienes con él coincidían, había contribuido decisivamente a que la Constitución de 1857, más que nada en su omisiones, fuera un texto de transacción. Ello permitió que el liberalismo, que pudo haberse estancado como gobierno de equilibrio, volviese avanzar en cuanto retorna a ser movimiento y gobierno beligerante.

Las posiciones en el Congreso

En el Congreso Constituyente 1856-1857 las posiciones se manifiestan en toda su fuerza en relación con ciertos temas. En el Congreso está la corriente conservadora, objetivamente representada por quienes desean la restauración de la Constitución de 1824, como Arizcorreta y Castañeda. Admiten entonces la vigencia de un texto tradicionalmente inadmisible para los conservadores. Derrotada esta corriente, quienes a ella pertenecen expresa o tácitamente se ligan a los que por moderación o compromiso de gobierno postulan el gradualismo. Los puros o radicales quieren: definición federal y perfeccionamiento del sistema; consignación de las libertades, incluyendo su base, la de conciencia y consignación de los principios, al menos, de la secularización, sobre todo a través de la libertad de cultos, ligada a la libertad de conciencia. Frente a Castañeda y Arizcorreta, que representan el punto de vista conservador, los representantes del gobierno de Comonfort, Montes, Lafragua y De la Rosa, sostienen la línea moderada. A ellos se unen quienes doctrinariamente convienen en esta línea. Los puros o radicales, aunque generalmente coinciden, no es raro que se dividan. Por ejemplo, Ponciano Arriaga propone el proyecto de artículo 15, que en forma tímida consignaba la libertad de cultos. Zarco en un principio, Guillermo Prieto e Isidoro Olvera no votan por el proyecto de Ponciano Arriaga, por parecerles insuficiente. Castañeda y Arizcorreta, por conservadores, están en contra y Montes, Lafragua y De la Rosa, como voceros del Gobierno, no se oponen por razones de principios, sino de oportunidad. Adoptan una posición desvalida, por estar cogidos en la trampa, por pertenecer a un gobierno que quiere preservarse eludiendo la contienda. Los radicales querían calar profundo y rápido en las reformas. La línea de Comonfort, como hemos visto, era la conciliación. El artículo 15 no prospera; pero Arriaga, al admitir su retiro, va a hacer una proposición que se va a traducir en el artículo 123 de la Constitución, base de la intervención de los poderes federales en materias de culto religioso y disciplina externa. A esto hay que añadir que las relaciones Estado-Iglesia son discutidas reiteradamente: cuando se ratifica la Ley Juárez de administración de justicia; cuando ante la rebelión de Zacapoaxtla, auspiciada por el clero, se intervienen los bienes de la Diócesis de Puebla, por decreto de 31 de marzo de 1856;[25] en la polémica que en torno a ello se desarrolla entre el Gobierno y el clero; al revisar el decreto de Santa Anna, que había restaurado en la república la Compañía de Jesús; al discutirse la supresión de las obvenciones parroquiales; al ratificarse la ley de desamortización de los bienes eclesiásticos. Afuera, en la calle, el problema relaciones Estado-Iglesia es el que más agita y esto hace que el gobierno de Comonfort y sus representantes se aferren a la moderación.

El argumento: el todavía no es tiempo. El diputado Castellanos lo va a decir: "A los que queremos reformas e innovaciones se nos contesta, no es tiempo. 'No es tiempo', se nos grita a todas horas, y con tal cara y tales contorsiones que hasta los progresistas nos volvemos asustadizos".[26]

La Constitución resulta entonces, en el fondo, documento de transacción. Sobre todo, por la influencia de la línea de Comonfort. La libertad de conciencia no se consigna expresamente; en materia de secularización sólo se obtiene el artículo 123. La consignación de la forma federal era ya tradición liberal y se daba por segura. La ratificación de la Ley Juárez, la de desamortización, la de supresión de los jesuítas, sólo consolidan formalmente acciones y decisiones ya adoptadas. En cuanto a la intervención de los bienes de la Diócesis de Puebla, es un acto de guerra.

---

25 *Legislación Mexicana,* de enero a junio de 1856. México, Imprenta de Juan R. Navarro, pp. 421-423.

26 FRANCISCO ZARCO: *Historia del Congreso Extraordinario Constituyente de 1856 y 1857.* México, Imprenta de Ignacio Cumplido, 1857. Tomo I, p. 469.

La moderación y las medidas a medias prodigaron una, en verdad, inconcebible oposición a un texto caracterizado por su moderación. Por decreto de 17 de marzo de 1857 se estableció el juramento de la Constitución. La negativa a dicho juramento surge en el clero y las fuerzas conservadoras. La Constitución, se dice, es atea, dado que no contiene la intolerancia. Zarco en bien pensado artículo[27] desvanece los ataques. La Constitución no trata de "colocar la ley entre el alma y Dios". No va contra ninguna creencia. Y con agudeza Zarco establece: "Se niega el juramento de la Constitución, no por lo que dice, sino por lo que no dice".

Los frutos del temperamento medio

Comonfort en su gobierno, en lugar de marcar el camino intermedio, oscila entre la moderación y la adopción de medidas a que empujan la acción liberal y la intransigencia conservadora. Mora fue certero cuando dijo que en política los temperamentos medios participan de todos los inconvenientes de los extremos sin ninguna de sus ventajas.[28] Frente a la rebelión, auspiciada por el clero, Comonfort interviene los bienes de la Diócesis de Puebla, mediante decreto de 31 de marzo de 1856. Esta intervención busca consolidar la paz y hacer respetar la autoridad del Estado, y así se expresa en los considerandos del decreto: se quiere hacer conocer a los miembros del clero "que hay un gobierno justo y enérgico al que deben sumisión, respeto y obediencia". Sólo se puede reprimir el espíritu sedicioso de las clases de la sociedad que ejercen por sus riquezas una gran influencia "por medidas de alta política" y como tal se conceptúa esta intervención parcial de los bienes del clero.[29] Más tarde, por decreto de 17 de septiembre de 1856, se ordena la supresión del Convento de Franciscanos de la ciudad de México,

27 *El Siglo Diez y Nueve*, 23 de marzo de 1857.

28 *El Observador de la República Mexicana*, Segunda época, Tomo I, número 4.

29 *Legislación Mexicana*, de enero a junio de 1856. Pp. 421-423. Por decreto de la misma fecha se establece la forma y mecanismo de la intervención. Debe tenerse presente que los Estados reaccionan con la idea de coalición. Santos Degollado y Santiago Vidaurri promueven por los Estados de Jalisco y Nuevo León la coalición de Estados como arbitrio "para el caso de que la capital de la República cayese en poder de los reaccionarios", al ocupar los rebeldes Puebla. (ZARCO, *Op. cit.*, Tomo I, p. 79 y sigs.).

declarando bienes nacionales los que le pertenecían.[30] Tal medida obedeció a que el 15 de septiembre estalló la sedición del Convento de San Francisco.

El 17 de febrero de 1857 representaron ante el Presidente de la República varios particulares, pidiendo indulgencia y gracia en favor de los franciscanos. Entre otros, firmaban la representación Francisco Zarco, Guillermo Prieto, Manuel Payno, Benito Gómez Farías, Félix Romero. La representación hace que el 19 de febrero Comonfort conceda la gracia para que se restablezca el Convento y se sobresea la causa.[31] Sin embargo, la gran medida del gobierno de Comonfort al respecto es la ley de 25 de junio de 1856, sobre desamortización de bienes eclesiásticos. Su inspiración doctrinal y sus objetivos los examinaremos en su oportunidad. Las resistencias a estos intentos, entre ellas las originadas por la ley de obvenciones parroquiales, que se ligaron con el juramento de la Constitución, hicieron que Comonfort, al dirigirse al Congreso Constituyente al finalizar éste sus labores, hablara de que el Gobierno había defendido solo "inflexiblemente las regalías de la nación usando y haciendo respetar su soberanía, pero como hijo obediente y fiel de la Iglesia Católica Romana de la que no se separará". La situación era tensa, en virtud de la alocución del Papa contra las reformas del clero, que hizo que el Gobierno, en su manifiesto de 4 de marzo, dijera que, o la alocución era un documento falso o el Sumo Pontífice carecía de informes precisos y que el Gobierno, "que reconoce la supremacía de la Sede Apostólica en materias espirituales no reconoce superioridad en las temporales; y sin faltar nunca a los derechos de la Iglesia, sostendría inflexiblemente los de la soberanía nacional". Comonfort ya para ese entonces había demostrado más que sobradamente sus reservas frente al texto constitucional.

En lo que toca al ejército, la actitud del gobierno de Comonfort también es titubeante. Se dicta una medida enérgica contra los rebeldes militares y poco después aparecen las excepciones.[32] Pre-

---

30 Con excepción de la iglesia principal, las capillas, sus bases sagradas, paramentos sacerdotales, reliquias e imágenes. *Archivo Mexicano,* Tomo II, p. 357 (Colección de leyes, decretos, circulares y otros documentos). México, 1856, Imprenta de Vicente G. Torres.

31 *Op. cit.,* Tomo III, p. 245 y sigs.

32 El decreto de 25 de marzo de 1856 es duro para los rebeldes; pero por decreto de 27 de abril y su reglamento, de 29 del mismo mes de 1856, a los comprendidos en él se les releva de las penas que se les impuso, dentro de ciertos

cisamente los menguados restos del ejército van a constituir una de las pesas de la balanza que Comonfort pretende equilibrar. Payno y Zuloaga van a manejar este factor para inducirlo al golpe de Estado. Los liberales, en cambio, están conscientes del problema. Varios de ellos, entre otros Zarco, Olvera, Ramírez, Degollado, proponen una adición a la Constitución, pidiendo que figure en el texto la supresión de las comandancias generales. El dictamen que sobre esta proposición recae es en el sentido de que las comandancias son innecesarias y que para que exista un sistema de amplia libertad, la autoridad civil debe gozar de prestigio y fuerza, por lo que la Comisión no puede ser partidaria de las comandancias generales. Pero, por razones formales, propone un artículo que simplemente preceptúa que en tiempo de paz ninguna autoridad militar puede ejercer más funciones que las que tengan exacta conexión con la disciplina militar y que la ley arreglará el orden económico del ejército, "teniendo por base la supresión de las comandancias generales". Arriaga presenta un voto particular, hablando de la magnitud del precepto, y dice que: "La ley, en efecto, suprimirá las que hoy se llaman comandancias generales; pero establecerá o podrá establecer otras que con diferente nombre tengan los mismos o quizás peores vicios que las actuales". Para Arriaga, deben abolirse las comandancias viejas, perpetuas e inamovibles; "comandancias que no han sido ni son más que rivales de las autoridades de los Estados", que intervienen en asuntos civiles y que violan el pensamiento que Arriaga tiene sobre la materia: "...que el poder militar debe ser enteramente pasivo". Arriaga había propuesto a la Comisión de Constitución un artículo que rezaba: "El poder militar en todo caso estará sometido a la autoridad civil". La primera parte del documento es aprobada por unanimidad y la segunda reprobada por 70 votos contra 10. El voto particular de Arriaga es aprobado por 74 votos contra 5. Esto hace que Zarco comente: "...y así en esta sesión quedan conquistadas dos grandes reformas".[33]

límites (*Archivo Mexicano,* Tomo II, p. 39 y sigs.). Antes, se indulta a los inodados en la sedición, López Uraga que lo soliciten (*Legislación Mexicana,* de enero a junio de 1856, 30 de enero de 1856, p. 114).

33 ZARCO: *Op. cit.,* Tomo II, p. 809 y sigs. Las discusiones anteriores sobre comandancias generales no dejan de ser interesantes (*Op. cit.,* p. 270 y sigs.). Grandes cosas se dicen en el Congreso sobre la cuestión militar, al revisar los actos de Santa Anna, los despachos de generales, etc.

El progreso se precipita

La ley sobre el arreglo del ejército se dicta;[34] pero, en realidad, las condiciones no permiten que se llegue a nada definitivo. En estas circunstancias, viene el golpe de Estado de Comonfort; se desencadena la Guerra de Tres Años y el problema que permanecía vigente es resuelto en ésta, cuando el 27 de diciembre de 1860 González Ortega da de baja al ejército permanente; considerando que éste "ha sido la rémora de todo adelanto social en la patria, desde nuestra emancipación política de la metrópoli española", que debido a su viciosa organización, sólo ha servido para trastornar constantemente el orden público, que oponiéndose a la voluntad nacional se ha rebelado contra la Constitución, "y por último, porque su existencia ha sido un amago constante a las libertades públicas y a los derechos del pueblo".[35]

Es decir, el problema del ejército se aborda cuando ya se han dictado las leyes fundamentales de la Reforma. La táctica política, que en ciertos momentos había aconsejado el disimulo y la precaución, desencadenada la contienda recomendaba la audacia. Las leyes relativas a los bienes de la Iglesia iban a sumar aliados y por anticipado se descontaba que sin ellas el clero mantendría su misma actitud hostil. La legislación al respecto no sólo quebrantaba la capacidad financiera de los enemigos, sino también atraía adictos por intereses. En pocos meses de aplicación, la Ley de Desamortización de los Bienes de la Iglesia lo había demostrado.

Miguel Lerdo de Tejada, informando en 1857 de los benéficos resultados de esta ley, decía que el valor de las fincas adjudicadas y rematadas llegaba, según datos oficiales, a unos 23 millones de pesos, cifra que estimaba no representaba el verdadero monto de las propiedades enajenadas, las cuales calcula que ascienden a más de 45 ó 50 millones de pesos, y proporciona un dato por demás interesante desde el punto de vista político: el "número de propietarios creado a consecuencia de la ley asciende ya, a más de

34 Se dicta al respecto el decreto de abril 29 de 1856, que es provisional (*Legislación Mexicana,* de enero a junio de 1856, p. 459 y sigs.), así como una serie de decretos, como el de 11 de mayo de 1856, que se refiere, más que nada, a la revisión de los actos de Santa Anna en materia militar (*Archivo Mexicano.* Tomo II, p. 74).

35 *Código de la Reforma* o *Colección de leyes, decretos y supremas órdenes expedidas desde* 1856 *hasta* 1861. México, Imprenta Literaria. 1861. p. 139.

nueve mil";[36] es decir, prescindiendo de los imperativos ideológicos, políticamente es aconsejable plantear la reforma, sobre todo en el aspecto de los bienes de la Iglesia.[37]

La Guerra de Tres Años —1858-1860— obra como precipitador de la secularización y con ello del liberalismo, siendo por lo mismo conocida con el nombre de Guerra de Reforma. Al surgir la contienda, lo que antes la prudencia aconsejaba soslayar, exige ser abordado por las mismas características de la lucha. Lo que en la paz, por equilibrio y transigencia, tenía que manejarse con sumo cuidado y precaución, iniciada la lucha tenía que ser consigna para batir al enemigo y bandera de unidad liberal. Los moderados o se radicalizan, o han dado objetivamente el primer paso hacia el bando contrario con el golpe de Comonfort, o lo van a dar inexorablemente. Por elemental agrupamiento de fuerzas, los que quieren guardar una posición equidistante son reducidos a uno u otro de los términos en que se libra el debate. El golpe de Estado de Comonfort neutraliza la posición intermedia y permite afirmar que la templanza llega por el temor, a la ilegalidad, y sin quererlo, a la alianza virtual con los partidarios del retroceso. Es el

36 *Memoria presentada al Excmo. Sr. Presidente sustituto.* México, 1857. Imprenta de Vicente García Torres. Pp. 9 y 10.

37 Tan ello es así, que Maximiliano, por decreto de 26 de febrero de 1865, reconoce la ley de desamortización de los bienes eclesiásticos y la ley de nacionalización, disponiendo que el Consejo de Estado revisará las operaciones relativas. Tal reconocimiento no obedeció ni a la acción de los liberales moderados, como algunos conservadores señalan, ni a las inclinaciones subjetivas de Maximiliano. Era tan importante atraer aliados con los bienes de la Iglesia, que el propio Maximiliano para lograrlo, corrió el riesgo de enfriar el apoyo del clero mexicano. Sobre los efectos de la admisión de la legalidad por Maximiliano, el antiguo director de prensa de éste, Manuel Domenech, informa que de 15 de marzo de 1865 a febrero de 1866 se revisaron 4,230 legajos, con un valor de más de 30 millones de pesos; dato que prueba el aserto de Lerdo. En cuanto a los efectos políticos, es interesante transcribir el siguiente comentario de Domenech: "Se ha exagerado y completamente desnaturalizado la oposición del clero mexicano para con el Imperio; todo lo contrario: la totalidad del episcopado y la mayor parte del clerical estaba en favor del gobierno y del Emperador Maximiliano. Las simpatías no se han resfriado, sino cuando el Gobierno ha ratificado, o seguido las huellas de Juárez en materia eclesiástica. Entonces y solamente entonces fue cuando el clero se dijo: 'Si los gobiernos se han de manejar de idéntico modo, preferimos un gobierno netamente nacional a la tutela de un mandatario extranjero' " (*México tal cual es, Recuerdos de la época de la Intervención,* por Manuel Domenech. 1866. Versión castellana de Salvador Contreras. Demetrio Contreras, imprimió. Querétaro, 1922. P. 129 y sigs.

momento, por consiguiente, de aclarar el significado de la lucha y avanzando dar fuerza y relieve a los móviles liberales. La táctica, además, aconseja este camino: iniciada la contienda, el único poder que frente a los liberales se erige es el del clero. El ejército, como cuerpo que celosamente defiende los privilegios, se encuentra extenuado. Por ello, el clero y sus órganos desde 1855 niegan en sus defensas la alianza y si caen en ella es por la desesperación de saber que sus privilegios desaparecen y que la secularización está a la vista e incluso se ha empezado a realizar.

La pauta para aclarar los objetivos de la lucha, movilizar las fuerzas y debilitar a los enemigos, está en el avance. El "complejo Comonfort" inhibe a los moderados, apartándolos de la lucha; los conduce con tibieza y llenos de dudas al bando contrario o, por último, los radicaliza y decide. En estas condiciones, los liberales miden y valorizan las circunstancias y haciéndose una correcta composición de lugar, optan por el camino rápido, que al menos proporcionará la coyuntura para cercenar el poder a la única fuerza auténtica del retroceso: el clero. Juárez aclara el sentido acelerador de la Guerra de Tres Años. Al desencadenarse la contienda con todos sus males y en el ardor de ella "el pueblo sintió la imperiosa necesidad de no limitarse a defender sus legítimas instituciones, sino de mejorarlas, de conquistar nuevos principios de libertad". Ello para que cuando venciera a los enemigos "no volviese al punto de partida de 1857, sino que hubiera dado grandes pasos en la senda del progreso, y afianzado radicales reformas que hicieran imposible el derrumbamiento de sus instituciones". Juárez señala que:

> El gobierno comprendió que era de su deber ponerse al frente de ese sentimiento nacional, y desplegar una bandera que fuese a un tiempo la extirpación de los abusos de lo pasado y la esperanza del porvenir.[38]

Y Juárez agrega:

> De aquí nacieron las leyes de reforma, la nacionalización de los bienes de manos muertas, la libertad de cultos, la independencia ab-

---

38 *Discursos y manifiestos de Benito Juárez.* Recopilación de Angel Pola. México, A. Pola, Editor, 1905. "Discurso pronunciado por el Presidente de la República, en la solemne apertura de las sesiones del Congreso de la Unión", pp. 25-38.

> soluta de las potestades civil y espiritual, la secularización, por decirlo así, de la sociedad, cuya marcha estaba detenida por una bastarda alianza en que se profanaba el nombre de Dios y se ultrajaba la dignidad humana.

Pero lo que era obligación ideológica resultaba conveniencia política. La Reforma restableció los ánimos de restauración constitucional y al ampliar la órbita liberal de ésta, estimuló la lucha y dio incentivos para el triunfo:

> La Reforma prestó aliento a los denodados defensores de la Constitución; la Reforma ha sido sancionada por el voto unánime de los pueblos, y las leyes que la decretaron son parte esencial de nuestras instituciones.

Ella ensancha la plataforma ideológica y completa en muy importante aspecto, el contorno y la visión de la sociedad liberal. Juárez aclara que en cierta medida el impulso vino de las legislaturas de los Estados que reclamaron que el Ejecutivo legislara hacia adelante, abarcando nuevos campos, aprovechando la emergencia. Este "no pudo sacrificar la sustancia a la forma" y procedió aceleradamente a la Reforma. La secularización de la sociedad había sido esbozada y dibujada con tanta minuciosidad, que ya se sabía para la Guerra de Tres Años lo que se quería. La Constitución "derrocada y tenazmente combatida había dejado de existir, y era, no el medio del combate, sino el fin que en él se proponía alcanzar la República". Por tanto, había que dictar medidas que, no estando "en la estricta órbita constitucional", resultaban exigencia de las ideas y de la contienda. Hay que aprovechar el afán de restauración constitucional para completar, al menos en su aspecto normativo, la Reforma, secularizando la sociedad. Juárez, con la Ley de Administración de Justicia, en cierta medida la había iniciado; la legislación de Comonfort la continuó; el Constituyente, a pesar de su templado fruto, también la había impulsado. En estas condiciones, la obra reformista pudo acelerarse.[39]

---

39 Aun cuando el contenido doctrinal. secularización de la sociedad de la Reforma, lo analizaremos en la integración de las ideas, anticipamos que las Leyes de Reforma se encuentran en: 1) Manuel Payno: *Colección de las leyes, decretos, circulares y providencias relativas a la desamortización eclesiástica, a la nacionalización de los bienes de corporaciones, y a la Reforma de la legislación civil que*

Y el significado político de la Guerra de Reforma nos lo aclara la circular de la Secretaría de Justicia que acompañó la Ley de Tolerancia de Cultos, de 4 de diciembre de 1862. La Guerra de Reforma y su duración no ponen en duda los deseos de las mayorías nacionales:

> La prolongación de esta lucha no prueba falta de una voluntad generalizada en todo el país para defender sus instituciones; acusa, sí, la existencia y las profundas ramificaciones de muchos abusos seculares que formaban el patrimonio y el orgullo de las clases prepotentes, y que no era posible arrancar de raíz, sino a costa de esfuerzos grandes y reiterados.

Es la porfía ciega de los oligarcas contra la nación: "Pero contra esa ciega porfía, contra esos medios insólitos, la nación ha desplegado un poder formidable, que dejará en los ánimos de los oligarcas altísimos recuerdos de la firme base que sustenta la libertad de los mexicanos". Por ello, Fuente reitera que México vencerá en "sus gloriosos levantamientos contra la oligarquía secular que lo abrumaba".

Con las Leyes de Reforma los liberales vencen en la Guerra de Tres Años y resisten y triunfan de la Intervención. Al discutirse la adición de la Constitución con las Leyes de Reforma, un representante va a decir que si el país ha podido sofocar 17 revo-

tenía relación con el culto y con la Iglesia. México, Imprenta de J. Abadiano. 1861. Dos tomos. La colección no es completa: a) por llegar hasta 1861; b) por excluirse en algunos casos disposiciones de cierta importancia, lo que no impide que se peque de prolijidad en la publicación de algunas circulares; 2) *Código de la Reforma* o *Colección de leyes, decretos y supremas órdenes expedidas de* 1856 *hasta* 1861. México, Imprenta Literaria, 1861. Su pecado es de omisión, proveniente de su límite cronológico fundamentalmente; 3) El ya citado *Leyes de Reforma,* del Lic. Blas José Gutiérrez, tres partes en cinco volúmenes. El primero, Imprenta del Constitucional, 1868, y el último: México, Miguel Zornoza, impresor, 1870. Se trata de una obra minuciosa, útil, por contener antecedentes, concordancias, explicaciones e informaciones de primera mano. No exento de pasión en el enjuiciamiento de personas y poco manuable; 4) *Código de la Reforma,* por Francisco Pascual García. México, Herrero Hermanos, editores, 1903. De fácil manejo, aunque no deja de incurrir en omisiones, a la luz de la conveniencia de la paz porfiriana; 5) Por último, la Recopilación de Arrillaga, desde 25 de diciembre de 1860, con sus dos apéndices de leyes dictadas en Veracruz, de 5 de mayo de 1858 a diciembre de 1860, a la que se puede recurrir en las etapas sucesivas de la Reforma en los temas correspondientes a las distintas épocas (*Recopilación de leyes, decretos, bandos, reglamentos, etc.* México, Imprenta de Vicente G. Torres).

luciones, se ha debido a que el clero carecía de los elementos pecuniarios para financiarlas.[40] Pudo añadir que gracias a las leyes de Reforma los liberales contaron con recursos para vencer. Y no nada más ello. Cuando viene la Intervención, la sociedad mexicana se defendió. El pueblo tenía los instrumentos para defender la nacionalidad. Los grupos directores liberales tenían una fe en marcha y así ocurrió que nacionalidad y liberalismo fueron una misma cosa y supervivencia nacional y progreso se hermanaron. La Intervención viene a confirmar la identidad de origen entre liberalismo y nacionalidad.

40 *Diario de los Debates,* Sexto Congreso Constitucional. Tomo IV. México, Imprenta del Gobierno, en Palacio. 1873, p. 187.

Tercera Parte

LA INTEGRACIÓN

PROEMIO

Con este tercer tomo concluye nuestra investigación sobre el liberalismo mexicano. En el primero, el énfasis se puso en el aspecto teórico, dado que nos ocupábamos del origen de las ideas. En el segundo cargamos el acento en las grandes coordenadas de nuestra historia, pues el objetivo fue describir la sociedad fluctuante. En este tercer tomo adquiere preponderancia el estudio de las ideas, puesto que nos dedicamos a examinar su integración.

Repetimos, sin embargo, que en el liberalismo mexicano es difícil escindir resultado y proceso, tanto en lo histórico como en lo ideológico. Al mismo tiempo que se va integrando el cuadro de ideas, éste va influyendo en la realidad y siendo receptivo a ésta, transforma y se transforma. Si queremos medir el liberalismo por sus efectos, los frutos están a la vista: una forma política que se adapta a la realidad en que actúa, pero influyéndola, sirviendo de móvil ideológico, para alcanzar etapas superiores. Por ello la nacionalidad forjada en una gran parte del proceso liberal, adquiere sus perfiles y el proceso conduce a un resultado absolutamente nacional. En este preciso sentido hablamos de continuidad del liberalismo mexicano; pero entendiéndose como encadenamiento, no reducción de nuestro proceso histórico a la idea liberal: idea y realidad se apoyan y configuran mutuamente; a veces las ideas son metas que impulsan el país; en ocasiones, el esquema racional se acopla a una realidad que no puede deformarse mediante la ortopedia dogmática.

Para apreciar el liberalismo mexicano basta ver sus rendimientos: las instituciones y libertades de nuestro régimen constitucional; la separación entre la Iglesia y el Estado; la existencia de una sociedad secular con un Estado que no recurre a la compulsión para obtener el cumplimiento de conductas forzosas exigidas por compromisos extralegales y extrasociales, y que tampoco se inhibe para ejercer su supremacía frente a cuerpos, grupos o privilegios. Nuestra sociedad es libre y abierta aun a su propia automodificación. Gracias a los liberales no tenemos una oligarquía constante, hereditaria, que maniate la posibilidad nacional de autotransformación. La libertad nacional, como capacidad de acción, sólo se halla restringida por la propia necesidad: como que la libertad no se da en abstracto.

Pero no sólo debemos al liberalismo la existencia de una sociedad libre y abierta: heredamos de él, también, individuos libres a integrar en una sociedad libre y responsables de su propia libertad y de la de los demás, pues la libertad de la sociedad es un tejido de las libertades individuales y colectivas. Tenemos una sociedad libre y abierta que heredamos. La convivencia en ella no sólo es factible, sino sencilla, siempre y cuando respetemos una elemental regla del juego liberal: no obligar a nadie a compartir la búsqueda del absoluto en que podamos creer. Si algo prueba la historia son los males que derivan de pretender forzar a los hombres a ser libres o felices.

En este libro se ve cómo los distintos conceptos o temas se van ensamblando, hasta constituir toda una estructura ideológica. Sólo es posible un individuo libre en una sociedad libre. Por ende, sólo es posible una sociedad libre si la forman individuos libres. Las correlaciones y equivalencias surgen evidentes: la libertad de conciencia es la secularización de la conciencia. La secularización de la sociedad es su liberación. Las diferentes líneas de pensamiento convergen a integrar un solo cuadro de ideas.

En el proceso histórico mexicano, liberalismo y democracia llegan a enlazarse y hasta identificarse, dotándonos de instituciones democráticas y liberales. Los críticos de los resultados y del proceso liberal mexicano ponen en su debe el propósito de implantar una democracia no ponderada. Si se hubiese restringido el voto únicamente a los propietarios o, lo que es peor, no se les hubiese otorgado a los analfabetos, habríamos, se dice, logrado una democracia restringida, desde luego, pero democracia. Y lo paradójico resulta que quienes sostienen, así, una tesis antidemocrática, critiquen, a nombre de la democracia, su universalización en México.

En verdad que existen imperfecciones democráticas en el curso de nuestro proceso histórico. ¿Pero no habrían sido mayores y más agudas si hubiéramos empezado por restringirla constitucionalmente? ¿No ha servido, acaso, el ideal de la democracia universal, consignado como norma imperativa, para presionar hacia su mejor logro? Por otra parte, no debe olvidarse que democracia no es sólo el voto, el sufragio; hay dos representaciones: la democrática y la autocrática. Los métodos cambian, el contenido persiste; lo esencial es que el Estado represente a la sociedad y con el voto está la posibilidad de acceso a los puestos públicos. Y por nacimiento o fortuna, ¿se ha encontrado limitado este acceso? La igualdad ante la ley, es decir, la extinción de privilegios legales y el libre acceso a los puestos públicos, han actuado en nuestro país como un termostato de las deficiencias democráticas y ambos principios dimanan de la idea liberal. La Revolución Mexicana la completó y ensanchó, cuando con la no reelección culminó una realización histórica liberal. Al liberalismo debemos que a golpes de sangre y paciencia se haya impedido la formación —como en otros países de origen similar— de una oligarquía hereditaria. A la Revolución, con la no reelección, que nuestra historia no sea una sucesión de oligarquías vitalicias, sólo limitada por la duración física de sus integrantes. México tiene, pues, una gran movilidad política y social que, confiamos, puede defenderse por sí misma de las tendencias incipientes que en contrario se presentan.

Especial papel desempeña en este enlace entre democracia y liberalismo la lucha en contra de los fueros. Ciertamente que el ensayo de los privilegios de Sieyes —obra clásica contra los privilegios feudales— influye. Pero el contorno de la lucha es distinto en nuestro país. No es una nueva burguesía erguida contra privilegios feudales —aristocracia, ejército y clero—, pues no hay aquella burguesía. La lucha contra los privilegios adquiere, por ello, un sentido popular en México. Ella se combina con una idea de igualdad social. La lucha contra los privilegios resulta anticolonial. Es enfrentarse a supervivencias coloniales. Es buscar el acceso de los nativos a los puestos directivos, con este trasfondo: un alto clero peninsular que oprime e impide el acceso de un bajo clero autóctono; un ejército —alto— con españoles seguidos por criollos, que oprime a una oficialidad y tropa mestiza e indígena; una alta burocracia, centralizada, peninsular en sus orígenes. Esto da a la lucha contra los fueros, —expresión gráfica de los privilegios en el ámbito jurisdiccional— un amplio sentido social igualitario, ajeno a un proceso histórico de elevación de una nueva clase. Es un sentido bien distinto del que tiene en Occidente la lucha en contra de los privilegios. Por eso Antuñano es una excepción: pugna por afectar privilegios para formar una clase —burguesía industrial— que no existe, apartándose así del modelo histórico: una nueva clase que encuentra en los privilegios un obstáculo a su crecimietno y consolidación.

¿Y qué decir del federalismo, que se identifica con el liberalismo? La ignorancia y la mala fe sembraron el lugar común de un federalismo importado, sin siquiera conocerlo, en contra de nuestras tradiciones y realidades, viniendo a desunir lo unido en la fórmula sacramental. La verdad es bien distinta. La idea federal en 1824 —y ello creemos haberlo demostrado— ni siquiera fue adoptada por nuestros liberales. Las realidades se les anticiparon y la impusieron. El federalismo fue el leve hilo que mantuvo unido lo que se estaba disgregando; sin él, nuestro rostro habría sido bien distinto. Y cuando en la larga sociedad fluctuante prescindimos del federalismo, la historia nos fue adversa.

También en materia federal somos deudores de nuestros primeros liberales. Centralismo y federalismo no son los términos de una contienda verbalista y estéril. ¡Flaco servicio haríamos a liberales y conservadores si, por una palabra, los viéramos trabados en una pelea que parecía interminable! La contienda fue por lo que la palabra significaba. La contienda fue, además, lógica en extremo: eran intereses centralizados e intereses descentralizados, y el federalismo el instrumento de los segundos, que constituían las clases medias dispersas en el país y los portadores de la idea liberal. La palabra representaba un sistema y éste nos era tan necesario, que, como se ha dicho, de no haber existido, lo habríamos inventado. Y que no se hable de la centralización de nuestros días para demostrar lo artificial del federalismo. Porque dicha centralización ha ocurrido a pesar del federalismo. ¿Adónde habríamos ido sin este freno? No se olvide que la centralización nos viene de un complicado fenómeno de concentración económica, social y demográfica, que, inexorablemente, se refleja en lo político. Nuestro sistema federal ha resultado insuficiente para impedir las tendencias reales de nuestro desarrollo económico hacia la centralización. No ha estorbado, sino estimulado, en cambio, la permanencia de las peculiaridades regionales y su integración nacional. Y sigue siendo un aliciente y un método para luchar en contra de la centralización y, sobre todo, contrarrestarla.

El liberalismo mexicano acusa en su haber fundamentalmente un significado político: libertades, secularización, federalismo, igualdad ante la ley. Este significado político ha calado hondo en nuestra historia; la primacía del liberalismo mexicano es lo político, que clásicamente lo constituye, pero matizado por la realidad y el estilo de nuestros hombres.

Hay que tener en cuenta que los liberales mexicanos, de 1824 en adelante, en materia política, luchan por cambiar y mantener. Quieren modificar: el *status* existente en materia de relaciones Estado-Iglesia y sociedad civil-Iglesia, hasta obtener la secularización de la sociedad; la intolerancia religiosa, obteniendo la libertad de conciencia; la desigualdad ante la ley, aboliendo los fueros y privilegios. Por el contrario, desean mantener o restaurar —esto último en el período de vigencia de las Siete Leyes y las Bases Orgánicas— la forma federal consignada en el texto de 1824, buscando eventualmente su perfeccionamiento. Como se comprenderá, la lucha dirigida a modificar es sustancialmente distinta de aquella que busca mantener o restaurar. De aquí la naturaleza diferente de los capítulos de este libro, que van desde el puramente teórico y probatorio —como lo es el relativo al federalismo— hasta el que se refiere, preponderantemente, a una práctica de gobierno —proteccionismo— pasando por la exposición de la reiterada preocupación por el problema social, que no cuajó en una política definida.

Como puede verse, tanto en federalismo como en secularización, no deja de estar dotado el liberalismo mexicano de matices originales, y más original resulta en lo que es heterodoxo: en materia económica, cuando las realidades nacionales lo hacen apartarse del librecambio, siendo aquí la heterodoxia la que se impone, y en materia social, cuando las propias realidades lo incitan a adquirir características ajenas al típico liberalismo.

Las ideas fecundan la realidad al traducirse en actos. Pero hay movimientos instintivos que desbordan las ideas, cambian su sentido y amplían, de esta manera, los principios. Singularmente claro se ve ello en la gestación de la secularización de la sociedad mexicana. Los movimientos populares de esencia agraria tienen un aspecto anticlerical, nada teórico, sino práctico y concreto: reducir las obvenciones parroquiales, las cargas; los campesinos plantean, junto al problema de la tierra, la incidencia sobre ellos del régimen que priva en materia de relaciones Iglesia-sociedad. Y estas peticiones populares concretas fortalecen los principios postulados por los teóricos, ensanchándolos, ciñéndolos a la realidad y comprobándolos.

Circula todavía la tesis de la originalidad por ignorancia de nuestros liberales. Los liberales mexicanos, al iniciarse el proceso histórico ideológico, ignoraban, en rigor, el liberalismo. Por ello cayeron en las heterodoxias. Conforme el proceso se fue desarrollando, fueron conociendo más la doctrina y dejaron de ser originales para ser lìberales. La tesis sólo revela desconocimiento de las ideas y pensamiento de nuestros liberales. En efecto, si algo se ve en esta obra es el bagaje doctrinal que en política, economía, derecho y cuestiones sociales exhiben los liberales. Sólo que las ideologías no se importan en bloque; se asimila lo que en ellas hay de asimilable y esto se adapta. Al respecto, no pequeña lección es la que nos proporciona la experiencia liberal mexicana al mantenerse equidistante de las fórmulas por rígidas antihistóricas y de las que por exceso de flexibilidad inducen al oportunismo.

En materia social, las realidades nacionales y cierta confluencia doctrinaria hicieron a muchos liberales apartarse del clásico individualismo, sobre todo en materia de propiedad de la tierra. Es Otero, conociendo a Sismondi, al igual que don Lorenzo de Zavala, este último aficionándose a Owen. Es Ponciano Arriaga, creando procuradurías de pobres y viendo en la Constitución la ley de la tierra. Son comunidades indígenas que luchan por mantener su forma de tenencia de la tierra. Son las rebeliones claramente agrarias que surgen después de la guerra con los Estados Unidos; como si la derrota dejara en libertad fuerzas y energías espirituales apenas contenidas y que una vez desatadas, van a persistir. Es el dramático *Tierra es guerra* de nuestra historia, que a hombres permeables a las realidades les hace comprender que más allá del liberalismo político hay una idea social que deben recoger para conjugar precisamente libertad y justicia.

No tratamos de atribuir al liberalismo mexicano cualidades que no le pertenecen. Con las suyas le basta y sobra, tanto en ideas, como en realizaciones. Unicamente pretendemos situar el liberalismo en el amplio contexto de la historia nacional y con ello proporcionar un elemento que ayude a realizar semejante tarea en relación con la Revolución Mexicana. Recuérdese que detrás de la historia siempre hay historia, y algunas de las raíces de la Revolución se clavan en el suelo de la historia de México y de la propia problemática del país.

La revolución social fue la Revolución Mexicana. El liberalismo en sus límites cronológicos no la hizo. La corriente social que dentro del liberalismo existió fue dejada de lado. Pero lo sorprendente son los planteamientos sociales que hubo dentro del gran movimiento liberal mexicano. Las utopías, los intentos legislativos, las descripciones del problema de la tierra, fueron dejando un residuo en las ideas nacionales. Hubo un proyecto de artículo 17 en el Constituyente 1856-57, que fue, más que derrotado, abandonado, por argumentos no de fondo, sino jurídico-formales. ¿Ese intento social no nos ayuda a entender la eclosión revolucionaria posterior?

La Revolución Mexicana, como todo movimiento histórico ideológico, no tiene una explicación única. No es una línea, sino una confluencia de líneas. Es una síntesis de ideas nativas o foráneas y de problemas que venían de atrás o que nacieron con el porfirismo. La Revolución integra a México en un nuevo cuadro de ideas, incluso con contradicciones dentro de dicho cuadro. La explicación es múltiple y en ella el liberalismo mexicano es sólo una de sus fuentes. Hay pues, un espíritu y un impulso, y cabe pensar si el hecho de que en 1857 estuviéramos a punto de implantar constitucionalmente un liberalismo social, permitió que llegáramos a éste en 1917.

Así como no queremos dotar al liberalismo mexicano de atributos que no le pertenecen ni necesita, tampoco queremos que se le carguen pecados que no cometió: tal, por ejemplo, el que se le impute la concentración de la tierra. ¿Es posible que a unos cuantos días de los grandes debates sobre la tierra, sobre su problemática y los métodos liberales, el Congreso 1856-57 aprobara un rampante individualismo? Vemos cómo la concentración de la tierra existe con anterioridad al triunfo liberal. Los despojos de las comunidades indígenas son queja constante; las rebeliones agrarias son síntoma evidente de aquella situación. Y la concentración se realiza más tarde en el porfirismo, no como un resultado inexorable de leyes de contenido individualista, sino mediante una acción deliberada que chicaneó en la interpretación de algunas leyes y acabó modificándolas, creando una legislación encaminada a obtener la concentración. Son los criterios agrarios de los noventas, son las leyes de 1883 y 1894 dirigidas a facilitar los despojos, y son, por último, nuevos factores y nuevos estímulos que fomentan la concentración de la tierra, los que convierten a ésta en un valor innegable y hacen apetecible su acumulación. La política ferrocarrilera, el proteccionismo agrícola, una banca que para otorgar los créditos quiere solvencia y, por último, inversiones extranjeras que hacen que los nativos vean en la propiedad de la tierra un valor para negociar.

Durante el porfirismo se crean nuevos intereses. Una clase poderosa va a surgir al amparo de o en conjunción con una nueva oligarquía política. La aristocracia territorial, endeble, va a ser sustituida por una nueva clase propietaria que, si bien toma de su antecesora los vicios —el absentismo, la explotación del hombre, etc.—, no hereda su debilidad. La clase pudiente va a gobernar, al amparo de la Constitución liberal de 1857 y de las Leyes de Reforma. Pero ésta es sólo la forma de gobierno. El sistema es distinto, opuesto en verdad: sin repudiar expresamente al liberalismo, sino bien al contrario, glorificándolo en solemnidades y monumentos, el porfirismo en sus distintas etapas se separa completamente de los objetivos liberales. Se niega de facto una trayectoria histórico-política, una ideología que formalmente se respeta y se asienta que sigue privando. Las realidades, lo cotidiano, subvierten los principios constitucionales. Se realiza la subversión más efectiva: el cambio de los hechos, de las prácticas, sin negar expresamente los principios. No sólo se detiene una revolución que ya podía continuar como evolución, nacida con nuestra propia nacionalidad, sino que se invierte el acaecer histórico imbuyéndole un sentido contrario. Por eso, bien pronto un positivismo aburguesante, un progreso que no se mide en función de sus efectos sociales, y una paz no orgánica, sino impuesta, sustituyen viejos ideales y viejos anhelos. La idea social del liberalismo mexicano subsiste en el subsuelo; los pecados que contra esta idea se cometen, bien pronto van a ser cobrados. El porfirismo viola los principios políticos del liberalismo y niega la corriente social que, al menos, había atemperado en nuestro país el dogmatismo individualista.

El proceso histórico real del liberalismo mexicano dejó supervivencias feudales. Apenas triunfante, después de rudas luchas en que no se pudo derruir todo lo que se debía, viene el porfirismo, que no sólo interrumpe la destrucción, sino que busca y obtiene un nuevo apuntalamiento para los elementos añejos. Los señores feudales, contra los que luchó la Revolución Mexicana, en algunos casos vienen de atrás y en otros casos son nuevos, son porfirianos o tuxtepecanos. Estos últimos surgidos al amparo de la política territorial del porfirismo, que deliberadamente busca la concentración de la propiedad. Pero unos y otros representan una reminiscencia feudal y contra ellos se yergue la Revolución. Los liberales querían aniquilar un orden: el colonial. Eran antifeudales, anticoloniales; mientras dominaron, buscaban remover, animados por el movimiento; era la idea transformadora. El pofirismo, el mantenimiento de un orden que se llegó a creer inmutable, con sólo una duda y un temor: la inmortalidad del caudillo y el vacío que a su muerte se presentía.

Verdad es que en el porfirismo vemos hombres que venían del liberalismo, comenzando por el propio caudillo. Pero el porfirismo se integró con numerosos desprendimientos de los partidos en pugna que justificaban su concurrencia por un objetivo que creían superior: la paz. Hubo conservadores y liberales porfiristas, intervencionistas y antiintervencionistas y, descendiendo a las facciones, juaristas, lerdistas e iglesistas. Ciertamente, sin que descuellen mucho, sí se perciben, en la oligarquía tuxtepecana, hijos de quienes habían forjado el liberalismo. Algunos de ellos disfrutando de la nueva situación y creyendo que ella era consecuencia lógica, continuación o culminación de aquello por lo que sus padres habían luchado. Nada autoriza, sin embargo, la validez de tan subjetiva interpretación. Ni en teoría, pues otras fuentes sustituyeron, a poco de iniciado el porfirismo, las ideas liberales; ni en la práctica, en que, sin escatimar honras fúnebres, el porfirismo actúa como enterrador del liberalismo. Con un mínimo de información y capacidad reflexiva ella tiene que desecharse.

El porfirismo, enjuiciado en su totalidad como fenómeno que dura treinta años, no es un descendiente legítimo del liberalismo. Si cronológicamente lo sucede, históricamente lo suplanta. Nuevos móviles económicos y un objetivo político distinto dan fisonomía bien diversa a ambas etapas históricas de México. Los liberales fueron un movimiento, persiguiendo una ideología, venciendo enemigos que se resistían. El porfirismo aglutinó a los enemigos de ayer mediante intereses para mantener un orden que se creía perpetuo. Las filosofías inquietas, llenas de fe en la actividad del hombre, de estirpe jusnaturalista que guían a los liberales, son sustituidas por una filosofía positivista tomada, además, en su vertiente oligárquica. Por tanto, no debe buscarse una sucesión normal, legítima, entre liberalismo y porfirismo y una continuidad, sino una sustitución y una verdadera discontinuidad. Si el afán de innovar y modificar conduce a los liberales, el propósito de conservar conduce al porfirismo. Por instinto de conservación se sabe que los cambios, por leves que sean, pueden hacer tambalear toda la estructura.

Pero no obstante los intereses creados al amparo del porfirismo, que sustentaban la negación real de nuestra evolución liberal, la idea agraria subsiste, los principios de justicia social se mantienen y a través de la Revolución Mexicana rompen el límite que dentro del proceso liberal habían tenido, el "no es tiempo", frecuente valladar a propósitos de progreso en México.

Como decíamos antes, el liberalismo social mexicano no triunfó si nos atenemos a sus límites históricos. Ello era imposible, y ya es admirable que haya surgido el mero conflicto, el mero debate. Pero en los procesos histórico-ideológicos, los límites siempre son convencionales, y por consiguiente, elásticos: una época tiene raíces que provienen de las precedentes y proyecciones que alcanzan a las subsecuentes. Una corriente fracasada dentro de sus límites temporales emerge posteriormente y contribuye a configurar una etapa ulterior. Y los sedimentos dejados por el liberalismo social mexicano influyeron en la Revolución Mexicana. El liberalismo no encontró la solución al problema de la tierra; lo importante es que la haya atisbado. Ahora bien, si el régimen político de la Revolución Mexicana, como federalismo, libertades, secularización, es herencia liberal, la corriente social del liberalismo mexicano constituye una influencia para la Revolución Mexicana, una explicación histórica que no excluye, sino supone e incluso implica otras. Nada más ni nada menos.

Esto apoya nuestro aserto de que la Revolución Mexicana no fue producto de generación espontánea y nos lleva a creer que la preocupación histórica de los mexicanos ante el problema social constituye una experiencia y una fuerza innata que ayuda a enfrentarse al problema, esquivando "las soluciones desesperadas".

¿Podemos comprender el itinerario de México sin captar la idea liberal? El conocimiento de ella, en polémica histórica o como parte de una síntesis posterior, resulta indispensable para comprender el curso de nuestra historia y, dentro de él, el momento actual. Visto el liberalismo como velocidad adquirida, juega un papel aún en el presente de México. Hay todavía problemas a que nos enfrentamos con el enfoque liberal y, por supuesto, actitudes en la vida nacional que encuentran su fundamento en la conciencia histórica liberal.

No pretendemos que el liberalismo mexicano haya conciliado libertad y justicia social. Sus hombres intuyeron, eso sí, que no podía haber plena libertad sin justicia social y que difícilmente se podía llegar a ésta sin libertad. Tampoco pudieron nuestros liberales armonizar libertad y economía ordenada, objetivo que aun en nuestros días no es fácil obtener; pero sí captaron que la libertad no era un obstáculo para que la colectividad pública pudiera intervenir en el proceso económico persiguiendo objetivos superiores. A través del proteccionismo —y lo de menos es que haya sido a través de él, pues difícilmente, dada nuestra evolución económica, podía ser en otro aspecto— los liberales se percataron de que una cosa eran las libertades espirituales y otra cosa bien distinta y de diverso valor el librecambio. El que en materia económica los liberales mexicanos se plantearan la posibilidad de apartarse del librecambio, no tiene más significado que el afirmar el derecho y la posibilidad de la heterodoxia en materia económica y, por lo consiguiente, la distinción entre el liberalismo político y el económico.

Hay una extensa literatura que no ve la transformación de la sociedad como un rompimiento con el pasado, como una interrupción o, mejor dicho, como una inversión del proceso histórico; por el contrario, la modificación resulta etapa de la evolución y la idea de la continuidad histórica se rescata con un nuevo sentido: impulsar la reforma, dando raíces al cambio. La innovación no es contraria a la continuidad. No hay una oposición entre el ideal transformador y la secuencia del proceso histórico. El revolucionario, para luchar y construir, no tiene que echar por la borda el pasado. La idea revolucionaria es vista como el perfeccionamiento, la integración cabal de la evolución histórica, de la historia misma.

Partiendo de esta concepción, los mexicanos estamos lejos de necesitar manumitirnos de nuestra historia; para afirmar nuestro presente y, sobre todo, nuestro futuro, no tenemos por qué romper lo que nos vincula con el pasado. No es la historia la que nos estorba, pues bien distante está de ser una rémora. Al contrario, aligera los esfuerzos, nos puede brindar más de una luz y savia suficiente para nutrir la imaginación y estimular una realista y prudente audacia. No se trata de buscar precedentes para no tener que pensar y, mucho menos, de justificar con el pasado un cómodo conformismo. El que en el pasado busca precedentes para resolver problemas contemporáneos, simultáneamente oscurece su época y esteriliza la historia. Refugiarse en el pasado para eludir el presente es tan negativo como prescindir de la historia en la comprensión de nuestros días. Quien vive en la historia se hace, en fórmula unamuniana, sordo al silencio; pero los que no quieren oir la historia, en su sordera llevan la penitencia. Podemos recoger de nuestra historia un impulso que ajuste los afanes de actividad a la lección que nos dieron quienes supieron vencer en el pasado, sacrificando frecuentemente la rapidez en el triunfo de sus principios a la firmeza en su logro. Tenemos un capital histórico que debemos conservar y acrecentar. Prescindir de él es dilapidar lo que con tesón nos dejaron nuestros mayores; es olvidar que nuestra generación no es hija de sí misma.

SECULARIZACIÓN

Una visión anticipada: la idea secularizante del Pensador Mexicano

José Joaquín Fernández de Lizardi, que, como veremos, construye una utopía en materia social, también lo hace, si se toma en cuenta la época, en relación con el problema Estado-Iglesia. El propósito utópico del *Pensador* se manifiesta al elaborar su constitución ideal. Cuando plantea su constitución, asienta que la empresa de reformar al mundo "es la más fácil y mucho más si las reformas se hacen sin contrario" y agrega: "Platón hizo su república, Fenelón su Telémaco, Tomás Moro su Utopía, el Padre Causinio su Corte santa y así otros". Por consiguiente, no hay inconveniente para que él proceda a construir su constitución hipotética.[1]

El Pensador en materia Estado-Iglesia no logra desasirse de la idea del ejercicio del patronato. Pero, partiendo de la problemática que contempla, otea soluciones secularizantes y de separación de Estado-Iglesia, anticipándose su visión a la que muchos años más tarde será la solución mexicana. En principio, sólo pide que la Iglesia cumpla con el orden jurídico nacional. El origen de su pensamiento en esta materia es concreto y arranca del conflicto planteado por el obispo de Sonora[2] y sus aliados, que sostienen que tan soberano es el obispo en su silla como los diputados en las suyas. *El Pensador* rebate esta idea de las dos soberanías y sostiene la soberanía exclusiva del Estado mexicano. Pero también su pensamiento se remonta a otro hecho concreto: el cabildo metropolitano, que primero no quitaba las armas españolas de la lámpara de Catedral y después,

---

1 José Joaquín Fernández de Lizardi: *Conversaciones familiares del payo y el sacristán.* Tomo II, decimasexta conversación, p. 2. México, mayo de 1825. Oficina de don Mariano Ontiveros.

2 *El Pensador Mexicano* trata lo que llama el sedicioso manifiesto del obispo de Sonora en sus conversaciones 6, 7, 9, 10 y 14, fundamentalmente.

sia, o permitido que las ejerza por su tácito consentimiento". A la autoridad civil le corresponde el "uso racional y ejercicio legítimo" de "disponer de los bienes donados por ella o sus súbditos a una comunidad política".

Mora ve el origen de los bienes eclesiásticos, para después ocuparse en las "contribuciones permanentes impuestas sobre la población", las principales de las cuales son los diezmos y los derechos parroquiales.[27] "En otros países —dice— los bienes eclesiásticos reconocen otras fuentes; pero en México todos están reducidos a propiedades territoriales en fincas rústicas y urbanas, a capitales impuestos que forman la dotación de los beneficios simples y de los aniversarios perpetuos de finados o fiestas eclesiásticas, y a contribuciones impuestas a favor del clero, y a esta clase pertenecen los diezmos y derechos parroquiales". Después de describir la naturaleza de los bienes, su cuantía y mala inversión, que entre otras cosas produce la desatención del culto y un paupérrimo bajo clero, concluye que: "El clero y los bienes eclesiásticos en México no son cortos ni insuficientes para el desempeño del culto y servicio eclesiástico. Lo único que falta es una buena distribución de ambas cosas, pues la que existe no puede ser peor".

Existiendo abusos "en la naturaleza, administración e inversión de los bienes eclesiásticos", con perniciosas consecuencias para el culto y la sociedad, es necesario introducir cambios y la autoridad competente no es otra que la civil: si la Iglesia posee estos bienes como asociación política, teniendo el Estado derechos sobre los cuerpos políticos, no cabe duda que la competencia corresponde a la autoridad civil, quien puede y debe intervenir sin necesidad de acuerdo con la autoridad espiritual. Para fundar ello dentro del típico concepto de liberalismo económico y de su fundamento, el derecho de propiedad, Mora recurre a la clásica sutileza de distinguir el origen, naturaleza y extensión del derecho individual de propiedad, del correspondiente a las comunidades o asociaciones políticas. Si bien el derecho de la Iglesia sobre sus bienes es civil, este derecho es completamente distinto del de un particular. Se trata de la distinción que las leyes hacen entre la propiedad individual y la de los cuerpos: a la primera "le han dado una amplitud ilimitada, a la segunda la han

---

27 Las leyes civiles, dice Mora, han también arreglado en América lo relativo al diezmo y los derechos parroquiales para el bajo y miserable clero. Mora calcula que en 1831 los capitales impuestos para capellanías y obras pías y los que disfrutan las instituciones de regulares o monocales, ascienden a 75 ú 80 millones de duros.

restringido mucho". La acumulación de capitales es ilimitada para los individuos y limitada para los cuerpos. Para ello se atiende, tanto a la diversidad de consecuencias de ambos tipos de propiedad, como a la de orígenes. Mora condena la concentración de capitales, pero no la condena por igual, según se trate de individuos o comunidades. El "mal gravísimo" de la concentración tiene un término natural —la muerte— cuando es individual y carece de él si se trata de comunidades. De aquí que en éstas, la acumulación tienda por sí a ser ilimitada, agravándose el fenómeno en el caso del clero, por la forma que éste tiene de no enajenar lo que adquiere.[28] Doctrinalmente el derecho de propiedad individual preexiste al contrato origen de la sociedad y el de las comunidades nace con éste. Por consiguiente, la autoridad civil que representa a la sociedad tiene todo el derecho a regular y a limitar el derecho de propiedad de las comunidades o asociaciones políticas. Ello acompañado de las razones prácticas antes indicadas, ha obligado a los príncipes más católicos, "entre los cuales no falta algún santo canonizado", a prohibir a la Iglesia la adquisición de tierras o de bienes raíces, sin que en esto se haya contado con ella para nada, pues se ha procedido en tal materia aun con positiva repugnancia de sus ministros. Mora señala las quejas de los españoles sobre la acumulación de bienes raíces en manos muertas y menciona cómo después de la independencia, los gobiernos de México "han prohibido las adquisiciones de *manos muertas* sin contar para nada con la autoridad eclesiástica". Al respecto menciona el artículo 13 de la Ley General de Colonización, que prohibía a los nuevos pobladores pasar sus propiedades a manos muertas, y el artículo 9º de la Constitución del Estado de México declarado inconstitucional, como antes vimos.

Mora recalca la situación económica. Los bienes administrados por comunidades o cuerpos, "no sólo producen poco, sino que son necesariamente perdidos". La sociedad no puede dejar de resentirse de los males que ello produce y de ahí que la autoridad deba rehusarles el permiso para administrarlos "y aun si necesario fuese obligarlos a su enajenación, haciendo que sólo tengan el usufructo, y reservando la propiedad de ellos a los particulares, únicos capaces de hacerlos producir y adelantar". El derecho del individuo a la propiedad, que es de un origen bien distinto y anterior a la sociedad, es intocable, pues la sociedad ha sido establecida precisamente para

[28] Véase Capítulo VII, de este libro. *La Confluencia de Ideas.*

conservar los derechos naturales y "no puede despojar a nadie de ellos sin un motivo justo y calificado, que no puede ser otro sino el de una culpa personal". La Iglesia, como comunidad política, puede ser privada de la administración y propiedad de sus bienes, "cuando así lo exija la conveniencia pública". Mora, en su férreo individualismo económico, no incurre en contradicción. Los cuerpos políticos no tienen un derecho de propiedad "distinto del de la sociedad misma". Su situación es la inversa:

> Verdaderamente son más bien usufructuarios que propietarios, es decir, su derecho es más bien el de percibir los frutos de los bienes que se les han consignado, que el de disponer de ellos mismos; este último derecho corresponde propiamente al cuerpo entero de la sociedad, que puede transferirlo a las comunidades, y recobrarlo cuando lo tenga por conveniente.

Congruentemente, Mora rebate, con respecto a las donaciones testamentarias al clero, el argumento de que, por su mismo origen, al intervenir en ellas se violan las últimas voluntades de quienes, de acuerdo con el derecho de propiedad individual, podían disponer de los bienes que comprendían.

Mora, en cuyo pensamiento está la separación estricta de Estado-Iglesia, no se libra totalmente de caer en uno de los términos de esa alternativa que tantos problemas origina en el Siglo XIX: Iglesia propietaria o Iglesia asalariada. Dentro de una solución de estricta separación, un resabio de patronato hace que al Estado concierna el sostenimiento del culto. Por lo demás, en el resto de las relaciones Estado-Iglesia, su posición es rigurosamente laica:

> La protección, pues, que el gobierno civil presta, no consiste ni puede consistir en otra cosa que en acordar ciertos derechos civiles al cuerpo de los fieles, que se llama Iglesia, algunas distinciones o preeminencias a sus ministros, y en *pagar y costear los gastos necesarios para su subsistencia y para la conservación del culto.*

Claro está que cuando señala para el Estado el costear los gastos del culto y, sobre todo, en el momento en que lo sostiene, tal punto era un paso adelante. La protección civil que el gobierno debía dispensar a la Iglesia y a virtud de la cual le correspondía costear sus gastos, ensanchaba la competencia de la autoridad civil: "Es pues claro que tal protección importa *el derecho de fijarlos, la obligación de pagarlos, y la facultad exclusiva de designar los fondos para verificarlo".*

Para terminar, Mora se ocupa en el último punto que contiene el decreto que convocó al Congreso, o sea, determinar cuál es la autoridad competente en la materia. Mora opta por los Estados de la Federación y no por el Gobierno Federal, atendiendo, tanto a la materia en sí misma, como en relación a la legislación vigente. El servicio eclesiástico, en general, por ser "la cosa más interior y peculiar al régimen de los pueblos", y los medios de sostenerlo, que son los bienes eclesiásticos, deben estar sujetos a "la autoridad suprema más inmediata que es la de los Estados, y no por la más remota de los poderes supremos". Mora abona su posición con una serie de interpretaciones formalmente válidas o dudosas. En el fondo, no deja de ser un duro contraste que quien veía el origen de nuestro federalismo partiendo del centro a la periferia y, más que nada, originado por influencia ideológica, sostenga una atribución tan vasta y tan delicada para los gobiernos de los Estados. La explicación es, sin embargo, eminentemente política. En este, como en otros puntos, eran los Estados los que querían y, quizás, podían avanzar. Ya nos hemos referido a los distintos intentos que al respecto se presentaron e incluso a la proposición de Guanajuato para que el arreglo del patronato correspondiera a los Estados de la Federación. Por tanto, la determinación de la autoridad competente en Mora obedece a una necesidad de carácter político.[29]

LOS DIEZ MESES DE GOMEZ FARIAS

La administración de Gómez Farías se caracteriza objetivamente por su ritmo vertiginoso en el aspecto de solucionar el problema de las relaciones Estado-Iglesia y abordar, no obstante las divergencias tanto doctrinales como de método dentro del mismo cuerpo gobernante, la secularización. Ya se creyera que el camino era

29 Se pretende contestar doctrinalmente a Mora en: "Disertación que manifiesta la propiedad que los eclesiásticos tienen sobre sus bienes". Anónimo, Imprenta a cargo de Miguel González, México, 1834. En este folleto se defiende la propiedad de los bienes eclesiásticos desde los ángulos jurídico y teológico: "La propiedad de los bienes eclesiásticos es exclusivamente de la Iglesia y no de la Nación". Agrega que "el Clero no ha recibido su existencia de la Nación" y, por lo consiguiente, es falso que: "Todos los cuerpos morales traen y reconocen su origen, existencia y principio de la Nación, como los individuos lo traen y lo tienen de la naturaleza".

el ejercicio unilateral del patronato o ya se pensara en la delimitación Estado-Iglesia, la legislación reformista de Gómez Farías y el pensamiento expresado en ese entonces, revelan que se captaba el poder de la Iglesia mexicana en toda su extensión. En la *Disertación* de Mora, en los proyectos para la deuda pública del propio Mora y de Zavala, en la brillante intervención de Espinosa de los Monteros sobre votos monásticos; en la supresión del diezmo, se percibe el propósito de reducir el poder económico del clero. Las medidas adoptadas para destruir el monopolio de la educación por parte de la Iglesia y las decisiones tomadas en el ejercicio del patronato y dirigidas a impedir la acción política del clero y, finalmente, las secularizaciones parciales emprendidas y la no concurrencia de la coacción estatal para el cumplimiento de obligaciones espirituales, indican, sin duda alguna, que las ideas confluyen a la separación y secularización.

Secularizaciones parciales

La acción reformista no puede ser silenciosa. El predominio de los liberales radicales en el Congreso y su natural euforia, fueron un claro preaviso de por dónde se iba a encaminar la administración de Gómez Farías. Las medidas defensivas que tuvieron que implantarse frente a la rebelión de Escalada, Durán y Arista y ciertas acciones precautorias previas a la iniciación de la acción reformista, pusieron en estado de alerta a las fuerzas que habían intentado el retroceso con el gobierno de Bustamante.

El 30 de marzo de 1833 el Congreso declaró que eran Presidente y Vicepresidente Santa Anna y Gómez Farías, respectivamente. Estos prestaron juramento el 1o. de abril, y el 15 de dicho mes se dictó la primera disposición transitoria y previa a la reforma, que anticipa el sendero que ésta seguirá: el decreto que autoriza a los preceptores de los colegios de San Ildefonso, San Juan de Letrán, San Gregorio y el Seminario, a conferir a los alumnos de sus respectivas cátedras "los grados menores de filosofía, teología y jurisprudencia sin necesidad de que cursen la universidad".[30] Es decir, se

---

30 *Recopilación de leyes, bandos, reglamentos, circulares y disposiciones que forman regla general de los Supremos Poderes de los Estados Unidos Mexicanos*, formada de orden del Supremo Gobierno por el licenciado BASILIO JOSÉ ARRILLAGA. Tomo IV, abril y mayo de 1833. México, impreso por Juan Ojeda. 1834, p. 92. El decreto se publicó en el bando de 25 de abril.

da el primer paso en la supresión del monopolio en la alta educación y ello provisionalmente, "ínterin se arregla el plan general de estudios".

Unos cuantos días después, por razones ajenas a la reforma, el 23 de abril, se dicta una providencia de la Secretaría de Justicia, excitando al cabildo metropolitano y a los prelados a que no se sepulten cadáveres en las iglesias, pues ello infringe las leyes, va contra el decoro y majestad de los templos y puede ser peligroso, en virtud de las noticias que se tienen de los estragos del cólera en Cuba.[31] Y tres días después aparece otra providencia de la Secretaría de Justicia, que por razones similares ordena se destruya el panteón de Santa Veracruz y los camposantos de Santa Catarina y San Miguel, contiguos a sus respectivas iglesias[32] Aunque *strictu sensu,* las medidas no pueden ser calificadas de secularizantes, es obvia su dirección en tal sentido.

El 25 de mayo estalla la rebelión de religión y fueros y el 29 se convoca el Congreso a sesión extraordinaria, concediéndose al Gobierno facultades extraordinarias por cuatro meses, el 7 de junio.[33] Con el disfrute de estas facultades, método efectivo en nuestra historia para el avance, el retroceso o el puro mantenimiento de la arbitrariedad, la reforma se acelera. Antes, sin embargo, como acción defensiva, preservación del gobierno liberal frente a los afanes de retroceso, viene la famosa circular de la Secretaría de Justicia, de 6 de junio de 1833, que recuerda a las autoridades eclesiásticas la observancia de las disposiciones que prohiben al clero secular y regular tratar o predicar sobre asuntos políticos. La circular se apoya en la legislación de Indias y en la disposición de 5 de mayo de 1823.[34] También con sentido defensivo aparece la circular de la Secretaría de Justicia, de 8 de junio de 1833, dirigida a que los reli-

---

[31] *Op. cit.*, pp. 90-1.

[32] *Op. cit.*, pp. 95-6.

[33] *Colección de leyes y decretos del Congreso General de la Nación Mexicana en los años de 1833 a 1835.* México, 1840, Imprenta de Galván, a cargo de Mariano Arévalo, p. 54. El 3 de octubre estas facultades se prorrogan por otros cuatro meses (p. 64) y ellas cesan el 30 de noviembre de 1833. (p. 75).

[34] ARRILLAGA: *Op. cit.,* abril y mayo de 1833, p. 96. El autor, además, reproduce las leyes en que se funda la circular. Ella se complementa con la circular de la Secretaría de Justicia, de 31 de octubre de 1833, que fundándose en las Leyes de Indias y en el ejercicio del patronato, prohibe a los eclesiásticos que toquen en el púlpito materias políticas "en pro ni en contra de los principios de la administración pública". (*Op. cit.*, p. 578).

giosos "guarden recogimiento y no se mezclen en cosas políticas". Es un documento político y de defensa: religiosos de distintas órdenes, "faltando a lo que deben a su profesión y a su carácter de ministros de paz, encargados de enseñar la obediencia a las autoridades", se ocupan de "persuadir a personas del pueblo que éste no debe comprometerse con el actual supremo gobierno, porque en breve vendrá el general Arista con sus fuerzas y todo lo trastornará". Tal conducta es calificada de subversiva y contraria al Evangelio. El Gobierno recuerda que "así como tiene medios para reprimir a los que abiertamente atacan la constitución y las leyes, los tiene también para contener en sus justos límites a los que con mayores obligaciones abusan de la sencillez del pueblo para engañándolo comprometerlo a que se rebele o falte a sus más justos deberes".[35] Del propio día es la importante circular de la Secretaría de Justicia, desmintiendo los falsos pretextos "que se han tomado para alterar la paz".[36] Este documento es políticamente muy importante. A más de negar que el Gobierno pretenda abordar el problema de los fueros —lo que requeriría una reforma constitucional— y de decir que el Congreso carece de competencia al respecto, manifiesta que los rebeldes tocan el resorte directo de la religión y asienta:

> Así ha sucedido con el negocio sobre patronato, de que se han ocupado las cámaras del congreso general, sin fijar exactamente la idea y naturaleza de esta cuestión, ni expresar con verdad la solicitud del gobierno, que hizo observaciones al acuerdo de las mismas cámaras, ni la prudencia y detenimiento del senado, que tiene acordada la suspensión de este asunto.

El Vicepresidente Gómez Farías explica que las convulsiones políticas que el país había sufrido durante cuatro años han hecho que ante la coyuntura del avance se resista "del estado forzado en que se la ha tenido tanto tiempo". De ello deriva que "porque algunos cuerpos y autoridades civiles han puesto la mano sobre algunos puntos que no son esenciales a la religión santa, sino de intereses temporales relativos al clero", los enemigos "de la paz, de la libertad y de la independencia", confundan estos puntos con el dogma. Se reitera que los intereses del clero "están bajo la protección del congreso de la unión y del supremo gobierno federal, según la constitución y leyes" y que serán atendidos como lo habrían sido de

35 *Op. cit.*, pp. 113-4.
36 *Op. cit.*, pp. 115-9.

no haber surgido el espíritu de discordia. El 19 de junio, por circular de la Secretaría de Justicia, después de informar del retorno de Santa Anna al gobierno, se expresa que éste, así como "está resuelto a sostener la constitución y la religión nacional", espera que los eclesiásticos "procuren llenar de tal modo las obligaciones de su ministerio, que edificando con su conducta y ejemplo, inspiren a los fieles el espíritu de paz, unión y obediencia a las autoridades establecidas".[37]

El 20 de agosto aparece un bando con la circular de la Secretaría de Justicia, del día 17, en que se estatuye que el Gobierno procederá a secularizar las misiones de la Alta y Baja California. Tal secularización se realiza dentro de la idea del patronato y encuentra sus antecedentes en la resolución a que ya nos referimos, de 1828. Se dice que en cada misión se establecerá una parroquia servida por un párroco del clero secular, con una dotación que el Gobierno proporcionará y que dichos párrocos "no cobrarán ni percibirán derecho alguno en razón de casamientos, bautismos, entierros, ni bajo otra cualquiera denominación". En cuanto a los derechos de pompa, podrán percibirlos de acuerdo con el arancel que debería formular el obispo de aquella diócesis y aprobar el Gobierno. Ideas secularizantes se encuentran en la disposición, éste último, ordenando que cada parroquia mande construir un camposanto fuera de la población y sobre todo en la de que el propio Gobierno llenaría los gastos a que, de acuerdo con esta ley, se obligaba, con los productos de las fincas, capitales y rentas "que se reconociesen actualmente por fondo piadoso de misiones de Californias" [38] 38

El 7 de septiembre de 1833 se da a conocer por bando el decreto de 31 de agosto, que pone a cargo de la Federación los hospicios, las fincas rústicas y urbanas y todos los capitales "y bienes de cualquiera clase" que poseían los religiosos misioneros de Filipinas. Este decreto recuerda en algunas de sus consideraciones la *Disertación* de Mora. Al Gobierno concierne cuidar la arreglada inversión de estos bienes, misma que no existe, pues éstos se encuentran en estado "de desorden, usurpación y abandono". Motivo fundamen-

[37] *Op. cit.*, p. 128.

[38] *Op. cit.*, agosto a diciembre de 1833. México, Imprenta de J. M. Fernández de Lara, 1835, p. 19. Más tarde, por ley de 26 de noviembre de 1833, se faculta al Gobierno para que haga efectiva esta secularización, pudiendo usar de las fincas de obras pías de dichos territorios. En virtud de la epidemia, una circular habilita a los sacertodtes para revalidar matrimonios y faculta a los capellanes para casar en artículo de muerte por un tiempo determinado. (*Op. cit.*, p. 24).

tal de estas consideraciones es que los religiosos encargados de las misiones de Filipinas "no existen en el territorio mexicano, a virtud de las leyes dictadas para la expulsión de religiosos comunes". Por lo consiguiente, "ha venido a incapacidad de retener los bienes", cuyos productos se invertían en beneficio de "unas colonias de España". El decreto es dictado en uso de las facultades extraordinarias de que se halla investido el Gobierno. Como se comprenderá, este decreto era un claro aviso [39]

Enseñanza libre

El programa de la administración de Gómez Farías para mejorar la condición moral de las clases populares, suponía la destrucción del monopolio del clero en la educación y un gran impulso, tanto a la educación elemental, como a la superior. Se quiere, a través de la enseñanza, fortalecer la evolución política del país y elevar las condiciones de vida de la población. Un pensamiento remoto revelan nuestros liberales al respecto. Mora señala que la decadencia de los colegios y de la Universidad era tan visible ya para 1830, que ni siquiera "la administración retrógrada de aquella época" pudo "desentenderse de ella". Y cuenta cómo se instaló la Comisión del plan de estudios, que después fue Dirección General de Instrucción Pública, con la misión de ocuparse fundamentalmente de examinar el estado de los establecimientos educativos. Esta Comisión declaró a la Universidad "inútil, irreformable y perniciosa". El Colegio de Santos no podía realizar sus funciones académicas, pues las capacidades del país "no podían caber, ni tampoco querían ya reunirse en él". En cuanto a los demás colegios, se les consideró en sus tres aspectos: la educación, la enseñanza y los métodos "y todo se creyó defectuoso en sus bases mismas". La educación de los colegios "es más bien monacal que civil"; la enseñanza ancestral y sin interés, pues en ella predominaba el deseo de formar teólogos y canonistas. Y en cuanto a los métodos, se elegían autores con cincuenta o cien años de retraso, con un hábito dogmático que desnaturalizaba la enseñanza. Estos males existentes en la educación "refluían en la sociedad" y de aquí que su remedio fuese urgente. En estas condiciones, la Comisión determinó tres principios a seguir: 1º Destruir

---

39 DUBLÁN Y LOZANO: *Legislación Mexicana.* México, 1876, Imprenta del Comercio, a cargo de Dublán y Lozano, hijos. Tomo II, pp. 550-1.

cuanto era inútil o perjudicial a la educación y enseñanza; 2º Establecer ésta en conformidad con las necesidades determinadas por el nuevo estado social; y 3º Difundir entre las masas los medios más precisos e indispensables de aprender".[40] El Gobierno, para alcanzar estos fines, solicitó al Congreso autorización para el arreglo de la instrucción pública y con ella procedió de inmediato.

Por ley de 12 de octubre de 1833 se extingue el Colegio de Santa María de Todos Santos, previniéndose que el Gobierno hará que las fincas y rentas de dicho Colegio se administren independientemente de los demás ramos de hacienda "y se inviertan en los gastos de educación".[41] Por ley de 19 de octubre se da un paso en lo que toca al laicismo de la enseñanza, autorizando al Gobierno para arreglar la enseñanza pública en todos sus ramos en el Distrito y Territorios, y de ese mismo día es el decreto que suprime la Universidad y establece una Dirección General de Instrucción Pública para el Distrito y Territorios de la Federación.

Es decir, el Estado avanza rompiendo el monopolio educacional y dando un paso en la instrucción pública. A la Dirección de Enseñanza correspondería manejar todos los establecimientos de instrucción pública y los depósitos de los monumentos de artes, antigüedades e historia nacional, los fondos públicos consignados a la enseñanza y todo lo concerniente a la instrucción pública. La determinación de los libros de texto, el conferir los grados, los planes de enseñanza, eran tareas de dicha Dirección.[42] El decreto de 23 de octubre se refiere a la erección de establecimientos de enseñanza pública en el Distrito Federal. Las cátedras que establece, sobre todo en los estudios ideológicos y humanidades y en los de jurisprudencia, están influidos por el pensamiento racionalista liberal.[43] Dichos programas son exclusivamente para los establecimientos públicos y fuera de ellos se declara libre la enseñanza de toda clase de artes y ciencias, dándose, asimismo, libertad para que cualquier persona a quien las leyes no se lo prohibieran, pudiera abrir una escuela, dando aviso a la autoridad y "sujetándose en la enseñanza de doctrinas, en los puntos de policía y en el orden moral de la edu-

40 Mora: *Obras Sueltas*. Tomo Primero, p. CXCV y sigs.

41 Dublán y Lozano: *Op. cit.*, Tomo II, p. 563.

42 *Op. cit.*, p. 565.

43 Se señalaban seis: estudios preparatorios, estudios ideológicos y humanidades, ciencias físicas y matemáticas, ciencias médicas, jurisprudencia y ciencias eclesiásticas. (*Op. cit.*, p. 571).

cación, a los reglamentos generales que se dieren sobre la materia". La intención de estas leyes es romper el monopolio educacional, dar al Estado las funciones que al respecto le conciernen y liberar y modernizar el tipo de educación. [44]

En cuanto a los planes educacionales, su médula es la idea de Mora de que: "Uno de los grandes bienes de los gobiernos libres es la libertad que tiene todo ciudadano para cultivar su entendimiento".[45] La inspiración doctrinal del plan educacional se encuentra en Jovellanos, cuyas oraciones y discursos sobre enseñanza, estudio y educación son publicados.[46] En el establecimiento de estudios ideológicos se mezclan otras influencias, tales como Paley y Destut de Tracy.[47]

---

44 Por decreto de 24 de octubre se asignan a la Dirección General de Instrucción Pública las fincas y fondos para su funcionamiento, que incluyen: el convento y templo de San Camilo con sus fincas urbanas; el hospital y templo de Jesús y las fincas urbanas del Duque de Monteleone (éstas por ley de 22 de mayo de 1833 se habían asignado a la educación); el antiguo y nuevo hospital de Belem; el edificio de la antigua Inquisición, que ya por ley de 20 de mayo de 1831 había sido aplicado a la Academia de San Carlos; el templo del Espíritu Santo con su convento; la imprenta establecida en el hospital de Hospicios; las dotaciones en numerario establecidas por diversas leyes, que suman 17 mil pesos, tres destinados al fomento "de escuelas lancasterianas" de primeras letras en el Distrito. Se complementa, asimismo, la reforma educacional con el decreto de 24 de octubre, que establece una biblioteca nacional pública, dotada con los libros del Colegio de Santos y de la Universidad, así como el decreto de 26 de octubre, que establece una escuela normal para los que se destinen a la enseñanza primaria; otra de la misma clase para la enseñanza primaria de mujeres; una escuela primaria en cada uno de los establecimientos de estudios mayores. Se preceptuaba, además, que la Dirección de Enseñanza establecería en cada parroquia de la ciudad una escuela primaria para niños e igual se haría, por lo menos, en cada parroquia o ayuda de parroquia en los pueblos del Distrito. En las escuelas primarias se enseñaría a leer, escribir, contar y "el catecismo religioso y el político". (DUBLÁN Y LOZANO: *Op. cit.*, Tomo II, pp. 571 y sigs.).

45 *El Observador de la República Mexicana,* primera época, Tomo. I, p. 68: "Discursos sobre la educación pública". MORA: *Obras Sueltas,* Tomo Segundo, p. 104 y sigs.

46 *El Indicador de la Federación Mexicana,* Tomo III, p. 299 y sigs. En el Tomo IV del propio periódico se publican otros dos discursos de Jovellanos.

47 Para que se vea la intención y alcance de la reforma educacional, citaremos a continuación los decretos respectivos: Decreto de 16 de noviembre de 1833 y su reglamento, de 18 del mismo mes, para el Colegio Militar (DUBLÁN Y LOZANO: *Op. cit.,* Tomo II, p. 603). Por la orientación que se daba a la enseñanza militar, este decreto pudo haber tenido incalculables consecuencias para cambiar la mentalidad del ejército. Decreto de 19 de diciembre de 1833, sobre la Escuela de Primeras Letras, creada en el establecimiento de estudios ideológicos y la circular de la misma

El Estado deja de ser brazo secular de la Iglesia

La secularización de la sociedad exige la previa secularización del Estado: cortando a la Iglesia su brazo secular, o sea, la facultad jurisdiccional que le viene de la existencia del fuero eclesiástico y desposeyéndola de la facultad de determinar la acción del Estado para el cumplimiento de conductas derivadas de obligaciones religiosas, como los votos y los diezmos. La administración de los diez meses de Gómez Farías no puede suprimir los fueros, tanto por razones legales, pues ello exigiría la reforma de la Constitución, como políticas: el grupo gobernante está aliado con una fracción militar aforada. Sí, en cambio, intenta desasir al Estado de actuar para el cumplimiento de obligaciones espirituales o en relación con la Igesia.

Al respecto, el 27 de octubre de 1833 se toma una medida decisiva en la secularización de la sociedad.[48] Se trata de la supresión de la obligación civil de pagar los diezmos. Tal acto quedará como una herencia consolidada de la administración de Gómez Farías. La ley preceptúa que cesa en toda la República la obligación civil de pagar el diezmo eclesiástico, "dejándose a cada ciudadano en entera libertad para obrar en esto con arreglo a lo que su conciencia le dicte". Es decir, se retira la sanción y la coacción civil en una mate-

---

fecha que reemplaza con el establecimiento de ciencias médicas las atribuciones de la Facultad Médica (ARRILLAGA: *Op. cit.*, agosto a diciembre de 1833, pp. 360-1) y la ley de 9 de enero de 1834 sobre examen de abogados (*Colección de leyes y decretos del Congreso General de la Nación Mexicana en los años de 1833 a 1835*, p. 278). Decretos de 15 y 25 de enero de 1834, sobre exámenes de agrimensores y ensayadores; de 6 de febrero del propio año, sobre creación de cátedras de dibujo y delineación; de 10 de febrero del mismo año, destinando la escuela lancasteriana para la enseñanza de los artesanos adultos, por la noche, y decreto de la misma fecha, estableciendo en el Colegio de San Ildefonso una escuela nocturna también para artesanos adultos; el de 20 de abril de 1834, que modifica la ley de 23 de octubre de 1833, ampliando para los que estudian medicina los cursos de lógica, aritmética, álgebra y geometría y estableciendo el orden de los cursos en los diversos establecimientos. De abril 21 de 1834, que aumenta los miembros de la Dirección de Instrucción Pública.

48 DUBLÁN Y LOZANO: *Op. cit.*, Tomo II, p. 577. Se decreta el 3 de noviembre de 1833 que la ley de 16 de mayo de 1831 —ley de Alamán— sobre provisión de canongías, "fue obra de la violencia, atentatoria a los derechos de la nación y a la constitución federal; por consiguiente nula". Se declaran sin ningún valor los ascensos y vacantes provistos conforme a dicha ley y que los antiguos capitulares ocuparán las piezas eclesiásticas de que disfrutaban antes de la ley de 16 de mayo (ARRILLAGA: *Op. cit.*, agosto a diciembre de 1833, p. 141).

ria eclesiástica. La potestad temporal deja de proteger a la espiritual en un punto de gran importancia.[49]

El 6 de noviembre se da un paso concurrente al implicado por la supresión de la coacción civil para el pago de diezmos: se derogan las leyes civiles que imponían coacción para el cumplimiento de votos monásticos. La ley deroga todas las leyes civiles que impusieran cualquier género de coacción directa o indirecta y establece que los religiosos de ambos sexos quedan en absoluta libertad "por lo que respecta a la autoridad y orden civil, para continuar o no, en la clausura y obediencia de sus prelados". La autoridad, así como protegería "la justa libertad de los religiosos que voluntariamente abandonaran los claustros", auxiliaría a los prelados en el caso de los que siguieran dentro de las comunidades religiosas para que no les faltaran al respeto o desconocieran la autoridad de sus superiores. Al discutirse el dictamen que derogó las leyes civiles que imponían la coacción para el cumplimiento de votos monásticos, Juan José Espinosa de los Monteros pronuncia un discurso clásico para la historia de la secularización mexicana.

Quienes se opusieron al dictamen alegaban que éste era contrario a la religión y a la Constitución de 1824, alarmante, peligroso y de difícil ejecución. Espinosa de los Monteros opina que el dictamen, lejos de hacer que el Estado se mezcle en cosas ajenas a su

---

[49] Debe hacerse notar que en Yucatán las autoridades religiosas aceptaron la supresión de la coacción civil para el pago de los diezmos, preceptuada por la ley de 27 de octubre de 1833 y, por consiguiente, el sostenimiento del culto a cargo del gobierno civil. En efecto, el Dr. José María Meneses, que gobernaba la diócesis, después de advertir que subsistía en conciencia la obligación de pagar el diezmo, aceptó la dotación que le propuso el gobierno civil, expidiendo al respecto, el 3 de enero de 1834, el Congreso del Estado un decreto en que señalaba: 1o.—La obligación para el Estado de atender a los gastos del culto; y 2o. Que en tanto el Congreso dictara la resolución para cubrir permanentemente estos gastos, el tesorero proporcionara las cantidades necesarias para el culto. Posteriormente, el 18 de noviembre de 1834, el Congreso del Estado decretó que el obispo de esa diócesis disfrutaría de una asignación de 8 mil pesos anuales, "que deberán abonarse del tesoro público del Estado, mientras se restablecen y ponen en corriente las rentas decimales". (AUDOMARO MOLINA: *Los diezmos en Yucatán,* estudio histórico y jurídico. Mérida de Yucatán. Imprenta de *El eco del comercio.* 1889, pp. 14 y 15). Esto hace que al caer Gómez Farías, los centralistas yucatecos, el 5 de julio de 1834, después de declarar nulas "las reformas religiosas decretadas por el Congreso de la Unión", desconocieran al gobernador de la mitra "por haber sido el único prelado de la Iglesia mexicana que las puso en observancia" (ELIGIO ANCONA: *Historia de Yucatán,* México. 1889. Imprenta de Jaime Jepús Roviralta. Segunda edición. Tomo III, p. 348).

resorte, se dirige "a evitar todo entrometimiento en los actos que le pertenecen de parte de la potestad temporal". El concepto de estricta separación entre Estado e Iglesia es expuesto con claridad por Espinosa de los Monteros.[50] La supresión de la coacción civil debe estimarse "como un verdadero obsequio a la religión", pues los votos, para ser perfectos, deben ser cumplidos espontánea y libremente y ellos no son objeto del proyecto de ley, sino aquellos "que se quieran sostener por la mano fuerte de la potestad temporal contra la voluntad actual de los que los emitieron". Según el proyecto, la autoridad "ni relaja ni dispensa, sino que puramente se abstiene de tomar participio en su observancia". Es la separación rígida y sin pretextos. Es "el marcar exactamente la línea divisoria de las dos potestades, para que a la espiritual y sólo a ella quede todo su distrito, sin que la temporal se introduzca en él ni aun con pretexto de defendérsele". El inteligente Juan José Espinosa de los Monteros no ve dificultades en la aplicación de la ley. Cuando se disputa si la Iglesia tiene "potestad coactiva", se discute una cosa nominal sin previa definición. La Iglesia "no puede por su potestad ejercer una coacción que no sea en orden a su objeto espiritual y por los medios a él conducentes". Como se trata de que "la nación no se mezcle por leyes coactivas en actos que puramente tiendan a la perfección espiritual de los ciudadanos, y nacen de su libertad", la ley no iría en contra del artículo 3º de la Constitución de 1824, que obliga al Estado a proteger la religión católica, o se tendría que admitir que habría una pugna entre este precepto y el artículo 30 del Acta Constitutiva, que obligaba a la nación a proteger los derechos del hombre y del ciudano. De haber tal contrariedad entre la protección ofrecida a la religión y la necesaria a los derechos del hombre y del ciudadano, sería muy fácil distinguir cuál era el deber esencial, que sería proteger la religión. Pero no hay tal pugna, puesto que el artículo 3º de la Constitución de 1824, "no ofrecía absoluta e indefinidamente" dicha protección y mucho menos lo haría con leyes dictadas por emperadores romanos, por los antiguos godos "ni menos por leyes sepañolas que hoy se quieren tener por vigentes", sino por leyes sabias y justas, y esto es lo que tiene que considerarse en relación con el proyecto de ley. Espinosa de los Monteros recuerda las coacciones que se han empleado para el cumplimiento del voto

---

50 El discurso de Espinosa de los Monteros es publicado por MORA (*Obras Sueltas*, Tomo Primero, p. 252 y sigs.) y por MANUEL PAYNO (*Op. cit.*, Tomo I, p. 111 y sigs.).

de castidad, procedimientos que no pueden conciliarse "con un sistema en que se reconoce por uno y el más fundamental de los derechos del hombre la libertad". Desde el punto de vista personal, Espinosa de los Monteros es afortunado:

> Querer llevar la protección de la potestad temporal a la religión, hasta el extremo de que constriña al cumplimiento de los votos monásticos, es lo mismo que pretender que la potestad temporal no se contente con que cierta clase de ciudadanos obren bien, sino que se ensañe contra ellos cuando su voluntad haya desfallecido en la perfección a que aspiraba.

Sería caer en un Estado monstruosamente moral; esto es, absorbente del individuo, regulador de su conciencia y su conducta más íntima y personal. El Estado, al aplicar la coacción, "lo que exigiría sería una pura perfección" en el caso del voto de castidad "y podría deslizarse a reprobar e impedir un acto en sí mismo bueno y propio de la libertad cristiana y civil". Y todo ello para nada bueno, dice Espinosa de los Monteros. La coacción civil no puede sustentar con la fuerza y la opresión al espíritu de Dios y al poder de la gracia. Ello no cabe en ninguna idea religiosa. La potestad temporal no puede sustentar facultades de la espiritual. Agrega Espinosa de los Monteros que se ha dicho que el proyecto de ley "es antisocial" y originaría escándalos y trastornos similares a los que "resultarían de abandonar a la voluntad de los contrayentes la subsistencia de los matrimonios". El escándalo no se agrandaría, pues, al contrario, éste se hace mayor cuando se aplica la compulsión y los votos no se mantienen por la libre voluntad. Por lo demás, y aquí se ve un antecedente de las Leyes de Reforma, no son equiparables los votos monásticos con el matrimonio y esto, tanto porque el matrimonio, lejos de contrariar, secunda a la naturaleza, como "porque es un contrato civil como cualquiera otro de la sociedad, que sólo puede ser del resorte de la Iglesia elevado a sacramento; y los votos no son contratos civiles, pues aunque el hombre contrae una obligación en ellos, esta obligación es respectiva a Dios", colocándose, por consiguiente, en una esfera en que sólo al poder espiritual concierne su cumplimiento. Hay que añadir que no es cierto que en el matrimonio no pueda dar la potestad temporal la coacción que se crea necesaria para sostenerlo, "pues en razón de contrato puede, como en todos, establecer las leyes que estime convenientes a su preciso cumplimiento y subsistencia y, como en todos, fijar también los casos en que sean susceptibles de penitencia y disolución". Ello en virtud de que en los matrimonios la autoridad temporal ejerce un poder "que le es propio y esencial para arreglar estos contratos en el modo que a la sociedad fuere más conveniente". Se ve claramente cómo el matrimonio, desde el punto de vista de orden público, resulta un acto puramente civil, cuya disolución, incluso, puede ser determinada por la autoridad pública.

No puede decirse que con la ley el cuerpo legislativo meta "la hoz en mies ajena, destruyendo y declarando insubsistentes los votos monásticos", pues ello sería un simple pretexto inventado para una revolución, sería interpretada torpe y ridículamente. Con ironía Espinosa de los Monteros dice que cabe figurarse un proyecto de ley diametralmente contrario al que se discute para ordenar la más estrecha y rigurosa coacción para el cumplimiento de los votos religiosos y que entonces se vería que se calificaba de "una persecución declarada contra la religión y el estado eclesiástico, y que se trataba de oprimirlo y fatigarlo para hacerlo desertar". Para completar su ironía, pone como ejemplo el cumplimiento del voto de pobreza, que considera perfecto, religioso y santo y "mucho más desgraciado que los demás en su cumplimiento", demandando, por consiguiente, eficaces y poderosas medidas para que se cumpliera. Anticipándose, se pregunta:

> ¿Qué se diría, si la potestad temporal se interpusiese para que se observara estrictamente, y desapareciesen tantas riquezas acumuladas, tantas negociaciones, tantas propiedades?

Por último, Espinosa de los Monteros no considera embarazoso el cumplimiento de la ley, pues ella no "mira a acto positivo, sino que procede en sentido negativo", dando con ello una pauta práctica para la separación mexicana de Iglesia-Estado, consistente en un no hacer, en una omisión de la potestad temporal. Por lo demás, no cree que la Iglesia origine trastornos, y de surgir éstos, no sería como consecuencia de la ley, sino de la jurisdicción espiritual que saldría de sus límites, caso en que la potestad temporal tendría los medios para vencer los obstáculos.

Los bienes de la Iglesia: las diversas tendencias

La secularización de los bienes de la Iglesia está en el ambiente. Se plantea el aprovechamiento de los bienes de la Iglesia en beneficio del país, surgiendo al respecto posiciones divergentes. Don Lorenzo de Zavala presentó, el 7 de noviembre de 1833, un proyecto para el arreglo de la deuda pública. Para la amortización de la deuda interior, Zavala proponía la ocupación inmediata de los bienes del clero y su venta en subasta pública, pudiendo liquidarse la mitad de ellos en créditos y la mitad en efectivo, a los plazos que se estipulasen [51]

La cuestión económica en el programa de la administración de Gómez Farías se abordaba fundamentalmente en dos puntos, uno de los cuales era el reconocimiento, clasificación y consolidación de la deuda pública y la determinación de bienes para cubrir los intereses que demandaba y de hipotecas para amortizarla. Junto a este punto, el propósito de "reparar la bancarrota de la propiedad territorial para aumentar el número de propietarios territoriales", fomentar la circulación de la riqueza territorial y facilitar medios de subsistencia "a las clases indigentes, sin ofender ni tocar en nada el derecho de los particulares". Ambos puntos ponen la mira en los bienes del clero. Estos debían servir para ayudar a cubrir la deuda pública y fomentar la circulación de la riqueza.[52] La proposición de Zavala iba dirigida a cumplir con este postulado del partido liberal. Según Mora, Zavala tocaba "con poca delicadeza y menos tino, puntos muy graves de reformas políticas, de administración y de economía pública". Pero, sobre todo, según el Dr. Mora, el proyecto de Zavala tendía a favorecer un negocio particular del propio Zavala, del que se tuvieron "*seguridades positivas y comprobadas*".[53] Esto hizo que el Vicepresidente Gómez Farías citara a la Dirección de Instrucción Pública y ésta examinara, el 14 de noviembre de 1833, "a fondo la materia de *crédito público*, y la mayor parte

---

51 En el proyecto para el arreglo del crédito público —MORA: *Obras Sueltas*, Tomo I, p. 263 y sigs.; MANUEL PAYNO: Op. cit., Tomo I, p. 3 y sigs.— Zavala proponía, además, la supresión de los regulares.

52 Los cálculos hacen ascender la deuda interior a más de 60 millones de pesos y la exterior a 35 millones —MORA: *Op. cit.*, p. CXLIV.

53 Parecido e injusto cargo hace *El Mosquito Mexicano* —México, impreso por Tomás Uribe y Alcalde, Tomo I, número 23, de 30 de mayo de 1834— a Mora: "El expresado Mora, también ha tocado del pillaje de los bienes del duque de Monteleone, pues como director del establecimiento ideológico del hospital de Jesús, se ha hecho de una hermosa casa, la ha adornado a su gusto y tiene una buena dotación; mas no obstante todas estas socaliñas, todavía aspiraba a hacerse dueño, en virtud de la ley de crédito público, de la casa que antes habitaba, sita en la calle segunda del Relox número 9; de ahí su empeño en agitar la sanción de esa inicua ley, que habría causado males incalculables".

de las cuestiones importantes que tienen con ella la relación necesaria". Intervinieron en el asunto Gómez Farías, Espinosa de los Monteros, Andrés Quintana Roo, Bernardo Couto y el doctor Mora. Este último informa que Rodríguez Puebla y Gorostiza no tuvieron, de hecho, intervención. La resolución a que se llegó admira por su rigor lógico:

1º—Las rentas ordinarias de la República eran insuficientes para cubrir los intereses y amortizar la deuda pública. Siendo imposible cubrirlos con gastos ordinarios, se imponía "apela a *recursos extraordinarios*", de no querer incurrir en una bancarrota.

2º—Estos recursos extraordinarios no podían obtenerse de la propiedad territorial, en virtud de hallarse gravada en cantidades mayores a su valor, encontrándose estancada por pertenecer los capitales y la propiedad urbana al clero, permaneciendo indivisible por deseo del clero y no pudiendo sufrir en tal estado contribuciones. Tampoco podían obtenerse de la "propiedad e industria mineral", por encontrarse gravada por capitales del país y extranjeros, por ser "costosísima en sus labores" y apenas estar recuperándose de la bancarrota, lo que hacía que sólo pudiera "sufrir las contribuciones ordinarias". Asimismo, era imposible recurrir a la industria manufacturera, por estar ésta reducida "a poco menos que nada", y en cuanto al comercio, "desnivelado en México por el contrabando que se hace en sus puertas, cual en ninguna otra parte del mundo", no ofrecía tampoco posibilidades serias. Además, los impuestos o "capitaciones forzosas", "por recaer casi siempre sobre el capital", serían ruinosos para la prosperidad pública, injustos por "la desigualdad inevitable en su repartición" e ineficaces, atendiendo a "que la parte más considerable de ellos debería recaer sobre casas de extranjeros exentos de ellos por sus respectivos tratados".

3º—No pudiendo aumentarse por un período indefinido las contribuciones ni diferir el déficit en los gastos de administración y el pago de la deuda interna y externa, debía disponerse de un fondo considerable para aplicarlo a tal objeto y: "Que este fondo existía y consistía en los *bienes del clero,* cuya ocupación era *posible, política, justa, eficaz para el intento, benéfica a la riqueza pública, y al bienestar de las masas*".

Por razones económicas se desembocaba en el mismo método aconsejado por las ideas políticas: la ocupación y desamortización de los bienes de la Iglesia. Se preveían las resistencias; pero éstas se consideraban susceptibles de ser vencidas con paciencia, moderación o energía, si se pasaba a las vías de hecho, y por el incentivo que a los mismos particulares deudores del clero o arrendatarios de éste se les daría. La idea económica de crear propietarios y fomentar la circulación de la riqueza, haciéndola móvil e intercambiable, apoyaba la ocupación de los bienes del clero y el destinarlos a cubrir la deuda pública: de aquí que se concluyera recomendando la ocupación y estableciendo:

> Que los bienes eclesiásticos así ocupados debían exclusivamente destinarse, *de pronto,* al pago de los intereses de la deuda y más tarde a su *amortización,* sin que ninguno de sus productos pudiese entrar en las arcas nacionales, ni aplicarse temporal o perpetuamente a otros objetos.

Los gastos del culto deberían salir de estos fondos. Se pensaba dar personalmente tres o cuatro mil pesos a los regulares de uno y otro sexo existentes en la República, descargando a la nación de la obligación de garantizarles su estado. Se establecería que para lo sucesivo el clero no podría adquirir bienes "para su *clase,* sino que ésta sería pagada y sostenida por la nación". Se preveía, asimismo, los templos que el Gobierno sostendría, el número de ministros de las parroquias y santuarios, sobre la base de que el Gobierno no determinaría el número de obispos, canónigos, curas y ministros inferiores del culto, "sino que pondría a disposición del *clero* los templos y las cantidades asignadas para el culto y sustento de los ministros eclesiásticos", después de que éstos fuesen nombrados y estuviesen ejerciendo su ministerio, partiendo del ejercicio de la exclusiva —patronato— por el Estado.[54]

Mora desarrolló estas bases.[55] No se refiere en el escrito a la justicia y necesidad de ocupar los bienes del clero y los monacales, por ser reconocida "universalmente sin más excepción acaso entre todas las clases de la sociedad, que la del clero". Piensa, además, que el pagar los capitales e intereses de la deuda con los bienes de

[54] Mora transcribe el resumen de las ideas expresadas en la junta de 14 de noviembre de 1833 (*Obras Sueltas,* Tomo I, pp. CXLIV-CLI). En cuanto a los intereses y amortizaciones de la deuda pública, se pondría un término a los acreedores para que presentaran sus documentos y éstos fuesen examinados, reconocidos y clasificados. Se pagarían los intereses de lo reconocido y admitido al cabo de un año, y el capital por orden sucesivo mediante cantidades anuales. Se preveía la formación de un banco dedicado a administrar los fondos y manejar la deuda interna y externa.

[55] *El Indicador de la Federación Mexicana,* 20 de noviembre de 1833, Tomo I, número 7, p. 216 y sigs. Mora: *Op. cit.,* p. 267 y sigs.

manos muertas, es decir, cumpliendo un plausible objeto, hará olvidar las resistencias. Los regulares tienen derecho a vivir de los bienes de manos muertas; de aquí la segregación de la parte a ellos correspondiente. El no poner en subasta pública los bienes de manos muertas, se funda en que, de hacerlo, se abatiría su valor, dando lugar al agio y a que dichos bienes fuesen adquiridos no por el público, sino por "tres o cuatro casas que están en posición hace muchos años de absorber las rentas nacionales y secar todas las fuentes de prosperidad pública". Se trata de ligar a la medida el interés de los inquilinos, arrendatarios y censualistas. La necesidad de proceder gradualmente, tanto a la venta de los bienes, como a la amortización de la deuda, apoya la formación del banco, y por ello Mora excita a que se sigan sus ideas, que reduce a un proyecto de ley de diecinueve artículos. Su proyecto establece la ocupación de todos los bienes pertenecientes a los regulares, cofradías, archicofradías y réditos de capitales piadosos no destinados a la manutención de persona determinada y poseídos por ésta. Dichos bienes servirían de hipoteca a la deuda pública y pago de sus intereses, para el descuento destinado al sostenimiento de los conventos, sobre la base de 4 mil pesos por cada individuo, así como para las cargas de las hermandades y la asignación de las fincas urbanas a los arrendatarios en su valor y a un interés del 5% anual, redimible total o parcialmente a voluntad del deudor. Se establecía preferencia para los adquirentes, tomando en cuenta la antigüedad o precio de la vivienda, protección para los inquilinos cuando las fincas urbanas no fuesen adquiridas por ellos y la subdivisión de las fincas rústicas con la idea de formar una clase media rural. Ni el minifundismo ni el latifundismo: las posesiones en que se dividieran las fincas no tendrían un valor menor de 12 mil pesos ni mayor de 25 mil. El proyecto prevé la creación del banco en cuestión y sus funciones, de acuerdo con las bases señaladas.

Pero, entre tanto, el 14 de noviembre de 1833, la Cámara de Senadores se inclina por el proyecto de Zavala, de la inmediata enajenación de las fincas rústicas y urbanas a crédito. En la Cámara de Diputados se presenta otro proyecto, de Anastasio Zerecero, y el 17 de febrero de 1834 la Comisión de Crédito Público de la Cámara de Diputados extiende un dictamen y presenta proyecto de ley, tanto sobre la proposición de Zavala para la reducción del número de conventos, como sobre la organización del crédito público.[56]

56 Ambos dictámenes en MORA: Op. cit., pp. 281-359.

En cuanto a reducción de conventos, se estatuye que los conventos de regulares existentes en la República se reducirán al número que resulte de la dotación de 18 religiosos ordenados, que por lo menos deben morar en cada convento de las respectivas órdenes, suprimiéndose los que no cuenten o contaren con dicha dotación. Por lo que respecta al dictamen sobre crédito público, éste es minucioso y partía de la erección de una Dirección General de Crédito Público. Con todo detalle se refiere a la clasificación de los créditos y para dotar de fondos al establecimiento del crédito público, se le asignaban:

a).—Los terrenos baldíos del Distrito Federal y Estados de la Federación, sin consignación particular.

b).—Todos los bienes de temporalidades existentes que no tuvieran anterior consignación.

c).—Todas las fincas y capitales que hubieren pertenecido a corporaciones u obras pías existentes fuera del territorio nacional.

d).—Todas las fincas rústicas y urbanas pertenecientes a conventos y comunidades existentes en el país, así como los capitales impuestos en favor de dichas comunidades o que les pertenecieran por cualquier título. En este caso, el usufructo que estuviera aplicado a determinada persona, se le seguiría pagando vitaliciamente.

e).—Todas las fincas rústicas y urbanas pertenecientes a las archicofradías y cofradías, así como los capitales impuestos a favor de ellas.

f).—Todos los bienes que en vinculaciones de cualquier clase se hallaren en manos muertas y que no pertenecieran a alguna persona o personas descendientes de los fundadores. Se exceptuaban las capellanías eclesiásticas por el tiempo de vida de sus poseedores.

g).—Los fondos y asignaciones que formaren parte de las hipotecas especiales de la deuda. Se preveía la ocupación por el Gobierno de todas las fincas rústicas y urbanas pertenecientes a los conventos y comunidades y a las archicofradías y cofradías.

El dictamen fue obra de Juan José Espinosa de los Monteros. Para Mora, el dictamen encontraba su mayor inconveniente "en las circunstancias", en su perfección. Las circunstancias "exigían no leyes perfectas, sino medidas prontas y enérgicas", la novedad de la materia, los intereses y la reacción teocrático-militar que estaba viniéndose encima por momentos, "impedía que progresara". A esto obedeció que no se concluyera ni siquiera su discusión en la Cámara de Diputados. El, sin embargo, como profetizó Mora, por su solidez, debía "renacer de sus propias cenizas y realizarse por sí mismo" muchos años después.[57]

Las reflexiones de Mora

Mora publica, el 19 de marzo y el 9 de abril de 1834,[58] unas interesantes reflexiones sobre el dictamen de 17 de febrero. Magistrales desde el punto de vista de estrategia política y explicativas del juicio sobre el defecto de perfección del proyecto elaborado por Espinosa de los Monteros. La opinión de Mora resulta altamente ilustrativa, tanto sobre las circunstancias y puntos divergentes en la

---

[57] Es perceptible, en lo que se refiere a la desamortización de los bienes de la Iglesia, la influencia, tanto en la *Disertación* de Mora, como en el proyecto de Espinosa de los Monteros, de Jovellanos, más las que de lejos venían, como la de Cabarrús, De Pradt, Gregoire, Llorente —en mucho menor escala— y de los "Ocios de Londres". Las influencias se empalman y son de distinto origen. La idea de aplicar los bienes del clero para cubrir la deuda pública tiene genealogía francesa. Por lo demás la idea de aplicar los bienes de la Iglesia a cubrir la deuda pública o a formar el crédito, llega a ser general en los medios liberales internacionales. En España las Cortes de 1834 "aplicaron, en principio, los bienes de amortización eclesiástica a la extinción de la deuda pública" (MARCELINO MENÉNDEZ Y PELAYO: *Historia de los heterodoxos españoles,* Espasa Calpe Argentina. Buenos Aires, 1951, Tomo VII, p. 214). El empeño de Mora de distinguir la propiedad individual de la del clero en sus orígenes y efectos, encuentra también inspiración francesa. El *Discurso sobre el derecho de la sociedad para ocupar los bienes del clero,* de MIRABEAU, constituye, a no dudarlo, una fuente primordial. La tesis de que la nación es la única propietaria de los bienes del clero; la distinción del clero como comunidad religiosa, del clero como comunidad poltica; la naturaleza de las fundaciones desde el punto de vista liberal y el no atentar contra su voluntad si se desempeñan las cargas supuestas, encuentran su apoyo en el famoso discurso de Mirabeau. Este discurso es publicado por *El Indicador de la Federación Mexicana* el 26 de marzo de 1834 (Tomo III, p. 195). Aparte, los proyectos de Zavala, Mora, Espinosa de los Monteros, Zerecero, otros incluso más audaces, surgen en la época. Así por ejemplo, *El Indicador* (Tomo III, p. 205) publica un remitido —*Reflexiones sobre el crédito público*— que no deja de ser interesante. Critica el proyecto de Espinosa de los Monteros y dice que éste se va a esterilizar por la falta de recursos en el país. Por lo consiguiente, propone la venta a crédito mediante la emisión de papel. *El Indicador,* al publicarlo, dice que está enteramente en desacuerdo con él, pues al pretender vender "las fincas por papel", se ayudaría a los agiotistas y más valdría dar las fincas "al primero que pasase por la calle". El remitido, sin embargo, revela información. Las discusiones y resoluciones a que llega la Dirección de Instrucción Pública sobre el problema son publicadas (*El Indicador,* Tomo II, pp. 175-85 y 285-94).

[58] *El Indicador de la Federación Mexicana,* Tomo II, pp. 175, 185 y sigs. MORA: *Obras Sueltas,* Tomo I, pp. 325, 345 y sigs.

materia, como de la premura con que se tenía que proceder y los obstáculos a que la acción reformista se enfrentó. Después de un contundente elogio del proyecto, subraya su inconveniente, que es su perfección y afán de abarcar todo lo relativo a tan complicada cuestión. La perfección es indudable y en ella radica la causa de la fatal dilación:

> Todo esto es cierto e innegable, pero no lo es menos que esta perfección que ha querido darse a la obra, es precisamente la que va a frustrar los buenos resultados que el público se prometía de ella, puesto que va a hacer embarazosa y prolongada la discusión, y retardar la expedición de una ley, sin la cual de hecho no puede haber arreglo ninguno en materia que por momentos se vuelve un caos.

Entre los puntos que se comprenden en el dictamen hay unos "que demandan un arreglo urgente y ejecutivo y otros que no importa dilatarlos; muchos en que se hallan perfectamente de acuerdo todos los que han de contribuir a la confección de la ley, y otros en que están enteramente divergentes". El consejo, ante esta situación que amerita jerarquizar propósitos y metas es dado con pocos miramientos:

> ¿Por qué, pues, no se separan estos puntos y se clasifican en distintas leyes, que puedan emitirse en orden sucesivo para abreviar y facilitar de esta manera un procedimiento tan complicado? Bastantes son ya por sí mismas las dificultades que ofrece cada uno de ellos, considerado aisladamente, para que deban aumentarse con las que puedan venirle por la relación y dependencia, que sin un motivo plausible se le quiera dar con otros.

Los objetivos pueden aislarse y a corto plazo unos derivarán de otros o estarán implícitos en ellos. Por tanto, se puede avanzar a través de leyes parciales que comprendan los distintos puntos y sobre la base de que los urgentes eran:

> 1o. Reconocimiento y clasificación de créditos; 2o. Designación de hipotecas; 3o. Administración de fondos; 4o. Enajenación de los mismos; 5o. Amortización; 6o. Ocupación de los bienes que hayan de constituirlas.

En esta tesitura, Mora dice que la primera ley que debe dictarse "es la que designe los bienes que deben servir de hipoteca al crédito nacional y prevenga su inmediata ocupación", esto es, los bienes de manos muertas.[59] Consecuente con tal táctica, presenta tres proyectos de ley. Uno dirigido a la designación y ocupación de los bienes y los otros dos al arreglo de la deuda pública. Ellos, dentro de sus límites, no presentan diferencia sustancial con las ideas que privan en el proyecto Espinosa de los Monteros.[60]

Sobre la prioridad que Mora concede a la ocupación de los bienes de la Iglesia, ella se funda en razones teóricas que apoyan ideas secularizantes y en una obvia necesidad política. Mora, en otra parte, aclara su idea al respecto.[61] Sólo es posible un Estado laico independiente y supremo y una sociedad secular si se ocupan los bienes del clero. Sin ello es imposible una sociedad fuerte y libre; por lo consiguiente, la ocupación es previa al logro de la separación del Estado y la Iglesia y de la existencia de una sociedad verdaderamente civil. El pensamiento sobre este carácter previo de la ocupación es claramente expuesto:

> *Esta medida* traslada del *Clero* a la Sociedad civil y a su gobierno esa masa de intereses que constituyen un poder tan formidable, y por una simple evolución hace perder al enemigo tanto poder cuanto es el que confiere a la Sociedad; o en otros términos el uno queda completamente desarmado y la otra plenamente robustecida.

Priva el patronato

Mientras las discusiones públicas se llevaban al cabo y las divergentes tesis tropezaban entre sí, otras acciones reformistas se efectuaban. Como uno de los métodos a que el clero recurrió consistió en la simulación jurídica de los bienes —compras falsas, creación ficticia de acreedores, desaparición de bienes muebles, etc.—, el Gobierno declaró nulas algunas ventas simuladas y prohibió las operaciones con los bienes de manos muertas por la ley de 24 de diciembre de 1833.[62]

---

59 Mora, además, hace observaciones formales dirigidas a mejorar el proyecto del dictamen.

60 MORA: —*Op. cit.,* p. 361 y sigs.— se ocupa, con datos de Abad y Queipo, del problema de si el monto de los bienes alcanza para los gastos del culto y la deuda pública.

61 *Op. cit.,* Tomo I, p. CLXIII.

62 "No se han debido ni podrán ocupar, vender o enajenar de cualquiera manera los bienes raíces, y capitales de manos muertas existentes en toda la república,

Y no sólo se adoptan medidas precautorias con respecto a los bienes de manos muertas, sino que se avanza en la secularización en otros aspectos. Por bando de policía de 15 de diciembre de 1833, se prohiben las inhumaciones dentro de los poblados. En los considerandos se dice que España, cuando "las luces comenzaron a penetrar" en ella, intentó combatir "algunas veces" las tradiciones más arraigadas: "Una de éstas era la de sepultar a los muertos, en perjuicio de los vivos, dentro de las poblaciones". Por consiguiente, este bando sólo pretende el cumplimiento de la ley española de 1º de noviembre de 1813 y de las leyes de Indias. Además, se establece un cementerio general en la ciudad de México.[63]

Del 17 de diciembre de 1833 es la ley que determinó se proveyeran en propiedad los curatos, ley que además contenía otras prevenciones sobre la materia. Este ordenamiento se fundaba precisamente en la legislación de Indias y hacía que el Presidente de la República en el Distrito y Territorios y los gobernadores en los Estados ejercieran las atribuciones concedidas por la legislación de Indias a los virreyes, presidentes de audiencia o gobernadores, estatuyendo una sanción pecuniaria para los obispos y algunos de los

hasta que por la resolución pendiente del congreso general no se determine lo que haya de hacerse en esta materia" —*Recopilación de leyes, bandos, reglamentos, etc.*, formada por el Lic. BASILIO JOSÉ ARRILLAGA. Agosto-diciembre de 1833, pp. 365-6. Antes, por bando de 20 de noviembre de 1833, se suspendieron en sus efectos, como "ilegales" hasta la resolución del Congreso, "todas las ventas, enajenaciones, imposiciones y redenciones que se hayan verificado de bienes y fincas de regulares del distrito federal desde que se juró la independencia nacional" así como que no se efectuaran en el futuro. Como esta disposición señalaba la prohibición a los escribanos y funcionarios públicos de que autorizasen dichas operaciones, el 3 de diciembre de 1833 —*Op. cit.*, p. 314— una circular aclaró que sí se podían otorgar instrumentos públicos cuando se tratara de trasladar de una finca a otra las hipotecas o de renovar escrituras cumplidas. El 24 de enero de 1834, por circular, se estableció que se depositarían en la Casa de Moneda los *arrendamientos* de fincas de manos muertas vendidas antes del 18 de noviembre de 1833 (DUBLÁN Y LOZANO: *Op. cit.*, Tomo II, pp. 668-69).

63 ARRILLAGA: *Op. cit.*, p. 338 y sigs. Por ley de 16 de abril de 1834 se procede a la secularización de todas las misiones de la República. Este decreto iba a tener efecto cuatro meses después de su publicación y establecía que las prisiones se convertirían en curatos, cuyos límites demarcarían los gobernadores de los Estados. (DUBLÁN Y LOZANO: *Op. cit.*, Tomo II, pp. 689-90). Por ley de 13 de enero de 1834 se cedieron a los Estados los edificios que fueron conventos, colegios y oratorios de los ex-jesuitas, que se hallaran situados dentro de sus respectivos territorios y no estuvieran legalmente enajenados (*Op. cit.*, Tomo II, p. 669).

arzobispos que faltaren a lo prevenido por ella[64] Se trata, pues, de un claro ejercicio unilateral del patronato y mediante esta ley, según Mora, se impusieron las Cámaras y triunfó el ejercicio del patronato sobre la separación estricta Estado-Iglesia.[65]

La idea secularizante quedó postergada. No fue vencida, en virtud de que, como hemos visto, en ciertos aspectos se impuso. Pero el sentido general de la acción reformista de Gómez Farías resultó determinado por el ejercicio unilateral del patronato. En honor a la verdad, puede decirse que aunque la legislación de Gómez Farías se fundó en el ejercicio del patronato, los problemas fueron contemplados con vías a la secularización y separación. La idea secularizante pretendía dejar al clero absolutamente libre en su misión espiritual, "pero sustrayéndole al mismo tiempo todo el poder civil de que gozaba por concesiones sociales", según lo asienta Mora. Es la idea de la omisión estatal sustentada por Espinosa de los Monteros en su valioso discurso sobre los votos monásticos, idea que Mora expone con toda claridad. No se trataba de "imponer

---

64 ARRILLAGA: *Op. cit.*, p. 349-50. La ley de 17 de diciembre de 1833 dio lugar a la siguiente reacción de los obispos: la legislación de Indias relativa al patronato no estaba en vigor por no haber celebrado la nación concordato con Roma. Por consiguiente, no había obligación de cumplir la ley. El obispo de Puebla, Dr. Francisco Pablo Vázquez, fue acusado de excitar a favor de la rebelión de religión y fueros y varias legislaturas pidieron su expulsión, entre ellas la de Puebla. El obispo se dirigió al Gobierno Federal negando la acusación y éste contestó el 1º de marzo, diciéndole que el Congreso, a petición del Poder Ejecutivo, había acordado dejar en suspenso el negocio. Esto no obstó para que el obispo lanzara un edicto —1º de abril— tergiversando la comunicación oficial. El incidente se resuelve mediante orden de expulsión, que es eludida por medio de ocultamiento. Todo ello culmina con la orden de expulsión de los obispos que desobedecieron la ley. (*El Indicador de la Federación Mexicana,* Tomo III, número 9, p. 271 y sigs. publica los documentos, a petición del Gobierno).

65 LUCAS ALAMÁN, que tiene una concepción, como hemos sostenido, completa, no deja de acusar el golpe. Con el gobierno de Gómez Farías se ataca la primera de las garantías del Plan de Iguala, que había sido mantenida como una tradición. Los ataques a la conservación de la religión consistieron en: 1o. Afectar la jurisdicción de la Iglesia, al proveer los curatos de la ley respectiva; 2o. Afectar sus rentas, "dejando el pago de los diezmos a sólo la conciencia de los causantes sin obligación alguna civil" y apoderándose de los bienes eclesiásticos; 3o. El intento contrario a las instituciones monásticas, "creyendo destruirlas del todo con suprimir la coacción civil del cumplimiento de los votos". (*Historia de México desde los primeros movimientos que prepararon su independencia en el año de 1808 hasta la época presente.* México, Imprenta de J. M. Lara, 1852. Tomo V, pp. 860-61). Pero, según Alamán, el "gran golpe dirigido contra la religión, fue la exclusión completa del clero de la enseñanza pública" (*Op. cit.*, p. 862).

preceptos al poder eclesiástico, sino de rehusarle la sanción soberana y la cooperación civil".[66] Por este principio el pago del diezmo dejó de ser una obligación civil y se eliminó la coacción pública en el cumplimiento de los votos monásticos. El mismo llevó al ánimo de la reforma "la devolución al poder civil, de los registros cívicos y los arreglos concernientes al estado de las personas". La meta era hacer civiles los actos del hombre de la cuna a la tumba, dejando la intervención de la Iglesia exclusivamente sujeta a la conciencia individual:

> Un poder extraño al de la nación se hallaba de muchos siglos atrás en posesión de reglar casi por sí mismo el *estado civil* de los ciudadanos en orden a nacimientos, matrimonios y entierros, y esto causaba mil embarazos al poder público nacional.

Siendo el matrimonio "la base del estado de las personas", era necesario considerarlo como un contrato civil y dejar lo religioso a la conciencia:

> Los negocios religiosos no se arreglan sino de conciencia a conciencia; y la bendición nupcial no tiene valor si no reposa sobre la fe del que la confiere y de los que la solicitan. El poder civil incompetente para crear e incapaz para destruir esta convicción, tampoco debe reglarla.

El Estado tenía que recobrar un poder civil que de hecho era ejercido por el clero. Matrimonio como contrato civil, registro de nacimientos y entierros, panteones civiles y quitar a los actos del clero la fe pública de que estaban investidos. El esclarecimiento de objetivos secularizantes, la medida de las resistencias que los mismos engendraban, la necesidad de proceder con celeridad y el método de lograr la secularización a través de leyes parciales, mediante avances limitados, constituyó una herencia ideológica y de método político que más tarde sería aprovechada en todo su alcance. Algunas de las medidas adoptadas quedaron en vigor; tal por ejemplo, la supresión de la coacción civil para el pago del diezmo. Otras, aunque se tradujeron en leyes, fueron derogadas y algunas de las ideas ni siquiera llegaron a convertirse en legislación. Todas, sin

---

66 MORA: *Op. cit.,* Tomo I, p. CXXVII.

embargo, vinieron a constituir un cuerpo de doctrina que en sus aciertos y equívocos mucho sirvió para la Reforma.

En Mora, por ejemplo, no sólo se configura cabalmente la idea de una sociedad secular, sino también se estructura el principio político de que una estricta separación entre Estado e Iglesia destierra conflictos y suprime rozamientos. Por eso, en *México y sus revoluciones,* Mora postula que en la Constitución del país no haya nada en relación con concordatos y patronato, y se haga una delimitación de tal naturaleza, que la autoridad temporal sea ajena a las funciones religiosas y el poder eclesiástico a las civiles. Si a ello se agrega la abolición de los fueros, suprimiendo las facultades jurisdiccionales de la Iglesia, la prohibición de adquirir para la Iglesia y la disposición de los bienes que ésta tenía acumulados, se obtiene una separación estricta, la sociedad civil readquiere su poder y se mantiene una Iglesia libre, en cuanto se le deja que nombre sacerdotes y obispos, "entendiéndose con Roma como le parezca". Para completar la secularización de la sociedad, se sustraen a la intervención del clero los actos civiles de las personas, como el matrimonio, y así, en Mora se redondea una visión cabal de secularización de la sociedad y de separación entre Estado e Iglesia.[67]

Mora, al prescindir de todo residuo de patronato, va a precisar el problema de una sociedad secular en su verdadero significado, anticipándose a la solución que Cavour, muchos años después, va a tener como aspiración, con la fórmula de una Iglesia libre en un Estado libre.[68] Cavour dijo:

> Creo preferible tener un clero poseedor, que un clero asalariado. Si no han de tolerarse las usurpaciones del poder eclesiástico, tampoco hay nada de más funesto que un clero dependiente en absoluto del poder político.[69]

---

67 *México y sus revoluciones,* obra escrita por JOSÉ MARÍA LUIS MORA, Tomo I. París, Librería de Rosa, 1836, pp. 341-42.

68 La fórmula de la Iglesia libre en Estado libre es de Montalembert. Lamennais la emplea y llega a generalizarse. (*Las relaciones entre la Iglesia y el Estado en la Historia, la Doctrina y los Cánones,* por el doctor JOSÉ ESCOBEDO GONZÁLEZ-ALBERÚ. Madrid, 1927, Librería General de Victoriano Suárez, pp. 84-85).

69 MARCO MINGHETTI: *Estado e Iglesia.* Madrid, Imprenta de la Sociedad Tipográfica, 1878, p. 140. Minghetti fue ministro de Cavour y expone claramente su pensamiento. La reacción frente a los intentos liberales de la década del 70, y en parte contestación a la tesis de Cavour, se encuentra en: MATEO LIBERATORE: *La Iglesia y el Estado.* Madrid, Librería Católica de San José. Imprenta de F. Maroto e hijos, 1878.

Cavour no obtuvo esta solución. El liberalismo mexicano sí logró tener una Iglesia ni propietaria ni asalariada. Las bases de esta solución se encuentran ya en el pensamiento de Mora: una sociedad libre cortando las facultades seculares de la Iglesia, prescindiendo de la idea del patronato y deslindando estrictamente las funciones del Estado y de la Iglesia. Desgraciadamente, la concepción de Mora no guió unívocamente a nuestros liberales en sus posteriores luchas, como tendremos oportunidad de ver, y ella vino a ser la solución mexicana sólo después de muchos años de fatigas.

DESAMORTIZACIÓN

De 25 de junio de 1856 es la Ley de Desamortización de Bienes Eclesiásticos. La Ley es expedida por Comonfort, de conformidad con el Plan de Ayutla. Su fundamento, expresado en su único considerando, es que uno de los mayores obstáculos para la prosperidad y engrandecimiento del país "es la falta de movimiento o libre circulación de una gran parte de la propiedad raíz, base fundamental de la riqueza pública".[70]

La Ley preveía que las fincas rústicas y urbanas que tenían o administraran como propietarias las corporaciones civiles o eclesiásticas de la República, se adjudicarían en propiedad a los arrendatarios por el valor correspondiente a la renta que cobraran, calculado como rédito al 6% anual. Equiparaba con estas fincas aquellas que tuvieran a censo enfitéutico dichas corporaciones y preceptuaba:

70 Don Manual Payno, partícipe en los acontecimientos, dice que el espíritu de las Leyes de Reforma y muy particularmente la ley de 25 de junio de 1856, se encuentra en la teoría de Jovellanos sobre la propiedad (MANUEL PAYNO: *Op. cit.*, Tomo I, Introducción, p. XVIII). Para JOVELLANOS, como hemos visto, la amortización eclesiástica era contraria a la economía civil y a la legislación castellana (*Informe de D. Gaspar de Jovellanos en el Expediente de la Ley Agraria.* Impreso en Madrid, 1820, p. 154). Por tanto, la enajenación de los bienes de la Iglesia haría que éstos volvieran "a las manos del pueblo" (*Op. cit.*, p. 166). Es la idea de la circulación de la riqueza. Y no sólo es la influencia de los doctrinarios españoles —Jovellanos, Flórez Estrada, etc.—, sino también de la legislación. Tanto los intentos gaditanos, como las acciones desamortizadoras de Mendizábal —decretos de 16 y 19 de febrero y 8 de marzo de 1836— y la amplia literatura desamortizadora que surge en España en el período 1854-56 y fundamentalmente la ley de 25 de abril de 1855, contribuyen a la ley mexicana de desamortización. (Un juicio actual sobre legislación y sus efectos en: MANUEL TUÑON DE LARA: *La España del Siglo XIX*, París, Club del Libro Español, 1961, pp. 66 y 110).

Art. 3o. Bajo el nombre de corporaciones se comprenden todas las comunidades religiosas de ambos sexos, cofradías y archicofradías, congregaciones, hermandades, parroquias, ayuntamientos, colegios, y en general todo establecimiento o fundación que tenga el carácter de duración perpetua o indefinida.[71]

Sustancialmente, los beneficios de la Ley, señalados por Zarco, son los que Lerdo de Tejada, su autor, enumera por decisión de Comonfort en la circular con que acompañó dicho ordenamiento a los gobernadores de los Estados. Lerdo de Tejada dice que son dos los aspectos bajo los cuales hay que considerar la ley: 1o.) "...como una resolución que va a hacer desaparecer uno de los errores económicos que más han contribuido a mantener entre nosotros estacionaria la propiedad e impedir el desarrollo de las artes e industria que de ella dependen". Se trata de poner en circulación una "masa enorme de bienes raíces que hoy se hallan estancados"; 2o.) "...como una medida indispensable para allanar el principal obstáculo que hasta hoy se ha presentado para el establecimiento de un sistema tributario, uniforme y arreglado a los principios de la ciencia, movilizando la propiedad raíz, que es la base natural de todo buen sistema de impuestos". Lerdo explica que con la Ley, "muy lejos de seguir las ideas que en otras épocas se han pretendido poner en planta con el mismo fin, expropiando absolutamente a las corporaciones poseedoras de esos bienes en provecho del gobierno, ha querido más bien asegurarles ahora la percepción de las mismas rentas que de ellas sacaban", por estar convencidos "de que el aumento

---

[71] ZARCO: *Op. cit.*, Tomo I, p. 597. PAYNO: *Op. cit.*, *Leyes de Reforma*, p. 20. En su artículo 25 señalaba que a partir de esa fecha ninguna corporación civil o eclesiástica, cualquiera que fuere su carácter, denominación u objeto, tendría capacidad legal para adquirir o administrar bienes raíces, con la única excepción de los bienes destinados inmediata y directamente al servicio u objeto de la institución. El reglamento de la ley de 25 de junio de 1856, dado el 30 de julio del propio año, estaba dirigido a: a) Prever los casos en que no estaba estipulada la renta; b) Establecer el procedimiento para el avalúo; c) Determinar las fincas en que las corporaciones sólo tenían la propiedad, y el usufructo pertenecía a otro; d) aclarar que las corporaciones no podían retener ni adquirir el usufructo; e) Dar validez al derecho del tanto en los remates, pero no en las adjudicaciones a los arrendatarios; f) Señalar el caso de los acreedores hipotecarios de finca de corporación, que hubiesen pactado el vencimiento del plazo del crédito en caso de venta, así como de embargo de estas fincas; g) Establecer el procedimiento para la adjudicación y cómo debían de contarse los tres meses dados para la desamortización; h) Dar derecho preferente al primero que hiciera la denuncia y la previsión del caso en que varios la hicieran al mismo tiempo; i) Determinar el procedimiento de los remates; y j) Señalar el procedimiento para casos contenciosos.

de las rentas del erario no puede esperarse sino de la prosperidad de la nación, ha preferido a unos ingresos momentáneos en el tesoro público, el beneficio general de la sociedad".

El 28 de junio de 1856,[72] ante el Congreso, varios diputados encabezados por Zarco proponen que con dispensa de trámites se ratifique y acuerde en todas sus partes la Ley de Desamortización. Leído el decreto, Zarco, a nombre de los proponentes, fundamenta la solicitud. La Ley, dice Zarco, realiza la gran reforma de: 1) "...dividir la propiedad territorial"; 2) "desamortizar bienes que estancados son muy poco productivos"; 3) "proporcionar grandes entradas al erario" y 4) "facilitar la reforma del sistema tributario, la abolición de las alcabalas, la disminución de los gravámenes que pesan sobre el pueblo".

Evidentemente que la Ley es prudente. Zarco hace notar que ella, "sin precipitación, y sin dar lugar a motivos fundados de resistencia", dado que no envuelve despojo, expropiación ni distrae los fondos de los objetos a que están destinados, sino que concilia los intereses del pueblo, el erario y el clero, asegurándose la conservación del culto, "sin que los enemigos de la reforma tengan el menor pretexto para extraviar la opinión pública". La táctica deriva de las sucesivas enseñanzas recibidas en 1833 y en 1847. Se escucha un eco de Mora, que aconsejaba emprender la secularización por leyes parciales, sobre la base de que cada una de ellas iba a involucrar a las subsecuentes. Zarco dice que la ley hay que defenderla de los ataques "del partido conservador, que la pintarán como violenta y exagerada, y también de los ataques de algunos liberales que desearían una medida más avanzada, una verdaderamente hostil a los intereses del clero". A los primeros, añade, les contestará la opinión pública y la prosperidad del país; "a los segundos es preciso hacerles notar, que es una gran cosa conquistar el principio de la desamortización como base de otras reformas; que la prudencia vale mucho en estos momentos". Recuerda las consecuencias de "las medidas violentas" en 1833 y 1847 que frustraron la reforma. Indica que si piden la dispensa de trámites es porque creen que el Congreso debe participar con el Ejecutivo en la responsabilidad moral de la ley, disminuyendo así las resistencias y haciendo que éstas se dirijan contra los dos poderes. Termina su intervención exhortando a la "unión liberal" y recordando que él se ha opuesto a medidas del Poder Ejecutivo; pero que frente a la Ley, se pone de su lado, porque se

72 ZARCO: *Op. cit.*, Tomo I, p. 596 y sigs.

conquista un gran principio, una mejora positiva del país, "porque es nuestra causa, porque es nuestra bandera".

Cincuenta y ocho diputados contra veintisiete aprueban la dispensa de trámites y Gamboa pide la asistencia del Ministro de Hacienda al debate. Los diputados Cendejas y Guzmán presentan una proposición suspensiva que difiera por unos días la discusión. García Granados se opone a dicha proposición suspensiva y cincuenta y siete votos contra treinta y tres la rechazan. Lerdo de Tejada llega al debate.

Ignacio Ramírez interviene diciendo que hay festinación del asunto y que sólo se ha hablado de generalidades. Ve buenos deseos en la Ley y le parece curioso "hacer el papel de conservador, oponiéndose a un acto que aprobaban los liberales". Ramírez dice que ni es conservador ni opositor del Gobierno y cáusticamente agrega: "Se nos recomienda mucho la ley como un gran paso", "y yo no creo sino que el gobierno ha dado un tropezón". Recuerda que en Sinaloa ya está establecido el principio de que el clero no pueda adquirir. Considera que la Ley suspende por un gran número de años la expropiación de los bienes del clero, "porque se establece que de cierta clase de gente salgan los compradores, porque los inquilinos, en su mayoría, no tienen fondos con que hacer las adjudicaciones, y porque los retraerá el temor de una revolución que anule las ventas". Cree que la desamortización podría efectuarse conforme a las leyes antiguas "y aun a las canónicas, que reconocen la autoridad del gobierno civil, y que bastaría permitir al clero, como suele hacerse, la venta de sus bienes". El confuso radicalismo de Ramírez, que no deja de tener su fundamento político,[73] está teóricamente mal apoyado o, al menos, da esa impresión cuando dice que bastaría dejar al clero vender sus bienes, error que probablemente obedece a propósito oratorio. En conclusión, para Ramírez, la Ley no cambia ni la

[73] El 17 de septiembre de 1856 se decretó la supresión del convento de franciscanos de la ciudad de México, declarando bienes nacionales los que le pertenecían, con excepción de la iglesia principal, las capillas, sus bases sagradas, paramentos sacerdotales, reliquias e imágenes. Y ello en virtud de que el 15 de septiembre estalla la sedición del Convento de San Francisco (El Archivo Mexicano: *Colección de leyes, decretos, circulares y otros documentos.* México, 1857, Imprenta de Vicente G. Torres, Tomo II, p. 357). El 17 de febrero de 1857 representaron ante el Presidente varios particulares, pidiendo indulgencia y gracia en favor de los franciscanos. Firmaban la representación gentes tan liberales como Francisco Zarco, Guillermo Prieto, Manuel Payno, Benito Gómez Farías, Félix Romero y otros. Esto hace que con fecha 19 de febrero, Comonfort conceda la gracia para que se restablezca el convento y se sobresea la causa formada (*Op. cit.*, Tomo III, p. 245 y sigs.)

inversión ni el uso de los capitales y al asegurar el pago de los réditos no hace más que beneficiar al clero, por lo que con ella, "sólo se logra abrir al clero un cuantioso crédito para que promueva conspiraciones". En realidad, Ramírez no entiende el gradualismo que Zarco explica en su intervención.

Zarco, al replicarle, asienta que el contenido de la Ley es muy conocido; que se trata "de una reforma que el partido liberal viene deseando hace más de veinte años, que ha sido casi vulgarizada por los escritores y economistas". Se pretende simplemente la desamortización civil y eclesiástica. La expropiación y una inversión distinta que pretende Ramírez, aparte de iniquidad e injusticia, "alarmarían a la nación entera". Para Zarco —y aquí apunta un exacerbado individualismo— es mejor que "los bienes se dividan entre multitud de pequeños propietarios", a que "queden en poder del gobierno", pues de suceder esto, la amortización seguiría bajo otra forma. Explica a Ramírez cómo la Ley, aun prefiriendo al inquilino, permite que la venta se haga al mejor postor supletoriamente y después del subarrendatario, buscando compradores entre toda clase de gentes, "entre los grandes y pequeños capitalistas, entre nacionales y extranjeros, pues tenemos una ley anterior que permite a estos últimos adquirir bienes raíces". La Ley, por último, no exige el desembolso de grandes capitales, pues la redención de éstos se hace cuando quieran los nuevos propietarios y en abonos fijados de acuerdo con el valor de las fincas. El gran principio es que se hace obligatoria la venta, sin excepción, de los bienes, pues con los derechos de traslación de dominio el erario incrementará sus recursos.

Zarco rebate la argumentación política de Ramírez: "Creer que el temor de una revolución impida el cumplimiento de la ley, no es arguir contra ella, sino contra toda reforma y contra todo progreso". Este temor obraría más poderosamente contra las medidas que pretende Ramírez. Con indudable sentido práctico concluye Zarco:

> Bien lo sabemos: si un día resucita la reacción, intentará destruir cuanto hayamos hecho; pero para ese caso, que es muy remoto, porque el país ha progresado en su adhesión a la libertad, porque los elementos reaccionarios son más débiles cada día; para ese caso, que podemos alejar si nos mantenemos firmemente unidos, dejemos realizadas las reformas, dejemos hechos consumados, que no puede destruir una revolución.

Cendejas, hablando de la "teología imaginaria" del discurso de Zarco, insiste en su proposición suspensiva; Prieto le contesta y refiere "con bastantes pormenores, cómo ha sido considerada y resuelta esta cuestión en España, y después, analizando los escritos del Dr. Mora, nota los puntos de afinidad y de diferencia que existen entre la ley y los proyectos de aquel eminente escritor". Exhorta a la unidad y dice que el problema planteado reviste un carácter social y humanitario. Se refiere al deplorable estado de la propiedad territorial y pide, de acuerdo con los principios liberales, se ratifique la Ley, pues su no aprobación debilitaría al Gobierno. Por último, cree que con la medida se facilita la amortización de la deuda interior y que el Estado obtendrá ingresos.

El diputado Moreno asienta que el problema ha sido visto en todas sus partes, particularmente en el Estado de Jalisco desde 1824. La reforma contenida en la Ley "le parece pequeña, y que indica algún miedo de parte del gobierno". El punto radical es expuesto:

> El clero asegura sus capitales, queda como censualista y puede maquinar contra la libertad. La ley, pues, peca por defecto, no tiende más que a procurar la alcabala y sus otros inconvenientes harán que el gobierno no logre su objeto de hacerse de recursos.

Zarco vuelve a intervenir, diciendo que nadie ha hablado contra la esencia de la Ley. Rebate a Cendejas y refiriéndose a Moreno, dice que éste es de los que quieren más de lo que dispone la Ley; pero que espera "que se persuada de que es mucho mejor caminar con prudencia y sin detenerse en la vía del progreso, que estrellarse contra grandes dificultades". Si él viera que la Ley contenía un mero arbitrio financiero, no pugnaría por su aprobación:

> Pero la ley tiene una mira más elevada, tiene un objeto altamente social, tiende al desestanco de la propiedad, a dar a ésta más valor librándola de la esterilidad de la mano muerta, a dividirla, subdividirla y hacerla productiva, a poner en circulación grandes capitales, a disminuir el número de proletarios y a aumentar el de propietarios, a desarrollar la industria y la agricultura, a hacer que la propiedad mejore sin cesar en continuas permutas, a desarmar el poder teocrático, y a consolidar por fin las instituciones democráticas interesando a los pueblos en su conservación.

Se trabaja para el porvenir y con la mera desamortización de la propiedad la Ley ya merece aprobarse. Son los primeros pasos en la vía del progreso. Después de unas palabras de Moreno, en que éste aclara que votará por la Ley, y de una intervención de Félix Romero en favor de la misma, Ignacio Ramírez vuelve a intervenir.

Insiste en que se obra con precipitación y en "que se quiere hacer pasar como una gran conquista, una medida que puede quedar frustrada, y que entonces no hay nada nuevo, pues la conquista de las medidas frustradas la heredamos de nuestros padres y la legamos a nuestros hijos". Recomienda a los diputados la lectura de algunos capítulos sobre compraventa, que demuestran que el valor de las propiedades se aumenta cuando hay libertad de compraventa. Se le regalan, mediante la Ley, grandes capitales al clero; hubiera sido mejor hipotecar los bienes del clero y está seguro de que si se negociara un préstamo sobre lo que se considera que puede entrar al tesoro mediante la Ley, éste fracasaría. Vallarta, que coincide con Ramírez en cuanto a la teoría de la compraventa, asienta que la Ley implica una gran conquista y obedece al principio "de la desamortización de la propiedad que acumulada en pocas manos, es estéril e improductiva". Sus beneficios vendrán de la división y subdivisión de la propiedad. Al diputado Balcárcel, reconociendo que la Ley es buena en su pensamiento, le parece defectuosa en su desarrollo y considera que va a beneficiar al clero y a los especuladores y a perjudicar a los inquilinos de la clase pobre. Los inquilinos, por carecer de capitales, no van a poder aprovecharse de la Ley. Prieto le contesta remitiéndolo a la Ley y el decreto es aprobado.[74]

La Ley de Desamortización contiene aciertos y errores. Sus aciertos habrían sido mayores, de presentarse el supuesto fundamental de que sus autores partían: la convivencia pacífica dentro del orden jurídico constitucional; bajo la vigencia de la Constitución de 1857 la paz hubiera permitido, al menos así se creía, el gradualismo. Sobre esta base, la Ley era un paso y sus autores estaban conscientes de ello. Era, además, un instrumento para obtener aliados. Ello no

---

[74] Los efectos de la Ley de Desamortización sobre el estado de la propiedad, son examinados en el Capítulo VIII de este libro. La argumentación en contra de la desamortización es expuesta por José Joaquín Pesado en una serie de tres artículos: *Breve defensa de los bienes de la Iglesia,* publicados a partir del número 4, Tomo IV, enero 15 de 1857, así como en la respuesta que el propio Pesado da al *Trait D'Union* en cuatro artículos publicados a partir del número 7, de 5 de enero de 1857, Tomo IV de *La Cruz*. Empero, la argumentación central es dada en la serie *Controversia pacífica sobre la nueva Constitución Mexicana,* donde se dice: "Prohibir a la Iglesia tener bienes, equivale a quitarle los medios de atender a muchos y muy importantes objetos de su instituto: objetos que sobre un fin religioso, tienen otro social y político. Del mismo modo, despojar a sus ministros del fuero que antes disfrutaban, es envilecerlos constantemente, y ponerlos muchas veces en imposibilidad de cumplir con su ministerio. Ambos despojos están sancionados en la constitución" (*Op. cit.,* Tomo V, número 1, 14 de mayo de 1857).

escapa a la consideración de Lerdo. En la Memoria de 1856 éste, complacido, anuncia que, al amparo de la Ley, el número de propietarios creados "asciende ya a más de nueve mil".[75] Su pecado fundamental: doctrinarismo.

La potestad civil y el culto

El Congreso Constituyente toca la secularización en las largas y apasionantes discusiones sobre la libertad de cultos. Esta es vista, y varios representantes lo dirán, como una consecuencia forzosa de la libertad de conciencia y, por lo mismo, las discusiones se dirigirán fundamentalmente a la tolerancia, la libertad de conciencia y el problema de las libertades. Zarco, al igual que Mata, subraya las implicaciones secularizantes de la libertad de conciencia y sobre todo, de la última parte del artículo 15 del proyecto de Constitución. Dicho precepto, que en su primera parte comprende la tolerancia, en la segunda, siguiendo la tradición marcada por la Constitución de Cádiz, asienta que, siendo la religión exclusiva del pueblo mexicano la católica, "el congreso de la Unión cuidará, por medio de leyes justas y prudentes, de protegerla en cuanto no se perjudiquen los intereses del pueblo, ni los derechos de la soberanía nacional".[76] Zarco, como católico, rechaza la protección que el proyecto de artículo 15 ofrece y además, asienta: "Si se proclama la libertad de conciencia, ante el legislador los cultos todos deben ser iguales; proteger a unos puede ser hostilizar a los demás".[77] Y no sólo quienes coinciden con la Comisión, como Mata, que ve que la libertad de conciencia implica la libertad de cultos y ésta, a la larga, la secularización,[78] y aquellos que, como Zarco y Prieto,

---

[75] LERDO: ***Memoria presentada al Exmo. Sr. Presidente sustituto de la Repúbliica por el C. Miguel Lerdo de Tejada, dando cuenta de la marcha que han seguido los negocios de la hacienda pública, en el tiempo que tuvo a su cargo la Secretaría de este ramo.*** México, Imprenta de Vicente García Torres, 1857, p. 10.

[76] ZARCO: *Op. cit.*, Tomo I, p. 469.

[77] *Op. cit.*, p. 805.

[78] Mata, al justificar la intervención supuesta por el artículo 15 en su segunda parte, lo hace como un expediente transitorio, declarándose en el fondo partidario de la estricta separación Estado-Iglesia: "Si nuestra sociedad se hallase bajo un pie diferente, yo, Señor, sería el primero que proclamaría y sostendría la idea de que, estando el gobierno instituido sólo para las cosas civiles, ningún participio, ni directo ni indirecto, debía tener en los asuntos religiosos; pero es éste un principio cuya aplicación tiene que subordinarse a las condiciones particulares de los pueblos, y la comisión ha creído que el nuestro no se halla todavía en situación de que el gobierno se desentienda completamente de todo lo que atañe a la religión". (*Op. cit.*, p. 781).

quieren ir más allá de donde la Comisión llega, sino también los que aparecen en el Congreso con la responsabilidad del Gobierno de Comonfort, como Lafragua, quien oponiéndose a la libertad de cultos y al proyecto de artículo 15, a través del arreglo del culto, "disciplina externa, o más bien los abusos de la disciplina externa de la Iglesia",[79] vislumbra no sólo la posibilidad gubernamental de regir ciertos efectos externos del culto, sino, simultáneamente, la posibilidad de la separación Estado-Iglesia.

Las discusiones, como antes decíamos, se orientan a la tolerancia y a la libertad de conciencia. Tanto la oposición del Poder Ejecutivo, como de algunos constituyentes —Castañeda, Arizcorreta, etc.— y principalmente de las voces que vienen de fuera del Congreso, se canalizan hacia la no consignación de la libertad de cultos, de la tolerancia. El problema de la secularización no es así abordado directamente o discutido en toda su extensión.

Sin embargo, al ser derrotada la Comisión en su artículo 15, al quedar claro que no se va a consignar en una forma expresa la libertad de cultos, en la sesión de 26 de enero de 1857, Arriaga, doliéndose de que no se apruebe el artículo 15, va a expresar que no está conforme con que "el punto religioso que tiene tan íntimo enlace con el estado del clero y del culto, quedase omiso en el código fundamental". Arriaga, manifestando que no se dispone de tiempo para entrar en un examen detenido y profundo de los males que el vacío de la Constitución sobre la materia puede causar al país, recuerda los problemas suscitados por las clases privilegiadas y señala que, derrotados al proponer la libertad de cultos, "como un medio de corregir los abusos de nuestro clero, si no con la mano de la autoridad, por lo menos con la competencia y el influjo moral de la opinión", es indispensable determinar, al menos, si:

> *¿Puede,* debe intervenir la potestad civil en las materias de culto, de disciplina, de jurisdicción, de diezmos, de obvenciones y otras innumerables que resultan del derecho canónico, derecho que autorizan nuestras antiguas leyes, que se estudia en los colegios nacionales, que se aplica como las leyes civiles, y que tiene sus tribunales, sus potestades y principados?

Resuelta en sentido afirmativo la pregunta, Arriaga se plantea: "Y si puede y debe la potestad civil intervenir en todo esto, porque es la legítima, la soberana, ¿a qué poder está confiada la

79 *Op. cit.,* Tomo II, p. 16.

intervención, pues que son diferentes los que ejercen las facultades de la soberanía?" En la Constitución el punto no se resuelve. ¿Corresponde la intervención al Congreso, al Ejecutivo, al Poder Judicial? La Constitución nada dice: "Podrá decirse que estas facultades serán ejercidas por los Estados, por el pueblo, pues que a ellos quedan reservadas todas las que no se consignen al poder de la federación". Ello sería en verdad la anarquía y se engendraría un elemento más de disolución, poniendo en peligro la misma nacionalidad. El problema es grave y Arriaga lo plantea en toda su magnitud:

> Si existiendo tantas leyes vigentes que consignan al soberano civil el derecho de patronato, la facultad de presentar obispos, canónigos y curas, la de revisar los breves o rescriptos pontificios, y otras no menos importantes, el clero, sin embargo, sostiene y defiende *su soberanía y su independencia,* y quiere todos los días ponerse fuera de la sumisión del poder constituido, ¿qué será cuando la Constitución después de haber dicho que los poderes de la Unión no pueden ejercer otras facultades que las expresamente consignadas, se calle enteramente acerca de la intervención de la potestad civil en materias de culto?

Arriaga ha recordado todos los problemas a que el país se ha enfrentado, por no resolver las relaciones Estado-Iglesia. En política, dice: "Señor, el poder militar y el poder eclesiástico, siempre que salen de su esfera legítima, han sido por espacio de muchos siglos los enemigos naturales de la libertad". Se refiere a que en una república "donde la autoridad está promediada", se necesita establecer que corresponde "a todos los poderes a quienes el pueblo encomienda el ejercicio de la soberanía". En estas condiciones, en su voto particular, Arriaga propone una adición, que va a abrir teóricamente la puerta a la secularización. Se trata de una adición, "declarando que corresponde a los poderes federales ejercer su intervención en los puntos relativos al culto religioso y a la disciplina eclesiástica, del modo que determinen las leyes". Esta adición, cuya ejecución Guzmán aclara que va a corresponder, según la naturaleza del asunto, al Congreso, al Poder Ejecutivo o a la Suprema Corte de Justicia, es aprobada por 82 votos contra 4, habiendo, así, desde el punto de vista formal, la posibilidad legal para la secularización,[80] que vendrá con las Leyes de Reforma, pues ella se

---

[80] A más de ello y de conformidad con las leyes de desamortización, el párrafo segundo del artículo 27 establecía: "Ninguna corporación civil o eclesiástica, cual-

tradujo en el improvisado artículo 123: "Corresponde exclusivamente a los Poderes Federales ejercer, en materias de culto religioso y disciplina externa, la intervención que designen las leyes". El artículo, además, concilia la separación o, si se quiere, delimitación, entre Iglesia y Estado, con la posibilidad de intervención para regular efectos sociales e impedir actuaciones políticas del clero, línea que van a retomar los constituyentes de 1917.

Obvenciones parroquiales, registro civil y cementerios

Libertad de cultos, separación estricta Estado-Iglesia, regulación estatal de los efectos sociales de los actos del clero, son puntos expresamente tratados al abordarse una cuestión incidental: las obvenciones parroquiales, discutidas en los debates que al respecto se realizaron. Se esclarecen posiciones y puntos de vista que permiten otear la solución mexicana secularizante.

Estando el Congreso en sesiones permanentes, del 28 al 31 de enero de 1857, el diputado Vega —el día 29— presenta una adición al artículo que suprimió las costas judiciales, proponiendo se supriman las obvenciones parroquiales, sujeto ello en su efecto a una ley previa que determine fondos y asignaciones a los funcionarios.[81] Poco después, la Comisión de Constitución presenta un dictamen reprobando la adición propuesta por el diputado Vega. La Comisión, confesando la bondad intrínseca del principio contenido en la proposición del diputado Vega, declara que aceptaría "si el congreso hubiera tenido a bien consignar en la Constitución

---

quiera que sea su carácter, denominación u objeto, tendrá capacidad legal para adquirir en propiedad o administrar por sí bienes raíces, con la única excepción de los edificios destinados inmediata y directamente al servicio u objeto de la institución" (*Constitución Federal de los Estados Unidos Mexicanos, sancionada y jurada por el Congreso General Constituyente el día 5 de febrero de 1857*. México, Imprenta de Ignacio Cumplido, 1857, pp. 33-34. Zarco comentando el debate, subestima su resultado: "Tan breve debate, tan considerable mayoría, son la mejor prueba de que no se ha conquistado ningún principio importante. Las relaciones entre la Iglesia y el Estado quedan como antes, es decir, subsisten la lucha y la controversia entre los dos poderes" (ZARCO: *Op. cit.*, Tomo II, p. 824). Ciertamente que la controversia subsistió hasta las Leyes de Reforma, pero el artículo 123 constituyó una base legal para la acción reformista y fue un arma en la lucha.

81 ZARCO: *Op. cit.*, Tomo II, p. 859 y sigs. El problema de las obvenciones o derechos parroquiales fue abordado por la prensa liberal detenidamente a partir del triunfo de Ayutla, fundamentalmente por sus repercusiones económicas sobre las clases de menores ingresos. La contraargumentación consistió en sostener su reducida incidencia.

un artículo que declarase una religión de Estado". El incidente sirve para conocer el pensamiento que en muchos de los constituyentes privaba en lo relativo a separación de Iglesia y Estado. No hay religión de Estado:

> La idea de que éste no hace suyo ningún culto, que es la que precisamente entraña el hecho de haberse omitido el artículo sobre religión, no pueden los que suscriben combinarla con la de que se impongan por el gobierno contribuciones para la dotación de los párrocos, convirtiéndolos en el mismo hecho, en funcionarios públicos.

La Comisión, al dictaminar, toma en cuenta, además, que ya ha sido aprobada la proposición de Arriaga, en el sentido de que "corresponde exclusivamente a los poderes generales en materias de culto religioso y disciplina externa" del modo que determinen las leyes. Por ello, rechaza la proposición del diputado Vega.

Prieto informa que el ministro de Justicia se ocupa de preparar una ley acerca de las obvenciones parroquiales y que, por consiguiente, el desechar la proposición puede influir desfavorablemente sobre la conducta del Gobierno. Sostiene que los fundamentos de la Comisión no son suficientes:

> Que la Constitución no establezca una religión de Estado no es razón para que no se pueda librar al pueblo de un impuesto que lo persigue desde la cuna hasta la tumba.

Mata sostiene que la Comisión no dispuso del tiempo necesario para fundar detenidamente su dictamen; pero añade algo que abona la separación de la Iglesia y del Estado y la libertad de cultos:

> Cree que si se suprimen las obvenciones parroquiales deben darse fondos para los gastos del culto, y de aquí se sigue que haya una religión de Estado y en consecuencia exclusiva, todo lo que es contrario a la Constitución, que haciendo punto omiso de la cuestión religiosa, ha conocido que la religión no puede ser por precepto de la ley, sino por las inspiraciones de la conciencia.

De haber un culto pagado por el erario, "éste es el culto de Estado, el culto exclusivo que no ha querido la Constitución". Para Mata, el Gobierno puede hacer que los bienes de manos muertas se apliquen al culto, pero no establecer impuestos, porque podría incurrirse en obligar a que mantuvieran un culto los que tal vez profesen otro.

Mata interpreta la omisión de la Constitución en lo relativo a la declaración de religión de Estado, como admisión implícita de la libertad de conciencia. Habla, después de que se ha discutido la libertad de cultos, de la libertad de conciencia, la tolerancia y de que se ha rechazado el proyecto de artículo 15 de la Constitución. El diputado Cendejas percibe la intención de Mata y dice que su argumentación se funda en un supuesto falso, en una interpretación del punto religioso, que se da a la resolución del Congreso. "Hubo muy distintas opiniones en la asamblea, hubo quienes abogaron por la intolerancia, y no puede sostenerse que el punto omiso signifique el indiferentismo del Estado". Redondeando su idea, añade: "Hay algo de contradicción en que un gobierno que ha de intervenir en el culto, puede ocupar los bienes de manos muertas, y no puede dotar los servicios del clero". Mata no tiene derecho a interpretar el silencio de la Asamblea, en el sentido de que el Congreso "no quiere un culto dominante". Cendejas dice que el asunto no se falló y recuerda que por eso "combatió la idea del punto omiso", porque le pareció "que produciría un cúmulo de dudas y confusiones". Prieto pone el razonamiento de Mata en silogismo, rebatiéndolo: "Su señoría afirma se supriman las obvenciones parroquiales, luego se establece un culto pagado, luego abolir las obvenciones sin pagar al clero todas estas deducciones vienen a tierra". Para ello, añade que no tiene que recurrir a los discursos de Mirabeau y Talleyrand, bastan los hechos para conocer la falta de exactitud de estos razonamientos, citando los casos de Inglaterra y Francia. Para Prieto, los clérigos no pueden ser considerados como funcionarios públicos "porque no obran en nombre de la sociedad"; pero tampoco como profesionistas, "porque intervienen entre la tierra y el cielo, porque hablan en nombre de Dios". Mata admite la reforma del dictamen, señalándose en él que las obvenciones parroquiales quedan sujetas a la ley. Por cuarenta y cuatro votos contra cuarenta y dos se declara que no hay lugar a votar.

Poco después, la Comisión presenta otro dictamen, de 30 de enero de 1857, en que en el punto se establece: "No habrá coacción civil para el pago de los impuestos llamados obvenciones parroquiales y derechos de estola".[82] Ante él, el diputado Banuet

[82] *Op. cit.*, Tomo II, p. 874 y sigs. Las discusiones sobre obvenciones parroquiales vienen, además, en las pp. 859 y sigs. y 866 y sigs.

dice que el espíritu del Congreso no ha sido comprendido por la Comisión: "...que lo conveniente es, que el clero esté sujeto al gobierno, que dependa del erario, para que así no se atreva a sublevarse contra la autoridad civil". Santos Degollado considera que, de suprimirse las obvenciones, el Gobierno tendrá que hacerse protector del culto y tendrá que proveer a la subsistencia del clero. Las obvenciones son obra de una autoridad extraña a la civil. Lo único que debe buscarse es retirar la coaccion civil para su cobro, tal como se hizo con los diezmos: "El pago quedó a discreción de la conciencia, y lo mismo debe procurarse con respecto a las obvenciones parroquiales. La supresión sería contraria a la misma libertad de conciencia, que tantos defensores ha tenido en el congreso. En la materia no debe mezclarse la autoridad civil". Ramírez se interroga sobre el asunto, preguntándose si hay o no coacción civil en el pago de las obvenciones, si éstas están autorizadas por el Gobierno y si resultaría beneficioso o perjudicial para el pueblo suprimir la intervención del poder público. Los aranceles parroquiales, dice, no son leyes, pero tienen fuerza de tales, por haber sido autorizados, consentidos y a veces modificados por los legisladores. Gracias a esta intervención no hay tantos abusos y si se altera lo que se llama coacción civil, "el precio de los servicios del clero no tendrá tasa, ni medida". Para Ramírez no hay comparación entre el diezmo, que pesa sobre los que tienen, y las obvenciones, que inciden sobre los que nada tienen. El que se supriman las obvenciones no obligaría a que se estableciera una religión de Estado y no sería injusto que contribuyeran al sostenimiento del culto aún aquellos que no lo profesaran, pues si se considera como un gasto necesario, a él deben de contribuir todos. Por otra parte, estando aprobada la intervención de la autoridad federal en todo lo relativo a la disciplina eclesiástica, aprobar el dictamen haría cesar esa intervención en un punto esencial. Ramírez quiere que se deje el asunto a José María Iglesias, que es ministro de Justicia.

Frente a estas intervenciones, Mata se abstiene de sostener el dictamen. Villalobos, no obstante esta retirada, ataca el dictamen y Zarco tiene una brillante intervención. La decisión del Congreso —la omisión en materia religiosa— ha dejado a éste "sin brújula, sin guía, sin plan, en las cuestiones religiosas, en las eclesiásticas y en las que se refieren a la intervención del Estado en el culto y en la disciplina externa". Las incongruencias asoman frente a la omisión del Congreso; éste no pronunció un fallo, sino que, huyendo de las dificultades, las ha dejado crecer y dio "un enigma como los de los oráculos antiguos". Zarco precisa la confusa situación a que el Congreso se enfrenta:

> Los espíritus se pierden ya en contradictorias interpretaciones: quien entiende que existe el patronato, que el poder federal reasume las regalías de la corona y que la religión católica usa del exclusivismo que antes tenía; quien supone que el silencio de la Constitución es la declaración del indiferentismo del Estado; quien cree por fin, que como la ley fundamental no lo prohibe, es libre el ejercicio de todos los cultos. No hay que sorprenderse de estas dudas, de estas controversias que tal vez más tarde agitarán al país entero.

Una cuestión tan sencilla como la de las obvenciones parroquiales es vista, según Zarco, "bajo mil aspectos distintos", "gracias al admirable expediente de haber vuelto punto omiso el art. 15". Zarco reacciona todavía dolido por la omisión del Congreso ante la intolerancia. El punto del arreglo entre las relaciones de la Iglesia y el Estado es muy grave "donde el clero tiene tendencias invasoras y donde la sociedad quiere gobernarse por sí misma". Arriaga creyó zanjar las dificultades mediante la proposición que hizo y que fue aprobada, en que se declaraba que el poder federal intervendría en lo relativo al culto y a la disciplina externa. Recuerda que él votó en contra de esta proposición. Todos los gobiernos, dice, pretenden tener sus derechos y el clero se resiste, y por ello el artículo hará que clero y Gobierno se mantengan en lucha. En estas condiciones, su pensamiento de separación estricta Iglesia-Estado emerge con toda claridad:

> El medio de llegar a un resultado satisfactorio, sería declarar a la Iglesia independiente del Estado. La emancipación de la Iglesia que quedaría reducida a congregación espiritual, extraña a todos los negocios temporales, sería útil a la paz pública, libraría al gobierno de disputas y embarazos, no alarmaría las conciencias, y sería un bien para la religión y para el Estado.

Admite que las condiciones especiales de México quizás no permiten llegar a esa reforma y obligan al legislador a intervenir en el culto y en la disciplina; pero no cree que la supresión de las obvenciones y los derechos de estola implique que el culto deba vivir a expensas del erario, ni la adopción de una religión exclusiva. No está de acuerdo en que se comparen las obvenciones con los diezmos y coincide con Ramírez en que, al retirar la coacción, "los curas retirarán los sacramentos y aumentarán su precio". El clero no quiere que sea un impuesto, ya que no desea formar parte del Estado; "es un Estado aparte y no quiere pasar por funcionario". Tampoco puede decir que cobre o venda, pues ello sería simoníaco. Reseña los abusos en que se incurre en la materia; pero no cree que pueda dejarse a la inspiración individual lo que es asunto tan delicado, pues siendo el pueblo católico, compraría el bautismo y compraría la sepultura; habría una lucha "de la miseria con el sentimiento religioso", mediante "estos tormentos que las obvenciones imprimen a la conciencia". Ciertamente que las ideas imponen la abolición de las obvenciones parroquiales y de los derechos de estola; pero, "por mucho que se exagere la exaltación de las ideas del que habla, no gusta de estrellarse ante lo imposible, ni de proclamar principios que no pueden tener aplicación práctica". Por consiguiente, no pudiendo llegar a la supresión, mucho se ganará si se llega a la reducción y a la uniformidad de los aranceles. El dictamen no satisface ninguna necesidad, por la precipitación con que fue formulado. El Congreso, por lo consiguiente, debe abandonar la cuestión, "hacerla punto omiso, ya que otro más grave corrió esa suerte", dejando expedita la acción del Poder Ejecutivo.

Zarco dice que Iglesias y sus antecesores, Montes y Juárez, han estudiado el asunto, meditado sobre el problema, que no es de aquellos que pueden resolverse en un día. Después de esta intervención, Mata declara que daría malos resultados admitir el pensamiento del diputado Vega y pide permiso para retirar definitivamente su propuesta al respecto.

José María Iglesias cumplió: el 11 de abril de 1857 se publicó la Ley sobre Derechos y Obvenciones Parroquiales. Restauraba lo dispuesto por las Leyes de Indias y por el arancel de 1757 que se formó con arreglo a la Real Cédula de 24 de diciembre de 1746. Fundamentalmente estaba dirigida a proteger a los pobres, definiendo a éstos y estableciendo el abuso de cobrar a los pobres y la pena. A la autoridad política local correspondía calificar la calidad de pobre. En general, se intentaba reglamentar el cobro de los derechos, protegiendo a los pobres. Además, se preveía que cuando la autoridad eclesiástica se negara, por falta de pago, a dar la orden para un entierro, la autoridad política podía disponer que se hiciera y preveía, asimismo, penas para cuando los sacerdotes se negaran a oficiar en casos de bautismo y matrimonio, por la misma razón.[83]

En la circular que como ministro de Justicia envió José María Iglesias a los gobernadores de los Estados, asienta que la ley se limita "a prescribir la observancia de los preceptos antiguos" y reconoce que la necesidad de expedirla consistía "en la falta de cumplimiento del mandato". La ley de obvenciones parroquiales suscitó grandes resistencias, frecuentemente eludidas por las autoridades civiles y que, en algunos casos, como en Guanajuato, con el gobernador Doblado, llegaron a verdaderos conflictos. La resistencia a la ley de obvenciones parroquiales se ligó con el problema del juramento de la Constitución e hizo que Comonfort, al dirigirse al Congreso Constituyente al finalizar sus labores, hablara de que el Gobierno había defendido solo "inflexiblemente las regalías de la nación y usando y haciendo respetar su soberanía, pero como hijo obediente y fiel de la iglesia católica romana, de la que no se separará". La situación era muy complicada, en virtud de la alocución del Papa contra las reformas del clero, que hizo que el Gobierno, en su manifiesto de 4 de marzo, dijera que, o la alocución era un documento falso o el Sumo Pontífice carecía de informes precisos sobre la situación y que el Gobierno, "que reconoce la supremacía de la sede apostólica en materias espirituales, no reconoce superior en las temporales, y sin faltar nunca a los derechos de la Iglesia, sostendría inflexiblemente los de la soberanía nacional".

Debe abonarse a Comonfort el establecimiento en la República del registro civil, así como la reglamentación de los cementerios. La ley orgánica del registro del estado civil, de 27 de enero de 1857, establecía en toda la República el registro del estado civil con carácter obligatorio, pues el que no estuviera inscrito en él no podría ejercer los derechos civiles y se haría acreedor a multa. Comprendía entre los actos de estado civil el nacimiento, el matrimonio, la adopción y arrogación del sacerdocio y la profesión de algún voto religioso temporal o perpetuo, la muerte, etc. En cuanto a nacimientos, establecía la obligación de los padres de registrarlos y multa para los sacerdotes que no dieran parte diariamente

---

[83] *El Archivo Mexicano: Op. cit.*, Tomo III, p. 283 y sigs. (Contiene datos de la Ley, los distintos ordenamientos, los párrafos relativos del Concilio Mexicano, etcétera).

de los bautismos. En lo relativo al matrimonio, eran los cónyuges quienes con posterioridad al casamiento religioso deberían de presentarse ante el oficial del estado civil para "registrar el contrato del matrimonio". En lo relativo a votos religiosos, había cierta intervención, como la fijación de una edad mínima para que las personas se dedicaran al sacerdocio o al estado religioso. Asimismo, en el registro "de las profesiones de las religiosas", categóricamente se establecía que lo haría la interesada "*solamente* en presencia del oficial y de los testigos, a fin de que quede garantida la libertad de su declaración". Establecía también el registro de las personas que hubieran terminado sus votos o que no quisieran cumplirlos. En lo que toca al fallecimiento, se preceptuaba que ninguna inhumación se haría sin autorización del oficial del estado civil.[84]

El juramento de la Constitución

La reacción en contra de la Constitución de 1857 se inicia con tal fuerza, que coadyuva a producir el golpe de Estado de Comonfort. Vamos a ver las líneas principales de esta reacción, que en su aspecto doctrinario se concentra en la que podríamos llamar oposición católica y encuentra el tema para manifestarse en el juramento constitucional.

El 17 de marzo de 1857 se expide el decreto previniendo que, de conformidad con la Constitución, debe procederse a jurarla por parte de los empleados y funcionarios públicos, en los términos establecidos por el propio decreto. El clero queda excluido del juramento, por no ser sus miembros funcionarios públicos. Pero ya antes del decreto, el 15 de marzo, el arzobispo Lázaro de la Garza había predicado en el sagrario metropolitano contra la Constitución. El propio arzobispo, un día después, se negó a repicar las campanas con motivo de la publicación de la Constitución, alegando que esto implicaría la aceptación por parte del clero de un código que contenía principios "hostiles a la Iglesia". En la misma circular "se encargaba, además, a los curas, que inculcasen no ser lícito a los fieles el jurar la nueva constitución".

Con fecha 20 de marzo, la propia autoridad eclesiástica envió otra circular a los curas, "previniendo que no se absuelva sin previa

84 *Op. cit.*, Tomo II, p. 692 y sigs.

retractación pública, a los fieles que hayan jurado la constitución".[85]

La prensa liberal —*El Siglo Diez y Nueve* y *El Estandarte Nacional*— considera estas circulares como una invasión de las facultades del poder temporal y una clara ingerencia política del clero.

El asunto se agrava por circular en México la alocución pronunciada en Roma por Pío IX en el consistorio secreto de 15 de diciembre de 1856.[86]

Tocante al juramento, los obispos de la República expiden circulares idénticas a la del arzobispo De la Garza, presentándose, por consiguiente, polémicas y controversias entre la autoridad civil y la eclesiástica en diversos Estados de la República, destacando entre ellos la contestación que Manuel Doblado,[87] gobernador de Guanajuato, dio a la representación del cabildo eclesiástico, así como la controversia surgida en el Estado de Nuevo León.

---

85 *La Cruz,* Tomo IV, número 15, abril 2 de 1857, pp. 500-01.

86 *Op. cit.,* Tomo cit., número cit. Se informa que la alocución ha sido reproducida el 7 de febrero por el "Catholic Mirror" en los Estados Unidos (p. 502). Pío IX protesta por habérsele quitado al clero el voto en las elecciones populares, el fuero, la intervención y ocupación de los bienes eclesiásticos en Puebla. Dice que el proyecto de Constitución está compuesto de muchos artículos, "no pocos de los cuales están en oposición con la misma divina religión, con su saludable doctrina, con sus santísimos preceptos y con sus derechos". Al respecto, se refiere a la supresión del fuero, a la no coacción para el cumplimiento de los votos monásticos y a la tolerancia (medio de propagar el indiferentismo) y a la extinción de la comunidad de los franciscanos. Igualmente, se refiere a miembros de las comunidades religiosas y del clero secular que se han plegado a los enemigos de la Iglesia, y condena, reprueba y declara "írritos y de ningún valor" los decretos a que se refiere "y todo lo demás que haya practicado la autoridad civil con tanto desprecio de la autoridad eclesiástica y de esta Silla Apostólica". En defensa de la Constitución y en contra de la alocución de Pío IX aparecen los *Apuntamientos sobre Derecho Público Eclesiástico* —sin pie de imprenta—, libro que sostiene que: 1o.—"Mil motivos hay para dudar de semejante alocución; pero ella ha circulado como verdadera y hay muchísimos que así lo creen" (p. I); 2o.—La alocución ataca en su esencia "la independencia y el respeto al poder temporal" (p. VIII); 3o.—Atropella las regalías y provoca la guerra civil. A pesar de que se invocan las regalías, el autor, definiendo el gobierno civil mexicano, dice: "La soberanía de la nación mexicana, tiene en sí, todos los constitutivos propios, de quien no depende nadie, y por eso posee, como todos los soberanos del mundo, todo aquello en que consiste el poder temporal y los modos propios de su conservación". (p. XXI).

87 *La Cruz,* Tomo V, número 10, julio 16 de 1857, p. 333. Igualmente, en Zacatecas (número 16, agosto 27 de 1857, p. 540).

Las legislaturas de los Estados, a su vez, reaccionan: el Estado de Querétaro decreta que todo el que rehuse jurar categóricamente y sin restricción alguna la Constitución, queda, por ese solo hecho, suspendido en el ejercicio de los derechos de ciudadanía y no podrá ser admitido en juicio como actor; el de Puebla decide que incurre en el delito de sedición el que, abusando de la autoridad que ejerza, prevenga o de cualquier modo obligue a retractar el juramento prestado a la Constitución.[88]

No sólo las legislaturas de los Estados y la prensa liberal reaccionan contra las circulares que prohiben el juramento, sino que también surge un intento doctrinario: *Reflexiones sobre decretos episcopales que prohiben el juramento constitucional,* del licenciado Manuel Alvírez.[89] Éste se define como católico ortodoxo y sostiene que sus puntos de vista están completamente de acuerdo con la ortodoxia, sometiendo su folleto "al juicio y corrección de la Santa Iglesia Romana".[90] Su argumentación central es que los decretos episcopales que prohiben el juramento carecen de fuerza legal, pues no toca a los obispos declarar cuáles leyes son lícitas o ilícitas. Agrega que los decretos episcopales no son sostenibles en el orden canónico y penitencial. Por último, considera que la Constitución Mexicana de 1857 no contiene artículos opuestos a la institución, doctrina y derechos de la Iglesia católica.

Bernardo Couto, rebatiendo este ensayo, dice que el nombre de su autor "anda en boca de todo el mundo"; sin embargo, no lo da.[91] Couto ve que la inspiración de los apuntamientos es regalista y que en la escuela regalista "circula un cierto número de textos, que todos citan, copiándolos unos de otros". Entre estos textos encuentran uno que todos repiten, el de S. Optato, obispo de Milevo en Numidia, escritor que en el siglo IV dijo: "la Iglesia está en el estado".[92] Y no sólo Bernardo Couto rebate los apuntamientos, sino que también a partir del 9 de julio de 1857 aparece un examen sobre ellos,[93] que según *La Cruz,* es escrito por un jurisconsulto

[88] *La Cruz* publica (Tomo V, número 20, septiembre 24 de 1857, p. 673 y sigs.). *Observaciones sobre los decretos hostiles a la Iglesia por algunas legislaturas de los Estados.*

[89] México, 1857, Tip. de N. Chávez y Comp.

[90] *Op. cit.,* p. 22.

[91] *Discurso sobre la constitución de la Iglesia,* Suplemento al número 89 de *La Cruz,* Tomo V.

[92] *Op. cit.,* p. 31.

[93] *La Cruz,* Tomo V, número 9.

mexicano, y los propios redactores de la revista publican unas *Ligeras reflexiones* sobre los apuntamientos.[94]

El argumento fundamental en contra del juramento consiste en que "no es lícito jurar la Constitución, por contener varios artículos contrarios a la institución, doctrina y derechos de la Santa Iglesia".[95]

Las críticas fundamentales a la Constitución, formuladas por el clero, son resumidas por *La Cruz* en siete artículos.[96] La controversia, a pesar de su título de "pacífica", carece de este carácter. Para el periódico, la supresión del fuero religioso y la desamortización de los bienes de la Iglesia, constituyen el desconocimiento "de derechos legítimamente adquiridos y solemnemente estipulados". Su quebrantamiento, por consiguiente, es una flagrante violación de la justicia y se aparta de las razones de pública conveniencia. Afirmado ello, *La Cruz* hace una amplia exposición teológica.[97]

Debe destacarse que el artículo quinto de esta serie se ocupa del juramento de la Constitución. La nueva Constitución no debe ser jurada, pues ella contiene errores en materia de religión y en otras materias, errores que ponen en duda "la licitud del juramento". La nueva Constitución encierra "el despotismo y la anarquía". Las críticas fundamentales son:

1º—A la libertad de enseñanza: "La enseñanza es libre, aunque se enseñe la irreligión y la impiedad".

2º—Aunque hay libertad de trabajo, "la ley no reconoce la profesión religiosa, fundada en los votos perpetuos". Se establece, además, la inviolabilidad de la libertad de escribir, "aunque se ataque el dogma".

3º—Aunque hay libertad de asociación, "se prohibe a ciertas asociaciones católicas, el reunirse para enseñar a la juventud".

---

94 *Op. cit.*, Tomo V, Suplemento al número 3.

95 *Circular que el obispo de Michoacán dirige al muy ilustre y venerable cabildo y venerable clero de su diócesis, explicando el sentido de sus circulares expedidas con motivo del juramento de la Constitución contra la falsa inteligencia que se les ha pretendido dar en algunos impresos.* (*Op. cit.*, Suplemento al número 3, mayo 28 de 1857, p. 5). Esta circular, dada desde Coyoacán por Clemente Munguía, es quizás la más expresiva de todas y elaborada con el aparato doctrinal usual en Munguía.

96 Con el título de *Controversia pacífica sobre la nueva Constitución Mexicana*, los publica a partir del número 18, Tomo IV, abril 23 de 1857 y concluyen en el número 4, Tomo V, junio 4 de 1857.

97 *Op. cit.*, Tomo V, número 1, 14 de mayo de 1857.

4º—No hay fueros "y los diputados tienen un fuero privativo excepcional y odioso".

5º—A pesar de que a ninguna ley se deberá dar efecto retroactivo, las causas y expedientes comenzados ante los tribunales de fuero especial continuarán en los juzgados ordinarios, "según la legislación nueva".

6º—Además, critica la posibilidad de que al Ejecutivo se le concedan facultades extraordinarias y señala que, aunque la Constitución manda respetar la moral, no dice "qué moral es ésta, ni en qué se funda".[98]

La serie de artículos a que nos hemos referido son escritos por José Joaquín Pesado. Ellos revelan un propósito permanente de torcer las disposiciones legales, de interpretar con muy mala fe las normas constitucionales. Poco se concilia la naturaleza de estos artículos con el indudable talento de Pesado, e incluso, con el conocimiento que tiene de la religión.

En el último de estos artículos,[99] Pesado se ocupa de la separación de la Iglesia y el Estado, diciendo que esta separación procede de la modernidad, o mejor dicho, de las revoluciones modernas y conduce a la incredulidad y al escepticismo, los que sofocan todo sentimiento religioso y llevan a los pueblos al dominio del fuerte sobre los débiles.[100]

Con posterioridad al golpe de Estado, José Joaquín Pesado es más categórico: "La llamada constitución de la República, compilación indigesta de extravagancias y de absurdos, ha sido interrumpida, y la situación política del Estado cambió de una manera repentina".[101]

La actitud política es bien clara. En realidad, se torpedea la Constitución de 1857. Los liberales buscan, inclusive, una fórmula

---

98 *Op. cit.*, número 2, 21 de mayo, p. 33 y sigs.

99 *Op. cit.*, número 4, junio 4, p. 97 y sigs.

100 Se arguye en contra de la separación de la Iglesia y el Estado. Al respecto, Pesado publica, a partir del 2 de julio —*Op. cit.*, Tomo V, número 8—, *Reflexiones sobre la Iglesia y el Estado.*

101 *Op. cit.*, Tomo VI, número 15, enero 7 de 1858. *La Cruz,* en general, ve irreligiosidad en la secularización de la sociedad. Pesado habla, por ello, de "Perpetuidad de la religión contra las tentativas de sus enemigos" (número 14, agosto 13 de 1857, Tomo V, p. 449). Y puede decirse que punto por punto de los que comprende la secularización, es abordado con ánimo contrario. Así por ejemplo, los matrimonios civiles —Tomo cit., número 15, agosto 20, p. 505—, los cementerios —número 19, septiembre 17, p. 625—, el registro civil y los derechos parroquiales —Tomo II, número 16, noviembre 20 de 1856, p. 481—, etc.

de entendimiento. Están interesados en la convivencia. De ahí que don Ezequiel Montes vaya a Roma y que la prensa liberal informe, convirtiendo en realidad lo que es esperanza, que ha sido recibido oficialmente por la Silla Apostólica.[102]

EL PROCESO CULMINA

La Reforma y su contenido

Al desencadenarse la Guerra de Tres Años, las fuerzas liberales abren una nueva etapa en la transformación del país. Es el momento en que, con palabras de Juárez ante el Congreso, el 9 de mayo de 1861, el pueblo sintió la necesidad de no limitarse a defender sus legítimas instituciones, sino de conquistar nuevos principios, para que cuando venciera a sus enemigos, no se volviese al punto de partida, sino que se hubiese avanzado en la reforma y afianzado las instituciones. Tal, la explicación política de las Leyes de Reforma. El pueblo, y a su frente el partido liberal, aprovecha la coyuntura para avanzar de tal manera, que fuera imposible retrotraer el país ni tan siquiera a las condiciones que privaban al iniciarse la Guerra de Tres Años.

Cuando ya se llevan 18 meses de lucha a partir del Plan de Tacubaya, el 7 de julio de 1859, se publica el Manifiesto del Gobierno Constitucional, en que, en síntesis, se dan a conocer los objetivos programáticos que se persiguen.[103] En este documento se anuncia la nacionalización de los bienes de la Iglesia. Se señala como "regla general invariable la más perfecta independencia entre los negocios del Estado y los puramente eclesiásticos" y se tocan los puntos que van a ser materia de la legislación reformista en cuanto a las corporaciones de regulares, cofradías, archicofradías, hermandades y noviciados, así como las relaciones del creyente con el sacerdote,

---

[102] *La Cruz* también rebate a *El Siglo Diez y Nueve* y a *El Monitor Republicano,* que informan del posible éxito de Montes. Reproduce a *El Monitor Toscano,* informando que la misión del Sr. Montes fracasará por dificultades intrínsecas y extrínsecas que se oponen a una conciliación y que el representante mexicano fue recibido por el cardenal Secretario de Estado en audiencia "meramente oficiosa y privada".

[103] ARRILLAGA: *Recopilación de leyes, decretos, bandos . . .,* de 5 de mayo de 1858 a 31 de diciembre de 1860, pp. 101-21.

quedando la remuneración de los primeros como "objeto de convenios libre entre unos y otros". La tesis general que va a precisar la secularización también es expuesta. Se declara que las medidas a que se aspira "son las únicas que pueden dar por resultado la sumisión del clero a la potestad civil en sus negocios temporales", quedando éste, sin embargo, con los medios necesarios para consagrarse al ejercicio de su ministerio. Se prevé el establecimiento del registro civil para que los actos celebrados ante la autoridad surtan ya todos sus efectos legales. Es conveniente hacer notar, en lo relativo a la nacionalización de los bienes de la Iglesia, que este manifiesto reitera la necesidad de desterrar los obstáculos que se oponen a la libre circulación de la riqueza pública.

El proceso secularizante se inicia con la llamada Ley de Nacionalización de los Bienes del Clero, dictada en Veracruz el 12 de julio de 1859.[104] Este ordenamiento va más allá de la nacionalización de los bienes del clero. Contiene la separación de la Iglesia y el Estado y una serie de disposiciones secundarias dirigidas a hacerla efectiva. En su considerando, categóricamente asienta: "Que el motivo principal de la actual guerra promovida y sostenida por el clero es conseguir el sustraerse de la dependencia de la autoridad civil". Se agrega que cuando el Gobierno ha querido favorecer al mismo clero mejorando sus rentas, "el clero por sólo desconocer la auto-

104 La reacción del clero, cuando apenas se inician las Leyes de Reforma, encuentra su más clara expresión en la *Carta Pastoral* del arzobispo de México, Dr. Lázaro de la Garza y Ballesteros, dirigida al clero y fieles "con motivo de los proyectos contra la Iglesia, publicados en Veracruz por D. Benito Juárez". (México, Imprenta de José Mariano Lara, 1859). En esta Pastoral, por todo título se le da a Juárez el de antiguo Presidente del Supremo Tribunal de la Nación. Las leyes son calificadas de proyectos y amagos, dándose el reconocimiento al gobierno surgido del Plan de Tacubaya. De la Garza se defiende, sin embargo, de que el clero hubiese participado en el golpe de Estado e invoca, en apoyo del reconocimiento del gobierno conservador, el que previamente ciertos países extranjeros lo hubiesen hecho. Refiriéndose al manifiesto de Juárez, De la Garza se queja de injusticia, señala la ilicitud de las leyes dictadas y rechaza el cargo de que el clero quiera restaurar el sistema colonial. El derecho, dice, a los bienes temporales no lo recibió el clero del sistema temporal ni de poder humano alguno, sino del poder que "fundó su Iglesia". Como tesis central señala: "...el poder humano podrá, abusando de su poder, quitar al Clero los bienes que posee, no opondrá éste resistencia a la violencia con que se le quiten; pero jamás perderá su derecho, y la justicia intrínseca con respecto a estos bienes, jamás contra su voluntad amparará a otro". (*Op. cit.*, p. 11). Igualmente, las prerrogativas de que disfruta el clero no son herencia colonial y ellas son generales. La guerra, dice De la Garza, no la hace el clero, sino "el señor Juárez" "a la Iglesia".

ridad que en ello tenía el soberano, ha rehusado aún su propio beneficio". E igualmente que cuando el Gobierno ha intentado poner en vigor los mandatos mismos del clero sobre obvenciones parroquiales, "el clero prefirió aparentar que se dejaría perecer antes que sujetarse a ninguna ley". De todo ello se deduce que el clero "puede mantenerse en México, como en otros países, sin que la ley civil arregle sus cobros y convenios con los fieles". Aquí se consigna claramente el principio de la separación y la tendencia a una Iglesia ni propietaria ni proletaria. Pero, en abono a estos considerandos, vienen razones políticas: el clero "ha sido una de las rémoras constantes para establecer la paz pública, hoy todos reconocen que está en abierta rebelión contra el soberano"; dilapida sus recursos, pues "los invierte en la destrucción general" y, por último, "el dejar por más tiempo en manos de sus jurados enemigos los recursos de que tan gravemente abusan, sería volverse su cómplice". Las medidas, pues, se dictan para salvar a la sociedad.

En su artículo 1o. la Ley establece la nacionalización:

> Entran al dominio de la nación todos los bienes que el clero secular y regular ha estado administrando con diversos títulos, sea cual fuere la clase de predios, derechos y acciones en que consistan, el nombre y aplicación que hayan tenido.[105]

En el artículo 4o., para el sostenimiento del culto se determina que los ministros "podrán recibir las ofrendas que se les minis-

[105] El artículo 2o. señalaba que una ley especial determinaría la forma y manera de la nacionalización y a esto obedeció el decreto que establecía los procedimientos para la ocupación de los bienes del clero, enajenación de ellos, redención de capitales, etc., del 13 de julio de 1859, así como la aclaración a varios de sus preceptos, de julio 27 de 1859, y la circular de julio 28, que declara comprendidas las capellanías en la Ley de Nacionalización. De preferencia, en el manejo de la legislación de Reforma ocurrimos al *Código de la Reforma* —México, Imprenta Literaria, 1861. En otros casos, a la obra de BLAS JOSÉ GUTIÉRREZ —Op. cit.—, completa, aunque de manejo difícil; las de los citados PAYNO Y DUBLÁN Y LOZANO las descartamos por incompletas, y la de FRANCISCO PASCUAL GARCÍA —*Código de la Reforma,* México, Herrero, Hnos., Editores, 1903— sólo nos ha servido para ver la interpretación porfirista. Por ejemplo, este autor califica la nacionalización de los bienes eclesiásticos como "una violación del derecho de propiedad, un despojo". Las lagunas inevitables de la primera obra se llenan con los tomos de 1859 a 1863 de BASILIO JOSÉ ARRILLAGA —Op. cit., México, Imprenta de A. Boix, a cargo de M. Zornoza, 1861, 1862, 1864, 1865 y 1866.

tren, y acordar libremente con las personas que los ocupen la indemnización que deban darles por el servicio que les pidan". Con la idea de impedir una Iglesia propietaria, agrega: "Ni las ofrendas ni las indemnizaciones podrán hacerse en bienes raíces".

En el artículo 3o. se establece la completa separación del Estado y la Iglesia y la libertad de cultos:

> Habrá perfecta independencia entre los negocios del Estado y los negocios puramente eclesiásticos. El gobierno se limitará a proteger con su autoridad el culto público de la religión católica, así como el de cualquiera otra.

Empero, tal separación debe entenderse sin mengua de lo previsto por el artículo 123 constitucional y la legislación reformista posterior lo comprueba.

Además, la Ley de Nacionalización suprime en toda la República las órdenes de religiosos seculares, prohibiéndose la creación de nuevas, así como archicofradías, cofradías, congregaciones o hermandades anexas a comunidades, catedrales, parroquias o cualquier clase de iglesia. Consecuentemente, queda prohibido el uso de hábitos o trajes religiosos. Se prevé que a cada uno de los eclesiásticos de las órdenes regulares suprimidas que no se opongan a la ley, se les provea por el Gobierno, por una sola vez, de quinientos pesos y a los impedidos físicamente para el ejercicio de su ministerio, se les proporcione un capital "fincado ya" de tres mil pesos. Las imágenes, paramentos, etc., serían entregados a los obispos diocesanos, y los libros impresos, pinturas, etc., a los museos, liceos, bibliotecas y otros establecimientos públicos. Corresponde a los gobernadores del Distrito y de los Estados decidir, a propuesta del arzobispo y obispos, los templos de los locales suprimidos que deberían quedar expeditos, conforme a su utilidad.

Refiriéndose a los conventos, prevé la continuación de éstos, la asignación a las religiosas que se exclaustraran, de su dote y de quinientos pesos si carecían de ésta. Las religiosas que se conservaran en el claustro podrían responder de sus respectivas dotes. Quedaban cerrados los noviciados en los conventos de señoras religiosas, devolviéndose a las novicias, al separarse, lo que habían ingresado. Después de estatuir la nulidad e invalidez de las enajenaciones de los bienes mencionados en la Ley, contenía las sanciones a quienes se opusieran a ella, consistentes en expulsión del país o consignación ante las autoridades judiciales para ser juzgados como conspiradores.[160]

El 23 de julio de 1859 se da otro importante paso en la secularización: se establece el matrimonio puramente civil. La base de esta ley es proporcionada por sí misma: "Que por la independencia declarada de los negocios civiles del Estado respecto de los eclesiásticos, ha cesado la delegación que el soberano había hecho al clero para que con sola su intervención en el Matrimonio, este contrato surtiera todos sus efectos civiles". Por consiguiente, la figura jurídica es claramente delineada:

> El Matrimonio es un contrato civil que se contrae lícita y válidamente ante la autoridad civil. Para su validez, bastará que los contrayentes, previas las formalidades que establece esta ley, se presenten ante aquella y expresen libremente la voluntad que tienen de unirse en Matrimonio.[106]

Complementando esta reforma, el 28 de julio de 1859 se decreta el establecimiento de jueces del estado civil, que tendrían a su cargo "la averiguación y modo de hacer constar el estado civil de todos los mexicanos y extranjeros residentes en el territorio nacional, por cuanto concierne a su nacimiento, adopción, arrogación, reconocimiento, matrimonio y fallecimiento". El registro del estado civil de las personas se hace autónomo, independiente de la Iglesia. El fundamento de la medida —que con anterioridad José María Iglesias había iniciado titubeante— es expresamente señalado:

> . . . para perfeccionar la independencia en que deben permanecer recíprocamente el Estado y la Iglesia, no puede ya encomendarse a ésta por aquél el registro que había tenido del nacimiento, matrimo-

106 Además de la ley de 13 de julio, sobre procedimientos, la circular de 19 del propio mes, sobre remuneraciones a los comisionados y peritos y la aclaratoria del día 27, el 28 de julio se declaran comprendidas las capellanías en la Ley de Nacionalización. El 17 de diciembre de 1860 se establece como fondo especial para el pago de las reclamaciones que debe hacer el Gobierno con motivo de las ocupaciones y daños de la guerra, el producto de la venta de los edificios, decretado el 24 de octubre del propio año y los bienes que hubiesen entrado o entraren al dominio de la nación, en virtud de la ley de 12 de julio de 1859.

161 La ley no sólo es avanzada en el aspecto de secularización, sino también en lo que toca a la índole y consecuencia de las relaciones familiares. Así por ejemplo, declarando indisoluble el matrimonio civil, admite el "divorcio temporal".

nio y fallecimiento de las personas, registros cuyos datos eran los únicos que servían para establecer en todas las aplicaciones prácticas de la vida el estado civil de las personas.

Y la secularización llega de la cuna a la tumba, cuando por decreto de 31 de julio de 1859 cesa en toda la República la intervención del clero en la economía de los cementerios y panteones.

Llevando el pensamiento de separación a su última consecuencia, el 3 de agosto de 1859 se ordena retirar la legación de México en la Santa Sede. Tal acto obedece a la estricta separación Estado-Iglesia, de conformidad con el artículo 3o. de la ley de 12 de julio de 1859, la protección a todos los cultos y el propósito inquebrantable del Gobierno —congruente con la separación— de "no intervenir de modo alguno en los negocios espirituales de la Iglesia". Debe aclararse que no se trata de todos los negocios, sino sólo de los espirituales.

Dictadas estas disposiciones, el 25 de octubre de 1859 el Gobierno nombra su agente general al presbítero Rafael Díaz Martínez, "a fin de que procure que el clero rectifique las conciencias en el sentido de la reforma". La medida busca la paz, atendiendo a que no hay incompatibilidad entre reforma e Iglesia:

> Como es un elemento tan poderoso para la paz pública que los directores de las conciencias no las extravíen, y como no puede negarse el hecho evidente de que merced a tales extravíos la guerra actual se ha ensangrentado tanto, será el primer cuidado mostrar a los pastores la ninguna oposición que existe entre la constitución y los dogmas del cristianismo, entre las leyes nuevas y las primitivas doctrinas de la Iglesia.

La vieja y positiva —para el impulso liberal— división del clero es recordada. El Gobierno está convencido que son "los altos dignatarios los revoltosos, con el deseo principalmente de satisfacer su desmesurado orgullo, y facilitar su intolerable despotismo sobre sus inferiores, los que propagan las ideas más ultramontanas, ultra-antisociales". Contra ellos dirigirá su severa vigilancia, "mientras que a los que realmente se ocupan de la cura de almas y del cultivo de la viña del Señor, como ellos mismos dicen, el gobierno les impartirá una protección poderosa y eficaz para defenderlos contra los desmanes y demasías de esos mismos superiores, hasta hoy irresponsables en la práctica". Se marca la línea de dar al César lo que es del César y a Dios lo que es de Dios, "sin interpretaciones violentas e interesadas".

En medio de disposiciones concretas o particulares, —determinación de días festivos, formación de ministerios de religiosos, consignación del producto de la venta de los conventos y derogación de las disposiciones sobre asistencia del Gobierno a funciones religiosas—, aparece la importante ley de 4 de diciembre de 1860, que establece, sin lugar a duda, la libertad de creencias, de conciencia y, como consecuencia, la libertad derivada de cultos y ratifica la separación Estado-Iglesia. El Estado, según esta ley, interviene para proteger el ejercicio del culto católico y de cualquiera otro que se establezca, y "en todo lo demás, la independencia entre el Estado por una parte, y las creencias y prácticas religiosas por otra, es y será perfecta e inviolable".

La definición de las iglesias y asociaciones voluntarias se encuentra en el artículo 2o.—"Una iglesia o sociedad religiosa, se forma de los hombres que voluntariamente hayan querido ser miembros de ella, manifestando esta resolución por sí mismos, o por medio de sus padres o tutores de quienes dependan", y por consiguiente, la libertad de estas asociaciones para gobernarse, en tanto sus disposiciones no afecten el orden jurídico:

> Cada una de estas sociedades tiene libertad de arreglar por sí o por medio de sus sacerdotes, las creencias y prácticas del culto que profesa, y de fijar las condiciones con que admita a los hombres a su gremio o los separe de sí, con tal que ni por estas prevenciones, ni por su aplicación a los casos particulares que ocurran, se incida en falta alguna o delito de los prohibidos por las leyes, en cuyo caso tendrá lugar y cumplido efecto el procedimiento y decisión que ellas prescribieren.

El artículo 4o. delimita precisamente la competencia de las autoridades de las sociedades religiosas al ámbito puramente espiritual:

> La autoridad de estas sociedades religiosas y sacerdotes suyos, será pura y absolutamente espiritual, sin coacción alguna de otra clase, ya se ejerza sobre los hombres fieles a las doctrinas, consejos y preceptos de su culto, ya sobre los que habiendo aceptado estas cosas, cambiaron luego de disposición.

Reitera que las asociaciones religiosas no tienen carácter civil y que no existe coacción civil de ninguna especie para el cumplimiento de las obligaciones con ellas contraídas, postulándose libertad para la manifestación de las ideas sobre puntos religiosos, siempre y cuando con ella no se ataque "el orden, la paz o la moral pública o la vida privada, o de cualquiera otro modo los derechos de tercero o cuando se provoque algún crimen o delito, pues en todos estos casos, haciéndose abstracción del punto religioso, se aplicarán irremisiblemente las leyes que vedan tales abusos".

Se abrogan —anacronismo en una sociedad secular— recursos de fuerza, estableciendo que: "Si alguna iglesia o sus directores ejecutaren un acto peculiar de la potestad pública, el autor o autores de este atentado sufrirán respectivamente las penas que las leyes imponen a los que separadamente o en cuerpo lo cometieren". Y se suprime el derecho de asilo, prohibiendo solemnidades religiosas fuera de los templos, sin permiso escrito de la autoridad política.[107] Se sustituye el juramento por la promesa de decir verdad; desaparece el sacrilegio como agravante de los delitos; cesa para los clérigos el privilegio de competencia —mediante el cual podían éstos retener, con perjuicio de sus acreedores, una parte de sus bienes— y se equipara la administración de los bienes que las leyes permiten a la Iglesia, a las normas que privan para todas las asociaciones legítimas. Cesa el tratamiento oficial que solía darse a diversas personas y corporaciones eclesiásticas; se declara que las cláusulas testamentarias que disponen el pago de diezmos, obvenciones o legados piadosos, se ejecutarán solamente en lo que no perjudique la cuota hereditaria forzosa legal y que en ningún caso podrá hacerse el pago en bienes raíces. Se prevé la intervención del Estado cuando las prestaciones de los fieles para sostener el culto pudieran interponer fuerza o engaño o consistan en bienes raíces. Se declara a los sacerdotes de todos los cultos exentos de milicia y de servicio personal coercitivo; pero no de contribuciones o remuneraciones y se reitera que el uso de las campanas continuará sujeto a los reglamentos de policía. De confor-

[107] Posteriormente, el 16 de enero de 1861, y de conformidad con lo dispuesto por esta ley, se previene a los señores curas del Distrito Federal: "...que no deberá seguir saliendo el Viático con la solemnidad y publicidad hasta aquí acostumbrada, y en consecuencia procurarán que en lo sucesivo esto se haga privadamente y de modo que ningún distintivo especial determine a sacerdote o ministro que lo lleve". El 31 de enero de 1861 se establecen penas para los curas y vicarios que hagan manifestaciones religiosas en lugares públicos.

midad con la estricta separación, preceptuando que el Estado no intervendrá en los ritos y prácticas religosas concernientes al matrimonio, se establece que, siendo éste un contrato sometido estrictamente a las leyes, cualquier matrimonio contraído en el territorio nacional sin observar lo prescrito por las leyes es nulo.

Por disposición de febrero 2 de 1861, se establece: "Quedan secularizados todos los hospitales y establecimientos de beneficencia que hasta esta fecha han administrado las autoridades o corporaciones eclesiásticas.[108]

Esta es, en esencia, la legislación reformista. A ella hay que añadir otras disposiciones de tipo secundario, como la reglamentación de la libertad de enseñanza, los juicios sobre derechos de propiedad de los bienes del clero y todas aquellas circulares que expide el Gobierno Federal y que están dirigidas a interpretar o aclarar la legislación reformista.

Como se ve, ésta afirma la idea que ya está en el Congreso Constituyente 1856-57: separación o delimitación, con intervención del Estado, para la regulación de ciertos efectos sociales o políticos derivados del culto religioso. En el fondo, se reitera la idea de Iglesia no propietaria ni asalariada, separada del Estado, pero sujeta a las disposiciones que éste pueda dictar en lo que toca a las consecuencias sociales o políticas derivadas del culto. Al respecto, son claras las medidas reguladoras a que ya nos hemos referido. El hombre, de acuerdo con la legislación liberal, puede nacer, vivir y morir dentro de la pura legislación dictada por la autoridad civil. De aquí que la Reforma tenga por contenido esencial la secularización cabal de la sociedad mexicana.

Estabilidad de la Reforma

Apenas dictadas las Leyes de Reforma, la preocupación por lograr su estabilidad es manifiesta. Juárez no oculta el deseo de

---

108 El 2 de marzo de 1861 se dispone que todos los hospitales, hospicios, casas de corrección y establecimientos de beneficencia existentes o que se funden en el Distrito Federal, quedan bajo la protección y amparo del Gobierno, para lo cual se establece una Dirección General de Fondo de Beneficencia. El 13 de marzo de 1861 se reitera qué el Gobierno no podrá intervenir en la administración de los sacramentos. Ello en virtud de que algunos eclesiásticos se oponían a ministrarlos a los que cumplían con lo prevenido en la ley del registro civil. Junto a ello, el Gobierno declara que reconoce en el pueblo la facultad de nombrar los miembros de su culto, a consulta que al respecto se le hace.

obtener la consolidación jurídica de la Reforma mediante su incorporación en el texto constitucional. Y en la importante circular enviada por la Secretaría de Justicia acompañando la ley de 4 de diciembre de 1860 sobre tolerancia de cultos, esta preocupación se expresa claramente. El movimiento equipara Constitución y Reforma; Fuente, en la circular, lo reitera y explica con amplitud el sentido de la Reforma. La legalidad de la Reforma no puede ser puesta en duda: "La República ha puesto el sello de su voluntad soberana a las leyes de la Reforma, y los sacrificios que ha prodigado para sostenerlas, hacen de ellas una parte muy preciosa del derecho nacional". Las Leyes de Reforma se conquistan en plena guerra y como plataforma de ésta. Las voluntades que se conjugan para luchar en la contienda lo hacen en torno a la Constitución y a la Reforma: "*Constitución y Reforma* ha sido el grito de guerra, mil y mil veces repetido en esta embravecida contienda, cuyo fausto desenlace tocamos ya con las manos, puesto que dentro de breves días la Constitución y la Reforma inicuamente rechazadas, serán una verdad hasta en el último atrincheramiento de los rebeldes".[109]

Políticamente se hace notar que: "El poder en quien la nación había depositado su confianza, hubiera cometido un error funesto, reduciéndose a promover la restauración de la paz incierta y miserable que dejaban por el tiempo de su voluntad los hombres de los privilegios a la República, ya fatigada con razón, de su inmensa y mal pagada generosidad". Es la idea de Juárez de no sólo luchar por la restauración de la Constitución, por volver al estado que guardaban las cosas antes del golpe de Comonfort y de la iniciación de la Guerra de Tres Años, sino también de avanzar, de tal manera que no fuera posible el retroceso. Había que hacer tal tortilla que resultara imposible volver los huevos al cascarón.

Por otra parte, el sentido ideológico de la Reforma y los antecedentes de la lucha son fielmente expresados. La Reforma es la secularización de la sociedad: proclamó los principios de la libertad religiosa "y de perfecta independencia entre las leyes y los negocios eclesiásticos" y dedujo de ello las consecuencias prácticas y de aplicación. La antigua legislación había hecho "de la nación y de la Iglesia católica una amalgama funesta", cuya consecuencia era la falta de paz, "la negación de la justicia", el estorbo para el progreso

109 ARRILLAGA: *Recopilación de leyes, bandos, reglamentos ...*, desde 25 a 31 de diciembre de 1860, p. 303 y sigs.

"y la sanción absurda de obstáculos invencibles para la libertad política, civil y religiosa". Era necesario considerar que los enemigos vencidos en la guerra "emplearían todos los sofismas y todos los artificios imaginables para impedir la entera y general planteación de la Reforma".

La ley de 4 de diciembre de 1860 desarrolla el principio de la libertad religiosa. Fuente establece el principio y sus consecuencias. La libertad de cultos procede de la libertad religiosa. Una Iglesia no puede ni debe constituirse "sino por la espontánea voluntad de sus miembros, ni ejercer sobre ellos más que una autoridad pura y simplemente espiritual". En lo relativo a sus negocios económicos, goza de todas las facultades de las asociaciones legales, con una sola excepción: el derecho de adquirir bienes raíces. Garantizando el estado la libertad de conciencia, necesariamente debe prohibir a las iglesias imponer coacción y penas del orden civil en asuntos religiosos. La misma separación de Estado-Iglesia hace que desaparezcan los recursos de fuerza. El Estado no se mezclará en las cosas de religión; "pero tampoco permitirá ni una sombra de competencia en el pleno régimen de la sociedad". Caduca el privilegio de asilo: "la misma separación del Estado y de la Iglesia conduce a declarar que, si bien los hombres en quienes la nación ha depositado su poder y su fuerza, tienen la misma libertad religiosa que todos los habitantes del país, no deben con todo eso, y aún por causa de aquella libertad, unir su representación oficial con el culto aceptable para su conciencia". Fuente, a renglón seguido, recuerda, tanto los conflictos Estado-Iglesia que han perturbado a nuestra patria, como las consecuencias de la libertad religiosa y de la separación de Estado-Iglesia en la vida civil, del nacimiento a la tumba.

Pero siempre, en uno u otro sentido, las relaciones Estado-Iglesia se han regulado en la Constitución del país sea ésta federal o central. La tradición viene de 1824 y del texto gaditano. Es más, ya sabemos que los preceptos relativos se declaraban permanentes, inmodificables. Por consiguiente, la consolidación de la Reforma, su permanencia, exige su incorporación en el texto constitucional y los pasos para obtenerlo se darán en cuanto las circunstancias políticas y la vida institucional lo permitan.

Constitución y Reforma

Revestir a las Leyes de Reforma de carácter constitucional no fue, como comúnmente se piensa, tarea fácil. Puede decirse que los últimos grandes debates ideológicos de nuestro país en el siglo pasado fueron aquellos a que dio lugar la adición de las Leyes de Reforma a la Constitución. El proceso parlamentario para esta incorporación se inicia en noviembre de 1870, que es cuando surge la propuesta formal para incluir en la Constitución las Leyes de Reforma.[110]

Poco después, el 3 de abril de 1871, se propone al Congreso que se eleven a categoría constitucional las Leyes de Reforma, adicionando al respecto la Constitución Federal.[111] Las adiciones se reducen a cuatro preceptos: 1).—No se expedirá ley, decreto o providencia gubernativa relacionada con cualquier religión, cuyos preceptos no pugnen con la moral y el orden público y que prohiban su libre ejercicio; 2).—Siempre estarán bajo la dirección y encargo de las autoridades y en los términos que prevengan las leyes, los registros públicos, para hacer constar el estado civil de las personas; 3).—Que han entrado legítimamente al dominio de la nación los bienes raíces y capitales impuestos sobre fincas que el clero administraba como propietario, y que la nación ha podido y puede enajenarlos, quedando consumados "de una manera irrevocable", los actos relativos que se hayan ajustado a las leyes; 4).—Por último, los diputados agregan el establecimiento de las garantías en los procesos criminales buscando que se generalice la institución del jurado en toda la República como una garantía para los procesados. Los proponentes pecan de opitimismo al decir que la elevación de las Leyes de Reforma a leyes constitucionales está en la conciencia del Congreso. Los debates que al respecto se engendran y la duración misma de ellos demuestran las resistencias que por una u otra causa se enfrentaron al intento. Estas resistencias encontraron argumentos jurí-

[110] Los diputados Alfaro y Zárate propusieron: "1. Son preceptos constitucionales los principios contenidos en las Leyes de Reforma"; "2. Entre tanto se expiden las leyes orgánicas de estos artículos, lo serán las Leyes mismas de Reforma" *(Diario de los Debates, 5o. Congreso Constitucional de la Unión,* México, Imprenta del Gobierno, en Palacio, 1871. Tomo III, p. 496 y sigs.

[111] La iniciativa es de los diputados Montes, Dondé y Alcalde. El dictamen de la Comisión se extendió, por proposición aprobada por el Congreso, el 16 de marzo de 1871, de la que fue autor el diputado José Fernández. *(Op. cit.,* Tomo IV, pp. 292 y 293).

dico-formales en contra de las adiciones, a más de argumentos ideológicos, expuestos claramente por quienes estaban en contra del contenido mismo de las Leyes de Reforma. Como se comprenderá, los argumentos jurídicos se dirigen más a criticar las adiciones o propuestas de incorporación en sí, que las leyes y su significado. Se va a hablar, al respecto, de que se invade la soberanía de los Estados, de que se incurre en contradicción entre diversos preceptos constitucionales, de que se erige a un Congreso Constitucional en Congreso Constituyente, de que, por la cantidad de leyes comprendidas en la legislación reformista, se va a hacer de la Constitución un memorándum indigesto y de que se van a incorporar en la Constitución leyes de diversa jerarquía. Los argumentos en contra del contenido mismo de las Leyes de Reforma son de carácter ideológico. Ellas, se dice, violan el artículo 9º constitucional y restringen las libertades, fundamentalmente la de asociación.

El examen de los debates resulta interesante, por esclarecerse en las discusiones el sentido histórico político de las Leyes de Reforma, y también porque alcanzan niveles muy altos. Cuando, el 26 de mayo de 1871, la Comisión de puntos constitucionales consulta las adiciones propuestas, surge la primera oposición. En efecto, Francisco W. González va a decir que las adiciones no comprenden la Reforma cabalmente. La independencia entre la Iglesia y el Estado, "ese divorcio tan indispensable para que la libertad religiosa sea verdadera", no es abarcado. La primera adición no entraña la consagración en el país de la libertad religiosa. Tal cosa es atribuida por González a que la Comisión, preocupada por la legislación americana, ha presentado un remedo de lo que ésta establece, prescindiendo de que las condiciones entre ambos países son distintas, pues en los Estados Unidos la libertad religiosa "era un hecho sostenido por las costumbres", al contrario de México, en que había privado la intolerancia más absoluta. Por lo consiguiente, propone que la Comisión, lisa y llanamente, acepte el artículo 1º de la ley de 4 de diciembre de 1860. Rápidamente, Joaquín Alcalde —el discípulo de Ignacio Ramírez—, a nombre de la Comisión, manifiesta el acuerdo de ésta para modificar el dictamen; pero el diputado José Fernández va más lejos: es preciso leer y releer los nombres de las personas que firman el dictamen para convencerse que éste no ha sido "expresamente redactado con el fin de nulificar las leyes de reforma". Si se aprobase la adición primera, parecería que se habrían derogado las Leyes de Reforma, que no descansarían "en una base constitucional preexistente". Fernández coincide con González en señalar que la primera adición se orienta en la tercera de las enmiendas hechas a la Constitución norteamericana y se lamenta "de esta monomanía de imitar, de parodiar, sin discernimiento ni estudio, las instituciones de la legislación americana". La Comisión se olvidó de que en México la ley no vino a reconocer un hecho, sino a crear la tolerancia, la libertad. Propone, en consecuencia, otro proyecto de reformas y adiciones a la carta de 1857, que consigne: separación Estado-Iglesia, intervención del primero en materia de culto religioso y disciplina externa, carencia de religión de Estado, matrimonio civil y registro público, nacionalización de los bienes de la Iglesia y una reforma al artículo 5º constitucional, dirigida a que quede claramente consignada la supresión de comunidades religiosas de ambos sexos. Tanto Alcalde como Guillermo Prieto reparan en la gravedad del asunto y este último propone que se repruebe el dictamen para que la Comisión lo presente en una forma adecuada. El voto particular de Alcalde se manda imprimir y el dictamen se declara sin lugar a votar. Y el 22 de abril de 1873 se presenta un nuevo dictamen que consideró el voto particular de Alcalde —de 25 de octubre de 1871—, es decir, han transcurrido más de dos años desde que se presentó la proposición inicial.[112]

El dictamen comprende las siguientes adiciones constitucionales: 1).—Declaración expresa de la independencia entre Estado e Iglesia, salvo la intervención del Poder Federal en lo concerniente a la policía de los cultos; 2).—Prohibición al Congreso de dictar leyes estableciendo una religión o prohibiendo alguna y a las autoridades de ejercer actos sobre materias religiosas; 3).—Exclusividad de la competencia de las autoridades en los actos del estado civil de las personas; 4).—Declaración de que la acción de las leyes no se ejerza sobre las prestaciones de los fieles para sostener su culto; pero que, en ningún caso, estas prestaciones podrán consistir en bienes raíces o en capitales impuestos sobre éstos; 5).—La sustitución del juramento religioso por la simple promesa de decir verdad; 6).—La modificación del artículo 5º en los términos propuestos por Alcalde, conteniendo la idea de que no se reconoce nin-

112 El debate se encuentra en: *Op. cit.*, Tomo III, pp. 719-725. El voto particular de Alcalde, de la 725 a la 726. *Op. cit., 6o. Congreso Constitucional de la Unión*, Tomo IV, 1873, p. 175.

gún contrato, pacto o convenio que menoscabe o suponga pérdida de la libertad del hombre, ya sea por causa de trabajo, educación o voto religioso y señalando que la ley no reconoce órdenes ni corporaciones religiosas ni puede permitir su establecimiento cualquiera que sea su denominación u objeto.

Al discutirse el dictamen, surge la primera oposición ideológica por parte del diputado Díaz González.[113] Quiere que se combine la Reforma con la libertad y para ello es preciso sujetar "a un juicio patriótico las leyes de Reforma", para arribar a la siguiente conclusión: llevar las Leyes de Reforma a la Constitución sería destrozar la libertad. Mediante las Leyes de Reforma, el Poder Federal roba "a los ayuntamientos una de sus facultades naturales". Díaz González, en realidad, está contra la intervención que implica el artículo 123 de la Constitución. Recuerda cómo éste fue "puesto a última hora y como para llenar el vacío que quedaba después de que se reprobó el artículo 15": Ponciano Arriaga, agrega, al ver derrotado su artículo 15, quiso que el Estado no se quedara sin las regalías que le otorgaban las leyes antiguas. Es el patronato la filosofía del artículo 123 y, por tanto, este precepto, al venir la independencia entre Iglesia y Estado, no tiene razón de ser: "Libertad religiosa e ingerencia del Estado en el ejercicio del culto son cosas que no se comprenden".

Por otra parte, se niega a las asociaciones religiosas los derechos que tienen las asociaciones meramente civiles, lo que supone la violación de la libertad de asociación consignada en el artículo 9º constitucional. Alfaro aclara que no se trata de discutir las Leyes de Reforma. Estas ya fueron sancionadas y han sido factor del progreso del país. Se trata simplemente de elevarlas a la categoría de leyes constitucionales para que ningún congreso pueda derogarlas, es decir, se busca su consolidación. El dictamen es aprobado en lo general y se entra a su discusión en lo particular.

Al abordarse el artículo 1º, se discute si la policía de cultos debe reservarse exclusivamente a la Federación; Prieto y Lemus quieren cortar el nudo gordiano que presienten va a surgir, proponiendo que se declare que son leyes orgánicas del artículo 1º las Leyes de Reforma "y para derogarlas se necesitan los mismos requisitos que para las reformas de la Constitución". Distintas corrientes se ex-

[113] En el *Congreso Constituyente* se opuso al artículo 15, como veremos. (ZARCO: *Op. cit.*, Tomo I, pp. 838-844).

presan en el Congreso: Zamacona no encuentra diferencia entre la Iglesia y las otras asociaciones civiles; Prieto, nada bondadoso, le responde: "¿Qué haríamos, siguiendo las indicaciones del Sr. Zamacona, si mañana se estableciera el uso de la campanilla del Viático?" Para Prieto, la elevación a rango constitucional de las Leyes de Reforma es garantizar el triunfo de ésta. Para Buenrostro es necesario que el Congreso repruebe el artículo, que está redactado en términos ambiguos y para García de la Cadena no pueden aprobarse la segunda y tercera partes del artículo, que tienden a determinar la competencia de las autoridades. Aun cuando Alcalde intenta esclarecer el espíritu del dictamen y su concordancia con el artículo 123, después de que Díaz González vuelve a intervenir calificando la reforma de antiliberal, es el diputado Herrera quien ordena un tanto la discusión, manifestando que es necesario tener presente el espíritu de la reforma y que éste contiene dos ideas: 1ª—La independencia del Estado y la Iglesia; 2ª—Dar facultades a la autoridad civil para intervenir en la policía del culto externo. La segunda está en el artículo 123 constitucional y, en cambio: "La primera idea es una reforma a la constitución, porque no existiendo ahora, se va a poner". El Congreso, sin embargo, resuelve que no hay lugar a votar en lo particular y se vuelve el dictamen a la Comisión.

Cuando la discusión se reanuda,[114] se dan a conocer las adiciones presentadas por Alfaro y Zárate en noviembre de 1870 y la Comisión, al volver a presentar el dictamen, manifiesta que en los principios hay acuerdo y que el problema radica sólo en lo que se refiere a redacción. El clima es tal, que se declara que "a la comisión se le ha encargado que incruste en la constitución las leyes de reforma, *no que las reforme*". Alcalde trae a colación en qué circunstancias se dictaron las Leyes de Reforma. Ellas nacieron en época de revolución. Negarlas ahora sería vilipendiar al partido liberal. Lanza, además, un juicio político definitivo:

> Si diez y siete revoluciones se han sofocado de 1867 a la fecha, se ha debido a que el clero carece de los elementos pecuniarios con que antes atizaba la guerra fratricida.

Por lo demás, la Comisión, si el Congreso no estimase justa y

114 *Diario de los Debates, 6o. Congreso,* Tomo IV, p. 137 y sigs.

conveniente la redacción, "está dispuesta a sufrir, una tras otra, veinticinco derrotas".

En estas condiciones, y habiéndose declarado con lugar a votar la primera parte del artículo 1º, se pone a discusión la segunda, que preceptúa que el Congreso no puede dictar leyes estableciendo o suprimiendo religión alguna, misma que es aprobada, pasándose a discutir el artículo 2º, que establece el carácter civil del matrimonio y demás actos del estado civil de las personas. Al respecto, se plantea una amplia discusión en torno a delimitar la competencia entre autoridades federales y locales, para, al final, aprobar el artículo por 106 votos contra 8.

Al día siguiente, 24 de abril,[115] se declaran con lugar a votar los artículos 3o., 4o. y 5o. del dictamen. El artículo 3o. es aprobado por 128 en contra de 8 votos y el artículo 4o. por unanimidad. Es, empero, en el artículo 5o. del dictamen donde se van a suscitar discusiones, mismas que es conveniente considerar, por tocar puntos sobre los cuales aún en nuestros días se polemiza. Díaz González combate, en nombre de la libertad, el artículo 5o. Para él, este artículo reprueba el voto de castidad y ello va contra la doctrina religiosa y significa "ingerirse en las conciencias y poner restricciones a una de las sectas religiosas, que es precisamente la de la mayoría del pueblo de la República". El artículo, por consiguiente, es "el golpe de gracia a la libertad de conciencia". Hay que sujetarse al artículo 9o. de la Constitución y permitir las asociaciones religiosas que son lícitas. Para Díaz González, se trata de hacer triunfar un sistema por medio de preceptos constitucionales, "de imponernos el racionalismo, apoyándose en la fuerza moral de una constitución, y en la fuerza física que la sostenga".

El diputado Justino Fernández también se opone a la reforma del artículo 5o. de la Constitución, pero con argumentos bien distintos. Para Fernández, declarando la Constitución de 1857, en su artículo 9o., el libre derecho de asociación o de reunión resulta inconcuso que la ley de reforma que extinguió las comunidades religiosas "no tiene ningún fundamento constitucional y es también

---

115 Ese mismo día varios diputados, encabezados por Padilla y Buenrostro, presentan una adición al artículo 1o., señalando que si bien el Congreso no puede dictar leyes estableciendo o prohibiendo religión alguna, las ceremonias de cualquier culto "sólo podrán tener lugar en el interior de los templos". Esto da lugar a un debate, pero al final, por 76 votos en contra de 67, se niega la discusión de esta adición.

claro que para salvar el principio de la extinción de las órdenes monásticas, hay la indeclinable necesidad de restringir el derecho o la garantía otorgada por el art. 9o. de la carta de 57". No es posible, agrega, decir que el artículo 5o. de la Constitución que señala que la ley no puede autorizar ningún contrato que tenga por objeto la pérdida o el irrevocable sacrificio de la libertad del hombre, ya sea por causa de trabajo, de educación o de voto religioso, dé base para la restricción del artículo 9o. El artículo 5o. simplemente contiene una omisión: la ley no sanciona, no puede autorizar ningún contrato del tipo previsto por el artículo 5o.; pero no interviene, simplemente se lava las manos. Si se propusiera que el Estado no puede permitir que se lleve a efecto ningún contrato, de los que enuncia el artículo 5o., se restringirá el artículo 9o. constitucional. La Comisión, en su seno, ha ido más allá de la Constitución, al sostener que el Estado no debe permitir que se cumpla ningún contrato "que tenga por objeto el *menoscabo* de la libertad". Lo de *menoscabo,* es absurdo y debe suprimirse. La sociedad no puede ser insensible e indiferente "a la suerte de un hombre que en un momento de imprudencia sacrificó su libertad para siempre de una manera *irremediable,* y que por más que después la desea, no puede ya recobrarla"; pero ese hombre en nada se parece al que ha sacrificado su libertad por tiempo limitado y que tiene la facilidad de recobrarla.

Alcalde, en una brillante intervención, concuerda los artículos 5o. y 9o., afirmando que, si bien este último permite las asociaciones, las hay tan perjudiciales a la sociedad, que es forzoso extirparlas. El problema es político: respetamos el pasado, "con tal que él consienta ya en declararse muerto"; si se obstina en no morir "le atacaremos y trataremos de matarle cuanto antes". El partido liberal sobrellevó una lucha difícil:

> Y la nuestra era una lucha y a brazo partido: era coger del cuello a los que habían causado mal a la sociedad: era la revolución que proclamaba estos principios, era la revolución que después de quince años se encuentra latente y palpitante.

Lo que se quiere es dominar al que no se da por vencido, consignando los principios de una "revolución gigante, de hombres que porque viven entre nosotros no se les contempla su tamaño colosal, inmenso".

Pide, por lo consiguiente, la aprobación del dictamen. Díaz González reargumenta fundamentalmente recordando los beneficios prestados por las instituciones monásticas y sobre la base de la libertad que todo hombre tiene para vivir como quiera, siempre y cuando no perjudique los derechos de tercero y no ofenda al Estado ni a la sociedad.

El diputado Herrera admite la supresión de órdenes monacales sólo en lo que se refiere a varones. Prohibir que se reúnan las mujeres es negarles el derecho de asociación. Juan José Baz va a ser categórico. El no cree que con la supresión de las asociaciones monásticas se vaya en contra de ningún artículo constitucional, pero si así fuera, habría que modificar el artículo 9o. Baz se lanza a hablar de los males causados por el clero y pronuncia un discurso anticlerical salpicado de ejemplos, datos y anécdotas. Díaz González insiste en que se trata de principios y no de hechos.

Guillermo Prieto interviene para poner la discusión en sus justos términos. Una, dice, es la religión de Jesucristo, que "es un rayo de luz que pone en combinación íntima el corazón del hombre con Dios", y otra la religión del fraile.

Peón Contreras, que actúa como Secretario, somete a votación particular el artículo 5o., que es aprobado por 111 votos en contra de 12.

El 25 de abril de 1873 continúa la discusión de las reformas constitucionales. El diputado Macín presenta una adición, señalando que se deroga el artículo 11 de la ley de 4 de diciembre de 1860 y: "Queda absolutamente prohibida toda manifestación religiosa fuera del recinto de los templos". El diputado Cañedo da una llamada de atención. Se trata, dice, de incrustar en la Constitución las Leyes de Reforma. En los principios generales, agrega, estamos de acuerdo, y sin embargo, ha habido discusiones. Si nos metemos a lo concreto, las discusiones van a ser innumerables. La Constitución Federal sólo tiene 128 artículos; hay una sola de las Leyes de Reforma que tiene mayor número de artículos. Se haría un monstruo de la Constitución; se convertiría en "una especie de *memorándum* indigesto". Hay que concretarse a unos cuantos principios meditados y definidos. Hay leyes, añade, orgánicas que no hay por qué incrustar en la Constitución. Hay principios del grupo de leyes de Reforma que deben formar leyes constitucionales. Cañedo sostiene que el artículo 6o. del dictamen tiene, así, dos partes: una propiamente constitucional y otra orgánica. Sánchez Mármol, asienta que la Comisión no tiene el menor inconveniente en dividir el artículo 6o., de conformidad con la proposición de Cañedo. Para Ruelas, por entusiasmo en torno a las Leyes de Reforma, la Comisión dictaminadora ha ido más allá de los propósitos perseguidos por quienes proclamaron los principios de la legislación reformista:

> La Comisión no se limita ahora a consultar esa incrustación de los principios en nuestra carta fundamental, sino que nos propone que las mismas leyes de reforma se tengan como orgánicas de dichos principios, y que no puedan ser reformadas sino con los mismos requisitos con que puede serlo la constitución.

Ruelas es partidario de la legislación reformista, no estando, en cambio, por que las leyes expedidas al respecto por el Presidente de la República "en circunstancias bien extraordinarias, se impongan a los Estados de la Unión como reglas a que forzosamente hayan de sujetarse hasta en asuntos relativos a su gobierno económico y a su legislación mercantil civil". Ruelas se vale de las incongruencias y contradicciones a que antes se refirió Cañedo. Hace la historia del artículo 123 constitucional, para sostener la tesis de que la religión debe quedar fuera de la legislación, de la política y de la acción gubernamental. La intervención del Estado en materia de cultos estaba bien dentro de la Constitución de 1857, que se negó a decretar la libertad de cultos, dado que "si el Estado y la Iglesia no han de ser independientes, entonces que el Estado domine a la Iglesia". Mas tal situación difiere radicalmente cuando la separación y la libertad de cultos han sido establecidos:

> Pero nosotros, después que hemos decretado la libertad de cultos, después que hemos declarado la independencia completa entre el Estado y la Iglesia, después que hemos conquistado el principio americano de la *Iglesia libre en el Estado libre,* no podemos sin pecar de inconsecuentes, declarar por otra parte, que la Iglesia depende del Estado en lo relativo a su disciplina, y por esto es que no podemos dejar subsistente el artículo 123 de la constitución.

La Iglesia sólo puede quedar sujeta a la autoridad del Estado en los mismos términos que cualquiera otra corporación. Ruelas concluye pidiendo a la Comisión retire su artículo 6o., sustituyéndolo por otro "en que se consulte la derogación del artículo 123 de la constitución". De no ser ello posible, pide que se declare sin lugar a votar el artículo 6º.

Lemus contesta a Ruelas: las Leyes de Reforma fueron aceptadas por todos los Estados como leyes reglamentarias de los principios del Código de la Reforma. Ciertamente que no es posible en unos cuantos artículos constitucionales introducir todo un código: "No un Congreso, no una academia; se necesita el mundo entero para que viniera a establecer un código en cuatro o cinco artículos todas las leyes de reforma". La reforma ha sido aceptada en todo el país con los principios que constan en el artículo a discusión y con esos principios la República ha vivido catorce años sin hacer observaciones a dichos preceptos:

> Es, pues, indispensable, supuesto que todas estas leyes han sido aceptadas por toda la nación y que esta es la voluntad del pueblo, que queden consignadas en la constitución.

El dilema es claro: está en juego la supremacía del Estado: "Toda la sociedad debe pertenecer exclusivamente a la autoridad federal".

Rafael Herrera se opone al dictamen de la Comisión en aquel precepto en que pretende que las Leyes de Reforma sean reglamentarias de las enmiendas constitucionales aprobadas. Vendría una centralización del poder y un debilitamiento de las entidades federativas: "En lugar de poner un límite al avance natural de la unión, quitaríamos a los Estados una parte de su soberanía, con la cual aumentaríamos la suma de facultades de esta asamblea". Se cercenarían las facultades de los Estados, de conformidad con su "soberanía primitiva". Tal proceder sería ilógico, antifilosófico e inconveniente, dado que centralizaría el poder "enervando la soberanía de los Estados"; incrustaría en el derecho constitucional, "que sólo debe tratar de principios políticos, leyes que pertenecen al derecho civil"; y, por último, se aumentaría el poder del centro, en perjuicio de las entidades federativas. A Herrera le contesta Chavero, para quien la aprobación del dictamen de la Comisión sería cumplir con una santa aspiración de la República.

Ruelas rebate a Lemus y García de la Cadena dice que en la discusión se está retrocediendo al año de 1856 y que, por lo demás, no se puede acusar de contrarios al espíritu de la Reforma a quienes se opongan a aprobar de un golpe "leyes dictadas enmedio del calor de las pasiones".

El día 28 de abril se continúa la dicusión del artículo 6o. del dictamen sobre Leyes de Reforma. En ella, Díaz González dice que el Estado de México, que tomó parte en la revolución de Reforma, ha creído "que debían salvarse a todo trance los principios cardinales de la reforma; pero que debía también salvarse en el naufragio la libertad y la soberanía de los Estados". En estas condiciones, consignó en su Constitución y en sus leyes la libertad religiosa, la independencia entre la Iglesia y el Estado, el matrimonio civil y la prohibición a las manos muertas para adquirir bienes raíces; pero se creyó en libertad para legislar en lo relativo a los detalles "y lo ha hecho con la conciencia tranquila, porque está persuadido de que combinando la reforma con la libertad y la libertad con el orden, se pueden salvar todas las conquistas, dejando incólume el sistema federal, al que deben los Estados su felicidad y su progreso".

Lemus indica que el Congreso, al abordar el problema de las Leyes de Reforma, "no está legislando en virtud de sus facultades ordinarias", sino que "está legislando como congreso constituyente". En tales condiciones, puede determinar todo lo que debe pertenecer al Código que se llama constitucional. Si el Estado de México se siente herido por ello, tendrá que someterse a la voluntad de los demás Estados. Acusa a Díaz González de hacer el juego a una "conciencia materialmente gastada".

Cañedo asienta que está de acuerdo con las Leyes de Reforma, pero difiere en cuanto a revestirlas de carácter constitucional. No cree que el 6o. Congreso se haya convertido en constituyente al tratar la incorporación de las Leyes de Reforma:

> No podemos, pues, usurpar las facultades casi omnímodas, creadoras, por decirlo así, de una asamblea electa *ad hoc* y que no obedece a reglas fijas, por la sencilla razón que tiene la misión de formularlas.

Cañedo divide el dictamen en dos partes: la primera consulta que se declaren leyes orgánicas las leyes de Reforma, parte en que están de acuerdo todos los diputados; la segunda "entraña la pretensión de todo punto original" de elevar dichas leyes a la categoría de leyes constitucionales de facto.

Alcalde le contesta que el carácter con que se declare el artículo 6o. determinará si se trata de un Congreso constitucional o constituyente y que ello lo dirá la misma Cámara:

> Si la Cámara vota simplemente que son leyes orgánicas, quedará como de Congreso constitucional; pero si declara además que estas

> leyes orgánicas no podrán reformarse sino en los términos que prescribe el art. 127 de la constitución, entonces lo hará con el carácter de constituyente.

Para Alcalde, la Comisión en un principio pretendió que se consideraran como leyes orgánicas, tarea de un Congreso contitucional; pero posteriormente se fue más allá, entrañando el artículo 6o. una verdadera decisión, pues en su texto hay una reforma constitucional:

> Si el Congreso acepta todo el artículo, será obra de Congreso constituyente, y si acepta la primera y reprueba la segunda, entonces la declaración será de Congreso constitucional.

Cañedo acusa a Alcalde y a la Comisión de poco congruentes, de remontarse de la consecuencia a la causa, dando a la primera votación un carácter condicional definido precisamente por la segunda votación:

> Tal pretensión es contraria a la constitución y a nuestro reglamento. Pugna con todas las tradiciones del parlamento, y no puede tomarse seriamente en consideración.

Lo que la Cámara vote una vez, dice Cañedo, lo vota sin reticencia ni segunda intención y su voto es independiente de los que enseguida pueda dar. Por lo consiguiente, insiste en su pregunta. Alcalde le vuelve a responder queriendo parar la discusión:

> Precisando la respuesta, manifiesto que la opinión individual de los diputados que forman la comisión, es que deben declararse como leyes orgánicas por simple mayoría. Otros tienen que declarar si es por simple mayoría, o si es por dos tercios como debe declararse.

Prieto interviene, explicando el sentido histórico de las Leyes de Reforma. Cuando se proclamó la Constitución de 1857, "que entrañó la declaración de los derechos políticos de la nación", quedaron a la sombra las cuestiones de reforma "como dormidas bajo la presión de la administración que se encontraba entonces al frente de los destinos del país". Acobardado el mismo jefe del Poder Ejecutivo ante la obra que se le presentaba, escogió un sendero de dificultades, que dio por resultado "concesiones a medias, palabras de doble sentido, equívocos sociales". Clarividentemente, Prieto da el sentido a la Constitución de 1857: con ella se había conquistado mucho, la revolución política estaba casi hecha, el partido liberal tenía un símbolo; ya no se le podía acusar de que caminara sin brújula. Este símbolo se había conquistado en la Constitución de 1857 en lo que se refiere a la cuestión política. Pero en cuanto "a la cuestión clerical", la Constitución se quedaba en un equívoco. Frente a estas transacciones, a este equívoco:

> Las necesidades sociales eran otras; las necesidades sociales querían la proclamación de un evangelio para la humanidad, en que se instituyese el matrimonio civil, en que las corporaciones eclesiásticas no tuviesen bienes; en una palabra, a la escalación del poder civil; a la elevación de la dignidad humana; a que se abriera delante de los ojos de la patria el horizonte inmenso del progreso.

No otro, según Prieto, es el significado de la Reforma, que se proclamó en los campos de batalla. La Reforma fue dictada por la voluntad de la nación; "fue una ley tan grande como la constitución, tan venerada como ella, tan dogmática como ella, tan considerada por la voluntad de la nación como ella". Es imposible establecer un paralelo entre ellas para ver cuál tiene preferencia.

Las pequeñeces, las contradicciones, las particularidades, tienen la voluntad de la nación y en este punto de partida debe colocarse el Congreso:

> Contraponer la constitución a las leyes de reforma, buscar en este gimnasio pueril de los artículos reglamentarios de las leyes secundarias esta contraposición, es querer que se haga lo que ya está hecho.

Actuar de otra manera sería tener la lógica del colegio, pero no la lógica de los hombres de Estado. Prieto avalora la situación y en sus palabras se escucha un eco de la Guerra de Reforma:

> Las leyes de reforma tienen una elevación tan grande como la constitución; las leyes de reforma, por la naturaleza misma de las cosas, se han incrustado en la constitución, se han hecho permanentes en ella, se han hecho de tal manera inviolables y grandes, que nosotros no podemos hacer variaciones en ellas si no es con el peligro de resucitar la guerra civil.

Las Leyes de Reforma fueron proclamadas en el campo de batalla; son invulnerables por voluntad de la nación; están, dice Prieto, enraizadas en la historia misma de México, forman parte de la esencia de la nacionalidad.

Díaz González manifiesta que había acatado una constitución que le desagradaba. Aceptó ser diputado creyendo en la libertad y por ello se duele frente a los insultos. Sería un sueño, dice, pero he querido que se pusiera en armonía la Reforma con la libertad y la libertad con el orden. Lemus le acusa de hipocresía política. Nosotros, agrega, hemos aceptado la Constitución de 1857 y las Leyes de Reforma "sin beneficio de inventario, y nuestros antagonistas las aceptan con beneficio de inventario".

La sesión continúa, con intervenciones de Rafael Herrera, que emplea un nuevo argumento: ningún Estado de la República dará su aprobación a la adición constitucional. La adición, además, es calificada de ambigua y dudosa. No se aclara si las leyes son reglamentarias de la Constitución o forman parte de ella. Hernández y Hernández le contesta con argumentos de tipo histórico, jurídico y político. No ve inconveniente en que los Estados adapten su legislación civil a los principios de la Reforma. Para él, el Congreso es constituyente y esgrime un hábil argumento político: si no se aprueba la adición y se declara que las Leyes de Reforma no son orgánicas, se estarían mandando al archivo y derogando. Más valiera, en ese caso, que no se hubiera pretendido su incorporación.

Para Hernández y Hernández, la misma vigencia de las libertades depende del mantenimiento de las Leyes de Reforma. García de la Cadena se opone al artículo propuesto y dice que sería monstruoso incrustar las Leyes de Reforma, que constan de más de trescientos artículos, en la Constitución. Prieto le contesta diciendo que no se pretende que se incrusten las Leyes de Reforma en la Constitución. Una ley constitucional, aclara, no forma parte de la Constitución. La parte sustantiva de las Leyes de Reforma no debe quedar sujeta a los vaivenes históricos. Prieto añade que, a título de defender las prerrogativas de los Estados, se han burlado las Leyes de Reforma. Si se desprenden los principios constitucionales ya aceptados por la Comisión, de las leyes que los reglamentan, los Estados, valiéndose de la libertad que la Constitución les da, la convertirían en instrumento para destruir la Reforma.

En votación nominal, se pregunta si hay lugar a votar la primera parte del artículo, contestándose afirmativamente por 114 votos contra 27. Al informar el secretario que se pasará al Ejecutivo para los efectos constitucionales, el diputado Alcalde reclama el trámite, "porque no es necesario que pase al Ejecutivo el proyecto, supuesto que el Congreso obra como constituyente".[116]

El 1o. de mayo de 1873 se somete a discusión la segunda parte del artículo 6o. del proyecto sobre adiciones a la Constitución, sosteniéndose que las Leyes de Reforma no serán modificadas sino en los términos prescritos por el artículo 127 de la Constitución. Por 92 votos contra 48 se resuelve que no hay lugar a votar en lo particular. Alfaro propone que se faculte a la Secretaría del Congreso para que, si lo tiene a bien, convoque a sesiones extraordinarias para que se revise la adición constitucional. A ello se opone Castañeda, pero al final se dispensa de trámites la proposición de Alfaro.[117]

Por fin, el día 29 de mayo, por 125 votos contra uno, se aprue-

---

[116] El día 29 de abril se discute la reclamación del trámite. Alcalde sostiene que en tanto no se apruebe la segunda parte del artículo, no puede resolverse el trámite, pues de aprobarse, el Congreso obra como Constituyente y el Ejecutivo no tiene por qué hacer observaciones. El Presidente del Congreso señala que se trata de dar trámite a la primera parte, que sí debe enviarse al Poder Ejecutivo para los efectos constitucionales. Es apoyado por Cañedo. Lemus, en cambio, apoya a Alcalde. El día 19 de mayo la primera Comisión de puntos constitucionales presenta dictamen sobre las observaciones que el Ejecutivo hizo por no habérsele pasado el expediente relativo a elevar a leyes constitucionales las Leyes de Reforma. La Comisión, en un bien hilvanado dictamen, sostiene que unos son los trámites para la formulación de leyes y otros los necesarios para la reforma de la Constitución. Al efecto, se inspira en la doctrina americana, bajo el apoyo de Story, diciendo que en las enmiendas que se hacen a la Constitución, el Poder Ejecutivo no tiene otra función que la de promulgarlas, una vez que han sido ratificadas por los Estados. La Comisión resuelve que no son de atenderse las observaciones del Poder Ejecutivo para que se le oiga en el proyecto sobre adiciones o reformas a la Constitución y que debe reservarse la votación definitiva que declare leyes orgánicas las de Reforma, hasta saber si el acuerdo del Congreso sobre adiciones constitucionales es aprobado por la mayoría de las legislaturas de los Estados. *(Op. cit.,* pp. 510-12). El 29 de mayo, en sesión extraordinaria, la Comisión primera de puntos constitucionales presenta el dictamen a que ya nos hemos referido, sobre no atender las observaciones del Poder Ejecutivo en materia de adiciones o reformas a la Constitución *(Op. cit.,* pp. 657-58).

[117] Las discusiones incidentales son numerosas. Así, por ejemplo, el 6 de mayo de 1873, Juan José Baz recuerda la proposición que hizo para que se derogara el artículo 11 de la ley de 4 de diciembre de 1860, que daba facultades a los gobernadores para permitir procesiones y otros actos de culto externo. Dicha reforma es aprobada. El día 10 del propio mes se aprueba una proposición de Lemus que declara que el código de procedimientos civiles no ha derogado las Leyes de Reforma. *(Op. cit.,* p. 301 y sigs.)

ba el dictamen de la Comisión de puntos constitucionales y la minuta que incorpora principios esenciales de Leyes de Reforma a la Constitución, la cual queda en los siguientes términos:

El Congreso de la Unión decreta:

Art. 1o. *El Estado y la Iglesia son independientes entre sí.* El Congreso no puede dictar leyes, estableciendo o prohibiendo religión alguna.

Art. 2o. El matrimonio es un contrato civil. Este y los demás actos del estado civil de las personas, son de la exclusiva competencia de los funcionarios y autoridades del orden civil, en los términos prevenidos por las leyes, y tendrán la fuerza y validez que las mismas les atribuyan.

Art. 3o. Ninguna institución religiosa puede adquirir bienes raíces ni capitales impuestos por éstos, con la sola excepción establecida en el artículo 27 de la Constitución.

Art. 4o. La simple promesa de decir verdad y de cumplir las obligaciones que se contraen, sustituirá al juramento religioso con sus efectos y penas.

Art. 5o. Nadie puede ser obligado a prestar trabajos personales sin la justa retribución y sin su pleno consentimiento. El Estado no puede permitir que se lleve a efecto ningún contrato, pacto o convenio, que tenga por objeto el menoscabo, la pérdida, o el irrevocable sacrificio de la libertad del hombre, ya sea por causa de trabajo, de educación o de voto religioso. *La ley, en consecuencia, no reconoce órdenes monásticas, ni puede permitir su establecimiento, cualquiera que sea la denominación u objeto con que pretendan erigirse.* Tampoco puede admitir convenio en que el hombre pacte su proscripción o destierro.

El último acto se cierra en el 7o. Congreso. La división política no impide, sino al contrario parece fomentar, ciertas resistencias el régimen liberal. Estas se expresan aún en el Congreso.[118] Por ello,

[118] *Op. cit., 7o. Congreso Constitucional de la Unión.* México, Imprenta de F. Díaz de León y Santiago White. 1873. Tomo I, pp. 110-13. El diputado Rul se resiste a la protesta que fija el cumplimiento de la Constitución y de las leyes que de ella emanan. El diputado por Michoacán, José de J. Cuevas, se negó a la protesta establecida por el artículo 9o. del Reglamento. Más tarde, este último diputado va a exponer sus escrúpulos de conciencia para firmar las adiciones a la Constitución.

el Presidente Sebastián Lerdo de Tejada, en el discurso de apertura, no deja de manifestar el problema existente en torno a las Leyes de Reforma:

> En conformidad con sus promesas y sus deberes, ha cuidado el Ejecutivo de contener algunos avances contrarios a las leyes de Reforma, que con tanta justicia serán en breve revestidas de un carácter constitucional.

En estas condiciones, en la sesión del 24 de septiembre se da primera lectura al dictamen de las Comisiones unidas primera de puntos constitucionales y de corrección de estilo, sobre que sean elevadas al rango de leyes fundamentales los principios de las Leyes de Reforma contenidos en los cinco artículos que anteriormente hemos transcrito.[119]

Juan José Baz propone que inmediatamente se ponga a discusión el dictamen, lo cual se hace el 25 de septiembre de 1873. Ese día, Dondé, miembro de la Comisión, lee el artículo 127 constitucional y señala que las Comisiones se han reducido a hacer el cómputo de los votos emitidos por las legislaturas de los Estados y a examinar si ellas constituyen la mayoría de las existentes. Recuerda que el Congreso no debe debatir las adiciones, puesto que ya están aprobadas por las dos terceras partes del 6º Congreso Constitucional.

---

119 Las Comisiones informan que las adiciones constitucionales han tenido la aprobación de diecisiete legislaturas, que forman la mayoría de la Federación Mexicana. Y al pedir la declaratoria del Congreso, las Comisiones añaden: 1o. Que la declaración sea firmada por todos los ciudadanos diputados que concurran a su votación; 2o. Que el "acta de reformas a la Constitución" sea publicada solemnemente por bando nacional en toda la República. El acuerdo económico transitorio establece que se haga una nueva edición de la Constitución de 1857, incluyendo las adiciones (*Op. cit.*, p. 182 y sigs.). El diputado Rul pide no firmar la declaración, en virtud de que en ella "se pueden afectar las creencias de un católico". Sus escrúpulos de conciencia son frente a la declaración de independencia entre el Estado y la Iglesia, el carácter civil del matrimonio y la prohibición de los votos monásticos. Castañeda le contesta, diciendo que no ve en el dictamen palabra alguna que ponga en tortura sus convicciones religiosas. Para Castañeda es un honor firmar el documento. Rul pide que se deje el asunto pendiente en tanto se calman las pasiones. Hernández y Hernández le recuerda que las minorías deben sujetarse a la decisión de las mayorías y que el propio Rul protestó hacer guardar la Constitución y las leyes que de ella emanen. Rul insiste en sus escrúpulos y Baz lo rebate. Prieto, finalmente, dice que se trata de votar una simple minuta y, por último, el dictamen es aprobado por 134 votos y uno en contra, el de Rul.

Se pasa a discutir, entonces, los añadidos hechos por la Comisión, que se aprueban y se suspende la sesión mientras la Comisión de corrección de estilo presenta la minuta respectiva.

La Comisión vuelve a presentar la minuta, a la cual le hace observaciones José Fernández, quien habla de laconismo de la declaración. A Juan A. Mateos, por el contrario, le parece poco lacónica. Castañeda aclara la redacción: se ha buscado un término medio entre el laconismo de Mateos y el deseo de amplitud de Fernández. Este insiste en sus puntos de vista y al fin se recoge la votación, que aprueba la minuta por 111 votos a favor y 10 en contra. Debe, empero, aclararse que estos 10 votos en contra no indican oposición al contenido, sino desacuerdo con la redacción.

Al día siguiente, 26 de septiembre,[120] se cita para la firma del Acta de Reformas. Una vez firmada, se pasa al Ejecutivo para su promulgación.[121]

Se cierra, pues, así, un importante capítulo de la evolución política de México. La sociedad mexicana es secular por mandato constitucional. Es preciso aclarar que las adiciones y reformas a la Constitución fueron un paso más en la secularización de la sociedad, no sólo en cuanto consolidaron jurídicamente la Reforma, sino también en cuanto las adiciones y reformas constitucionales de 25 de septiembre de 1873 establecieron que el Estado y la Iglesia son independientes entre sí. Esta fórmula es distinta al artículo 3o. de la Ley de Nacionalización, que preceptuaba que habría perfecta independencia entre los negocios del Estado y los negocios puramente eclesiásticos. Aun cuando ambas fórmulas implican la delimitación, una era de los negocios o por materia; la otra por entidades. Con una u otra la delimitación no excluía la intervención del Estado,

---

120 *Op. cit.*, p. 193. El Secretario del Congreso informa que la familia del Lic. Manuel Ruiz ha enviado la pluma que sirvió a dicho patricio y a sus colegas para firmar las Leyes de Reforma en Veracruz el año de 1859, con el objeto de que ella sea empleada en la firma de la incorporación de estas Leyes a la Constitución.

121 Alcalde y Hernández y Hernández encienden una nueva discusión: proponen que al día siguiente de publicar el Acta, todos los funcionarios protesten guardar las reformas y adiciones y, de no hacerlo, no continúen en el ejercicio de su cargo, proposición que se declara con lugar a votar por 114 votos contra 5. En la discusión en lo particular, cinco diputados se manifiestan en contra, entre ellos Robles Gil. Prieto, contestándole, pronuncia una arenga política. Al final se aprueba, por 116 votos en contra de 8. Y el 27 de septiembre es informado el Congreso de que el Poder Ejecutivo no hace observaciones al proyecto de ley relativo a incluir en la protesta las reformas y adiciones a la Constitución. (*Op. cit.*, pp. 199-203).

puesto que ella era fijada por el artículo 123 constitucional. Es, pues, separación de poderes, manteniendo la autoridad civil, la supremacía que al Estado, por su propia naturaleza, corresponde. O sea, que entre los dos sistemas, el llamado de jurisdicción —control del Estado— y el de separación, la solución mexicana opta por un sistema mixto que supone separación o delimitación y, al mismo tiempo, control parcial por parte del Estado en lo que se refiere a ciertos efectos sociales o políticos de la Iglesia.

PROTECCIÓN Y LIBRECAMBIO

LIBRECAMBIO EN EL LIBERALISMO ILUSTRADO

Ya hemos visto cómo reacciona políticamente el liberalismo en el sector ilustrado frente al intento alamanista de crear una industria protegida. Aparte la sospecha política que surge de presenciar el propósito de crear una clase privilegiada que fortaleciera el cuadro tradicional y de la acción por táctica política de contar con la clase comercial en la lucha contra el gobierno de Bustamante, hay en este sector una idea central de liberalismo económico que envuelve y funda las apreciaciones circunstanciales. Mora, en las Notas Estadístico-Políticas de México, a más de enjuiciar política y económicamente el Banco de Avío, recuerda el principio fundamental del liberalismo eonómico:

> El interés individual estimulado por la concurrencia libre de todas trabas, y no la protección siempre ruinosa de los gobiernos, es la que debe fijar la inversión de los capitales y determinar la industria de un país.[1]

Los productos de las fábricas mexicanas no podrán competir con los extranjeros, en virtud de no contarse ni con los capitales ni con las máquinas y de no ser las materias primas "tan baratas ni fáciles de obtener" como en Europa. Las actividades industriales no van a ser útiles y "distraerán de la agricultura y minería" a muchos brazos que podrían y deberían emplearse en ellas.

El liberalismo económico que coincide momentáneamente con el interés político, viene de atrás. Mora es un liberal integral y en economía es perceptible la influencia del pensamiento de Say, junto a tratadistas secundarios como Droz.[2] Antes de que aparezca el

---

1 *El Indicador de la Federación Mexicana,* Tomo I, número 4, 30 de octubre de 1833, p. 110.

2 JOSEPH DROZ: *Economie Politique* ou *Principes de la Science des Richesses,* troisiéme edition. París, Jules Renouard et Cie., Libraires Editeurs, 1854.

proyecto alamanista, los juicios librecambistas, los principios del liberalismo económico como inescindibles de lo político, son expresados por Mora en su "Ensayo filosófico sobre nuestra revolución constitucional", publicado el 3 de marzo de 1830 en *El Observador.*[3] En este *Ensayo,* en que está brillantemente resumido el corte liberal de Mora, se enumeran y analizan los estorbos que se han presentado para la constitución liberal del país, y después de los políticos y sociales, se toca el prohibicionismo proteccionista, que se ve como una herencia del mercantilismo colonial: "No nos han perjudicado menos ni son menos contrarias a los principios de una constitución verdaderamente libre, las ideas mezquinas que hemos recibido de nuestros padres sobre economía pública: hablamos del sistema prohibitivo, o lo que es lo mismo, de las trabas puestas a la industria de los particulares, bajo el pretexto de fomentar la prosperidad nacional". El método para obtener y asegurar la prosperidad es el opuesto:

> Sin la libertad de la industria, la creación de capitales es muy lenta y tardía; las facultades activas del hombre carecen de estímulo, y esto lejos de fomentar atrasa considerablemente a una nación.

Sólo la libertad económica, inseparable de las libertades políticas y civiles, puede conducirnos al bienestar. El sistema prohibitivo no sólo va en contra de la libertad económica, sino también de su fundamento, el derecho de propiedad individual y de la soberanía del consumidor: "Además, toda prohibición de comprar, vender o producir es un ataque formal al derecho de propiedad, es un privilegio exclusivo a favor de los productores, que siempre son los menos, y contra los consumidores, que son los más". Nación alguna ha progresado si no es en la proporción en "que se han disminuido las trabas que encadenaban la producción en sus tres ramos de agricultura, manufacturas y comercio".

México, en lugar de avanzar, retrocede en lo que toca a liberalismo económico y, por consiguiente, a prosperidad, incurriendo cada vez más en prohibiciones, por imposibles inoperantes, obstaculizadoras de los medios de subsistencia y fomentadoras del contrabando. Ni qué decir que el juicio comprende por igual prohibiciones y derechos protectores:

> Nosotros sin embargo nos hemos empeñado en que hemos de adelantar a fuerza de prohibiciones, y en este punto hemos retrogra-

[3] Segunda época, Tomo I, pp. 1-16. En *Obras Sueltas*: Tomo II, de la página 275 y sigs.

dado muchísimo: no hay año en que no se promueva sobre las ya existentes una nueva prohibición, y de esta manera, sin conseguir llevarla a efecto, porque la razón y la experiencia han acreditado ser imposible, se destruyen algunos medios de subsistir, se desmoraliza la nación por el tráfico fraudulento y clandestino, y se aumentan las bancarrotas de los ciudadanos honrados, que por haber satisfecho fielmente derechos subidísimos, los artículos de su comercio no se hallan en estado de competir con los de su misma clase introducidos por alto.

En éste, como en otros puntos, los excesos de la inteligencia pura, fuerte en doctrinarismo, colocan a Mora a un lado del pensamiento, que al conjugar la idea con la realidad, privará en el liberalismo mexicano: la heterodoxia en materia económica.

Singularmente rectas, frontales e importantes resultan las "Indicaciones económico políticas", publicadas en *El Observador*[4] el 10 de marzo de 1830. Se trata de una diáfana exposición de liberalismo económico, reveladora de un serio conocimiento de la teoría y de la aspiración de aplicarla inmisericordemente en México. El artículo obedece al déficit de la administración pública y está dirigido a buscarle solución; pero en él resulta fundamental, por su extensión y calibre, la exposición librecambista.

La difícil situación del erario se debe, tanto a la pobreza causada por las convulsiones políticas que han paralizado el comercio y la industria, como a la desconfianza engendrada por los "errores y extravíos de la administración pública". Para resolver de inmediato el problema se deben levantar las prohibiciones contenidas en el decreto de 1829 y seguir en lo futuro una política liberal. Hay que abandonar la práctica de las prohibiciones, a pesar de sus antecedentes y arraigo:

Sabemos muy bien, porque es notorio, que se ha querido interesar a la nación, como por causa suya, en favor de las prohibiciones, y se ha tratado de persuadir a la clase de los consumidores, que es la más numerosa y en que se comprende también la más miserable, que su bienestar consiste en las prohibiciones, siendo así que les perjudican: perjudican la industria que se pretende favorecer, y perjudican a la riqueza pública.

El *Ensayo* se dedica a probar que las prohibiciones son perjudiciales al bienestar, a la riqueza pública, a los industriales y a los

[4] Segunda época, Tomo I, número 2, pp. 29-49.

consumidores. Los razonamientos fundamentales son la baratura. mediante la abundancia y el desestancamiento: "El interés de los consumidores está en conseguir los géneros de su consumo al menor precio posible. Todos desean comprar barato lo que necesitan, y la baratura depende de la abundancia y de la libertad". Cuando un producto escasea su precio sube y: "La escasez proviene no solamente de que haya pocos productos, sino también de que su venta se haga por una o pocas manos, porque en este caso el vendedor puede imponerles el precio que le acomode, y siempre le acomoda el imponérselos alto". Por consiguiente, la baratura viene de la abundancia y la libertad, y la escasez de la prohibición. Cuando no hay libertad, pocos venden, hay escasa oferta y los precios suben:

> No sucede así cuando hay libertad para que todos introduzcan y vendan. Entonces los comerciantes no pueden subir los precios a su arbitrio, entonces también los productos abundan, porque la baratura aumenta los consumos, y éstos favorecen la producción.

Como se ve, se piensa en precios reducidos para fomentar consumos, sólo que de productos de importación. Buscar la baratura es correcto, dado que es defender el valor del propio trabajo:

> Es natural que se anhele y se procure la baratura, porque ella nos proporciona el satisfacer más necesidades, o el disfrutar más goces con menor dispendio del producto de nuestra industria. Al contrario la carestía, nos obliga a mayor gasto del producto de nuestra industria, para satisfacer menos necesidades o disfrutar menos goces.

Ella, además, resulta esencial para la "clase menesterosa". Se dirige el tiro fundamentalmente a la producción textil protegida, estudiando al respecto el régimen colonial. El prohibicionismo colonial impedía que el pueblo de México pudiera vestirse. Se prescinde de que se trataba de un prohibicionismo para favorecer a la metrópoli y, por tanto, sustancialmente distinto al prohibicionismo que busca favorecer producciones nativas: "En tiempo del gobierno español no había libertad de comercio. Éste se había reservado exclusivamente a la metrópoli, de donde nos venía cuanto consumíamos, excepto lo que se permitía producir en nuestro país". Al haber libertad de comercio, los géneros bajaron de precio. El mercantilismo colonial producía la ruina y miseria y: "Por eso Flórez Estrada en su representación al rey de España sobre los males de la nación española, le propuso como medio para conservar las Américas, que les declarase desde el momento como ley irrevocable, la libertad absoluta y general de comercio para que pudiesen traficar con todas las naciones del mundo". El optimismo es la conclusión: "Llegó en efecto esta libertad, porque se hizo la independencia; y sin que nadie lo mande se visten casi todos los que no pudo hacer vestir el gobierno español".

Es verdad que los prohibicionistas alegan un objetivo plausible: fomentar la industria. Pero se equivocan en el medio y a veces proporcionan un pretexto para el enriquecimiento individual, ya desentrañado por Say:

> El principal objeto que se proponen los defensores del sistema prohibitivo, es el fomento de la industria. Este objeto muy patriótico y muy laudable, aunque no siempre se acierte con los medios verdaderos de conseguirlo, suele servir algunas veces de pretexto al deseo de enriquecerse o de sostener negociaciones a costa del mayor precio que se hace pagar al público. ¿Quién es, dice Say, el que solicita las prohibiciones o los grandes derechos de entrada en un estado? Los productores del género, cuya concurrencia se trata de prohibir, y no los consumidores. Ellos dicen que es por el interés del estado; pero es claro que es únicamente por el de ellos mismos. El interés particular está aquí en oposición con el general, y este mismo interés general no es bien comprendido sino por las personas de mucha instrucción. ¿Qué extraño será pues, que se sostenga con tanto empeño el sistema prohibitivo, y que se le oponga una resistencia tan débil?

Un ejemplo poco afortunado surge: "Pero bien: el fomento de la industria no se consigue en nuestro país con las prohibiciones absolutas. ¿Cuándo estuvieron más libres de competencia nuestros tejidos que en tiempo del gobierno español? ¿y cuáles fueron los progresos de nuestras fábricas? Ningunos, o muy cortos y muy lentos". Después de ello, la contradicción tiene que salir: "El sistema colonial pudo influir en este atraso, porque no estaba en los intereses de la metrópoli el adelanto de tales fábricas". Pero, al margen de ella, la tesis del liberalismo económico se afirma:

> El productor o productores que están seguros de vender sus géneros, y sacar su ganancia sin temor de competencia en la calidad y el precio, no se afanan por mejorarlos. Esto proviene de la tendencia natural de todo hombre a sacar la mayor utilidad posible con el menor trabajo posible. Sabe que si no hay otros productores, se le han de comprar sus productos, aunque sean malos, y él ha de ganar en ellos como si fuesen buenos. De aquí es que no necesita de impender más trabajo ni mayores gastos en mejorarlos. No así habiendo con-

currentes Cada uno quiere atraerse el mayor número posible de compradores, y para esto necesita mejorar la calidad y el precio de lo que vende.

La innovación o perfeccionamiento de las producciones se debe a la libertad de concurrencia. El artículo se refiere a un método que Alamán va a usar para el fomento industrial y que es una supervivencia mercantilista: la concesión de privilegios exclusivos para la producción. Mientras hubo privilegios exclusivos para la producción de los calendarios, éstos fueron malos. Se extinguió el privilegio y mejoraron. Las prohibiciones producen similar efecto; pero ellas, además, estimulan el contrabando y la corrupción. Las prohibiciones dificultan o impiden la formación de capitales e imponen una "dirección forzada" a la industria:

> Las prohibiciones perjudican la riqueza de la nación, porque no dejan formar nuevos capitales, y hacen que tome la industria una dirección forzada. Los capitales se forman de los ahorros, y por tanto, el hombre que por la carestía de lo que consume tiene que gastar todo el producto de su industria, no puede formar un capital.

Y es un error formar "un compendio del universo" en cada país. Las naciones deben especializarse de acuerdo con sus aptitudes. La argumentación teórica medular, la división internacional del trabajo, es expuesta:

> La prosperidad de las naciones no consiste en cultivar todos los ramos de la industria o cualquiera de ellos, sino los que le convengan según la naturaleza de su suelo, su población, su situación geográfica y otras circustancias. Por eso unas son agricultoras y otras manufactureras, y no todas se dedican al cultivo de todos los productos de la industria agrícola y fabril.

Este concepto se complementa con la división del trabajo, que se presenta entre los hombres de toda sociedad. Cada individuo se dedica exclusivamente a un oficio u ocupación: "El sastre no hace sus zapatos ni el zapatero sus calzones, uno y otro le compran sombreros al sombrerero, y éste a su vez les ocupa en que le vistan y calcen". Tal cosa sucede en virtud del principio de utilidad: "¿Y por qué el sastre no hace sus zapatos y su sombrero?, ¿no ahorraría de este modo la utilidad que le sacan los artesanos que los fabrican? Sí la ahorraría; pero sería inferior a la utilidad que le produce su dedicación exclusiva a hacer vestidos, y después de todo, los zapatos y el sombrero no le saldrían tan buenos ni tan baratos como los que compra a los fabricantes respectivos".

Pero, aparte del absurdo teórico que resulta de oponerse a la división internacional del trabajo, nuestro país no tiene aptitudes ni reúne condiciones para producir manufacturas: "La industria fabril, contraída a la producción de manufacturas para el surtimiento propio o para el comercio extranjero, supone no solamente abundancia de las primeras materias, sino también de brazos que puedan dedicarse a la fabricación sin perjuicio del ramo o ramos de industria que sean más naturales y productivos". La conclusión es: "Por eso los mexicanos no somos ni podemos ser en mucho tiempo manufactureros". La causa primordial es la falta de brazos. Dedicarnos a producir manufacturas es desatender la naturaleza:

> Querer pues ahora que la República Mexicana con siete millones de habitantes, dispersos en la vasta extensión de un terreno, cuya área es casi de 120 mil leguas cuadradas, con un suelo que está ofreciéndose al cultivo para producir en abundancia frutos preciosos que todo el mundo busca y necesita, se dedique a las manufacturas, es querer que desatienda a la naturaleza, por sujetarse a los penosos esfuerzos del arte estrechado por la necesidad.

Y no sólo la agricultura nos llama y nos indica el camino natural; también la minería:

> ¿Y se querrá que México, oponiéndose a la naturaleza, se distraiga del comercio ventajoso que le proporcionan sus minas, para que sus brazos y sus capitales se dediquen a las manufacturas?

Nos faltan brazos para explotar lo que la pródiga naturaleza nos ha dado. Carecemos de los caminos que nos permitirían exportar los frutos de la agricultura: "Véase ahora si aunque se multiplique la población, lejos de faltar, sobra ocupación para los mexicanos, en los recursos naturales y abundantísimos de la minería y de la agricultura". La inspiración doctrinal da prioridad a la agricultura: "Los economistas asientan, que de la industria agrícola, la comercial y la fabril, la primera ofrece ventajas más sólidas que las otras dos, porque es más independiente y subsistente, y más segura en su producción".

Dicha inspiración es la clave, es el "sigamos el camino abierto por la naturaleza". Haciéndolo, produciremos aquello "en que los extranjeros no nos pueden exceder, ni aun igualar": agricultura y minería.[5] Con la libertad de concurrencia algunos capitales irán libremente a la producción de manufacturas y a ello se puede ayudar, protegiendo el establecimiento de máquinas y maestros extranjeros "y las artes progresarán, siguiendo, no precediendo a la agricultura".

El Observador se ocupa a continuación en el argumento de que la libertad de comercio dejaría sin recursos con que sustentar a quienes viven de la producción de artículos de importación. En primer lugar, los males no pueden ser muchos, pues: "Nuestro territorio no se puede decir que era manufacturero; ni las fábricas todas fueron destruidas". Da el dato de que en Puebla había en 1829 seis mil telares. En segundo lugar, el argumento sería válido si se levantaran las prohibiciones bruscamente; pero ello no debe hacerse y el mismo Say indica que suprimirlas de repente es una temeridad, y: "En tercer lugar, no se trata de una libertad absoluta. La escasez de la hacienda pública no permite que la importación se haga sin pagar un derecho de entrada, y este derecho proporciona la concurrencia de los géneros del país con los extranjeros".

Cuando hubo libertad en 1825 y 1826, todos prosperaron en México y la pobreza que se experimenta se debió a los trastornos políticos y no a la libertad. El artículo termina diciendo que comprende "que un gobierno debe respetar hasta cierto punto las preocupaciones populares; mas no así un escritor", por lo que, a pesar de "la prevención que hay contra la libertad", expone sus puntos de vista.

Es interesante hacer notar que Lorenzo de Zavala, que es un claro exponente del liberalismo igualitario, coincide con el ilustrado en que es dogmáticamente antiproteccionista. En efecto, refiriéndose a la prohibición de importar géneros ordinarios, dictada por el Pre-

---

5 El 5 de febrero de 1834. *El Indicador de la Federación Mexicana,* Tomo III, pp. 3-7, publica un artículo sobre "Qué industria corresponde a la República Mexicana y qué ramo de ella debe fomentarse de preferencia". Coincidiendo con *El Observador,* asienta: "Aunque la República Mexicana sea indisputablemente superior a las que han nacido en este siglo de las colonias españolas, así por el exceso de su población sobre todas las demás, como por las artes de la civilización y sus riquezas metálicas; está muy en sus principios para poder rivalizar, no sólo con las naciones de Europa, pero ni aun con los Estados Unidos del Norte, en la industria manufacturera. Los pocos productos de esta industria en México son tan imperfectos y costosos, que no sólo no podrán ser exportados con ventaja, sino que ni aun habrá facilidad de sostener su expendio en el mercado del país y consumo doméstico contra los extranjeros de su clase; por más que se multipliquen las prohibiciones, siempre y en todas partes burladas y eludidas, por el poderoso resorte del interés individual".

sidente Guerrero, asienta que: "Nada era más antieconómico que esta medida". El "bien de la mayoría" consistía en que ésta "tuviese los efectos más baratos y que pudiese vestirse". El prohibicionismo es una "preocupación arraigada", y el del Banco de Avío es absurdo, ridículo y mezquino. Para Zavala, el camino era admitir que, no habiendo en el país "telares de algodón, ni manufacturas suficientes para vestir el décimo de la población, y siendo una de las primeras atenciones del gobierno desterrar la vergonzosa desnudez en que se halla mucha parte de ella", se permitía la entrada de todos los efectos que pudiesen disminuir la desnudez de la población. El modo de subsidiar el Banco de Avío, destinando a ello una parte de lo que produjeran los derechos de importación sobre las telas de algodón, erigía al Gobierno "en *inspector general* de estos artefactos". A Zavala le parece inútil hacer reflexiones en el aspecto económico sobre esta disposición, pero apunta: "Todos los maestros de esta ciencia levantan la voz contra tales medidas gubernativas".[6]

TADEO ORTIZ

Nuestro viejo conocido por colonizador y federalista, Tadeo Ortiz, en su *México considerado como nación independiente y libre*,[7] uno de los libros más profesionales en economía del siglo pasado, se nutre fuertemente en Adam Smith y, sobre todo, en Flórez Estrada Para él, la base y fundamento del poder real de la sociedad es la agricultura:

> De los adelantos del cultivo de la tierra dependen pues necesariamente los progresos de la población, civilización e industria que acumulan los capitales y avivan el comercio, las ciencias y las artes, que hacen la dicha y bienestar de los pueblos.

Todo depende de la agricultura: el vigor del Estado, la riqueza de la nación, el bienestar de sus habitantes. Malthus es rebatido por Tadeo Ortiz cuando afirma que en los mexicanos "existe una nodisposición a consumir" Tenemos aptitudes para las ciencias y las artes; pero necesitamos desarraigar hábitos erróneos y costumbres

---

6 LORENZO DE ZAVALA: *Ensayo histórico de las revoluciones de México, desde 1808 hasta 1830*. Tomo II, Nueva York, Imprenta de Elliot y Palmer, 1832. pp. 304-305.

7 Burdeos, Imprenta de Carlos Lawalle Sobrino, 1832.

negativas, abolir los estancos e implantar la libertad de industria; introducir capitales, estar pendientes de las innovaciones e importar las máquinas; construir "caminos de ruedas", pues sólo así podremos tener éxito en "el ramo de manufacturas de consumos de primera necesidad". Tadeo Ortiz defiende las máquinas frente a los artesanos. La mudanza de trabajo a que el artesano es obligado, se compensa con una mayor producción y otras ventajas. Por lo demás, la influencia del comercio libre siempre es "benéfica", en contra de las "funestas consecuencias del sistema prohibitivo".

Cuando se desarrollan los elementos de la riqueza de un país, se desemboca en el librecambio. Sin éste, las naciones se mantienen estacionarias y sus esfuerzos de progreso son estériles. La disminución de los salarios, el entorpecimiento de la industria, la parálisis de la agricultura y el comercio interior, la miseria, desmoralización y barbarie, son las consecuencias del aislamiento y de las "medidas prohibitivas y tarifas exorbitantes". La política que a ello propende es consecuencia de una "temeraria ceguedad". La concurrencia económica de todos los pueblos de la tierra es vivificante, fomentadora del trabajo y la riqueza, en cuanto abarata artículos, impulsa consumos, acrecienta los derechos del Fisco, multiplica las fuentes de empleo y aumenta el valor de las tierras.

México, desgraciadamente, "sujeto por sus intolerantes dominadores al más estricto sistema prohibitivo, no solamente perdió el tiempo en la carrera de la civilización, progresiva por todas partes desde aquella época", sino que al obtener "su emancipación tardía e impulsada por las circunstancias", no pudo despojarse de los vicios de una administración y legislación monstruosa, gótica, aboliendo el sistema prohibitivo y protector; "persuadiéndose que la verdadera base del comercio libre activo, consiste en admitir a todo trance la concurrencia y proporcionar con la rebaja de los derechos mayores consumos, y que lo que se deja de percibir por lo pronto no es más que en apariencia, puesto que siendo mayores los consumos, serán proporcionados superabundantemente los derechos de entrada, recogiéndose además el fruto de la acumulación de capitales, la disminución del contrabando y desmoralización".

Nos hemos encaminado por las "inconsideradas prohibiciones y excesivos derechos", lo que produce nuestro atraso, limitando los consumos en detrimento de los pueblos y de la satisfacción de sus necesidades. De tal política proviene el que se haya reducido la exportación y trabajo, o sea, "la ocupación de las masas menos acomodadas". Ya en Europa se cita el inmenso perjuicio "que las crecidas tarifas y aranceles versátiles han inferido al pueblo mexicano".

Se avergüenza de lo poco que México importa, pues cree que un indicio de la prosperidad de un pueblo se halla en el volumen de sus importaciones. Su posición doctrinal es simplista: no hay más que el "sistema mercantil caduco" y "los economistas más clásicos". Escoger éstos es optar por la ciencia y el progreso. En un país "casi exclusivamente minero como lo es México, el dinero es y debe considerarse como cualquier otro producto de la tierra". La importación de mercancías a cambio de dinero, enriquece al país. Es verdad que en México "no hay toda la industria necesaria" y a ello se debía que se creyera "que la balanza de su comercio era sumamente desventajosa". Pero los nuevos principios y los adelantos que deberá hacer la agricultura cuando se favorezca el cultivo de ciertos ramos, "la apertura de caminos y el uso de canales fluviales", podrán facilitar la exportación de "los productos territoriales, y particularmente los artículos coloniales", con lo que será posible sustentar un buen comercio libre. Por todo ello, es "uno de los deberes más esenciales de los mexicanos el fomento del comercio libre, como fuente de la actividad y movimiento de las empresas industriales" y es "una de las obligaciones primordiales de los encargados del poder el protegerlo y activarlo con leyes francas, fijas y equitativas de benéfica influencia y reciprocidad mutua para los mexicanos y los extranjeros". Al obtenerse la independencia, debió desaparecer, como símbolo de la Colonia, el sistema restrictivo.

EL CASO ANTUÑANO

Desentrañar las ideas políticas y económicas de Antuñano presenta dificultades casi insuperables. Antuñano es un prolífico panfletista que publica cartas, folletos, estudios, en un lapso de más de diez años. No se mueve exclusivamente en el campo de las ideas y tampoco puede ser encuadrado en el juego político nacional. La expresión pública de sus ideas obedece a móviles concretos: no es un teórico de la industrialización; es un industrial. Tiene un objetivo al cual subordina todo: la creación de industrias, y no le importa, en el fondo, bajo qué régimen o ideología se creen industrias, con tal de que éstas surjan y progresen. Antuñano es el promotor que iniciado en la aventura industrial, incurre en contradicciones, en cambios tácticos, cuando su objetivo preponderante lo exige. De aquí que su pensamiento, visto a la distancia de un siglo y en su conjunto, muestre acomodos y contradicciones, sobre todo en su aspecto político.

Sólo es fiel a la industria y su protección; en todo lo demás, se le ve sagazmente dispuesto a contemporizar, a la transigencia y el arreglo. No decimos que sus intereses concretos mandaran sobre él, por más que éstos no dejaran de influir en la manifestación de sus ideas. Conoce la economía política clásica inglesa y se inspira en ella y en este sentido es un economista liberal. Pero sólo se inspira en parte, desechándola, en cambio, cuando en el esquema doctrinal no encajan sus propósitos. Está al tanto de la revolución industrial inglesa y de esta experiencia al igual que de la napoleónica, extrae algunos de los métodos que postula.

Maneja a Adam Smith y a él se adhiere, en cuanto éste destruye la idea fisiocrática de la productividad exclusiva de la agricultura. Es un devoto de la industria y ello lo induce a identificarse con Smith en la superación de la fisiocracia; pero, entiéndase bien, únicamente en ello se identifica. Sus palabras al respecto son elocuentes: "...entre los sectarios de Quesnay, que jugando a la gallina ciega, demandaban a la tierra lo que crueles desengaños les habían patentizado no encontrarse en los cubiletes de Law," "Adam Smith apareció como un Mesías". Smith es "el economista escocés, grande de toda la altura de sus montañas".[8]

Un promotor difícilmente es doctrinario. Tal el caso de Antuñano. Cuando su prohibicionismo es combatido con argumentos librecambistas, su reacción es categórica: "...algunos individuos del alto gobierno, están inoculados en el fósforo económico político de los economistas ultramarinos: creen indudable, que la industria patria pueda prosperar por sí sola sin el auxilio de las leyes".[9] Declara que se encuentra imposibilitado para determinar los costos

---

8 *Dictamen presentado a la Cámara de Diputados por sus comisiones unidas de Minería e Industria, consultando medidas para promover y fomentar en la República el establecimiento de ferrerías*... México, 1845. Reimpresión Librería Manuel Porrúa en: *Pensamientos para la regeneración industrial de México, escritos y publicados por el ciudadano* ESTEVAN DE ANTUÑANO, *a beneficio de su patria.* México, 1955. Sugestiva nos parece la posible influencia de Saint Simón sobre Antuñano, apuntada por MIGUEL A. QUINTANA en: *Estevan de Antuñano, fundador de la industria textil en Puebla,* México, 1957, Tomo I, pp. 24-26.

9 *Breve memoria del estado que guarda la fábrica de hilados de algodón Constancia Mexicana, y la industria de este ramo.* Puebla, 1837, Oficina del Hospital de San Pedro.

de la hilaza y de la manta y rechaza el principio de los costos comparativos, exponiendo la teoría de la protección a la industria joven:

> El querer que nuestra industria prospere, cuando está recién nacida, poniéndole en competencia la robusta industria extranjera, es lo mismo, que pretender que un infantillo se levante cuando lo tiene agobiado el cuerpo de un adulto.[10]

No es partidario de la protección meramente arancelaria: "La prohibición es el medio más directo, más eficaz, que se ha conocido en México, para fomentar la industria patria y cortar el contrabando de los artículos de ella, que conviene fomentar".

Situándose en la posición de la economía política clásica, Antuñano encuentra que México y los mexicanos tienen ciertas aptitudes para el desarrollo costeable de la industria del algodón. Partiendo de la división internacional del trabajo, nuestro país, por sus elementos naturales —posibilidad del cultivo del algodón, sobre todo en nuestras costas— y por las aptitudes innatas y ancestrales de

---

[10] *Las Observaciones contra la libertad del comercio exterior, o sea contestación al diario del Gobierno Federal* (Puebla, 1835, Imprenta del Hospital de San Pedro, a cargo del ciudadano Manuel Buen-Abad), firmadas por P. A. Z., del poblano Pedro Azcué Zalvati (MIGUEL A. QUINTANA, *op. cit.*, Tomo I, p. 267), condenan violentamente a los ideólogos, proporcionándonos la que fue una argumentación bastante generalizada. Ve las teorías "recomendadas por el espíritu de novedad y escolasticismo" menospreciando las opiniones nacionales, y al "juego de una brillante ideología" hacer enmudecer "la voz del interés y conveniencia pública". En los afanes librecambistas en México no encuentra más que una maniobra de la astucia, la especulación y el cálculo, que tratan de aprovecharse del candor o falta de experiencia de los mexicanos. Su crítica al librecambismo y a los tratados de Smith y Say "y otros escritores", no deja de tener su fundamento: ellos, "aunque jamás habían pisado estas regiones; ni se hallaban tampoco al alcance de sus circunstancias particulares, formaron sin embargo de la economía, una ciencia tan universal y exacta como las matemáticas, apoyándola en principios, que o no se han entendido todavía, o no pueden aplicarse con la absoluta generalidad, que han pretendido sus secuaces". Acremente se ocupa de Tadeo Ortiz y se refugia en el prohibicionismo napoleónico a través del informe de Las Cases, acogiendo también el desprecio de Bonaparte por los economistas, quienes, creía, podrían disolver en polvo una monarquía de granito. Se trata del interesante *Memorial de Santa Elena* del CONDE DE LAS CASES (Barcelona, 1954, Editorial Iberia, S. A., tres tomos). No debe subestimarse la influencia de esta obra —cuya primera edición es de 1822— en la formación de la mentalidad industrializadora y prohibicionista, así como en lo relativo a la articulación de la agricultura, la industria y el comercio. En cuanto a la condenación de los economistas, véase: *Op. cit.*, Tomo II, p. 292 y sigs., y en lo que toca a la articulación de las actividades económicas, p. 123.

sus habitantes, puede desarrollar una industria textil del algodón, sólo requiriéndose brindar a ésta el impulso inicial, crédito y protección; esta última a título temporal y en su forma más aguda: prohibición.

En 1833 —téngase presente el año— define radicalmente su pensamiento político. El partido del retroceso, bajo "el velo respetable de piedad o de patriotismo", disimula "las miras del interés personal, y aun hasta las pasiones más degradantes, impías, y antipatrióticas". En el Presidente, que es Santa Anna, ve la encarnación del Estado y considera que no debe entregarse "a ningún partido ni clase". El país es políticamente independiente, pero el pueblo conserva "aquellas costumbres que le dio el sistema colonial". Es preciso acomodar el país "a las liberales leyes democráticas", evitando su abuso. Las costumbres sólo pueden mejorar si se extiende la ilustración; pero ésta no se puede "adquirir sin ocupación útil y honesta que proporcione recursos para ello". El resorte para sacar al país de la revolución, del espíritu de partido y de clase, de la ociosidad y la ignorancia, del fanatismo y la impiedad, es promover la reforma de las costumbres civiles, "cuyo infalible y único origen es la ocupación útil y honesta de todos los mexicanos". Así llega a un lema típico del liberalismo económico: "...dad propiedad a los hombres y ellos crearán virtudes: dirigid a este punto todo vuestro connato".

Antuñano, viendo en el Banco de Avío "el pensamiento más grande que ha ocurrido desde que México es Nación", por lo mismo que está dirigido a dar "ocupación útil y honesta", calificándolo como "el Banco de la beneficencia pública de México, la palanca poderosa y única que ha de separar la pobreza y la revolución", critica, sin embargo, el gobierno de Bustamante, porque "el espíritu de partido y más bien el de clases, se apoderó de muchos de sus principales miembros".

Siguiendo la división internacional del trabajo, Antuñano precisa su pensamiento fundamental: "todas las naciones tienen su ramo preferente: en la nación mexicana el algodón es eminente". La eminencia proviene de las posibilidades que para producir la fibra existen en las costas y porque, por su múltiple uso, facilidad de cultivo y elaboración, "además de los conocimientos, aunque rudos, que se tiene de sus operaciones; basta para empezar a levantar la industria del país, dando ocupación a muchos brazos". Lucha por igual contra aquellos que creen que la independencia del país es libertad de comercio y contra los que quieren mantener las formas artesanales de producción. Cuando en el *Diálogo entre un comerciante y un tejedor,* éste, que cree en la forma artesanal, considera que las máquinas, sin venir al país ya han arruinado a sus clases, y opone el argumento de la falta de mercado para un algodón producido industrialmente, Antuñano resuelve el problema dentro de la clásica teoría: en primer lugar, de los tejidos ordinarios iríamos pasando a los tejidos finos, es decir, la diversificación de producciones y el mejoramiento de calidades; y, en segundo lugar, cuando empezasen "a redundar los géneros de algodón, buscaríamos recursos de extraer lo sobrante de mar en fuera, como ya lo empiezan a hacer los Angloamericanos".

Para el problema de la falta de comunicaciones piensa en la navegabilidad de nuestros ríos. Además, conforme la industria se arraigue y se logre en México la tranquilidad y la abundancia, "irá también creciendo la población y el consumo", ya por la inmigración, "como porque habiendo paz y abundancia, habrá muchos casamientos". La solución, como se ve, es ingenua.[11]

Aun cuando tiene una concepción orgánica, no entiende el problema rural en toda su magnitud. Enfatiza el papel de la agricultura en el desarrollo económico: "La agricultura cereal es la nodriza suave del género humano, y la inventora de las leyes y de la civilización".[12] Y encuentra la causa del atraso de la agricultura en "la falta de consumos", "principal rémora que detiene los progresos de la agricultura". Aparte de ello, señala la superabundancia en el caso de Puebla y se ocupa de otros factores, como los diezmos, que no toca, por respetar "ciegamente los preceptos de Nuestra Santa Madre la Iglesia".

Revela incomprensión frente a la mala distribución de la propiedad rural, negando que la concentración de la tierra produzca la pobreza de la agricultura:

> No faltan mexicanos, que aplicando equivocadamente las teorías de economía rural, que en Europa están en práctica y producen buenos

---

[11] *Ampliación, aclaración y corrección a los principales puntos del manifiesto sobre el algodón manufacturado y en greña, que escribió y publicó en el mes de abril el* C. ESTEVAN DE ANTUÑANO. Puebla, 1833, Oficina del Hospital de S. Pedro, a cargo del C. Manuel Buen-Abad.

[12] *Discurso analítico de algunos puntos de moral y economía política de México, con relación a su agricultura cereal, o sea pensamientos para un plan para animar la industria mexicana, escritos y publicados por el ciudadano* ESTEVAN DE ANTUÑANO *a beneficio de su patria.* Puebla, 1834, Imprenta del C. José Mª Campos.

resultados; atribuyen la desgracia de la agricultura nacional a que la propiedad territorial de México está contenida en pocas manos. De aquí deducen la necesidad en que se halla la nación de hacer el repartimiento de tierras, no sólo de las que se han conocido con el nombre de realengas; sino que pretenden despojar a los presentes propietarios de alguna parte de sus campos: efectivamente, que esta teoría alucina e incita a todo el que nada tiene, y no es extraño, que algunos hombres filantrópicos, pero poco reflexivos, deseen la subdivisión de la propiedad territorial.

Supongamos que ya se expidió la ley del repartimiento y se proveyó a los nuevos propietarios de los capitales que necesitan para cultivar la parte de tierra que les tocó, y entonces empiezan a levantar cosechas; pero "¿a quiénes les venden? ¿quién las consume?" Es decir, el problema es la falta de consumos. Por lo demás, confía en el repartimiento de tierras hecho naturalmente: las necesidades que se formen por la población, por la riqueza y por la ilustración, irán dividiendo las tierras.[13]

Más tarde, Antuñano, sin apartarse de su línea teórica, recomienda fomentar la explotación del hierro y la fabricación de máquinas e instrumentos finos. A ello lo conducen, por una parte, la existencia en México de la materia prima; por otra, su fe en la máquina y en tercer lugar el caso inglés:

La Inglaterra, no obstante que compone un terreno estéril, y un clima duro; es indudablemente la nación mas rica, y si averiguamos el origen de esta riqueza, lo hallaremos, puntualmente, en la abundantísima explotación de minerales de hierro, lo cual ha dado ocasión a sus naturales, de hacer repetidos ensayos, sobre los modos de obrar en las artes y la agricultura, con suma economía y perfección por medio de instrumentos análogos.[14]

---

[13] Para proporcionar consumos a la agricultura cereal, propone siete puntos: 1o.) "La creación de juntas directoras de industria"; 2o.) "Colonización de las costas"; 3o.) "Aprecio y remuneraciones a los que con acierto se dediquen o aventajen en descubrimientos y fomentos de la industria"; 4o.) Propagación de plantas y animales exóticos, y de las no cultivadas, y procreados últimamente hasta aquí"; 5o.) "Caminos y canales"; 6o.) "Arreglo del comercio exterior"; y 7o.) "El fomento e ilustración de las artes mecánicas".

[14] ANTUÑANO: *Pensamientos para la regeneración industrial de México. Dictamen presentado a la Cámara de Diputados por sus comisiones unidas de Minería e Industria* . . .. reimpresión, pp. 29 y 30.

Para Antuñano, el establecimiento "de fábricas de construcción de instrumentos modernos y la explotación del fierro" "debe considerarse el preliminar, la introducción, la base material de toda la industria". Esto en 1837.[15]

Su plan, los apuntes que sugiere para la creación de industrias, son congruentes con su orientación: disposición de las materias primas, jornales más bajos, introducción de la máquina para obtener costos reducidos, prohibiciones para defender el mercado interno para los productores domésticos, fomentar caminos y canales, llevar una estadística, crear juntas directoras de la industria, colonizar las costas "para aumentar los consumos y la agricultura tropical", celebrar tratados de comercio, reducir los días festivos para aumentar el trabajo; crédito y capital. A este último respecto, en 1837 propone: "La relajación absoluta de las leyes sobre el mutuo usurario; para poner en circulación productiva los grandes capitales depositados en monedas y alhajas, que hoy nada fructifican, ni a sus dueños, ni a la riqueza pública".

En julio de 1838, se ocupa en los siguientes asuntos: 1) qué debe entenderse por "generalidad del pueblo mexicano"; 2) "qué es ocupación útil y honesta en una inteligencia económica"; 3) "cuáles son las clases que producen riqueza material"; 4) "qué representación tienen en la sociedad las profesiones que no producen riqueza física, y qué proporción guardan en México unas y otras".[16] Expone con amplitud su pensamiento económico y no deja de rectificar el político. Aclara qué entiende por "leyes muy benignas". Se trata de "aquellas instituciones políticas, que coartando poco la libertad natural del hombre (su libre albedrío), sean sin embargo capaces de conservar el orden social, y hacer en todos respectos, la felicidad común". Esto es, Antuñano parte del concepto de libertades naturales, que sólo deben ser restringidas atendiendo a las necesidades de orden social y felicidad común. Pero las leyes "muy liberales, o benignas" demandan mayores gastos para la administración, dado que por el sistema representativo, requieren numeroso personal. En estas condiciones, un pueblo no puede ser regido por leyes muy liberales, mientras la generalidad de él "no se halle útil, y honestamente ocupada". Ello en virtud de que "las leyes no pueden obrar eficazmente, cuando no estén sostenidas por la riqueza", que fo-

---

15 *Op. cit.*, p. 26.

16 *Economía Política en México*. Puebla, 14 de febrero de 1839. Imprenta antigua en el portal de flores.

menta la población, la ilustración civil e industrial y el espíritu público; todo lo que constituye "una sociedad rica, fuerte y civilizada". En consecuencia, "mientras la generalidad del pueblo mexicano no se halle útil y honestamente ocupada, la nación mexicana no podrá ser bien regida por leyes muy benignas".

Para Antuñano las leyes son la expresión de la voluntad soberana pública y tienen por objeto "arreglar las acciones de los hombres, a términos de razón, y de conveniencia, común e individual". Las leyes protegen la propiedad, la ilustración civil y económica, la religión y el espíritu público. Tienen, por consiguiente, que calcularse atendiendo al carácter, riqueza, ilustración, situación topográfica, suelo y clima; pero:

> Las sociedades democráticas necesitan más que ninguna otra, leyes protectoras de los derechos, y celadoras de los deberes; porque estando más libre la voluntad individual, pueden las acciones personales de los hombres, hacer más perjuicios a sus conciudadanos, y a su patria.

Las leyes por sí solas no son "más que buenos pensamientos"; ellas requieren una base material. Nadie puede ser generoso si tiene necesidades y las leyes no pueden formar buenas costumbres "si los materiales sobre que se apliquen no son compactos"; o, en otros términos, "si la riqueza, *la fortuna* individual de la mayoría de los asociados, no presta seguridad para el buen efecto de las leyes". No se trata, empero, de un concepto indiscriminado de fortuna. La fortuna individual debe estar condicionada a la esfera o profesión de los individuos y su resultado debe ser el bienestar personal:

> El buen estado de las fortunas particulares, no se debe calificar por la riqueza, ni aun por la opulencia de algunos individuos; sino por el bienestar personal de una gran mayoría de los habitantes.

La riqueza física es fruto del trabajo material e individual. De acuerdo con estos criterios, la nación mexicana no debe por ahora ir más allá en las instituciones liberales que la rigen.

> ... porque su industria particular no produce la cantidad de riqueza suficiente, para sostener las comodidades de una gran mayoría de sus habitantes, y que al mismo tiempo, sea capaz de costear una

administración más liberal, y de consiguiente, más extensa y bien pagada.

Debe tenerse en cuenta, sin embargo, que las leyes "muy liberales" no sólo se dirigen a formar buenas costumbres civiles, "sino que también promueven muy eficazmente la prosperidad de la industria, que da la riqueza".

La tesis de Antuñano es propiciar la industria, para, precisamente, adelantar en lo político. En 1839 se dirige a los federalistas "de buena fe", diciéndoles que México no puede costear una administración muy liberal[17] y que teme que si nosotros:

> ...desde ahora pasásemos de las instituciones *centrales a las federales,* los intereses de las localidades soberanas, o por mal entendidos, o por impotencia física y metálica del gobierno de la unión, la guerra civil, la desmembración de la República, y tal vez el cautiverio de alguna, o todas las fracciones de lo que hoy es República Mexicana, pondrían el sello a nuestros extravíos políticos, *viniendo a ser nosotros nuevamente colonos,* por no habernos contentado con ser, moderadamente libres.

Hace tres proposiciones para que ventilen los escritores públicos:

> 1a.—México no podrá tener riqueza particular y pública, mientras que la mayoría de los habitantes no esté útil, y honestamente ocupada.
>
> 2a.—México no podrá ser bien regido por leyes muy benignas, entre tanto no tenga la riqueza capaz de costear una administración liberal.
>
> 3a.—México federal, desde ahora, no podrá evitar el envolverse en guerra civil, ni conservar la unión entre sus estados libres; por la aparente oposición de los intereses locales de éstos, por falta de fuerza física, y recursos metálicos en el gobierno de la unión para hacer

[17] Enmedio de estas ideas políticas, innova: postula la ocupación de las mujeres en las fábricas de maquinaria moderna (*Ventajas políticas, civiles, fabriles y domésticas que por dar ocupación también a las mujeres en las fábricas de maquinaria moderna que se está levantando en México, deben recibirse.* Puebla, 1837).

combinables dichos intereses, y contener con la ley armada, las pretensiones desarregladas de los estados soberanos.

No sin razón, apunta que el equilibrio económico "del ingreso y egreso de la riqueza propia, es la garantía de la estabilidad, poder y honor de las sociedades domésticas y públicas".

En noviembre de 1838, Antuñano reitera sus ideas en el sentido de que la riqueza pública es fruto del trabajo; por lo consiguiente, el plan de hacienda pública debe fundarse en un principio cardinal: concierne al Gobierno "averiguar y reconocer los manantiales de nuestra riqueza particular y pública, e imponerles la cuota de contribución suficiente, sin destruir el germen de la producción, antes dando a éste, un impulso benéfico".[18] Enfatiza sobre la necesidad para el Gobierno de fomentar la industria de sus súbditos y sostiene como una máxima la de "Pedir prestado para pagar a largo tiempo", o sea, financiamiento a crédito del desarrollo económico. Sobre la mecanización, Antuñano añade:

> La industria manufacturera de México está en su infancia, porque se ejecuta por medio de instrumentos y métodos torpes, aprendidos de una metrópoli, que siempre ha caminado con el atraso de un siglo, comparativamente, con las demás potencias antiguas de Europa; y también porque nuestra ignorancia y pobreza, que eran el fruto de nuestros atrasos fabriles, formaban la base de la política del gabinete de Madrid, para conservarnos en sujeción; de aquí proviene, que el pueblo mexicano aún hecho independiente y gozando de grande y buen terreno, e instituciones muy benéficas, no ha podido constituirse sólidamente, antes bien se ha conservado en una agitación molesta, como el que tiene libertad en sus movimientos, pero falta de discresión y de recursos físicos para dirigirlos a su bien.

Refuerza su concepto orgánico del desarrollo industrial. Este arranca de que nuestro terreno "nos ofrece casi todas las materias para la fabricación de los objetos acostumbrados y útiles, para satisfacer, no sólo las necesidades más precisas, sino aún para poder presentarnos con todo el brillo que caracteriza la civilización". Y culmina con la idea de que:

> Las ocupaciones mecánicas consumen y hacen útiles y lucrativos los afanes del labrador y del minero, y son las que han de dar a unos

18 *Economía Política de México. Ideas vagas para un nuevo plan de hacienda pública.* Puebla, noviembre 4 de 1838. (Sin pie de imprenta).

y a otros capitales y estímulos para extenderse en sus empresas; por último, por el impulso benéfico directo, e indirecto de las artes fabriles, crecerá la población y la riqueza activa y consumidora, auxiliadas por el comercio interior y exterior, y unidas y mancomunadas las clases productoras por un interés mutuo y relativo, harán soportables los dispendios que causan las clases improductivas, y de aquí vendrá la abundancia, la civilización, la paz. . .

Verdadera visión revela cuando capta el problema del campo, de la falta de poder de compra de los jornaleros:

> En mi concepto los jornaleros del campo se hallan escasos porque no se les facilita ocupación constante en sus oficios. Es una prueba inconcusa el observarse que el maíz, chile y frijol comúnmente tienen unos precios ínfimos, y tanto, que los propietarios del campo siempre viven apurados por la escasez de sus utilidades, rendidas por el grande y feraz terreno que cada uno cultiva y capital que invierte; luego la inopia que sufren estas dos apreciables y numerosas clases, no proviene propia y ordinariamente de la carestía de sus alimentos exclusivos, calculada ésta por los costos agrícolas de ellos, sino de la cortedad de la cuota jornalera en unos, y de la falta de ocupación voluntaria, forzosa, u consentida en los otros.

Y sostiene la necesidad de mejorar a los campesinos, aumentando su jornal.

Poco después,[19] dirige una exposición a las Cámaras. Su tesis esencial es bien simple: el país no encuentra la paz y "no habrá paz en México, mientras no haya industria ilustrada y honesta generalizada, y en su progresión". Antuñano subordina la política a la economía:

> La política es una ciencia admirable para gobernar; pero la política está subordinada a la posibilidad física de cada individuo asociado y de todos en general, porque primero es vivir que obedecer.

La posibilidad física "sólo se adquiere después de la satisfacción de las necesidades naturales". Nadie puede conservarse si no

---

[19] *Economía Política en México. Exposición respetuosa que el que suscribe dirige a las augustas Cámaras de la Nación.* Puebla, junio 1º de 1839. Imprenta antigua en el portal de las flores.

trabaja y para que haya trabajo se requiere la industria. Para esta industrialización hay que desarrollar industrias sobre los ramos que nos brinda nuestro suelo y un ejemplo satisfactorio lo hallamos en "las primeras fábricas de algodón." Ingenuamente, Antuñano cae en una especie de determinismo del algodón. Este ramo es suficiente para producir antes de seis años más de diez millones de pesos "y esta suma repartida en todas las clases productoras, las animarán y fomentarán; y toda esta riqueza generalizada, desterraría la pobreza, y la empleomanía, y por último, daría la paz al pueblo, y poder a su gobierno..." Desgraciadamente, la meta está distante, dado que las leyes más benéficas para el progreso de la industria "se publican pero no se cumplen". Por los puertos del sur siguen introduciéndose artefactos extranjeros de algodón prohibido. Tampico está abarrotado de existencias de artefactos de algodón y algunos puertos del norte también. Si no se aplican las leyes prohibitivas, el país se enfrentará a la ruina.[20] 20

---

20 Las peticiones o pensamientos concretos de Antuñano son los siguientes: 1) Cumplir con las leyes prohibitivas de algodones, extendiéndolas hasta las telas que no pasen de cuarenta hilos; 2) Cerrar los puertos que no puedan ser bien cuidados; 3) "Inutilizar, o exportar los artefactos de algodón que caigan en comiso"; 4) Fijar un término perentorio para consumir las manufacturas de algodón de las clases prohibidas que hoy existen en la República, cumplido lo cual se obligará al tenedor al por mayor a exportarlas; 5) No imponer en los primeros seis años, después de que se cumpla la ley sobre algodones extranjeros, derecho o impuesto alguno sobre algodón nacional manufacturado o en rama; 6) "En el concepto de que serán religiosamente cumplidas las leyes prohibitivas de algodones extranjeros, y de que a los fabricantes de hilo del país quedará por este hecho un campo grande, para cultivar sus utilidades, no se permitirá, que en ninguna filatura se pongan telares de maquinaria para tejer de cuenta del interesado hilador, más que la mitad del hilo, que produzca su fábrica; debiendo lo restante expenderse al público por dinero o por cambio de mantas, como algunos fabricantes practican hoy. Este compromiso obligatorio, será por seis años nada más, sin permiso de prórroga; pero sólo obligatorio después que el supremo gobierno haga cumplir con las leyes prohibitivas, y si la autoridad nacional se abstiene de imponer contribución directa de cualquier denominación, sobre el algodón nacional, al natural o en rama"; 7) "Promover por todos los medios la explotación del fierro, y el establecimiento de fábricas de construcción, para máquinas e instrumentos finos, para el uso de las artes mecánicas, y de la agricultura; pues estas operaciones, deben ser justamente consideradas, como la base material de la industria mexicana; *pues sin ellas siempre se hallará ésta mal afirmada, sus operaciones no podrán llegar a ser bastante económicas,* ni generalizarse las máquinas y buenos instrumentos"; 8) "El establecimiento de juntas directoras de la industria"; 9) "La reducción de los días festivos".

Su impaciencia lo lleva a sostener la necesidad del "desenvolvimiento violento de la industria nacional" de algodones.[21]

En 1843 aparecen doce cartas cambiadas entre Antuñano y el Presidente Provisional de la República, Antonio López de Santa Anna.[22] En la primera, Antuñano comunica a Santa Anna que al Director General de la Industria, Lucas Alamán, y al Presidente Sustituto, don Nicolás Bravo, tiene expuesto todo lo conducente para que la industria algodonera "no se paralice, ni retroceda, como está sucediendo". En esencia, su proyecto se reduce a suspender las leyes prohibitivas de introducción de algodón en rama, "siquiera mientras se reúne un millón de pesos, del cual, quinientos mil pesos serán destinados a fomentar las siembras, haciendo concurrir a las costas brazos, que es lo único que ahí falta para conseguir tan grande fin". El otro medio millón podría dedicarse a favorecer las empresas de explotar el fierro y los establecimientos para construir máquinas o instrumentos, "como también a dar la última mano a algunas empresas de lana, seda, etc., que están casi concluidas, pero amenazadas de ruina por falta de fondos". Garantiza los resultados con su honor y con su vida, sólo con que se levante "la ley perniciosísima que prohibe la introducción del algodón extranjero en rama", ley que produce efectos contrarios a los que se buscan.

Santa Anna le contesta desde Manga de Clavo: "...separado de los negocios del gabinete como estoy, no debo ingerirme en ellos". Pero Antuñano insiste. Le manda muestras de telas producidas en "La Aurora Industrial" y le expone su tesis central, los polos sobre los cuales debe girar el bien común:

> Mi general, los males de México vienen de las malas costumbres de un gran número de mexicanos, y aquéllas son efecto del mal estado de las fortunas en la generalidad de éstas. Lo que se produce no alcanza a cubrir lo que se consume, y no es bastante lo que se produce, porque los métodos de obrar en las artes productoras de riqueza, generalmente son torpes, o lo que es lo mismo, poco económicos. Grande y decidida protección a las empresas de industria fabril moderna, y economía en los gastos por la disminución prudente

---

21 *Raciocinios para un plan para repeler noblemente la importación de algodones extranjeros, en cualquiera forma por el desenvolvimiento violento de la industria nacional de la misma especie.* Puebla, 1840.

22 *Economía Política. Documentos (en doce cartas) para la historia de la industria moderna de algodones en México.* Puebla, 1843, Imprenta antigua en el portal de las flores.

de las clases improductivas, deben ser en mi concepto los polos sobre que el gobierno haga girar bien la masa social.

Pide, asimismo, la simplificación de los trámites judiciales, solicitando que las cuestiones entre fabricantes o contra ellos por motivos profesionales, "se despachen a estilo liso y llano de comercio, sin permitir escritos de abogados, en los tribunales mercantiles, o que se creen tribunales industriales".

En su novena carta insiste en que México nada será "ni aún con leyes celestiales, si la generalidad de sus habitantes no se halla útil y honestamente ocupada en crear artículos materiales que valgan también riqueza material". Insistiendo sobre el problema de la maquinaria, en su undécima carta asienta:

> La maquinaria moderna de hilados de algodón en México, antes y al tiempo de su establecimiento, fue considerada por algunos como innecesaria, como impracticable por otros, y como perjudicial por muchísimos; y no faltaron quienes calificasen las máquinas modernas de invenciones diabólicas: recuerdo a V. con sinceridad y respeto, que el mes de octubre del año de 32 fue llevado con violencia ante V. quien puso la primera fábrica de hilar algodón en la nación mexicana acusado de este hecho, como destructor de los artesanos, pero que V. los satisfizo generosa y discretamente favoreciendo también con los fondos nacionales, su grande empresa.—Hasta el año de 35 no había en Puebla un solo artesano extranjero, porque justamente temían estos la persecución de los que siendo, disculpablemente por la educación colonial, más fanáticos que católicos, eran crueles e intolerantes, hoy cuenta Puebla más de cuatrocientos artesanos extranjeros domiciliados para beneficio de esta afortunada ciudad.

Reitera su tesis de que: "La nación mexicana no puede ser quieta, rica, fuerte y civilizada, no obstante sus grandes prerrogativas naturales y su independencia nacional, mientras no consume también su independencia industrial, por la regeneración de su industria, por nuevos y más perfectos y económicos métodos para obrar en las artes fabriles". Y ve en éstas "la rueda motriz de todo el sistema industrial de México" y en el ramo de algodones "en su parte artística por métodos ilustrados," "*el eje* sobre que gira la *rueda motriz* del sistema industrial de México". Antuñano quiere un plan de insurrección económica y un Iturbide que consume la independencia industrial de México.

Conviene aclarar que no incurre en la vulgar contradicción de solicitar protección para las manufacturas que produce y librecambio para la materia prima que consume. Su plan contempla el problema totalmente. Y para los rozamientos entre manufactureros y agricultores, tiene una explicación: "Nunca ha habido sobre algodones intereses opuestos, sino mal entendidos, y política extranjera muy experta y activa.[23]

Consideramos que, al paso que Alamán es Burke, buscando la incorporación de la clase de la riqueza monetaria al cuadro de las clases privilegiadas, Antuñano es Sieyes, postulando, en última instancia, el poder para la nueva clase que presintió. No puede haber equilibrio entre la oligarquía y los principios democráticos, y también en México nos encontramos en "la época del célebre folleto de Sieyes: también acá es lícito preguntar, ¿qué es el estado llano?".[24] Y Antuñano va más allá en su parecido con el abate Sieyes. Al preguntarse qué es ocupación útil y honesta, se responde: "En su sentido económico, la que practican las clases productoras de riqueza material". Dentro de estas clases comprende las que se dedican a la agricultura, a las artes fabriles o mecánicas, incluyendo mineros, las que practican el comercio interior o de propias producciones al mayoreo o menudeo. Antuñano, confirmando la inspiración de Sieyes, niega a los eclesiásticos, militares, letrados, empleados de todos los ramos, aquellos quienes participan en actividades terciarias —músicos, poetas, barberos, cantores— el carácter de productores. Para ello recurre a una concepción clásica: "producir, en un sentido económico político, es hacer reproducir o dar formas útiles y valor a las creaturas de los tres reinos de la naturaleza que no lo tienen, o aumentarlo a los que tienen alguno".[25]

Esta expectativa lo lleva a lo que Alamán no podía arribar:

---

23 *Insurrección industrial. Economía Política en México. Documentos para la historia de la industria moderna.* Puebla, Imprenta antigua en el portal de las flores, 1846.

24 Jesús Reyes Heroles: *La Sociedad Fluctuante*, pp. 346-47.

25 *Economía Política en México. De las clases productoras: su influencia sobre la riqueza, población, ilustración y espíritu público.* Puebla, julio de 1838, Imprenta de San Pedro. Con este folleto, Antuñano no sólo revela que conoce de Sieyes *Qué es el estado llano*, sino también el *Ensayo sobre los privilegios*, pues el concepto que tiene de las clases productoras coincide esencialmente con el de Sieyes. Véase, al respecto, Emmanuel-Joseph Sieyes: *Qué es el estado llano*, precedido del *Ensayo sobre los privilegios*. Instituto de Estudios Políticos. Madrid. 1950.

> Con los bienes de manos muertas, forman en cada estado, bajo la dirección de hombres de ciencia, y garantías oportunas al objeto, bancos de avío para fomentar de preferencia las artes fabriles (a los artesanos) y la agricultura tropical, y a la de plantas exóticas: secundariamente, la agricultura de cereales y el comercio de lo interior; éste por los buenos caminos.

Antuñano, además, revela su espíritu de progreso económico —su modelo son los Estados Unidos—, que no lo inhibe de comprender los obstáculos políticos. Propone cerrar los colegios de latinidad para la teología y jurisprudencia por veinte años o disminuir el número de estudiantes: "Extinguir las comunidades religiosas de hombres, y disminuir las de mujeres", dándoles congrua sustentación, "libertad de cultos como en Roma" y colonización. Inquiere si es posible que subsista el sistema federal haciendo feliz a México, y afirma que el sistema republicano federal es distinto en un país pobre que en uno rico. En éste "da frutos dulces"; en el pobre "sólo da uñas de gato y raspalenguas". Por consiguiente, primero la promoción económica y más tarde el progreso político.[26]

Reiteramos que Antuñano no tiene compromiso con las clases privilegiadas tradicionales. Aspira al poder para el tercer Estado, que se formaría con la industria. Tampoco tiene, en esencia, compromiso con el liberalismo político. Su pensamiento se centra en la creación de industrias y en la defensa de la clase que con ella emanaría, sin que le interese que la industria sea creada por un gobierno de las clases privilegiadas o por el impulso liberal. La congruencia de su pensamiento económico lo conduce, sin embargo, a propugnar medidas —destinar los bienes de la Iglesia al fomento industrial, etc.— inconciliables con el pensamiento conservador.

PROTECCIONISMO LIBERAL

Enjuiciamiento del Banco de Avío

Apenas iniciada la experiencia del Banco de Avío, es criticada. El liberalismo ilustrado condena el intento por doctrinarismo, por

---

26 El importante documento *Embrión político de regeneración social* está publicado en: MIGUEL A. QUINTANA: *Op. cit.*, volumen I, p. 15 y sigs.

apartarse de las reglas del liberalismo económico; el igualitario, yorkino, por ver en el intento del gobierno de Bustamante un instrumento para el fortalecimiento de las fuerzas privilegiadas. Se contrapone, así, la instalación del Banco de Avío y su previa aprobación por el Congreso, a la nacionalización del comercio al menudeo, no aprobada por el Senado. Los liberales que hacen la oposición al gobierno de Bustamante-Alamán, encuentran en la aprobación del proyecto que creó el Banco de Avío una aberración doctrinal que intenta cambiar la correlación de fuerzas en beneficio de las privilegiadas, y en la reprobación por el Senado del proyecto de ley de nacionalización del comercio al menudeo —proyecto aprobado por la Cámara de Diputados y auspiciado por el periódico liberal, federalista e igualitario, *El Atleta*— un acto de la misma naturaleza oligárquica: los aristócratas no quieren que se les iguale a los que llaman "descamisados".[27]

Poco tiempo después, entre los elementos que la prensa liberal considera, para caracterizar el régimen de las Siete Leyes, como oligárquico, está el papel desempeñado por el Banco de Avío: los créditos que ha concedido lo han sido a personas acaudaladas; por tanto, se acumulan riquezas a riquezas, fomentando la industria de un corto número, en perjuicio de la mayoría. Se concentra riqueza en pocas manos; no se la quiere ver repartida, precisamente porque se trata de oprimir a los pueblos.[28]

A fines de 1841 el desarrollo económico y las medidas para lograrlo son discutidas a la luz de los convenios de Tacubaya, pensando que en forma simultánea a la discusión de los principios jurídicos y políticos que deben constituir al país, es necesario ocuparse de los problemas económicos. Es así como el número 8 de *El Siglo Diez y Nueve*[29] plantea en serio el problema de la industria mexicana. "En la república —dice— existen diseminados todos los elementos de su dicha, y sólo requieren una mano hábil que los recoja, los impulse, y les dé dirección". Como primer tema está el de la educación de los mexicanos; no se trata, sin embargo, de la ilustración aislada, válida por sí, sino conectada con la creación de industrias, para que en México se llegue al cumplimiento y ejercicio de "los

---

27 *El Atleta,* marzo de 1830. Véase, JESÚS REYES HEROLES: *La Sociedad Fluctuante*, p. 172 y sigs.

28 *Op. cit.*, p. 234. *El Cosmopolita,* Tomo III, números 25, 27 y 31, de marzo 3, 10 y 24 de 1838.

29 15 de octubre de 1841.

deberes sociales y los derechos de cada individuo". El progreso resulta fruto de un todo: "...cuando la industria y las artes progresen, manteniendo útilmente ocupados a todos los hombres, entonces, será que la república goce de una paz duradera y una abundancia sin límites, siendo tanto más libre, cuanto sea más ilustrada". Obtener ello no es ni sencillo ni espontáneo:

> Pero la industria necesita de fomento, o mejor dicho, es indispensable crearla, que realmente no existe. Hubo un tiempo en que se pensó con seriedad en traerla a nuestro suelo desde climas remotos, y se hicieron en efecto, algunos ensayos, siempre desgraciados, pero hoy ha desaparecido, casi del todo, espantada del estruendo de nuestras armas. Esa divinidad medrosa, que sólo prodiga sus beneficios en la paz, ha vuelto a refugiarse en los pueblos afortunados de que salió.

El artículo se refiere crudamente al intento de Alamán:

> En 1830 se fundó en esta capital un banco de avío con el fondo de un millón de pesos, que debía formarlo el 20% de los derechos que pagaran los géneros de algodón extranjeros, que se introdujeran en la República, y cuyo importe sería aplicable al fomento de la industria nacional. Fundáronse en efecto, algunas fábricas de hilados y tejidos, que sirvieron de estímulo a muchos particulares para plantear las suyas, con buen éxito; pero la mayor parte de las que fueron habilitadas por el banco se han desgraciado, ya sea por la viciosa organización del establecimiento, ya por la conducta cruel que desarrolló despues su junta directiva contra los empresarios de esa nueva industria.

Quiere expresar los conceptos para después descender a "los remedios que demanda con urgencia el estado moribundo de nuestra industria", fundamentalmente la del algodón. La organización del Banco de Avío "fue viciosa", en virtud de "que no se hizo a éste independiente del gobierno". Se le dio por presidente de su Junta Directiva al Ministro de Relaciones y no se llamó a los fabricantes:

> Lejos de esto se llamaron siempre para vocales a los generales, a los comerciantes, a los empleados, a los hacendados y a individuos de toda las profesiones, menos a los fabricantes. ¡Extraña anomalía, por cierto, que ha llenado de tropiezos el camino de la industria!

La industria progresó, pero "los cortos progresos que ésta tuvo, fueron debidos a la paz que disfrutó la república en todo el año de ·831: el de 832 fue ya el principio de su declinación". La causa: "Las inquietudes públicas que se han ido sucediendo desde entonces no permitieron ya la separación de los fondos del banco en las aduanas marítimas y hoy es ya una oficina impotente". Mas: "No lo ha sido, sin embargo, para extorsionar a los empresarios con demandas las más veces injustas, exigiéndoles el pago de réditos de cantidades que realmente no han recibido, porque los libramientos que se les dieron contra recaudaciones futuras, les proporcionaron la pérdida de más de una quinta parte de los considerables descuentos que aquellos papeles sufrieron en su indispensable enajenación". Por ello, el último Congreso Federal dispensó de pago de réditos por cinco años a un fabricante de Puebla: "...pero el primero unitario negó igual gracia a los demás que la solicitaron". Unos mexicanos de los que "a ciegas", con "pie vacilante" se dispusieron a "abrir el santuario de la industria nacional, por un sendero que nadie había frecuentado", se beneficiaron de un "momento favorable" y otros se perjudicaron de "un instante desgraciado". *El Siglo Diez y Nueve* apunta soluciones:

> Convendría, pues, que se formara otro reglamento para el banco, que prestara a éste más seguridades, y a los empresarios más garantías: que se fomentaran no sólo los hilados y tejidos de algodón, sino otros ramos industriales de bastante interés para la República, tales como la fabricación de la seda, del papel, de los vidrios planos y huecos, de la cera, etc., etc., que para todo esto se siguiera separando en las aduanas marítimas el veinte por ciento de los derechos que pagan los géneros de algodón extranjeros, sin que este fondo se invirtiera en otros objetos que no fueran los de la industria según lo dispone la ley de 16 de octubre de 1830, que dio origen al establecimiento: que a los empresarios de las fábricas de algodones se les dispensara el pago de réditos por cinco años, contados desde la fecha de sus respectivas escrituras, o se les descuente de los capitales porque deben responder, la parte que justifiquen haber perdido en la enajenación de los libramientos: que se destierre el monopolio que últimamente se ha hecho y se está haciendo de aquel fruto, y de modo que los cosecheros no puedan venderlos sino a los fabricantes, o a gentes que se ocupan en tejerlo o hilarlo, y aun esto en cantidades proporcionadas a sus consumos; últimamente, que la junta directiva del establecimiento se componga de industriales, no habilitados por

el banco, y que obre con tal independencia del gobierno, aunque con sujeción a las bases del nuevo reglamento que haya de formarse. De este modo progresará nuestra decadente industria y hará la felicidad nacional.

Unos cuantos días después,[30] *El Siglo Diez y Nueve* expresa la necesidad de que se cumpla con la ley de 16 de octubre de 1830, concediendo el premio previsto para productores industriales que triunfen en la exposición anual no efectuada hasta entonces como se debía. Se mencionan los productos elaborados en México y se sostiene que la capacidad de los mexicanos permitiría alcanzar gran des resultados en materia de industria, cuyo desarrollo es indispensable, pues: "Las naciones que carecen de industria son las últimas en la escala de la civilización".

La heterodoxia

El 26 de diciembre de 1841 se vuelve al tema con más aliento [31] En relación con un asunto incidental, *El Siglo Diez y Nueve* entra en polémica con el *Diario* del gobierno. El primero invoca la peculiaridad del país como razón de gobierno que debe apartarnos de pretendidos axiomas universales. Sobre esto ironiza el redactor oficial, permitiendo a *El Siglo* precisar:

> Jamás hemos creído que las verdades tan notorias como tres y dos son cinco, dependan del clima, de la educación, ni de la complexión de los individuos, ni mucho menos que por esos motivos estén sujetas a variación en los diversos países del mundo, pero sí decimos y sostenemos que la mayor parte de los que en el día se califican por principios inmutables en las ciencias políticas y económicas tan lejos se hallan de ser tan ciertos como tres y dos cinco, que casi todos no pasan de unas meras paradojas.

Hay que examinar los principios y no puramente su aplicación, haciéndose "cargo de las circunstancias del lugar", dado que ellas son "variables por naturaleza". Esta es la doctrina sostenida por Ferrier en su obra *Del gobierno en relación con el comercio.* Los in-

[30] Número 48, 24 de noviembre de 1841.
[31] Número 80.

tereses cambian de "nación a nación, y aun en una misma de una época respecto de otra". Y ello sobre todo sucede en comercio. De aquí que la ciencia de la administración pública sólo reconozca "un pequeño número de principios fijos", pues la mayoría está sujeta a tiempo, hombre y lugar:

> Ven los señores editores del Diario que la economía política depende esencialmente de los tiempos, de los lugares y de los hombres: que sus principios fijos deben ser muy pocos y de consiguiente que no sólo de nación a nación; sino de tiempo a tiempo en una misma, deben variar sus teorías, ¿y qué quiere decir que una ciencia depende esencialmente de los tiempos, lugares y hombres sino que sus principios son variables? Luego, sin riesgo de contradicción, sin embargo de que las verdades como tres y dos son cinco sean lo mismo en Europa que en Pekín, pueden ser diversos los principios de economía en Pekín en Europa y en México.

Los mismos europeos dudan que "los principios de economía política sean tan evidentes, como tres y dos son cinco", y al respecto se cita a los editores de las cartas de Say a Malthus, indicando que el primero, antes de la edición francesa, ha vertido opiniones contrarias a la inexorabilidad doctrinaria. *El Siglo Diez y Nueve* comenta que el traductor de Malthus "manifiesta en su prólogo que los grandes economistas Ricardo, Adam Smith, Say, Sismondi y el mismo Malthus se contradicen en los puntos más importantes de esta ciencia". La discordancia entre autores demuestra la variabilidad de los principios de la economía y es que, como establece Turgot: "Cualquiera que no se desentiende de que hay en el mundo estados políticos, separados los unos de los otros, y constituidos de diverso modo, jamás tratará bien ninguna cuestión de economía política". Los principios y su aplicación dependen de los pueblos. Un ejemplo lo aclara: Francisco García hizo el dictamen que se tradujo en la libertad de exportación de la plata. Él fue de tal calidad, que un periódico parisino, *La Estrella,* lo tradujo y publicó. Y no obstante la información teórica y la calidad del dictamen, que ameritó que en Francia se considerara como "una muestra de los pasos agigantados con que la sociedad naciente mexicana caminaba a la ilustración, principalmente en materia de economía política", el gobierno de México al poco tiempo se vio obligado a restringir la exportación de plata, y García, como Gobernador de Zacatecas, "tuvo que tomar algunas providencias contrarias a su dictamen". Ello se debió a que falló el principio. Y "¿por qué falló? Porque las circunstancias de la república no son las mismas que las de la Europa. Ésta por su posición y elementos es importadora y exportadora de efectos y no es productora de plata. La república no es hoy más que productora de plata e importadora de efectos".

Protección y librecambio son discutidos y la primera en su forma más aguda: prohibicionismo. Pronto se trasluce la causa de tal discusión: *El Siglo Diez y Nueve* publica la proposición que Lafragua como diputado iba a presentar al Congreso Constituyente, reducida a que éste interpusiese sus respetos ante el Presidente de la República, "a fin de que no se deroguen ni suspendan las leyes prohibitivas que protegen la industria nacional".[32] Lafragua invita a otros diputados a que suscriban su proposición y éstos, coincidiendo en su contenido, no lo hacen por considerarla extraña a las atribuciones del Congreso, pues éste no debe intervenir en asuntos ajenos a su tarea constituyente.

El Diario califica de ligereza o perversidad la publicación de la proposición de Lafragua y con este motivo se llega al fondo del asunto. Existen informaciones y actos concretos encaminados a que el gobierno contrate en el exterior un préstamo de 15 millones de pesos. La cuestión, dice *El Siglo Diez y Nueve*, es tan grave, que difícilmente se podría presentar otra mayor en la República. El préstamo sería en mercancías cuya importación se hallaba prohibida. *El Siglo Diez y Nueve* informa:

> Es un hecho que se ha propuesto a los fabricantes de hilados y tejidos de algodón indemnizaciones considerables, porque no se opongan a un préstamo que se trata de negociar con el gobierno, cuya base es la introducción de efectos prohibidos.

El préstamo es calificado de ruinoso para México. *El Diario* sostiene que el Presidente de la República "es el más firme apoyo de la industria" y ataca a los que "sostienen las leyes prohibitivas", "único medio de que la industria no se arruine". *El Siglo Diez y Nueve*, que ya está en la oposición o en algo muy parecido a ella, confía en la conducta del Presidente de la República, repeliendo las propuestas de un préstamo que no solamente perjudicaría, sino arruinaría indefectiblemente "nuestra idustria y nuestra agricultura".

---

[32] Las proposiciones de Lafragua aparecen en el número 301, de 7 de agosto de 1842, y en el número 305, de 11 de agosto del propio año se comentan.

La posibilidad de que se celebre el empréstito explica el audaz planteamiento anterior que en materia de economía política y a propósito de prohibiciones hace *El Siglo Diez y Nueve.* El esquema de la tesis innovadora es bien sencillo: "En la economía política, lo mismo que en todas las ciencias, hay verdades en la teoría que no son realizables en la práctica. Pero respecto de aquella ciencia, aun hay más, pues algunas de sus bases fundamentales se hallan destruidas por la experiencia".[33] La inspiración de tal punto de vista es Ferrier: así como los químicos han abandonado y ven con desprecio la piedra filosofal, en economía también se impone abandonar la piedra filosofal de la libertad ilimitada del comercio.

El articulista pretende hacer algunas aplicaciones de la economía política en la República Mexicana, pero antes recuerda el principio esencial, que cuando se pierde de vista hace "que los economistas incurran en muchos errores": la diferencia que la economía debe hacer de nación a nación. Para la resolución de las cuestiones que atañen a esta ciencia es preciso partir de las diferencias entre las naciones, y si ello tiene que ser así aún entre países limítrofes: "¿Qué debe decirse cuando se trata de las diferencias de dos continentes separados por un Océano y en que quizá no hay cosas que se parezcan y mucho menos que se identifiquen?" De ahí se pasa a describir la enfermedad de la importación indiscriminada de ideas y técnicas:

> Ha sido en nuestro concepto una falta grave de los escritores mexicanos que se han ocupado de algunos puntos de economía política, desatendiendo esas diferiencias, y dar por supuesto que los mismos principios que son aplicables a Inglaterra y Francia lo sean a la República Mexicana. El espíritu de novedad al recibir con el mayor entusiasmo cuanto se escribe en Europa, y permítasenos decir el prurito de lucir nuestros talentos en una ciencia nueva, y aún antes que estemos instruídos a fondo de sus principios y en las ciencias auxiliares, nos ha conducido necesariamente al error.

El autor del artículo se sitúa en la misma línea de Francisco García.[34] La incidencia en el error también es explicada: "Lograda la independencia comenzaron a entrar libros de todas clases: entre ellos vinieron algunos de economía política, y hénos aquí econo-

---

[33] Número 296, 2 de agosto de 1842.

[34] Véase: JESÚS REYES HEROLES: *El Liberalismo Mexicano,* Tomo I, *Los Orígenes,* pp. 196 y 203.

mistas". Es una paradoja y una incongruencia preciarse de economistas sin conocer el medio:

> Es ciertamente cosa que asombra, que lo seamos antes de estar instruidos en la geografía física y política de nuestro país, sin saber su estadística, sin haber examinado las costumbres de nuestros pueblos, muy diferentes sin duda, en un terreno inmenso, o en que hay todos los temperamentos y los climas, toda suerte de posiciones topográficas, y elementos para todos.

Hay, pues, que apreciar las diferencias entre las naciones y entre las distintas regiones de México, y hay que tener cuidado de no seguir "aquellos mismos principios teóricos que en la práctica se desprecian en Europa". Tal la abolición de las prohibiciones. Para Ferrier las prohibiciones son indispensables en Francia y:

> Volvamos la vista al principio que hemos asentado, reducido a que es necesario tomar en consideración las diferencias de los pueblos, y comparémoslos con la Francia. Una nación que ha desarrollado todos sus elementos, y que en el estado en que se halla casi es imposible que se agotaren sus productos y quedara inculta por medio del comercio ilimitado, se teme que pueda ser en gran manera perjudicada por él; y nosotros que apenas comenzamos a desarrollar alguno de los nuestros, ¿Hemos de prosperar por aquel propio medio? ¿Habrá cabeza en que pueda caber tan enorme contradicción? ¿No se necesita apelar a toda clase de sofismas para poder sostener aquel absurdo?

Las prohibiciones sirven para fomentar la producción y asegurar consumidores:

> Este cálculo es efectivo: prohibiendo, por ejemplo, la introducción de algodón, se daría impulso a este ramo de nuestra agricultura, abundaría en la República: prohibiendo la entrada de aquellos géneros extranjeros que pueden producirse en nuestras maquinarias, además que se fomentaría ese ramo de industria, no podrían faltar consumidores, pues los mexicanos que tuvieran necesidad de ellos, tendrían que comprarlos a los fabricantes nacionales, porque no habría géneros extranjeros que les impidiera la venta.

Ciertamente que las prohibiciones pueden afectar algunos intereses particulares, pero por encima de ellos está el interés común.

Por otra parte, el comercio libre, y el mismo Say lo admite, no impera en el mundo. Probablemente predomina en teoría, pero no en la práctica:

> Si de lo especulativo pasamos a lo práctico, es decir, a lo que observan las naciones cultas a pesar de las doctrinas de sus propios escritores, encontraremos universalmente reprobado el comercio sin limitación, y adoptado el sistema de prohibiciones. Francia, Inglaterra, Rusia y aun los Estados Unidos, han progresado y progresan con este sistema; y sin embargo, de las doctrinas de los economistas, no lo abandonan siempre sino que lo siguen con constancia.

Por lo demás, el comercio libre debe seguirse sin restricciones entre los integrantes del país: "Ese principio del comercio ilimitado es muy aplicable entre nosotros mismos; pero no de nación a nación, y menos de continente a continente". La posibilidad de un amplio mercado —se escribe antes de 1847— anida en el articulista.

El Siglo Diez y Nueve señala las consecuencias económicas que al país depararía el librecambio:

> Pero si las primeras materias entran del extranjero y entran las manufacturas, quedan arruinadas la industria y las artes. ¿En qué consiste entonces la riqueza nacional? ¿En extraer plata de las minas? ¿De qué le servirá si inmediatamente ha de cambiarla al extranjero por los efectos que necesite? Convengamos por lo tanto, en que para formar la riqueza nacional, es absolutamente indispensable el sistema de prohibiciones.

Los economistas, prosigue el artículo, no cesan de clamar que la riqueza de las naciones no consiste en que posean oro y plata, "sino en la agricultura y la industria". Y cabe preguntarse: "¿Pueden progresar en México estas ramas sin el sistema de prohibiciones?" El redactor se contesta en sentido negativo y emplaza a que se rebata su tesis, no con teorías, sino con hechos, en la práctica.

En el mismo año, *El Cosmopolita*[35] se pregunta si en el estado que guarda el país es conveniente el sistema prohibitivo en los ramos de la agricultura e industria. Fundamentalmente está preocupado por la protección a la agricultura. Sigue la tesis del prohibicionismo temporal y gradual:

---

[35] Tomo V, número 159, 6 de agosto de 1842.

Prohibir las importaciones es un objeto provechoso, cuando los efectos que se pretendieran importar se producen en la nación; aquellos que no produce y de que necesita, no puede obtenerlos sino del extranjero. Los otros aunque momentáneamente le falten, los recogerá después: una corta espera los presentará y se remediarán los males que una escasez de corto tiempo pudiera ocasionar.

La República Mexicana está llamada a la grandeza en todos sus ramos, posee un terreno rico, climas variados y puede tener una clase agrícola, artesanal y comercial próspera. Pero, para el periódico: "El verdadero manantial de donde brota la prosperidad de los pueblos es la agricultura: sólo las naciones agrícolas pueden vivir por sí: las que se sostienen por la industria y el comercio son tributarias de las agrícolas". Por lo consiguiente, el país necesita que se proteja su agricultura. Los frutos de ésta "que la industria hace más apreciables", requieren del fomento de la agricultura. El peligro es que no se proteja la agricultura, ya que: "La industria, pues, en concurrencia de efectos nacionales y extranjeros pedirá éstos, porque el menor precio los presenta como menos gravosos; pero la nación no recibirá un bien". El debilitamiento de nuestra agricultura llevaría al país a ser tributario de otras naciones. El problema concreto que *El Cosmopolita* contempla es grave:

Los temores del agricultor mexicano, crecen, al paso que los frutos extraños tocan nuestros puertos. Acaso y sin acaso, los males que hoy se dice que resiente nuestra agricultura, dependen de que el contrabando europeo, y los permisos indebidos, han originado el abandono de algunos campos, y disminuido el cultivo de otros.

La tesis, sin embargo, tiene un carácter general, es decir, abarca agricultura e industria:

Si México ha de depender del extranjero, México no es independiente: comprar a costa de grandes sacrificios lo que dentro de breve podemos tener con grandes ventajas, está reservado exclusivamente a los hombres cuyo juicio se encuentra trastornado.

PREGUERRA Y CRISIS

Legislativamente, la situación se resuelve mediante el arancel de 30 de abril de 1842.[36] Éste repite lo establecido por el arancel de 11 de marzo de 1837,[37] que a su vez había adoptado el sistema del arancel de 16 de noviembre de 1827,[38] cuyo sentido ya conocemos. El arancel de 1842 contenía una tarifa compuesta de ocho secciones con 119 fracciones y señalaba que los efectos no comprendidos en la tarifa pagarían el 25% sobre aforo, el que se calcularía aumentando al valor de factura una cantidad que iba del 20 al 100%. Este arancel, sin embargo, tiene una vigencia restringida, pues el de 26 de septiembre de 1843,[39] que sigue el sistema del anterior, aumenta la tarifa, señalando que los artículos que no estuvieran comprendidos en las 218 fracciones o designaciones de mercancías, pagarían el 30% sobre aforo. Poco después, vino el muy importante arancel de 4 de octubre de 1845,[40] que ya supone una clasificación más minuciosa, puesto que comprende 842 fracciones, dando arbitrio a los vistas de aduana para que fijaran los derechos de acuerdo con principios de analogía o a precios de mercado. Los derechos, sin embargo, fijados en este arancel eran bastante altos y ello explica que la ley de 3 de mayo de 1848, como asienta Matías Romero,[41] los rebajara en un 60%.

Ahora bien, lo importante del arancel de 1845 es que obedecía a una concepción sobre la articulación de las industrias y el desarrollo económico de México. En efecto, Lafragua no deja de revelar sensibilidad y equilibrio frente al problema de la política arancelaria y del desarrollo económico.

Ocupándose de la agricultura y de la industria,[42] se desentiende de las polémicas relativas a si México debe ser minero, minero y

---

36 Colección publicada por J. M. Lara, p. 446.

37 Recopilación Arrillaga, p. 144.

38 *Diario de los Debates*, 2o. Congreso Constituyente, p. 97.

39 Colección de Lara, p. 186.

40 Edición del *"Constitucional"*, p. 148.

41 *Exposición de la Secretaría de Hacienda de los Estados Unidos Mexicanos de 15 de enero de 1879, sobre la condición actual de México y el aumento del comercio con los Estados Unidos*. pp. 125.

42 JOSÉ MARÍA LAFRAGUA: *Memoria de la primera Secretaría de Estado y del Despacho de Relaciones Interiores y Exteriores de los Estados Unidos Mexicanos, leída al Soberano Congreso Constituyente en los días 14, 15 y 16 de diciembre de 1846*. México, 1847, Imprenta de Vicente García Torres. pp. 67 y sigs.

agricultor, o minero, agricultor e industrial. Considera que deben fomentarse los diversos ramos de la actividad económica, presentando una articulación entre éstos, o, en sus palabras: "el mutuo enlace que tienen entre sí, pudiéndose asegurar que la existencia de uno exige necesariamente la de los otros". Sería absurdo que México se dedicara a la minería y despreciara sus posibilidades agrícolas y "una vez concebida la utilidad de la agricultura, a nadie se ocultará la de la industria que se deduce de ella, pues si México ha de ser agricultor, ¿quién sino los industriales pueden hacer a los labradores el consumo de sus frutos?"

El problema de la falta de consumos le preocupa:

> La agricultura sin la industria, sería la ruina de los propietarios, puesto que por falta de consumo y por la imposibilidad que hay hasta hoy de la exportación, verían perderse sin remedio los productos de grandes capitales invertidos en el cultivo de los diversos ramos agrícolas.

Percibe las contradicciones a que inevitablemente tendría que enfrentarse el crecimiento económico del país. La agricultura "no puede bastar todavía para el consumo de la industria, a la cual debe proporcionar sus primeras materias". La industria a cada paso tiene la necesidad "de acudir al extranjero para proporcionarse esas mismas primeras materias que el país no puede ministrarle en cantidad suficiente, como sucede por ejemplo con el algodón". De aquí derivan los argumentos en contra de la industria, pues hay una desproporción entre agricultura e industria, ramos "que para su progreso deberían caminar a la par en sus productos". Esto ha originado una rivalidad entre industriales y agricultores, pues los industriales han influido en la libertad de comercio para la importación de producciones agrícolas, creyéndose, en consecuencia, perjudicados los agricultores. Junto a ello los propios industriales obtienen "prohibiciones y restricciones" en su favor, con el malestar consiguiente para comerciantes y agricultores. Por lo tanto, ve al Estado oscilando entre los distintos intereses y sostiene la necesidad de satisfacer "exigencias opuestas" y conciliar "los diversos intereses en perpetuo choque".

El estado de la agricultura no nos permite ser verdaderos industriales, sino sólo simples manufactureros. Se impone el fomento de la agricultura, pues su deficiencia se percibe no sólo en las materias primas sino también en los artículos de consumo. La situación es más grave si se toma en consideración que "la falta de consumo, causada por la carencia de población" lleva frecuentemente a pérdidas a los agricultores. De aquí concluye con el objetivo fundamental de Lafragua, "el aumento de la población, la colonización".

Se manifiesta en contra de las alcabalas y a favor de las contribuciones,[43] que deben ser sustituidas, a su juicio, por "el sistema de contribuciones directas", que es el que más se acerca a la justicia. Por lo demás insiste en la necesidad de seguridad en los caminos, transportes y difusión de los conocimientos técnicos.

El arancel de 3 de mayo de 1848, es, en rigor, un arancel de postguerra. Ya hemos señalado las consecuencias económicas de la guerra. La postguerra se caracteriza por una aguda crisis.[44] El erario se enfrenta a un persistente déficit que es el resultado de la crisis nacional. Una invasión de artículos extranjeros opera en las aduanas marítimas, por la ocupación de los puertos. La frontera norteamericana se corre con gran auge de los contrabandistas. Perseguir el contrabando se dificulta; se destruye el estanco del tabaco; desaparecen las alcabalas en el Distrito y otros Estados; se aumenta la deuda nacional y los fondos de la indemnización de guerra son insuficientes para enjugar la crisis. Este es el período en que, como hemos señalado, hace que de 1848 a 1851 el país tenga ocho ministros de Hacienda y en total doce titulares o encargados. Se pretende enjugar el déficit reduciendo los egresos o incrementando los ingresos. Ambos caminos se enfrentan a obstáculos prácticamente insalvables. El manejo del arancel y de la política arancelaria, en general, desempeña un papel decisivo en esta crisis.

A Manuel Piña y Cuevas, como Ministro de Hacienda, le toca el punto culminante de la crisis e indicar los posibles caminos para salir de ella. Al respecto, propone: 1).—Empleo de lo que queda del fondo de indemnización; 2).—Impuesto a los artefactos de algodón; 3).—Aumento de derecho de circulación y exportación de la moneda; 4).—"un derecho de consumo a los efectos extranjeros". Para Piña y Cuevas está "uniformemente indicada la baja de derechos de importación como medio de evitar el contrabando".[45] Pero,

---

43 *Op. cit.*, p. 76 y sigs.

44 Jesús Reyes Heroles: *La Sociedad Fluctuante*, p. 388 y sigs.

45 *Documentos relativos a la reunión en esta capital de los Gobernadores de los Estados, convocados para proveer a las exigencias de erario federal.* México, 1851, Imprenta de J. M. Lara. *Exposición e iniciativas que el Ministro de Hacienda ha dirigido a la Cámara de Diputados.* pp. 2 y 3.

como antes decíamos, flota en el ambiente la idea de reducir o suprimir —alzar, como entonces se dice— las prohibiciones y bajar los derechos de importación.

Desde marzo de 1850, la Comisión de Hacienda de la Cámara de Diputados extiende un dictamen que se propone suprimir la prohibición relativa a la importación de géneros ordinarios y que se cobren derechos de importación de nueve centavos por vara y seis pesos por quintal de algodón en rama. Todo esto origina la polémica y hace que la heterodoxia sea consciente o razonada.

LA HETERODOXIA RAZONADA

El Siglo Diez y Nueve publica, del 1o. de octubre de 1850 al 16 de enero de 1851, catorce artículos verdaderamente extraordinarios sobre alzamiento de prohibiciones.[46] La exposición al Congreso, del Ministro Manuel Payno, de 25 de julio de 1850, comprende catorce iniciativas de ley y en la parte que nos interesa solicita autorización para proceder a reformar el arancel y para que se permita la introducción en el país de algodón en rama y otros efectos prohibidos.[47] En el primer aspecto, Payno hijo, decía que en el término de cuarenta días reformaría el arancel y anticipaba:

> Desde ahora manifestaré que en esa reforma, ni bajaré los derechos hasta el grado que el tesoro pierda la suma de que tan indispensablemente necesita, ni aumentaré las cuotas a más alta proporción que las establecidas.

Payno agrega que es aconsejable seguir un plan análogo al de Cuba: formar una "nomenclatura de todos o la mayor parte de los efectos conocidos, fijar el valor conforme lo tengan en el mercado de su procedencia, y sobre ese valor imponerles un derecho desde 100% hasta el de 5%, conforme se practica en este particular en los Estados Unidos."

---

46 Ellos son reeditados en folleto: *Colección de artículos del Siglo XIX sobre alzamiento de prohibiciones*. El examen de estos artículos lo realizamos en: *Economía y Política en el Liberalismo Mexicano*, conferencia sustentada el día 27 de enero de 1956 en la Facultad de Filosofía y Letras de la UNAM. Publicada por Cuadernos Americanos, Vol. 2, Marzo-Abril de 1956.

47 *Documentos relativos a la reunión en esta capital de los Gobernadores de los Estados . . . Exposición del Secretario del Despacho de Hacienda, leída en Consejo*

Esta es la cuestión del día, dirá *El Siglo Diez y Nueve*,[48] "cuestión, en último resultado, de bienestar social; pero cuestión económica, cuestión de números, en la cual no entran como elementos la declamación ni las odiosidades de los partidos". Reprocha que no se presenten al cuerpo legislativo "cuestiones de riqueza nacional, sino a la hora de las aflicciones de la tesorería". Es necesario distinguir "el sistema económico de la nación" del "sistema fiscal o de hacienda". Hay que dar preferencia al sistema económico "que es el primordial y el más grandioso", sin que esto implique desentenderse del fiscal.

La tesis es: "México debe proteger su comercio, aumentando al mismo tiempo su agricultura y sus artes". Las prohibiciones impuestas "hasta hoy al comercio en favor de los otros ramos de la producción, se deben alzar antes de muchos años", pero no sin precauciones. México "no es la nación que ha de necesitar siempre andaderas"; mas es necesario saber si ya está en posición de competir con países que han hecho una carrera y cuentan con elementos naturales, capitales, costumbres y legislación de que nosotros carecemos.

El segundo artículo[49] hace una evaluación de la industria algodonera en la República y sus repercusiones económicas y sociales. En el tercer artículo se estudia si las fábricas nacionales han encarecido las hilazas y mantas y si tienen capacidad para satisfacer la demanda nacional.

En el artículo IV[50] el problema a resolver consiste en determinar si la nación mexicana puede ser sólo agrícola y minera "o si está obligada también a ejercer las artes y a producir manufacturas". El artículo demuestra cómo, a pesar del sistema colonial que pretendía reducirnos a traer de España los mayores efectos posibles "para cambiarlos por productos preciosos de la agricultura tropical, o más bien por oro y plata", la aptitud de los mexicanos y la lejanía de la metrópoli permitió desarrollos que sorprendieron a Revillagigedo y a Humboldt. El primero se percata de cómo disminuye la dependencia con el desarrollo de las artes, sobre todo las del algodón, que "se han adelantado demasiado".

---

de Ministros con asistencia de los Gobernadores de los Estados, en 17 de agosto de 1851, p. 12.

48 Colección, Artículo I, pp. 3-10.

49 *Op. cit.*, p. 11 y sigs.

50 *Op. cit.*, p. 31 y sigs.

El Siglo Diez y Nueve da respuesta a quienes aconsejan que México se especialice. Con lenguaje de nuestros días, podríamos decir que se inclina por la diversificación de producciones: "La historia nos enseña que puede una nación vivir reducida a un solo ramo de subsistencia, como la ganadería o la pesca; pero ese solo hecho revela siempre el corto número y la mísera situación del pueblo". *El Siglo Diez y Nueve* recomienda impulsar producciones, pues: "Entonces entraría el país en otro movimiento que hoy no conoce, y sería menos irónico el consejo de los que se empeñan en persuadirle que sea solamente agricultor, y que cambie frutos por artefactos". Reducir la nación a la agricultura "sería condenarla a una retrogradación que no es posible calcular". El periódico añade: "¿Y puede un legislador reducir y aun comprometer la vida nacional, por seguir una secta económica?"

La información se revela al respecto:

> Díganlo esas mismas naciones, en cuyo seno aparecieron Smith y Say. Ambos sabios han muerto dejando a Inglaterra y a Francia en la meditación y rectificación de sus doctrinas, y en espera del tiempo y circustancias oportunas para irlas poniendo en práctica poco a poco, sin riesgo ni aun de la subsistencia o prosperidad de alguna clase numerosa.

Por consiguiente:

> Si, pues, un pueblo tan poco adelantado como es el de nuestro país en el conocimiento de las leyes de la naturaleza física y moral, aspira a conservar su independencia, no obstante el contacto que debe tener con las otras naciones; lo primero que necesita cuidar es no perder, sino antes bien ganar trabajo, y lo que es más, ilustrar y dignificar ese trabajo, porque así se dignifica un pueblo a sí mismo, y se eleva al nivel o a un grado superior al de los otros.[51]

El contacto de México con las naciones más ricas e ilustradas "ha marchitado ese trabajo", introduciendo más baratos, los artículos que producía. De aquí la necesidad de protección.

El gobierno debe proteger las artes y las manufacturas y la principal protección consiste en defenderlas de la competencia ex-

---

[51] *Op. cit.*, Artículo V, pp. 44-47.

tranjera, es el tema del artículo quinto. El Ministro de Hacienda, "sin profesar explícitamente el peligroso principio de *laissez faire*", está llevando al gobierno a abandonar el derecho y la obligación de proteger a las industrias. Para *El Siglo Diez y Nueve,* el país debe ganar trabajo y debe procurar producir sus alimentos, sus vestidos y sus armas: "Faltándole cualquiera de estos ramos, será indudablemente esclava de las otras naciones." Pero es verdad establecida "que donde el trabajo logra mayor recompensa, allí desarrollan más prodigiosamente no sólo la riqueza, sino la dignidad humana".

México no puede "dejar ir las cosas por sí mismas";[52] necesita una táctica muy hábil "para conservar su existencia y su libertad". Debe aumentar su poder de cambio dando protección a las manufacturas.

El proteccionismo está a la vista: "Luego, siempre que el comercio extranjero amenace destruir en fuerza de baratura las industrias del país, debe nuestro gobierno defenderlas empeñosamente, sin dejarse guiar por ese bien imaginario de la baratura, sino por las consideraciones elevadas de la subsistencia, la riqueza y la moralidad de la nación". *El Siglo Diez y Nueve,* después de refutar el argumento de que el contrabando hace impracticable las prohibiciones y de indicar que éstas pueden ser más eficaces que la misma tarifa refiriéndose al librecambio y a quienes lo sostienen en Europa, afirma: "Adoptemos las doctrinas que ellos dan y no toman, y nuestro erario crecerá un poco, si se quiere así suponer; pero no será fomentando el trabajo del pueblo mexicano, sino el de los pueblos inglés y francés, suizo y de Norteamérica".[53]

---

52 *Op. cit.,* Artículo VI, pp. 55-59.

53 La protección que la industria algodonera necesita "debe expresarse en prohibiciones, o bien en derechos elevados que suelen llamarse *protectores*". Para optar entre ellos, *El Siglo* —artículo VII— marca cuatro principales diferencias: "1a. La prohibición es clara, invariable por su naturaleza, conocida de todos, y puede decirse palpable. Los derechos protectores pueden recorrer una escala, desde la altura que equivale a prohibición, hasta el punto en que, perdiendo su carácter, permitan la ruina de la industria del país" *(Op. cit.,* p. 68). Además, fijar derechos es difícil y requiere técnica y conocimientos de que carecemos. 2o. "La prohibición es también una protección segura, porque sólo depende de la ley y de sus ejecutores. Los derechos altos dejan la industria del país a merced de los fabricantes extranjeros; de modo que el día que éstos quieran arruinarla, no tienen más que resolverse a perder seis u ocho millones de pesos, de los cuales se indemnizarán abundantemente después". Es decir, el peligro del *dumping.* 3o. "La prohibición puede hacerse eficaz en cualquier parte en que sea denunciado el contrabando. Los derechos protectores una vez burlados en los puertos, ya no se pueden cobrar en ninguna parte, porque

Como corolario, en el artículo VI[54] se dice: "La obligación que todo legislador tiene de elevar su nación a la independencia económica y militar y la adquisición y buena distribución de la riqueza, sin lo cual ningún pueblo logra su bienestar material y la dignidad moral que es el principal destino del hombre sobre la tierra; esa obligación, decimos, varía mucho, según la época y circunstancias de cada sociedad".

En el artículo VIII,[55] y en virtud de que el ministro Payno manifiesta contar con la opinión de los fabricantes, *El Siglo* expresa que conoce la contestación que el 15 de julio de 1848 dio la Dirección de Colonización e Industria al ministro Riva Palacio y los documentos de 9 y 10 de octubre que la acompañaban. En lo esencial, el primer documento sostenía:

> La industria mexicana, aunque ha hecho adelantos, no puede ni podrá en mucho tiempo competir con la extranjera. Puede ésta expender sus efectos por la mitad, cuando menos, de los precios a que es posible vender los mexicanos. Desde aquí ha venido la necesidad de la protección, para que no queden sin ocupación nuestros artesanos, y sin uso nuestras fábricas. Para el objeto de que los efectos del país compitan en los mercados con los extranjeros, no son necesarias las prohibiciones, pues que bastaría al intento imponer cuotas a las introducciones, mediante las cuales los efectos importados no se pudiesen vender a menos precio que los nacionales. Las prohibiciones se establecieron para que donde quiera que se encontrasen los efectos prohibidos pudiesen ser decomisados, y hacer así más cierta e indefectible la protección, a pesar del cohecho y del soborno que podía expedir los cargamentos sin derechos, o pagándolos en una parte mínima, mas no mudar la naturaleza de las mercaderías.

La Dirección proponía un plan coordinado para alzar algunas

los documentos falsos y otros arbitrios del contrabandista, surten todo su efecto cuando se aplican a efectos de comercio lícito". Argumento ya usado por nuestros primeros legisladores. 4o. "Finalmente, la claridad y seguridad del sistema prohibitivo inspira confianza a los nacionales para que dediquen a la industria los enormes capitales y grandes aptitudes que ella necesita. Mas el peligroso y casi ininteligible sistema de los derechos protectores, haciendo temer a todo especulador, retira los capitales, y distrae las aptitudes del objeto a que sería necesario que estuviesen consagrados exclusivamente. Esta consideración es de un peso enorme cuando se medita con la debida aplicación".

[54] *Op. cit.*, p. 55 y sigs.

[55] *Op. cit.*, p. 81 y sigs.

prohibiciones en hilazas y tejidos de algodón, siempre y cuando dicho alzamiento fuese acompañado de otros elementos —derechos, libertad interna, etc.— y el Poder Ejecutivo lo pasa al Congreso íntegramente. En éste las comisiones dictaminadoras sólo adoptaron la supresión de las prohibiciones, lo que hizo que la Dirección de Colonización e Industria se dirigiera al Gobierno, señalando la necesidad de adoptar el plan integral y que los fabricantes, principalmente de Puebla, México y Guadalajara protestaran contra la idea de sustituir prohibiciones por derechos protectores.[56]

En el artículo IX *El Siglo Diez y Nueve* protesta de que se deje la reforma del arancel en manos del ministro Payno y en el X destaca la contribución de la industria fabril al sostenimiento del Estado. En los artículos XI, XII y XIII rebate a la Legislatura de Veracruz que se dirigió al Congreso de la Unión apoyando la sustitución de prohibiciones por derechos y la reducción de éstos. La serie concluye con el análisis relativo a si nuestro país necesitaba

---

[56] El lenguaje que los fabricantes usan es bastante violento, así en la contestación a la nota dirigida por la Junta de Colonización e Industria de Puebla a la Industria de la Ciudad de México —Puebla, Imprenta de Atenógenes Castillero, 1848— los fabricantes poblanos asientan que la República ya palpó "las fatales consecuencias de las vanas teorías de nuestros pseudoeconomistas políticos". La nación, dice, "ha visto con dolor" la iniciativa "para la relajación de la mayor y principal parte de las leyes prohibitivas dictadas a favor de la industria fabril y agrícola". Se queja de que la Dirección de Industria contraríe sus funciones y no haya informado previamente a las juntas de industria. Los poblanos se oponen a cambiar prohibiciones por derechos. Los dos sistemas, el prohibitivo y el de gravamen se han ensayado entre nosotros y la experiencia acredita que la mayor parte de las producciones extranjeras se introducen en nuestro país "con arreglo al segundo sistema". Se señala que "si el gobierno cree que no puede dominar la situación, sino arruinando la industria", que lo haga, pero que sea justo, que "dé ocupación a los millares de brazos que quedan entregados al ocio y a la indigencia" e indemnice "a los labradores y fabricantes de las gruesas sumas que han invertido en sus respectivas empresas". El folleto es muy ilustrativo en cuanto revela por una parte, las fuertes presiones a que los gobiernos se veían sujetos, y por otra, cómo esta lucha se entremezclaba con el choque entre introducción de maquinaria y el mantenimiento de la actividad artesanal. Los poblanos señalan que una compañía extranjera ofreció a los fabricantes 50 pesos de indemnización por huso, "dejándoles la maquinaria", "a condición sólo que consintiesen en la relajación del sistema prohibitivo", cosa que no admitieron. El antecedente de este asunto es el proyecto de Juan Ignacio Godoy para introducir en exclusiva hilados de algodón prohibidos, con la obligación correlativa de importar o instalar cierto número de telares o bien, venderlos al costo. Véase al respecto: *Documentos para la historia económica de México,* volumen I, *La industria de hilados y tejidos en México, 1829-1842.* Publicaciones de la Secretaría de Economía Nacional, México, D. F., 1933, p. 100 y sigs.

algodón extranjero y el derecho que debía imponérsele, conectando la resolución de este problema con el alza de las prohibiciones y una política general.

En estos temas, como en otros, admira la claridad de estos artículos. En la introducción del folleto en que fueron publicados se da la clave de tal claridad de pensamiento: "Tal vez por esta incertidumbre en que vivimos respecto de los hechos, y por consecuencia respecto de los principios, han llegado algunas personas a persuadirse de que la causa de la libertad política se interesa en que los aranceles sean demasiado bajos, y en que desaparezcan las prohibiciones impuestas a la industria extranjera. Nosotros no hemos podido convencernos de que esto sea un principio, ni siquiera una buena consecuencia de segundo orden". Con una visión verdaderamente notable para la época, se distinguen los principios morales y políticos del liberalismo de la doctrina económica liberal, dejando ésta de lado para luchar, sin la más mínima transacción por los primeros. Para que no quepa duda sobre la posición liberal y democrática, la introducción al folleto agrega:

> Creemos que la libertad consiste en que la existencia individual goce toda la protección y ensanche que permiten la moral, la seguridad y el progreso de la nación; pero que el costo pecuniario de los establecimientos y empresas nacionales no es lo que califica el grado de libertad de que se goza en un país.

Puede haber un pueblo que pagando impuestos muy altos "goce mil veces más de su libertad, que otro que apenas pague contribuciones". Se pueden pagar más impuestos para gozar la tranquilidad, seguridad personal y amplitud en los giros de la riqueza y del trabajo. Lo importante es el uso de los impuestos. La libertad pública en lo que está interesada es en un sistema legal que "proporcione a los ciudadanos abundante y bien recompensado trabajo, a los capitales fácil empleo, y que cada hombre tenga a su alcance medios para llenar sus obligaciones públicas y privadas". En la inteligencia de que estos bienes son más necesarios en un gobierno democrático en que se busca la felicidad de todos y la dignidad de cada uno de los asociados.

EL ECLECTICISMO DE PRIETO

En cierta medida tercia en el debate Guillermo Prieto. Opta en lo general por el plan Payno, que le parece bueno; pero su obra tiene valor documental en la polémica vieja y nueva: protección o librecambio. El libro de Prieto[57] responde a la crisis del erario o, mejor dicho, a la crisis económica del país, que deviene política. Para Prieto, los partidarios de la baja de derechos —"favorecidos en sus opiniones con las teorías de los economistas modernos"— dicen, con Willi, que el alza de derechos no ha producido bien alguno en nuestro país, sobre todo a la luz del contrabando:

> Los que discurren de un modo contrario, se fundan en que no puede estar el contrabando en razón de los derechos, puesto que por bajos que éstos sean, quedando impune el fraude continuará, fueren los que fueren los derechos que se establezcan y citan lo producido por el ramo de platas, lo mismo cuando ha tenido subidas cuotas que cuando éstas han bajado.

Al margen de esta situación de hecho, Prieto se refiere al contraste entre teoría y práctica:

> En economía política más palpablemente que en niguna otra de las ciencias que tienen una directa influencia en los gobiernos de los pueblos, se ve que las teorías de una nación necesitan modificarse, cuando se trata de otras en sus aplicaciones prácticas, por la comparación de las diversas posiciones geográficas de los distintos gobiernos, fuentes de riqueza, educación y costumbres de los otros países. Los economistas europeos, no obstante el impulso más uniforme de la civilización en el antiguo mundo, se refieren en sus obras a procurar a sus respectivas sociedades los medios para su desarrollo y engrandecimiento; pero siempre con modificaciones tales como se requiere para que cada uno de esos gobiernos, presente una fisonomía especial y característica; de aquí es que, las que parecen a primera vista anomalías juzgadas según los principios generales, no son sino concesiones muy justas para no destruir a ciegas el erario público, aniquilando este primer elemento de vida de las naciones. ¿Qué con-

---

[57] *Indicaciones sobre el origen, vicisitudes y estado que guardan actualmente las rentas generales de la Federación Mexicana*, por el ciudadano GUILLERMO PRIETO. México, Imprenta de Ignacio Cumplido, 1850.

secuencias hay entre las teorías de Say y Maculloc, con las leyes restrictivas que tiene el comercio inglés? ¿No se hallan en abierta contradicción las doctrinas de Rossi, Blanqui y Chevallier con el sistema tributario de Francia, los impuestos sobre la sal y otros de cuyo vicioso sistema se ocupa D'Auddifret?[58]

Esto prueba que los gobiernos, sin desconocer los principios generales, escogen el camino gradual y paulatino, dejando subsistir aquello que suprimido precipitadamente llevaría al trastorno. Mas:

> Nosotros desatendiéndonos de las lecciones de la experiencia, y atentos sólo a las teorías de los economistas europeos, hemos clamado constantemente por la baja de derechos, pero sin buscar una cuota proporcional, y desatendiéndonos *de las relaciones* en que esta baja debería haber estado siempre con las medidas para reprimir el fraude.

A un lado teorías, Prieto se refiere al nivel protector y su coordinación con medidas que combatan la defraudación. La determinación de los aranceles es tarea compleja y delicada. Debe comparar las distintas industrias internas entre sí y con las industrias del exterior. Montbrion le ayuda:

> Una y otra deben servir de puntos de comparación para establecer derechos, conforme a la protección que reclaman los productos

[58] A más de Smith y Say, los autores que cita como librecambistas son los mismos que rebate ANT-MARIE ROEDERER: "*Etudes sur les deux systemes opposés di libre echange e de la protection.* Seconde edition. May, 1851. París Chez Guillaumín et Cie.". Chevallier, Blanqui, Rossi, Maculloc, Wolowski, son autores de quien Roederer se ocupa. El libro de Roederer y la vigencia del tema, aparte de razones nacionales, obedecen al Congreso de Librecambistas de Bruselas, de fines de 1848. Al derogarse en Inglaterra la ley sobre los cereales, en 1846, se auspicia la celebración de un congreso para conseguir el libre acceso de las manufacturas a la Europa Continental. Blanqui y Marx, este último sin leerlo propiamente en el Congreso, presentan puntos de vista librecambistas. No deja de influir en México el libro de M. P. ROSSI (*Cours D'Economie Politique,* deuzieme edition, Tome Second, París, chez les editeurs G. Thorel, Libraire, Joubert, Libraire, 1843) que sostiene: 1) La libre influencia de las circunstancias naturales hace una distribución espontánea del trabajo y el capital; 2) Los productos extranjeros se cambien por productos nativos en general, por lo que resulta que el sistema prohibitivo no es más que un privilegio acordado a ciertos productores nacionales en perjuicio de otros productores nacionales y de todos los consumidores. No obstante ello, Rossi señala que el principio de la libertad comercial admite ciertas excepciones, fundadas precisamente en la propia ciencia económica. (*Op. cit.,* p. 291 y sigs.)

de la industria indígena, para que los mercados interiores no sean invadidos por la concurrencia del extranjero con productos semejantes.

Hay que conciliar los intereses de los productores con los de los consumidores y atender "a que las fuentes de la riqueza de una nación son solidarias y no pueden perjudicarse unas sin dañar rápidamente a las otras". En México poco se ha pensado en ello al formar los aranceles "y casi han absorbido la atención dos cuestiones que caracterizan nuestra ignorancia en este punto vital". La primera es la prohibición de los algodones, sobre la cual ya Willi dio los pros y contras desde 1845.[59] Y la segunda es el alza o baja de derechos en un tanto por ciento, "indistintamente a todos los efectos"

Prieto opina que la industria nacional —"si este nombre merece la especulación costosa para el erario que ejercen algunos particulares"— está en condiciones de soportar "la concurrencia con el extranjero con derechos protectores". Es decir, aranceles de preferencia a prohibiciones. Se percata, sin embargo, de las contradicciones que surgen con la aplicación de una política arancelaria protectora:

> Los fabricantes han levantado el clamor a los cielos en contra de los abolicionistas, queriendo en último caso sacrificar a los cultivadores, permitiendo la libre introducción del algodón, porque sin esto era cierta la ruina de las fábricas: los cultivadores a su vez quieren derechos protectores subidísimos para los algodones, y alegan que su industria es más espontánea, que ocupa gran número de brazos en los puntos más miserables y despoblados de nuestras costas y fronteras; que se retiran de la circulación en esos puntos gruesos capitales, y por último, que si se arruina el cultivo del algodón quedaría la industria toda más a la merced del extranjero, puesto que el día que no se importara el algodón, las fábricas se paralizarían totalmente.

Para el interés nacional, pesando todas esas razones, deben estimarse otras de más jerarquía:

---

59 Pros: fomenta la agricultura, proporciona ocupación fabril, reduce el déficit comercial —"tiende a disminuir el comercio pasivo extranjero". Contras: priva al Gobierno de ingresos aduanales, debilita las simpatías extranjeras y dificulta la colocación externa de nuestros productos agrícolas.

Es indudable que por los tratados de paz quedó abierta nuestra frontera, e hizo imposible el sistema restrictivo en todo el rigor que quieren que se sostenga los industriales: el contrabando es inevitable por la facilidad con que el fraude se efectúa, y por los atractivos que ofrece la enorme ganancia que produce.

Y: "El contrabando considerado de esta manera, es no sólo el mayor de los males para la industria y renta de aduanas, sino además, es la amenaza más cierta y poderosa a la independencia nacional. ¿No se sabe por ventura, que aquellas poblaciones se identifican más y más con las del Norte por los vínculos clandestinos, pero fuertes, del interés material?" El contrabando nos corroe con perjuicios no sólo económicos y fiscales, sino sociales y políticos, que ponen en peligro la nacionalidad. Los industriales dicen que el contrabando no existe. Frente a estas posiciones quiméricas o exageradas hay que preguntarse: "¿Cuánto ha costado a la nación la industria? ¿Cuánto le cuesta actualmente? ¿Cuáles son sus elementos propios de vida?"

No se trata de defender los intereses privados y mucho menos de sujeción a los intereses creados. Prieto, coincidiendo con Payno en cuanto a reducir prohibiciones y en lo que toca a elevación o reducción de derechos arancelarios, sostiene que hay que abandonar la imprevisión con que se ha procedido y que debe actuarse "sin atender a que los derechos no deben ser mayores o menores absolutamente hablando, sino los que resulten de una regulación sabia, detenida, y en que se aprecien nuestras circunstancias peculiares".

Prieto, en el capítulo de su libro en que se ocupa de las reformas radicales y en el aspecto a que nos referimos, manejando mercantilismo, liberalismo económico, de Colbert a Flórez Estrada y Blanqui, escoge un flexible eclecticismo, marcado por un proteccionismo racional. Rechaza sistemas absolutos, prescindiendo tanto de una definición prohibicionista, como de una abolicionista y librecambista. Ni hacer lo malo ni dejar de hacer lo bueno. Menos abstenerse entre ambos extremos. Ni locura librecambista ni esclavización frente a los intereses creados. Equilibrio y conciliación. Hay que prever efectos y fijar tantos. El empleo generado, la costeabilidad de la producción; no el baratismo, pero tampoco la protección sin límites. Importación y exportación, protección o prohibición, estudiando cada industria, viendo sus perspectivas:

Siguiendo estas tan sanas cuanto conciliadoras doctrinas, es indispensable convencerse de que las aduanas marítimas no pueden abolirse, y puesto que es forzosa su existencia, el talento consiste en hacerlas servir convenientemente como renta, y con su objeto económico político: como renta procurando sus creces sin perjuicio de los ramos de la producción y del comercio: como protectoras, indagando positivamente cuáles son los ramos de industria nacional que se han desarrollado o que tienen elementos propios para hacerlo.[60]

DOS LIBROS EN LA ULTIMA RECAIDA SANTANISTA

La crisis económica, decisiva para la última vuelta al poder de Santa Anna, no se resuelve con este retorno. Santa Anna en el poder y su absurda política impositiva sólo exteriorizan aún más la profunda crisis. Ya en pleno retorno, la aflictiva situación del erario, agravada con el dispendio y la extravagancia postnapoleónica, hacen que a la crisis se le busque solución en el comercio exterior. Aparte de los extremos arancelarios a que lleva la avidez de numerario, el problema preocupa en serio. Y a ello obedece la aparición en el mismo año de dos obras sobre el tema: la edición en México del libro del liberal chileno José Joaquín de Mora y la del clásico mexicano en la materia, don Miguel Lerdo de Tejada.[61]

---

60 No siempre Prieto mantiene esta posición, pues lejos ya de la responsabilidad gubernamental, cae en el doctrinarismo, coincidiendo con Ignacio Ramírez. Este último es radicalmente antiproteccionista. Para él, en todo arancel se descubre la inspiración del contrabandista. Toda importación es provechosa para los mexicanos. Una tarifa protectora "hostil" sería perjudicial para los mexicanos. La tarifa no debe ni puede ser más que un recurso fiscal (IGNACIO RAMÍREZ: *Obras completas,* México, Oficina Tip. de la Secretaría de Fomento, 1889. Tomo II, artículo "Tarifomanía", p. 65 y sigs.) Ramírez es dogmáticamente librecambista. Dirigiéndose a Prieto, en octubre 14 de 1875, le dice: "Acabo de ver en el *Monitor Republicano* de hoy, un credo proteccionista y que te has comprometido a refutarlo; no dudo que obtendrás la victoria". PRIETO, como autor de texto —*Breves nociones de Economía Política.* México, Oficina Tip. de la Secretaría de Fomento 1888, p. 77 y sigs.—, simplemente teoriza. Sólo las preocupaciones y la ignorancia han hecho de la cuestión del librecambio "una cuestión interminable", equiparable a las cuestiones religiosas y políticas. Encarece las ventajas de la división internacional del trabajo; ve el sistema prohibitivo como insostenible y en cuanto al protector, sólo encuentra en él que "adulando las pasiones vulgares y los intereses de especuladores ventajosos", pretende seguir la doctrina sin base de defender el dinero. Proteger la producción mexicana es ayudar a una producción mala y cara. *(Op. cit.,* p. 77 y sigs.).

61 *De la libertad del comercio,* por JOSÉ JOAQUÍN DE MORA. Edición de *El Siglo Diez y Nueve.* México, Imprenta de Ignacio Cumplido, 1853. *Comercio Exterior de México desde la Conquista hasta hoy,* por MIGUEL LERDO DE TEJADA. México, impreso por Rafael Rafael, 1853.

José Joaquín de Mora es el liberal integral: en economía y en política, sin distingos ni matices y distante de la práctica de gobierno. Lerdo de Tejada en 1853 es hombre sensible y atento a las derivaciones de la práctica.

Mora es tan liberal en economía, que identifica el liberalismo económico con valores espirituales y políticos: la libertad de comercio influye en la creación y acumulación de capitales; en la agricultura y la población; en las relaciones mutuas de los pueblos; en la industria fabril interior; en las costumbres públicas y, por supuesto, en el tesoro. La libertad de comercio es el liberalismo en acción. Este sin aquélla no existe. Las fuentes doctrinales de José Joaquín de Mora no son francesas, sino que se hallan en los ingleses dominantes y con el librecambio como postulado e instrumento: Maculloc, la revista de Edimburgo, Huskinson, Brougham, Storch, y detrás Adam Smith. La Enciclopedia Británica y el Parlamento Inglés, son sus fuentes primordiales. De los Estados Unidos: Channing.[62]

Lerdo de Tejada quiere conciliar su liberalismo con las realidades: progreso económico y político. Es antiprohibicionista, pero a fuer de realista reconoce que los derechos de importación "han formado y forman todavía la parte principal de la renta del gobierno de México."[63] Para "hacer progresar la industria de un pueblo, con beneficio general" debe recordarse que el medio más seguro de fomentar la industria "es el de ponerla en competencia con la de otros países más adelantados". Pero esto no significa falta de protección. Para que la "rivalidad" no sea ruinosa a los productores domésticos, se dispone de un medio, el gravamen arancelario: "...que la única protección que puede concederse a los industriales de una nación, respecto de los extranjeros, es gravar las mercancías de éstos con unos impuestos prudentes, para que la rivalidad no sea ruinosa a aquéllos". Esto ha sido olvidado en la historia

[62] Mora cita largos párrafos del discurso de Lord Palmertson en la Cámara de los Comunes, el 18 de mayo de 1841, en que, refiriéndose al proteccionismo que Inglaterra sembró y quiere desterrar, dice a propósito de México: "Pero ¿son acaso los Estados Unidos los únicos de la América que nos pagan en nuestra misma moneda? México se ha colocado en aquéllos rangos; ¿y quién creerá la Cámara que ha suplicado al gobierno mexicano que prohiba nuestros objetos en su territorio, para favorecer los del país? Unos hijos renegados de Inglaterra que quieren establecer allí fábricas en competencia con las nuestras". (*Op. cit.*, p. 86).

[63] LERDO DE TEJADA: *Op. cit.*, p. 39.

prohibicionista de México. Desde los primeros años de la Independencia se adoptó "el sistema de prohibir no solamente todos los frutos y manufacturas que se producían en el país, sino también algunas que podrían producirse en él". Este sistema, "condenado ya por las más sabias doctrinas de la ciencia económica y por la experiencia", no ha retrocedido, sino por el contrario avanzado.[64] En síntesis, Lerdo, antiprohibicionista, es un proteccionista moderado por medio de aranceles y no sólo por razones fiscales, sino también de promoción industrial.

LOS HOMBRES DE AYUTLA

Vamos ahora a ver la actitud de los hombres de Ayutla ante el librecambio, con el objeto de señalar cómo en esta materia los problemas concretos, las realidades nacionales, hicieron que prudentemente se siguiera la línea de prescindir del dogmatismo que por simple rigor lógico informa al liberalismo económico.

El debate sobre el librecambio y proteccionismo —como hemos visto— siempre estuvo abierto en nuestra historia. Pero en él las desviaciones y las confusiones fueron frecuentes, dado que esencialmente el conflicto era entre prohibicionismo o librecambio. Gradualmente, sin embargo, se fueron aclarando las discusiones, y en este proceso el liberalismo económico perdió la partida.

Al triunfo del movimiento de Ayutla los industriales del algodón y algunos otros son decididamente proteccionistas. Sus argumentos, los tradicionales. Se repite la necesidad de recibir protección — que se entendía como prohibición— de la competencia extranjera, en tanto se obtenía un aprendizaje que colocase las industrias nacionales en situación de poder competir. "Los comerciantes —dice un artículo publicado por *El Siglo Diez y Nueve*[65] tienden a libertar al comercio de toda traba, sin considerar los perjuicios que sus pretensiones pueden ocasionar a la industria y a los demás gremios de la sociedad, cuyos intereses y exigencias son tan legítimos como los del comercio. Sean cuales fueren —prosigue el artículo— las gracias que los gobiernos concedan al tráfico, los comerciante nunca estarán contentos y siempre aspirarán a más". El Estado, carente de recursos y enervado por una absurda tradición

64 *Op. cit.*, p. 31.

65 8 de junio de 1855.

de prohibicionismo mercantilista, cambió de aranceles de conformidad con necesidades que nunca vio satisfechas.

Se observan las contradicciones a que un prohibicionismo sin criterio, las presiones por una libertad de comercio exterior sin límite y una desastrosa distribución de la riqueza, dan lugar.

La hacienda pública se debate entre tanto entre la falta de ingresos que origina las prohibiciones, la presión de los grupos comerciales por la eliminación de prohibiciones y aranceles, el contrabando generalizado y la defraudación, que el Dr. Mora había calculado absorbía en las aduanas marítimas el 50% de las percepciones que corresponderían al Fisco,[66] y los llamados "pronunciamientos aduanales", que cercenaban ingresos al erario al establecer sus propios aranceles en los puertos o lugares fronterizos en que se efectuaban.

A este cuadro obedece el estribillo de la prensa liberal de la necesidad que hay de crear la hacienda pública, formar el erario nacional.

Al proclamarse el Plan de Ayutla está en vigor el arancel del 1o. de junio de 1853, dictado por Santa Anna, que había derogado el Arancel Ceballos de 24 de enero de 1853, que había sido, más que un arancel, una revisión moderadora, a petición del comercio, de las disposiciones arancelarias vigentes en aquella época.

El arancel de 1o. de junio de 1853 era altamente proteccionista, 30 o 32% más de gravámenes que el Arancel Ceballos. En estas condiciones, el Plan de Ayutla en su artículo 6o. declara su propósito de "proteger la libertad de comercio interior y exterior"[67] y se compromete a expedir nuevos aranceles, señalando que entre tanto se considera en vigor el Arancel Ceballos. El artículo 7o. del Plan de Acapulco reitera la necesidad de proteger la libertad de comercio,[68] así como la vigencia provisional del Arancel Ceballos y adquiere un nuevo compromiso: el nuevo arancel no podrá "basarse bajo un sistema menos liberal" que el de 24 de enero de 1853.

En esta forma, los hombres de Ayutla entran en el laberinto de ideas y maraña de intereses que componían las cuestiones arancelarias.

[66] *Obras Sueltas* de JOSÉ Mª LUIS MORA. París, Librería de Rosa, 1837. Tomo II, p. 441.

[67] ISIDRO MONTIEL Y DUARTE: *Derecho Público Mexicano*. México, 1871, Imprenta del Gobierno Federal, en Palacio, Tomo IV.

[68] *Op. cit.*, Tomo cit.

Al dictar Santa Anna un decreto cerrando al comercio el puerto de Acapulco, Comonfort estableció, por su parte, un arancel que suprimió —alzó— prohibiciones y redujo los derechos de importación en un 12% en relación con el Arancel Ceballos. El 31 de julio de 1855, Comonfort restaura en Manzanillo el Arancel Ceballos.[69] Ignacio de la Llave, en los primeros días de septiembre del mismo año, declara vigente en Veracruz el Arancel Ceballos, pero se encuentra con un problema: el derecho de un peso por quintal que se impone a la importación de algodón extranjero en el arancel de 24 de enero de 1853, "no está —dice el periódico *El Veracruzano*— bien calculado, ni es bastante protector para nuestra producción nacional". De aquí que se determine que el Arancel Ceballos no está vigente en Veracruz en lo que se refiere al algodón.[70]

El 15 de septiembre de 1855 el periódico *El Comercio*,[71] de Tampico, que siempre había pugnado por el librecambio, protesta de los rumores que hay en el sentido de que en ese puerto se van a implantar medidas similares a las adoptadas en Acapulco, dado que ello lesionaría a los comerciantes, que tenían acumuladas mercancías de importación que habían cubierto mayores impuestos.

El 18 de septiembre de 1855 *El Siglo Diez y Nueve* reproduce un artículo del periódico *El Progreso*, de Veracruz, que decía: "Ha empezado la grita de los monopolistas contra la rebaja de los derechos de importación, y varios periódicos de México de los llamados liberales se han hecho los órganos de ese clamor..." Esto obedeció a que el 12 de septiembre del propio año *La Patria*, de la ciudad de México, había publicado un artículo oponiéndose a la supresión de prohibiciones y a la reducción de los aranceles, por considerar que ello afectaría a los productores. *El Veracruzano* —librecambista como buen periódico de aduana marítima— contesta a *La Patria*, pero retrocede: no se quiere que se levanten "todas las prohibiciones, ni que se deje a nuestros productos o artefactos nacionales sin la salvaguarda de un derecho, llámese protector o diferencial, que los sostengan en la competencia".

---

69 *El Siglo Diez y Nueve*, 12 de septiembre de 1855.

70 El 1º de septiembre, *El Siglo* publica otro artículo sobre aranceles, tomado de *El Veracruzano*. Se dice que el país se enfrenta a una "crisis mercantil" que no ha sido "más que la segunda edición" de la que se padeció a principios de 1853, cuando "los intereses generales del país fueron puestos a prueba de tormento por la administración desacertada de D. Mariano Arista". Se recuerdan las promesas de Ayutla y Acapulco y pide su cumplimiento.

71 *El Siglo Diez y Nueve*, 27 de septiembre de 1855.

La explicación de la actitud inicial ante el problema, contenida tanto en el Plan de Ayutla como en el de Acapulco, se da claramente en un artículo publicado por *El Siglo Diez y Nueve.*[72] El artículo dice:

> Indudablemente es que al proclamar el general Alvarez y al aceptar Comonfort el Arancel Ceballos, tuvieron por interés inmediato halagar a la clase que más ejecutiva y eficazmente pudiera apoyar con sus recursos e influencia el movimiento que iniciaron; mas no por esto se puede ni debe suponerse que hayan pretendido hacerlo con perjuicio y menoscabo de los demás ramos de riqueza pública, ni que hayan querido excluir aquellas combinaciones que dejando satisfecho el objeto que se propusieron, consideren a la vez los demás intereses sociales.

Al hacer la promesa de restaurar el arancel Ceballos, se atraía a la causa de Ayutla a los comerciantes. Logrado ello y triunfante el movimiento, es necesario recapacitar seriamente sobre el problema, libres ya del afán de sumar apoyos a una revolución. Se propone entonces que continúe en vigor el Arancel Haro —de 1o. de junio de 1853— y tomando en cuenta el aumento en los gravámenes arancelarios, de un 30 a 32%, se admita para el pago de derechos de importación hasta un 40% en bonos, 20% de crédito interior, 10% de tenedores de bonos ingleses y 16% de conversiones, indistintamente inglesa, francesa o española. Esto es, se propone usar el margen protector, aumentado por el Arancel Haro, para amortizar la deuda pública.

A pesar de las declaraciones del Plan de Ayutla y de Acapulco, triunfante el movimiento y convertido en gobierno, al aproximarse a las realidades, va a conjugar y a ensanchar la teoría con la práctica. Pasar de las prohibiciones al arancel protector es ideal apoyado, además, por las necesidades de un erario exhausto. Lerdo de Tejada, como Oficial Mayor del Ministerio de Fomento, presentó una Exposición al general Juan Álvarez, para que formara parte del programa del Gabinete, en que proponía "que en el arancel que está por expedirse, sin llegar a la exageración del sistema prohibitivo, se establezcan derechos protectores en favor de la industria nacional". Francisco Zarco, que es quien da a conocer la Exposición de

72 7 de septiembre de 1855.

Lerdo, comenta que en ese punto desearía "que hubiese sido más explícito el señor Lerdo".[73]

El propio Lerdo de Tejada, dando cuenta a Comonfort del estado de la hacienda pública, pone en frase gráfica la situación: falta de recursos y sobra de obligaciones hacen que el Ministro de Hacienda tenga que ocuparse, con preferencia a todo otro asunto, de "procurarse de algún modo los veinte o veinticinco mil pesos que necesita tener diariamente en la tesorería general para cubrir las más urgentes necesidades".[74] Para Lerdo, el Ministro de Hacienda, "cual administrador de una de esas casas opulentas, que por la imprevisión y el desorden caminan directamente a su ruina", tiene por principal ocupación imponer las rentas del Estado para cubrir las más urgentes necesidades del servicio público "y entretener con buenas palabras o efímeras promesas, las múltiples exigencias de los innumerables acreedores que constantemente lo rodean".[75] Los ingresos provenientes del arancel de importación son decisivos para el asediado Ministro de Hacienda. Cumplir con la promesa de Ayutla y Acapulco es el camino más sencillo. Un doctrinarismo primario así lo considera y se conciliaría la exigencia teórica con la necesidad pecuniaria del erario.

Sin embargo, en esto, como en otras cuestiones, los liberales no tomaron el equívoco camino más fácil.

Siliceo, en la Memoria de Fomento, Colonización, Industria y Comercio, en la parte dedicada a industria y medios de fomentarla,[76] traza con amplitud la senda realista seguida para promover la industria. La postura de Siliceo, y con él la del Gobierno, es de un realismo tan equilibrado con los objetivos de progreso y los imperativos políticos, que no puede dejar satisfechos ni a los doctrinarios elementales del liberalismo económico ni a los simples defensores de los intereses creados.

---

73 *El Siglo Diez y Nueve.* 31 de diciembre de 1855. "Ministerio de Fomento. La Exposición del Sr. Lerdo de Tejada".

74 *Memoria presentada al Presidente sustituto de la República por el ciudadano Miguel Lerdo de Tejada, dando cuenta de la marcha que han seguido los negocios de la hacienda pública en el tiempo que tuvo a su cargo la Secretaría de este ramo.* México, Imprenta de Vicente García Torres, p. 7.

75 *Op. cit.* p,. 43.

76 *Memoria de la Secretaría de Estado y del Despacho de Fomento, Colonización, Industria y Comercio de la República Mexicana.* Escrita por el Ministro del ramo. C. MANUEL SILICEO, para dar cuenta con ella al soberano Congreso Constitucional. México, Imprenta de Vicente García Torres, 1857, p. 61 y sigs.

La falta de estadísticas, o lo que es peor, las falsas estadísticas, "han impedido y seguirán impidiendo que se desarrolle, de una manera decidida y eficaz la protección justa que el Supremo Gobierno ha querido dar a los ramos productores de la riqueza nacional, para asegurar la prosperidad y el bienestar común, a la vez que la independencia industrial, sin la cual es absolutamente imposible ese desarrollo". Se camina a tientas y sin luz "por un terreno desconocido". Los obstáculos que se presentan son detallados. No pueden "valorizarse los consumos", único modo para conocer la producción, que también se desconoce, y "para saber hasta qué punto debe restringirse o ampliarse ésta".

Se ignoran los elementos industriales existentes en las diversas entidades y los medios y capacidades de producción. Los estorbos, "falta de brazos que las exploten" o bien que "la escasez de población no dé incentivo a la especulación y al espíritu de empresa". Se carece, pues, de información, que es el "primer elemento para fundar un sistema constante de protección". Los trastornos políticos casi permanentes y la falta de vías de comunicación producen un cuadro complicado y difícil:

> El comercio, desfallecido por la falta de buena fe y seguridad, aleja sus capitales de los mercados, y los productos de la industria no encuentran salida ni consumo, dando la inmoralidad y la escasez de numerario pábulo a la usura que es el azote más terrible de las sociedades; y esta ruinosísima especulación, si bien enriquece a unos pocos, causa la total ruina de pequeños capitalistas y de no pocos artesanos e industriales que se ven obligados a ocurrir a ella, o para mantener sus establecimientos o para el sostén de sus familias, pero siempre es uno mismo el resultado: el aniquilamiento de los giros.

En estas condiciones: "Años hace que se debate entre nosotros la cuestión económica relativa a la conveniencia o inconveniencia de prohibir o restringir la importación de los efectos extranjeros que ya se producen en México". Todo se ha descuidado al respecto, lo que no obsta para que Siliceo se sienta obligado a explicar sus convicciones. Siempre, dice, se han considerado las prohibiciones "como el medio más eficaz de fomentar e impulsar la producción en todos los países". En apoyo de esta tesis se cita a la misma Inglaterra, "que es incuestionablemente la primera nación industrial del universo", pero se muestra severa en materia de prohibiciones. Esto no implica restaurar plenamente el sistema prohibitivo o emplearlo sin freno para futuros desarrollos. El método es el arancel, el combate al contrabando y los alicientes fiscales. En elocuente párrafo lo expone:

> ¿Pero esto quiere decir que debe volverse al sistema prohibitivo? Muy distante estoy de pensar así; creo que será bastante para la protección de las fábricas, que se establezca un derecho de importación a los productos de las extranjeras, que compense los mayores costos que puedan tener los indígenas: que se vele sin descanso para evitar el contrabando, que se hace principalmente por la frontera, y que la contribución que las fábricas pagan por el capital que representan y por sus productos, sea una sola, sin que pueda alterarse por las autoridades de los Estados. Así se otorgará a los fabricantes una protección eficaz y bastante para su objeto, sin incidir en los peligros y en los males que trae consigo el sistema prohibitivo, siempre funesto para una nación.

Y el Ministro de Fomento va más allá en la promoción industrial:

> Bueno sería, en algunos casos, auxiliar directamente a los industriales, aunque esto no deja de tener en abstracto graves inconvenientes; pero contra ese deseo del gobierno, se presentan las dificultades que nacen de su escaso erario; dificultades que como verá en lo sucesivo el Soberano Congreso, han impedido poner en ejecución proyectos de la más alta importancia.

Los liberales mexicanos, enfrentados a las realidades, las comprenden y concilian con su liberalismo político. Para ello sacrifican dogmas de liberalismo económico. Un liberal tímido en cuestiones sociales, por tener una amplia y sabia formación jurídico formal, y temeroso de apartarse en la resolución de los problemas sociales de los principios del liberalismo económico, Ignacio L. Vallarta, casi en los mismos días que Siliceo, no tiene escrúpulos en prescindir del librecambio.

Una brillante intervención de Vallarta en el Congreso Constituyente no deja lugar a dudas sobre la separación de nuestros liberales, como hombres del Gobierno, de los dogmas lógicos del liberalismo económico. Vallarta, al discutirse el proyecto de artículo 17, asienta: "La saludable y nunca bien sentida influencia de la libertad, es asaz bienhechora en la producción de la riqueza, ya sea puesta bajo su aspecto político, ya se la considere también bajo su faz económica". En bien pensado discurso leído, declara que sigue a Quesnay y a Smith y ve la libertad de comercio "como la realización completa de la civilización humanitaria del género humano: como la verdad encarnada de la unidad en la especie humana". Su ideal es el librecambio: "Pero —dice, y es éste un párrafo clave para entender la diferenciación entre liberalismo político y librecambio hecha por nuestros liberales— esa libertad del comercio exterior, por cuya realización suspiro y que alguna vez he defendido como filósofo, no la puedo aprobar como legislador mexicano".

Las realidades, en su inexorable vigencia, hacían que nuestros liberales abandonaran los dogmas del librecambio: "Señor —dice Vallarta—, necesito decir que la libertad absoluta del comercio exterior, de que soy en la teoría partidario, no puedo sostenerla en esta tribuna".[77] Los liberales mexicanos, enfrentados a la práctica del Gobierno, al bregar cotidiano, fueron inflexibles en la lucha por el liberalismo político, pero con prudencia, sabiduría y realismo, supieron prescindir del librecambio.

PROTECCIONISMO EN "EL MONITOR REPUBLICANO"

No sólo el proteccionismo liberal es la línea que predomina en *El Siglo Diez y Nueve,* sino que también ella es contundentemente expuesta por *El Monitor Republicano*. Este periódico, el 6 de julio de 1856[78] publica un artículo sobre México y sus tarifas, tomado del órgano cubano *La hereditaria y la propiedad. El Monitor* manifiesta su deseo de "que se promoviese sobre materia tan interesante una discusión que iluminase la cuestión". El artículo es revelador de la importancia que en México y fuera de él se concede a la política arancelaria. Todos los males de nuestro país, se dice, "son el resultado de su tarifa", emitiéndose juicios muy elocuentes al respecto:

Los fabricantes, algunos de los cuales son acreedores de la deuda

---

[77] ZARCO: *Historia del Congreso Extraordinario Constituyente de 1856 y 1857.* Tomo II, pp. 117-123. México, Imprenta de Ignacio Cumplido, 1857. Esto contrasta con la identificación que el joven Vallarta sin la responsabilidad de gobernar, hace entre democracia y "los principios de la escuela económica liberal" (*Obras completas del C. Lic.* IGNACIO L. VALLARTA, Primera Parte, trabajos publicados en forma de folletos. Tomo VI, México, José Joaquín Terrazas e hijas, Imp., 1897, p. 23).

[78] Año XI, número 3,235, artículo "México y sus tarifas".

pública, por un lado reclaman el pago puntual de sus intereses, y hasta recurren al apoyo de los gobiernos extranjeros, y por otro sostienen que debe privarse al tesoro público, por medio de una tarifa prohibitiva en protección de sus manufacturas, de las cuantiosas rentas que podría recaudar por sus aduanas.

Los fabricantes mexicanos creen, "en su ignorancia", que con sólo hacer escasear los productos los pueden vender a mejor precio "y no comprenden que disminuyendo a la vez el comercio, o matándolo, el pueblo que no gana, poco puede gastar, y más bien se acostumbra a reducir sus consumos". Los industriales mexicanos resultan promotores de la miseria:

> Creen que promoviendo la miseria, que es la condición de todo pueblo sin comercio, realizan beneficios que no conseguirían propendiendo a él, que es la fuente de la prosperidad, y no se hacen cargo que en la decadencia general los que ganan tienen otras pérdidas equivalentes a sus capitales, y éstos de cualquiera clase que sean, tienen un valor menor, representados por propiedades o empleados como dinero, de modo que en último análisis, consiguen sólo lo mismo que por medios justos y racionales podrían obtener, que es enriquecerse.

Sus alegatos se fundan en que "emplean brazos en sus fábricas", siendo similar al que podrían esgrimir los gremios. Se trata en el fondo de un ahorro involuntario:

> Su argumento se funda naturalmente en que poco se perjudica el país en pagar su consumo de tales o cuales mercancías, con un recargo que equivalga, por ejemplo, a la friolera de un cuartillo, o tres centavos al día; pero no calculan que significan $11 al año, y que respecto a 10 millones de almas, son 110 millones de pesos anuales usurpados más cruelmente del pobre y ¿con qué títulos? que ahorrados que fueran por el pueblo, los aumentaría en los mismos u otros consumos, y como que todos ellos devengan un derecho para el Estado, suponiendo ser éste de sólo diez por 100, significan otros 11 millones perdidos para las rentas, que forzosamente ha de pagar el pueblo por medio de otras contribuciones.

El periódico cubano, relacionando la política proteccionista con la deuda pública, los enjuicia severamente:

Nosotros comprendemos que México, así como un particular, pueda tener el capricho o el lujo de dar protección a una industria improductiva, en que sacrifique cuantiosos intereses, pero esto sea cuando no *deba,* pues mientras tal cosa suceda, esas rentas no le pertenecen, perteneciendo a sus acreedores. En el primer caso, sería perdonable que aspirando a tener toda clase de industrias y productos, aun los más exóticos y difíciles de aclimatar, aspirase a alcanzar, como China, la gloria, bien necia seguramente, de bastarse a sí propia, y a no comprar ni vender a las naciones extranjeras, destruyendo todo comercio y elemento de marina.

El primer elemento de la prosperidad de México debe ser el pago puntual de sus deudas. Tal pago se traduciría en ocupación y mejores ingresos. La conclusión es categórica:

Creemos haber probado que todos los males que sufre México, sus revoluciones, su penuria, su poca importancia para los comercios europeos, su mal estar y su temida disolución, todos tienen su origen en la tarifa, que impide al gobierno tener recursos, ser fuerte y hacer sentir su vigorosa mano donde quiera que fuera necesario.

Por lo demás, a los industriales mexicanos se les califica rudamente:

Alegan que necesitan vender más caro, pero es el deseo natural de todo el que vende, que sólo reduce los precios en fuerza de la imperiosa necesidad. Dirán que la industria en cuestión es imposible en el país; en tal caso que la abandonen y se dediquen a aquellas para las que es propio, y dejen de perjudicarlo, pretendiendo sostener lo que no puede lograrse, causando daños que llegan a atacar el gobierno en sus bases fundamentales.

La escasa población del país es un arma teórica que el periódico cubano emplea en todo su alcance: "Elevados en su precio como están, según hemos explicado, los artículos de primera necesidad, ¿cómo es posible que espere México tener una población numerosa?" José J. González, que es quien hace la transcripción, comenta en sentido inverso el artículo:

Se comprenderá por lo que llevamos dicho que estamos muy lejos de ser libre-cambistas rabiosos, y de desear la destrucción de las aduanas; al contrario, queremos que sea el agente más importante de las rentas de las naciones, porque su recaudación es más fácil, menos enojosa, toda la vez que el importador se propone cobrar el impuesto de los consumidores; de menos o ninguna fiscalización personal; y porque según la experiencia que nos ha dado Cuba, es la que menos diferencia ofrece entre los que cobran y resulta líquido.

Ojalá, agrega, "que todas las contribuciones pudieran resultar de las aduanas marítimas, y que ellas bastaran a las cargas del Estado".

Ahora bien, ¿hasta qué grado este artículo expresa los puntos de vista del sector liberal aglutinado en *El Monitor Republicano?* El 1o. de agosto, *El Monitor* inicia la publicación de una serie de estudios económicosociales relativos a los sistemas aduanales, su historia, los aranceles y su papel, la industria y el comercio, los bancos, la producción y el consumo y otros temas conexos. Su análisis resulta en verdad esclarecedor, tanto de las ideas que están en el ambiente, como de las fuentes doctrinarias y del enfoque político adoptado en el examen de los problemas nacionales.[79]

El Monitor recuerda que los economistas ingleses, Juan Bautista Say y sus discípulos, "han criticado a los gobiernos, que con tarifas de aduana se han propuesto fomentar la riqueza pública". "¡Dejad obrar! ¡dejad pasar! han exclamado". Pasa lista de todos los argumentos en contra del proteccionismo: la prosperidad de Suecia sin derechos de aduana; la industria protegida es privada del estímulo de la competencia extranjera; la prohibición fomenta el contrabando y afecta la moralidad de los pueblos; para después concluir:

> Casi nadie desconoce los numerosos inconvenientes que traen consigo las tarifas de aduanas, ni los abusos que del sistema actual resultan. Pero creemos que en el estado actual de la industria y de

[79] En buena parte de la teoría, los artículos sobre aduanas y aranceles siguen e incluso copian lo que al respecto contiene el *Diccionario político* o *Enciclopedia del lenguaje y ciencia política* (Por una reunión de diputados y publicistas franceses. Traducido al castellano y adicionado con varios artículos de importante aplicación a nuestro país. Cádiz: 1845, Imprenta y litografía de la Sociedad Artística y Literaria). González repite a veces párrafos íntegros de los que figuran en el *Diccionario* en lo relativo a aduanas —p. 33 y sigs.— y aranceles —p. 79 y sigs.—, apartándose en este último tema de las adiciones españolas. Sostiene, como después veremos, ideas avanzadas en materia social —propiedad, proletarios— y en materia económica resulta radical, no sólo en lo que toca a la negación del liberalismo económico, como librecambio, sino, asimismo, en otros aspectos.

las relaciones internacionales, es útil que el gobierno ejerza, por medio de las aduanas, una influencia directa y regularizadora en los productos y consumos generales.

Como se ve, se considera que el gobierno, a través de los aranceles, debe ejercer una influencia directa y reguladora de productos y consumos. Se reconoce que la acción de los aranceles se refleja en aumento de precio de ciertas mercancías; pero se cree que este inconveniente "no tiene toda la gravedad que los economistas le atribuyen". Un Estado no puede depender de naciones rivales en la provisión de los objetos que consume en gran cantidad. Si todas las naciones tuviesen igual carácter y "se hallasen sometidas a un mismo gobierno y a unas mismas leyes", habría que renunciar al sistema de protección; pero:

> ... mientras que la diferencia en las leyes y en los gobiernos y el sentimiento de nacionalidad se opongan al trasporte de los capitales y de la industria, como suponen los teóricos economistas, se puede disculpar ciertas restricciones de las tarifas, con la necesidad de conservar la riqueza nacional de los pueblos menos industriosos.[80]

González dice que en torno a los impuestos de importación[81] se presenta un debate, por estar de un lado los comerciantes y de otro los productores:

> Tan opuestos intereses dividen a los publicistas, y mientras unos preconizan la libertad de comercio, hay otros, que más celosos por intereses de la producción, sostienen las condiciones que para su desarrollo y prosperidad juzgan indispensables. Entre estos contendientes está el consumidor pagando los errores y exageraciones de unos y otros, y sobre todos se encuentra el Estado, que según las necesidades del momento protege unas veces el comercio y otras la industria y que casi siempre considera las cuestiones de aranceles bajo el estrecho punto de vista de la fiscalización.

Recuerda que aun cuando, tanto Smith como Say, se han declarado por el librecambio, no han postulado la abolición completa

---

80 *El Monitor Republicano,* año cit., número 3,261, 1º de agosto de 1856. "Historia de las aduanas".

81 *Op. cit.*, número 3,273, 13 de agosto de 1856. "Aranceles".

de los aranceles, permitiendo ciertas excepciones: "Sin salir como ellos del terreno de la economía política pura, creemos que se puede extender fácilmente el círculo de estas excepciones". Para ello supone dos países concurriendo a la misma producción, iniciado antes por uno de ellos, mismo que, por consiguiente, ha amortizado el capital aplicado a la producción en cuestión y vencido los primeros obstáculos, operando con costos de producción menores. En estas condiciones, el otro país: "Para empezar sus ensayos de producción tiene que emprender una lucha desigual con un adversario fuerte, aguerrido, lleno de experiencia e incomparable a él en poder". El término significará pérdidas enormes, sobre todo para el país más débil:

> ¿No convendrá entonces que el poder público intervenga y conceda al productor nacional el medio de luchar con armas iguales contra su antagonista? Y respecto al consumidor, ¿no se le compensará en adelante el sacrificio momentáneo que se le exige?

En su tercer artículo[82] expresa que los ramos principales de industria en todos los pueblos se han desarrollado "con una protección enérgica". Un repaso en la historia lo demuestra: "Luego es evidente para todos, que los pueblos más ricos han llegado a serlo por las restricciones impuestas a la libre introducción de las mercancías extranjeras". Y la posición proteccionista se fortalece "cuando a las razones deducidas de la economía industrial se unen las consideraciones políticas". Si se examina el mundo, se ve que éste está formado por países desiguales y en los conflictos entre las naciones por su conservación se encuentra una perspectiva de que no puede temporalmente prescindirse:

> Pues bien, lo que hacen los cañones en tiempo de guerra, deben hacerlo los aranceles durante la paz. Examinados éstos en sus relaciones con la política, deben tener por objeto acrecer el poder nacional sin disminuir el de los Estados amigos.

Smith y Say tendrían razón "si el mundo formase una *república universal*". Pero ello no sucede y tal "el vicio de su razonamiento". Estando formado el mundo por naciones desiguales, con el librecambio unos países ganarían y otros perderían:

---

[82] *Op. cit.*, número 3,275, 15 de agosto de 1856.

Es, pues, absolutamente imposible demostrar la utilidad de la supresión completa de los aranceles de aduanas, visto el actual estado de relaciones internacionales, y es por el contrario evidente, que a semejante innovación acompañarían gravísimos peligros.

Antes se ha calificado de especioso e inexacto el argumento de que no se puede comprar un producto sino con otro equivalente, dado que "el valor de las mercancías no es absoluto" y: "un pueblo que cambia los artículos de primera necesidad y los capitales disponibles bajo la forma de numerario, por productos destinados a un consumo inmediato e improductivo, se empobrece infaliblemente; consume los elementos de su trabajo y se arruina como el pródigo" [83] Ello en relación con un fenómeno: "Adviértase que la concentración de los capitales empobrece la sociedad, porque el rico holgazán nada produce y por lo común consume abundantemente". De esta situación proviene un papel fundamental del arancel:

Las restricciones de las Aduanas, sabiamente combinadas, tienden a corregir los errores de que hablamos y que por tantas causas suelen cometer los pueblos. Haciendo subir el precio de los productos de la industria extranjera, disminuyen su consumo y proporcionan al Estado un tributo pagado solamente por los consumidores. Si éstos empobrecen es en beneficio del Estado, es decir, de todos los contribuyentes, el establecimiento de la tasa les obliga a pagar mayor suma que antes por obtener igual cantidad de objetos de consumo improductivo. El efecto inmediato es estimularlos a trabajar, a producir, o al menos a economizar. La elevación aparente de los productos de la industria extranjera, excita la ambición del trabajador y del capitalista; los induce a llevar a cabo las más benéficas empresas y a vender a mejores precios que el extranjero; por último, trabajan y producen.

Con aranceles se conservan "los elementos del trabajo", se destierra el ocio, y debe tomarse en cuenta "que las restricciones atacan más directamente a los objetos cuyo consumo es menos indispensable". Con la inspiración socialista que conocemos se da un paso más:

Los economistas modernos que han proclamado la doctrina de *dejar obrar,* no han tenido en cuenta el carácter y las pasiones de los

[83] *Op. cit.* número 3,266, 6 de agosto de 1856

pueblos; han considerado al hombre como una materia bruta que sigue el movimiento fatal de los capitales en lugar de producirlos; han creído equivocadamente que lo mismo trabajaría un pueblo con el comercio libre que con el régimen restrictivo.

El gobierno debe atender a preocupaciones sociales o de otra índole que muchas veces estorban desarrollos, al margen de circunstancias económicas:

> La aplicación de los capitales del trabajo a tal o cual especie de industria, depende más bien de las preocupaciones y de la rutina que de las circunstancias económicas; y al gobierno toca contener estos trastornos, subiendo el precio de los productos de la industria que intenta fomentar, a fin de estimular a los productores ofreciéndoles la indemnización de las pérdidas que causan siempre los primeros ensayos, de modo que no queden improductivos los elementos de las riquezas nacionales.

Ahora, que no se trata de una protección sin matices. Hay que cuidar de los distintos aspectos de la producción y matizar lo necesario: "Todo sistema protector bien entendido debe tener por objeto fomentar la industria y el trabajo, favorecer la libre introducción de las primeras materias y prohibir los productos del trabajo extranjero. Pero cuando éste puede convertirse en elemento de otra industria, claro es que debe ser admitido con más facilidad que los susceptibles de inmediato consumo e inútiles para la producción". Se requieren capitales para explotar las materias primas y en la entrada de dichos capitales se escucha un eco mercantilista: "Las importaciones de numerario son muy favorables al desarrollo de la riqueza nacional, porque producen la baja del interés y la subida de los precios; circunstancias sumamente útiles para todos. Así es que las falsas teorías de los antiguos economistas sobre el equilibrio del comercio, conducían a resultados prácticos más ventajosos y exactos que las doctrinas de los economistas modernos".

Las tarifas protectoras tenderán a proporcionar a los pueblos "cuya educación industrial y mercantil está más atrasada, los medios y el tiempo necesario para instruirse, sin que les perjudique la superioridad de sus vecinos". Por lo demás, las consecuencias de la implantación universal del librecambio serían trágicas:

> Si se admitiese en toda su extensión la libertad del comercio, los pueblos menos industriosos quedarían inevitablemente empobrecidos y arruinados por sus hábiles vecinos. Llegaría, al fin, a establecerse el equilibrio, dicen los economistas, no hay duda; pero sería sobre las ruinas de los pueblos menos industriosos.

Por tanto, la política arancelaria debe medirse según quien la practica: "Las tarifas protectoras son una arma ofensiva para las naciones más industriosas, y defensiva para las que lo son menos".[84] Inglaterra, en el fondo, mantiene restricciones y a ella toca una gran responsabilidad. Sus tratos con Portugal manifiestan "mejor que todas las teorías, el resultado de las relaciones comerciales entre un pueblo industrioso y otro que no lo es". Portugal, comprando artículos industriales y "objetos de consumo, cuyo principal valor consistía en el trabajo inglés" y dando en cambio "algunos comestibles, pero especialmente materias primas y numerario". Este comercio "empobrecía a Portugal, enriqueciendo a la Inglaterra". De esta manera, el país lusitano se empobreció, consumió sus capitales y es por ello que la mayoría de los países "han contestado con prohibiciones a las prohibiciones de Inglaterra".

Con aranceles y prohibiciones se fomenta la producción y se camina hacia la riqueza nacional. La política arancelaria debe determinarse muy cuidadosamente y manejar las tarifas con grandes precauciones, pues ellas encierran muchos intereses:

> Al establecer el gobierno sus tarifas, no debe conceder ninguna protección ciega y excesiva, ni dejarse dominar por las exigencias apasionadas, casi siempre injustas, del interés particular; no debe perder de vista que cualquiera protección impone un tributo al consumidor y debe, por último, fomentar la industria.

Los artículos de José J. González, con su innegable influencia socialista europea, se caracterizan por su nacionalismo. Dichos artículos y los de *El Siglo Diez y Nueve* expresan todo un estado de ánimo.

---

[84] *Op. cit.*, número 3,269, 9 de agosto de 1856.

LA RECAPITULACION POLEMICA DE MATIAS ROMERO

La política liberal era reducir prohibiciones y ampliar a los renglones liberados la protección arancelaria.[85] El arancel de 31 de enero de 1856 redujo a dieciocho los artículos prohibidos. Después de la Guerra de Tres Años y de la intervención, el 21 de enero de 1867 se suprimió todo género de prohibiciones, a título de protección a la industria. Hay que considerar que en el Manifiesto de 7 de julio de 1859,[86] el Gobierno Constitucional, y en ello se ve la mano de Miguel Lerdo de Tejada, se declara el propósito de facilitar el desarrollo del comercio exterior, que es elemento de riqueza y de civilización, ya simplificando los requisitos exigidos por las leyes vigentes, "ya moderando sus actuales gravámenes".

Don Matías Romero, considerado como el heredero ideológico de Melchor Ocampo, tuvo oportunidad de hacer, en plan polémico y vuelto al extranjero, una recapitulación de la política proteccio-

---

[85] Sobre la preponderancia de los aranceles en relación con las prohibiciones, para don MATÍAS ROMERO, verdadero fundador de la hacienda moderna mexicana, la nación hereda de su metrópoli una legislación prohibitiva que no puede sino con lentitud y grandes esfuerzos cambiar paulatinamente. Los principios retrógrados de la legislación española, "del sistema colonial", fueron sustituidos "por las ideas liberales y progresistas del sistema inglés". Ello ocurrió a tal punto, que "una de las principales conquistas económicas que hemos consumado después de la guerra de 1857 a 1860, llamada de reforma, ha sido la abolición absoluta de las prohibiciones". En efecto, a partir del 21 de enero de 1868, el Ejecutivo, siguiendo "el espíritu liberal de nuestra Constitución política", levantó todo género de prohibiciones. Y esta conquista, con palabras de Romero, quedó definitivamente asegurada. *(Exposición de la Secretaría de Hacienda de los Estados Unidos Mexicanos, de 15 de enero de 1879, sobre la condición actual de México y el aumento del comercio con los Estados Unidos,* p. 122). Para medir la evolución entre prohibiciones y aranceles, basta considerar los siguientes datos consignados por el propio Matías Romero: El arancel de 15 de diciembre de 1821, de una lista de nueve fracciones, en cada una de ellas enumeraba uno o más artículos prohibidos, conteniendo nueve fracciones de artículos libres. El de 16 de noviembre de 1827 aumentó a 16 los artículos libres y a 56 los prohibidos. El de 11 de marzo de 1837 redujo a 11 los libres y a 50 los prohibidos. El de 30 de abril de 1842 contenía 51 fracciones de artículos prohibidos por 15 libres. El de 26 de septiembre de 1843 prohibía 58 artículos por 19 libres. El de 4 de octubre de 1845 mantuvo 19 libres y elevó los prohibidos hasta 62. El de 1º de junio de 1853, 53 fracciones de artículos prohibidos por 21 libres. El de 31 de enero de 1856, 18 artículos prohibidos por 34 libres. El arancel de 1º de enero de 1872 no contenía prohibición alguna para la importación de mercancías y aumentaba hasta 63 el número de artículos libres.

[86] ARRILLAGA: *Recopilación,* de 5 de mayo de 1858 a 31 de diciembre de 1860, pp. 101-21.

nista mexicana en un gran trecho, practicada por liberales, y de desentrañar su sentido. El 9 de octubre de 1878 John W. Foster, Enviado Extraordinario y Ministro Plenipotenciario de los Estados Unidos en México, se dirige al Presidente de la Asociación de Manufactureros de aquel país, exponiendo las dificultades existentes para ampliar el intercambio comercial. Foster se refiere a los inconvenientes de toda índole —políticos, falta de comunicaciones, etc.— y entre ellos incluye y subraya la política proteccionista de México. El Ministro norteamericano es puntilloso en su librecambismo; critica, así, el arancel norteamericano, pero mucho más severo se muestra con el de México. Nos niega aptitudes para la industria y nos aconseja dedicarnos a la minería y a los productos tropicales:

> Nuestro arancel americano es uno del que muchos creemos que es urgente hacer una revisión y al que hay que hacer reducciones importantes; pero el de México es todavía más proteccionista y prohibitorio, mientras que muchas de las provisiones de nuestro arancel, que contribuyen a facilitar el tráfico, no se encuentran en el de México. Los ramos de industria para los que este país tiene ventajas particulares, son la minería y el cultivo de las plantas tropicales; pero su legislación comercial ha tenido una tendencia directa a oprimir la minería y se han hecho grandes esfuerzos para promover las manufacturas, para lo cual ni la gente ni el país tienen condiciones particulares. Y este sistema se encontrará que es un gran obstáculo para la prosperidad del comercio con nuestro país.[87]

Don Matías Romero, con una rapidez impresionante, contesta ampliamente y punto por punto los reproches de Foster, con apabullante documentación y lógica inflexible. Ve el problema de México en la falta de capitales para su desarrollo. El debate histórico lo plantea en una frase:

> La opinión pública no se ha decidido por algún tiempo en México, respecto de la mejor manera de promover el progreso del país; algunos han creído que esto se conseguiría con fomentar las manufacturas en el país, estableciendo en consecuencia una legislación fiscal protectora, y gravando con derechos altos a las mercancías extranjeras; y otros por el contrario, han creído que las necesidades y circunstancias de la nación requerían derechos bajos, que sirvieran para dar

---

[87] *Op. cit.*, p. 9.

impulso al comercio. Los sostenedores de una u otra de estas teorías han ocupado por algún tiempo la atención pública, sin haber llegado a dar una solución práctica a esta cuestión.[88]

Fresca aún la recapitulación de la historia arancelaria de México que ha hecho, con un conocimiento indiscutible de causas, admite que en nuestra historia ha predominado el proteccionismo, al que no le regatea su principal fruto:

> No puede negarse el hecho de que la teoría proteccionista ha prevalecido por lo general en México, ya porque se creyera conveniente impulsar de preferencia el desarrollo de la industria fabril, ya porque la necesidad de proveer de recursos al Erario, haya obligado a los gobiernos pasados a gravar con fuertes derechos de importación a las mercancías extranjeras. Tampoco puede negarse el hecho de que varias de las administraciones anteriores han hecho grandes esfuerzos por establecer y fomentar en este país, la fabricación, principalmente de tejidos ordinarios de algodón, cuya industria, gracias a la protección decidida con que ha contado, ha sido uno de los negocios más lucrativos que han podido emprenderse aquí, y ha adquirido, en consecuencia, una grande importancia.

Para concluir:

> Por la sencilla exposición que precede, se ve que el problema de procurar el desarrollo de los elementos naturales de México no es tan sencillo como a primera vista pudiera creerse, porque las circunstancias de esta nación le dan ciertas peculiaridades que no pueden atenderse debidamente por medio de un sistema abstracto, ni con principios absolutos.

No podía intentarse resolver los problemas nacionales "por medio de un sistema abstracto, ni con principios absolutos". Las ideas son para sociedades y países dados. La peculiaridad de México aconsejaba separarse de la ortodoxia económica. El proteccionismo

---

88 *Op. cit.*, p. 165. La congruencia de ideas de don Matías Romero descuella si se considera el discurso que sobre zonas libres pronunció el 3 de noviembre de 1870 (*Diario de los Debates*, 5º Congreso Constitucional de la Unión, Tomo III, correspondiente al primer período de sesiones ordinarias del año de 1870 a 1871. México, Imprenta del Gobierno, en Palacio, a cargo de José María Sandoval, 1871. p. 368 y sigs.).

liberal mexicano no niega, a pesar de ciertos pronunciamientos —Vallarta, González, artículos de *El Siglo Diez y Nueve,* etc.—, la validez lógica de los principios del liberalismo económico, y prueba de ello es la consignación del artículo 28 constitucional. La protección se presenta como una excepción a los principios o a título de necesidad temporal. Lo importante es, por una parte, que precisamente sobre estas bases se iniciará más tarde la revisión del liberalismo económico, y por otra, la ductilidad que permitió no erigir en norma gubernamental el librecambio. De acuerdo con ello, se prescinde de liberalismo económico, dando un ejemplo de flexibilidad y acomodo a las realidades. Sin dogmatismo intelectual, ajenos a toda "secta", se piensa que lo esencial es el liberalismo ético político, en la lucha por el cual había que ser rigurosamente ortodoxos. Ante los problemas económicos, al fundirse las ideas con la realidad que las alimentaba, ésta ayudó a levantar un régimen de libertad política y espiritual.

LIBERALISMO SOCIAL

Hemos sostenido[1] que el liberalismo mexicano, en su largo proceso de formación, se aparta del liberalismo doctrinario en materia económica y social. En el aspecto económico, la práctica liberal e importantísimos pronunciamientos doctrinales obligaron a no llegar al librecambio, inclinándose nuestro proceso histórico real por la protección. A la larga triunfa en este aspecto la corriente heterodoxa, aun cuando el debate dura largos años. En materia social casi como constante se mantienen, motivadas por nuestra peculiaridad, la discusión sobre la propiedad de la tierra y los movimientos populares que pugnan por una modificación en la propiedad territorial.

La inspiración principal del debate abierto y los movimientos agrarios sucesivos, proviene de nuestra palpable realidad. Una propiedad precolonial abatida por la Conquista y, en consecuencia, el enjuiciamiento severo de la Conquista y su justificación, como originadora del derecho de propiedad. Junto a ello, la miseria y la concentración de la propiedad en manos laicas o de la Iglesia. La miseria, concomitante a la concentración, estimula, por lo consiguiente, planteamientos agrarios desde los orígenes del liberalismo mexicano. Ver la tierra como problema es casi consustancial a nuestra lucha por la libertad. La intervención de las masas indígenas en nuestras primeras luchas por la independencia —a diferencia de otros países latinoamericanos— encuentra en gran medida sus causas en la situación de la tierra y esta participación, a su vez, impulsa declaraciones y objetivos de claro contenido agrario por parte de

---

[1] Jesús Reyes Heroles: *El Liberalismo Mexicano.* Tomo I; *Los Orígenes. Continuidad del Liberalismo Mexicano.* Cuadernos Americanos, Año XIII, número 4, Julio-Agosto de 1954. México, Editorial Cultura, T. G., S. A.

nuestros caudillos. Así, veíamos cómo en los primeros Congresos mexicanos el problema de la tierra —su concentración y la miseria— dan lugar a intervenciones de Bustamante, Zavala, Gutiérrez de Lara, y que nuestros primeros legisladores, en artículo aprobado por el Congreso, sostienen el origen social de la propiedad, el derecho del Estado a regularla y distribuirla —propiedad no trabajada—, buscando la mayor igualdad posible en su distribución. El problema de la tierra surge en nuestros primeros congresos en tal forma, que tuvieron que hacerse grandes esfuerzos para obtener un deslinde entre colonización y materia agraria.

El problema de la tierra no juega escaso papel en el apoyo de las masas a la causa liberal. De ello resulta que el liberalismo mexicano sea social en su nacimiento, presentándose en su desarrollo como un permanente *leitmotiv* el tema de la propiedad de la tierra y la actitud que frente a ella guardan sus hombres. En esta actitud resulta determinante una especie de ley en nuestro proceso histórico: una masa que empuja a sus caudillos. En nuestros grandes movimientos históricos y entre ellos el liberal, los guías frecuentemente sólo han obedecido a las masas. Debe considerarse que al expresarse en nuestros primeros congresos este problema de la tierra, tiene indudables antecedentes en aquellos hombres que luchan por nuestra independencia.

Las primeras ideas

No es casual que Mora y Alamán coincidan en ver los rasgos sociales de la lucha iniciada por la Independencia de México. Su carácter profundamente trastrocador del derecho de propiedad. Mora, al explicar cómo se opuso al poder el número, halagando a las multitudes y enardeciendo las pasiones populares, asienta que en la Guerra de Independencia "sufrió el ataque más formidable el derecho de propiedad".[2] Alamán es sabido que la caracterizó diciendo que fue "un levantamiento de la clase proletaria contra la propiedad y la civilización".[3]

---

2 José María Luis Mora: *México y sus revoluciones.* París, Librería de Rosa, 1836. Tomo IV, p. 4.

3 Lucas Alamán: *Historia de México, desde los primeros movimientos que prepararon su independencia, en el año de 1808, hasta la época presente.* México, 1851, Imprenta de J. M. Lara. Tomo IV, p. 723.

Hidalgo quiere eliminar las gabelas y pretende que los bienes de los europeos "sean confiscados y puestos en secuestro".[4] En bando de 5 de diciembre de 1810, tocante a las tierras pertenecientes a las comunidades de los naturales, ordenó: "se entreguen a los referidos naturales las tierras para su cultivo, sin que para lo sucesivo puedan arrendarse, pues es mi voluntad que su goce sea únicamente de los naturales en sus respectivos pueblos".[5]

El pensamiento social de Morelos es muy claro y su poco respeto por la gran propiedad, evidente. Su decreto sobre repartimiento de intereses establece que a la clase poseedora —ricos, nobles y empleados— se le despoje "de todo el dinero y bienes raíces o muebles que tengan, repartiendo la mitad de su producto entre los vecinos pobres de la misma población". Morelos da normas para que el reparto se haga proporcionalmente y expresa que con él un crecido número de miserables ha de resultar beneficiado. Su pensamiento en materia agraria es categórico: "Deben también inutilizarse todas las haciendas grandes, cuyas tierras laboriosas pasen de dos leguas cuando mucho, porque el beneficio positivo de la agricultura consiste en que muchos se dediquen a beneficiar con separación un corto terreno que puedan asistir con su trabajo e industria".[6] Y en los veintitrés puntos de los *Sentimientos de la Nación* habría de establecer: "12o. Que como la buena ley es superior a todo hombre, las que dicte nuestro Congreso deben ser tales que obliguen a constancia y patriotismo, moderen la opulencia y la indigencia, y de tal suerte se aumente el capital del pobre, que mejore sus costumbres, aleje la ignorancia, la rapiña y el hurto".[7] Don Lucas Alamán comenta que en algunos puntos de los *Sentimientos de la Nación,* de Morelos, "los comunistas y socialistas de nuestros días, a cuyos sistemas propendía bastante Morelos", reconocerían "plenamente sus principios".[8]

---

4 J. E. Hernández y Dávalos: *Colección de documentos para la historia de la Guerra de Independencia de México de 1808 a 1821.* México, José María Sandoval, impresor, 1877. Tomo I, p. 116.

5 Pedro García: *Con el cura Hidalgo en la Guerra de Independencia.* Empresas Editoriales, 1948, p. 244.

6 J. E. Hernández y Dávalos: *Op. cit.,* p. 880.

7 *Primer Centenario de la Constitución de 1824.* Obra conmemorativa publicada por la H. Cámara de Senadores de los Estados Unidos Mexicanos, dirigida por el Dr. D. Pedro de Alba y el profesor D. Nicolás Rangel. Talleres Gráficos Soria. México, D. F., 1924, p. 112.

8 Alamán: Op. cit., Tomo III, p. 559.

Y don Juan Francisco Azcárate en 1822 presentó informes sobre leyes agrarias y de colonización, tornando por modelo a Jovellanos.[9]

Así, cuando el Congreso, el 30 de junio de 1823, reparte la Hacienda de San Lorenzo a los vecinos de Chachapalcingo, de Amozoc, Puebla, está trazando toda una línea legislativa.

Ahora bien, el pensamiento propiamente agrario tiene una fuerte expresión antes del primer Congreso y fuera de éste, cuando sesiona o apenas termina sus labores.

La realidad yucateca y Vicente María Velásquez

En Yucatán emerge con toda claridad un liberalismo agrario. Su exponente, el eclesiástico Vicente María Velásquez, fundador del primer partido político mexicano —la Asociación de San Juan—, se inspira en un ideario claramente liberal conciliable, a su modo de ver, con la ortodoxia católica y que, por el principio democrático de igualdad ante la ley, llega a resultados eminentemente sociales. Al ingrediente liberal hay que añadir la influencia del libro de Las Casas —*Tratado de la destrucción de las Indias Occidentales*— y las condiciones específicas en materia territorial que privan en Yucatán.

Si el liberalismo mexicano es social, ello se debe a que las peculiares condiciones de tenencia de la tierra precoloniales fueron desterradas, formal o materialmente mediante una práctica y doctrina que no encontraban, en el fondo, más apoyo que el derecho de conquista. Obviamente este hecho histórico engendra, por una parte, persistentes dudas sobre la justificación del derecho de propiedad colonial y, por otra, intermitentes intentos por restaurar las condiciones precoloniales en beneficio de los indígenas como poseedores originarios. Lo interesante en Velásquez es que en él se conjugan, sin asomo de oportunismo, la situación peculiar de Yucatán con actos francamente liberales, para producir un claro liberalismo social.

Yucatán, aun dentro del conjunto de México, presentaba características peculiares que agudizaban el problema de la tierra y su anexo, el indígena. Estas características impulsan a Velásquez, tanto

9 *Antología del Centenario.* Estudio documentado de la literatura mexicana durante el primer siglo de Independencia. Obra compilada bajo la dirección del Sr. Lic. don Justo Sierra. México, Imprenta de Manuel León Sánchez. 1910. Volumen II, p. 694.

en el planteamiento del problema, como en la búsqueda de soluciones. Son las características que llevan en 1847 a la guerra de castas o guerra de indios, que analiza Justo Sierra O'Reilly con gran minuciosidad y que deben examinarse, si se quiere entender el pensamiento agrario de Velásquez. En el trabajo de Sierra O'Reilly, parcial en cuanto es producto de su posición de oligarca "blanco", se subraya:

1o.—La importancia del problema indígena yucateco, cuyo soslayamiento significaría "suscribir nuestra sentencia de muerte", "votar nuestra agonizante sociedad a su total ruina".

2o.—El papel desempeñado por los liberales yucatecos en la producción de la guerra de castas:

> No hay en la lengua epítetos bastante enérgicos para reprobar, cual merece, la conducta de aquellos hombres ilusos o hipócritas que, aparentando un liberalismo sin mancilla y una noble filantropía, buscaron apoyo a sus proyectos en la ruda masa de los indígenas, cuyos medios de acción y tendencia final jamás se detuvieron a examinar, por incapacidad o ligereza.

Señala las graves consecuencias producidas por la Constitución de Cádiz, "el desarrollo de las ideas modernas y la propagación de ciertas doctrinas filosóficas y sociales" que motivaron en gran parte la actitud tomada por los indígenas, que culmina en la guerra. Sierra O'Reilly dice: "La ruidosa controversia de las obvenciones parroquiales, suscitada con ocasión del decreto de las Cortes españolas que abolían las mitas y servicios personales, fue para la raza indígena de Yucatán un verdadero curso de derecho político, que no quedó enteramente olvidado por cierto con los sucesos posteriores". La explosión indígena encontró su motivación en el estado real del campo y en estos antecedentes.

3o.—Sierra O'Reilly encuentra el punto de partida del problema en la Colonia, por el choque que la propiedad en ésta formada tuvo, precisamente para constituirse, con la propiedad precolonial. Tratando de examinar la "historia de la raza indígena en sus relaciones con la europea", asienta que el origen del mal que investiga es preciso buscarlo en la época colonial, confrontándola con la precolonial. Sobre esta premisa ve: a). Que en la época precolonial: "Las tierras, aunque con ciertas restricciones provenientes de los no muy bien clasificados usos de la propiedad, eran comunes, preparándose y beneficiándose de la propia manera que usan hasta hoy; y así entre los pueblos de una misma provincia no había términos o mojoneras, aunque sí los hubo en los límites de ella, por causa de las frecuentes guerras"; b). La propiedad en la Colonia tuvo que adquirir, en Yucatán, ciertas modalidades muy suyas: "Para la organización de la primitiva sociedad, era preciso crear y distribuir la propiedad. Crearla, decimos, porque el mecanismo con que estaba formada y distribuida entre los aborígenes, era absolutamente inaplicable a los usos de los españoles y al método conocido tradicionalmente en la madre patria. La dificultad era de tal naturaleza, que para superarla en parte y satisfacer las exigencias, hubo de hacerse completamente en Yucatán, lo que no se había verificado, sino a medias, en los otros pueblos conquistados. Se revivió, hasta cierto punto, el antiguo feudalismo europeo". Baqueiro profundiza el diagnóstico de Sierra. En Yucatán existe una verdadera "guerra social" que viene de épocas muy remotas, de los primeros tiempos de la Conquista. Esta "guerra social" es de naturaleza bien distinta "a las discordias civiles". Ella viene "del modo con que fue hecha la conquista", de la naturaleza de los indios conquistados, del suelo conquistado y, por último, "de los odiosos e indignos privilegios con que se tuvo que halagar a los primeros pobladores para que no abandonaran la empresa acometida". Dos entidades, agrega Baqueiro, hicieron pesar sus privilegios sobre los naturales, "trasladándoselos de generación en generación": el clero y el estado colonial.[10]

Un suelo pobre, carente de minerales y de otras riquezas, era difícil que arraigara a los conquistadores. Baqueiro, coincidiendo con Sierra, nos da la explicación y las características feudales asumidas por la Colonia en Yucatán. Ante las condiciones negativas al arraigo, asienta:

> ¿Cómo entonces pudo realizarse la conquista de Yucatán? ¿Cómo al fin pudo conseguirse que permanecieran en la península, hombres que sólo soñaban en grandes montañas de oro para explotar? El modo fue muy fácil. No habiendo minas de oro y plata para halagarlos, los hicieron dueños no sólo de la tierra, sino hasta de los indios. De aquí el origen tortuoso de la propiedad entre nosotros, primer muro inac-

---

10 SERAPIO BAQUEIRO: *Ensayo histórico sobre las revoluciones de Yucatán, desde el año de 1840 hasta 1864.* Tomo I. Mérida, Imprenta de Manuel Heredia Argüeyes. 1878, pp. 445 y 448. Igualmente, véase HÉCTOR PÉREZ MARTÍNEZ: *Orígenes económicos y sociales de la guerra de castas.* JUSTO SIERRA O'REILLY: *Diario de nuestro viaje a los Estados Unidos.* México, Antigua Librería de Robredo, 1938.

cesible que se levantó entre la raza conquistadora y la conquistada, y de aquí también la odiosa distinción entre vasallos y señores.

Podemos agregar que Yucatán es una excepción a la tesis de Otero, de que las relaciones de la aristocracia territorial y el campesino no fueron en México feudales. Una tierra pobre y un excedente de mano de obra le imprimen tal carácter en Yucatán.

4o.—Esta situación se agravó por la formación y funcionamiento del clero yucateco. Son los privilegios que inciden sobre los naturales a que se refiere Baqueiro. Siguiendo a Sierra, los franciscanos triunfaron en "la importantísima cuestión del gobierno de los indígenas" en contra del celo de "casi todos los obispos, contra las providencias enérgicas de los gobernadores y contra diferentes resoluciones de la corte y de los tribunales supremos." Y:

> En esa lucha perdieron ciertamente muchos de sus curatos y doctrinas, que al fin se confirieron a los clérigos; y se disminuyó su prestigio y casi vino a tierra su poder; pero no fue sino después de mucho tiempo, y cuando el mal estaba profundamente arraigado, y diríamos identificado con la naturaleza del indio. Además, los clérigos que sucedieron a los frailes en la administración, ya que tuvieron en sus manos lo que apetecían, hallaron muy cómodo y holgado perpetuar unos abusos indignos y repugnantes, tan contrarios a la santidad y elevación del ministerio apostólico que ejercían. En vez de pensar en la corrección y reforma de aquellos abusos, no hicieron sino perpetuarlos, constituyéndose en lugar de curas, en recaudadores de sus pingües obvenciones (valiéndose del látigo y del azote para hacer efectivo el cobro), y poniéndose, por lo mismo, en perpetua colisión con sus feligreses.[11]

---

[11] Justo Sierra O'Reilly: *Los indios de Yucatán. Consideraciones históricas sobre la influencia del elemento indígena en la organización social del país. Campeche, 10 de noviembre de 1848.* Carlos R. Menéndez, Editor. Mérida, Yucatán, 1954. Tomo I, pp. 1, 5, 36, 42 y 67. Tan había, como veremos, un problema social y no el puro y elemental "salvajismo" de los indios, que un periódico yucateco de la época —en plena lucha con los indígenas— dice: "Si a los indios se manda quitar las armas porque se cree que en sus manos son perjudiciales, si se ha dispuesto que se retroceda al antiguo orden de cosas, que los reducía a pupilaje, si se dice, y con razón, que desmoralizada esta numerosa raza, es preciso volverla a aquellas leyes que la tenían sujeta y dócil: ¿no era bueno que sin ponerse a averiguar el origen de esa desmoralización, preguntásemos qué tal anda la raza blanca?, ¿tiene por ventura las virtudes domésticas, cívicas y religiosas con que quiere ver adornadas a esa raza

Ahora bien, a estos elementos que, como Sierra destaca, hicieron explosión en la guerra de indios, se añade un poco de liberalismo —es de derecho natural la distribución equitativa de la propiedad—, algo de democracia —igualdad de los hombres— y las vivas descripciones sobre las deplorables condiciones de los indígenas, y nada raro es que haya surgido el avanzado pensamiento de Vicente María Velásquez, allá por 1812.

El padre Velásquez sostenía el derecho originario de propiedad de la tierra por parte de los indígenas, derecho usurpado por los conquistadores, que habían empleado la religión como pretexto; por lo consiguiente, decía que las tierras debían ser devueltas a los indígenas, prescindiendo de los títulos de propiedad coloniales, que sólo tenían por fundamento la usurpación. Postulaba, además, la autodeterminación política de los mayas y pretendía que las riquezas que se habían acumulado con títulos distintos a los señalados, formaran "un fondo común para distribuir entre todos, indios y blancos".

Acerca del pensamiento de Vicente María Velásquez, la fuente primordial de información es Justo Sierra O'Reilly.[12] Siguiéndolo, parece ser que la literatura liberal que a partir del año 1802 llega a través de don Pablo Moreno, produjo una vigorosa impresión en Yucatán, influyendo decisivamente en Velásquez, al igual que en otros criollos que "se proclamaron vengadores de la raza oprimida". Según Sierra O'Reilly, estos liberales "se lanzaron a la carrera de los novadores sin empezar por el principio". Desataron ataques contra los "opresores de los pobres indios" y les dijeron a éstos: "Vengáos". El capellán de la ermita de San Juan, Velásquez, estaba "abrasado de una filantropía ardiente" y al fundar la asociación sanjuanista diseminó en Yucatán las nuevas ideas y "preparó ciertamente el

---

infeliz?" (*La revista yucateca,* periódico político y noticioso. Mérida: Imprenta de Rafael Pedrera, 1847, número de 18 de octubre de 1847, p. 75). Por lo demás, *La revista yucateca* defiende a uno de los jefes de la sublevación, Pancho Uc, "querido y distinguido por los blancos" (*Op. cit.,* p. 48, número del 14 de octubre de 1847). Es interesante ver la causa de Manuel Antonio Ay, el primer indio maya rebelde, fusilado en Valladolid el 30 de julio de 1847 (*De la guerra de castas.* Ediciones Asociación Cívica, Yucatán, México, 1956).

12 *Op. cit.,* Tomo II, p. 40 y sigs. Tanto Eligio Ancona (*Historia de Yucatán,* Tomo III, Libro Sexto, Capítulo II, p. 24 y sigs. —Barcelona, Imprenta de Jaime Jepús Roviralta, 1889), como Joaquín Baranda (*Recordaciones históricas,* Tomo I, Capítulo VI, p. 84 y sigs. Tip. y Lit. "La Europea", México, 1907), siguen a Justo Sierra O'Reilly. No así Baqueiro (*Op. cit.,*), quien se aparta en bastantes juicios y apreciaciones.

camino de la independencia". Para Justo Sierra O'Reilly, sin embargo, Velásquez iba más allá del mero liberalismo: "Mas el padre Velásquez, acaso sin acatar mucho en ello, era un verdadero socialista, que se habría avenido mejor con el duque de San Simón y Fourrier, que con Montesquieu o Benjamín Constant". La prédica del padre Velásquez fue decisiva: "...se consagró a la grande obra de predicar la libertad, la igualdad y la necesidad de garantizar al pueblo todos los derechos políticos y sociales".

Sierra O'Reilly destaca la influencia de la *Breve relación de la destrucción de las Indias,* de fray Bartolomé de las Casas, en las ideas indigenistas y agrarias de Velásquez. Duda que el libro haya sido de Las Casas y lo califica de "pernicioso". Todas las consecuencias del libro de Las Casas fueron llevadas a su último extremo por Velásquez, y éste, "se consagraba de toda preferencia a la reforma social", a diferencia de otros miembros de la asociación sanjuanista, que se dedicaban a la reforma política. El padre Velásquez decía:

> Estos pobres indios, forman la inmensa mayoría de los yucatecos: descienden de los primitivos dueños de la tierra: nuestros padres les usurparon todos sus derechos y los esclavizaron, so pretexto de religión. Ellos entonces pueden y deben dar la ley en el país.

Según nuestro autor, aunque las ideas de Velásquez hallaban escasa acogida en el "círculo de los *sanjuanistas* de más instrucción y capacidad, no dejaban de formar eco sin embargo entre los menos prevenidos, que miraban a D. Vicente como a un hombre muy superior, y le escuchaban como a un oráculo". Así, los "caciques de los barrios de Mérida, algunos de los pueblos y otros indios principales, se acercaban a oírle con el más profundo respeto". Sierra O'Reilly informa que algunos sanjuanistas, como don Lorenzo de Zavala, se vieron obligados a contrarrestar en el seno mismo de la asociación, la tendencia representada por Velásquez. Sin embargo. la posterior actuación agraria de Zavala parece desmentir la noticia.

Los efectos de las prédicas sociales del padre Velásquez son claramente puestos en relieve por Sierra O'Reilly. Se produjeron fundamentalmente en la clase indígena, para quien todavía estaba fresca la rebelión de Can-Ek:

> Fácil es comprender hasta qué punto podrían los indios, aceptando de plano las doctrinas del padre Velásquez, llevar las consecuencias. Esos hombres, por efecto del sistema o por lo que se quiera,

eran profundamente ignorantes; poseían instintos feroces reprimidos únicamente por la acción de la fuerza; conservaban recuerdos de sus pasadas glorias, y de su humillación y anonadamiento; un considerable resto de la generación que presenció los desastres de Quisteil, estaba aún en pie, conservando en su memoria, hasta en los más insignificantes detalles, aquellas escenas de horrenda carnicería: el triunfo decidido de la raza española había aumentado inconsiderablemente los males y sufrimientos de los vencidos, según hemos procurado bosquejarlo, aunque imperfectamente, en las consideraciones precedentes. Así, pues, su odio era instintivo, natural y justo hasta cierto punto.

A pesar de la posición asumida por el magnífico cronista, contraria a Velásquez y a los indios en la guerra de castas, éste repara en que las tradiciones históricas "del sufrimiento real", "la miseria que se palpa" y "la humillación que se siente por lo presente y por lo pasado", fermentada por las prédicas de Velásquez, tenían que producir enormes sentimientos.

Sierra O'Reilly[13] establece un paralelo entre Pablo Moreno y Velásquez. Un contraste flagrante había entre ellos. El primero, irónico, de "elevado talento y exquisita instrucción", recalcando el aspecto ridículo de las cuestiones. Velásquez, por el contrario, "entusiasta y apasionado hasta en las pequeñeces, patético en su lenguaje", parecía dotado "de un genio tan rigorista como el de un puritano".

Más tarde veremos el significado que la guerra de los indígenas yucatecos tuvo desde el punto de vista agrario y que le hace merecer la denominación que Baqueiro le da de social.

Dos utopías agrarias: Francisco Severo Maldonado y el Pensador Mexicano

Desde 1821 Francisco Severo Maldonado empieza a publicar lo que vendría a ser el *Contrato de Asociación para la República de los Estados Unidos del Anáhuac.*[14] Maldonado pretende crear un sistema orgánico y general. Desde luego, supone la existencia de una moneda nacional y la creación de un banco nacional. Este último para

---

[13] JUSTO SIERRA O'REILLY: *Op. cit.*, Tomo II, p. 55.

[14] Por un ciudadano del Estado de Xalisco. Segunda edición. Revista y corregida por el autor. Guadalajara, en la imprenta de la viuda de D. José Fruto Romero. Año de 1823.

afianzar los capitales píos y cumplir con la voluntad de los fundadores, en los casos de fundaciones y, en fin, lograr que los bienes consignados a manos muertas entren "en el mismo giro rápido y activo de la fructificación y circulación de los demás bienes nacionales". Sostiene que la nación "tomará todos los capitales de esta clase, a cuya toma no se opusiere perjuicio de tercero, para fincarlos sobre tierras". El valor creciente de las tierras garantizaría los capitales y sus productos. La nación tomaría, asimismo, todos los capitales de capellanías pertenecientes a clérigos particulares, cuando ellos estuviesen de acuerdo, así como las fincas rústicas y urbanas de monjas y frailes. A los fondos del banco se añadirían también las tierras adquiridas a título de conquista y vinculadas por mayorazgos de las familias de los conquistadores, tierras que deberán ser distribuidas en predios, con arreglo "a la ley agraria fundamental de la república".

El pensamiento de Severo Maldonado es claro en materia agraria. Habla de la necesidad de establecer una ley agraria para dar medios de subsistir a todos los que carecen de ellos. Y precisa en los siguientes términos las finalidades del banco nacional que propone:

> Art. 24. El objeto primario, principal, perpetuo y directo de la organización del banco, es la redención del terreno nacional, comprándolo a sus actuales propietarios, a medida que lo fueren vendiendo, para repartirlo al precio más barato posible entre el mayor posible número de ciudadanos y del modo más propio para que rinda la mayor posible cantidad de productos.

El establecimiento de la ley agraria lo juzga de absoluta e indispensable necesidad "para la extirpación de la miseria". Su proyecto implica que todas las tierras pertenecientes a la nación, en los términos previstos por la organización del banco nacional a que anteriormente nos hemos referido, "serán divididas en predios de un octavo de legua cuadrada o en porciones de cinco caballerías en que quepan treinta fanegas de sembradura de maíz". Severo Maldonado fija un precio bajo al arrendamiento de estas tierras y señala que los ciudadanos las disfrutarán vitaliciamente, estableciendo un sistema expedito para poder ser arrendatarios y tener garantizadas las mejoras que se introduzcan a las tierras.

El pensamiento de la libre circulación de la riqueza informa la tesis de Severo Maldonado: "Todas las leyes contrarias a la libre circulación de las tierras, quedan desde luego abolidas". Postula la división de las tierras pertenecientes a los indios, tanto del fundo legal, como las que se hubiesen comprado con dinero de la comunidad, en porciones iguales al número de familias que integran la comunidad.

El pensamiento del autor es bien claro: mientras no se adopte un sistema de reparto de tierras, como el que propone, "ni las tierras rendirán jamás todos los productos que pueden dar, ni se conseguirá formar con solidez un buen establecimiento republicano..." Sin una buena ley agraria, una república no puede funcionar, pues le falta su base de sustentación. Aún, dice, en la Constitución inglesa, modelo en su género, se encuentra con que es tiránica o aristocrática en su organización, "por el poderoso influjo que en ella ejercen los propietarios territoriales". Severo Maldonado remite a Bernardino de Saint Pierre y a De Pradt.

Su tesis, aplicada a nuestro país, es sencilla: cree necesaria una ley agraria porque "hay más tierras que repartir, que ciudadanos a quienes repartírselas, y que, por consiguiente, sobran los medios de enriquecer a todos los pobres". Como ejemplo concreto toma el Plan de Tierra Caliente, anexa al apostadero de San Blas, en Jalisco, e insiste en que para establecer la ley agraria, la nación no sólo puede comenzar en los terrenos baldíos y en los pertenecientes a las misiones de California y Filipinas, "a los ex Jesuitas, a cofradías, legados y obras pías; sino también en las haciendas de muchos grandes propietarios territoriales que, con notable perjuicio suyo y de toda la nación, apenas sacan de sus vastas posesiones unas rentas miserables y mezquinas".

Por consiguiente, Severo Maldonado, con su ley agraria no sólo pretende distribuir la propiedad concentrada en las manos del clero, sino también la acumulada en las manos de los laicos, que por su propia magnitud, resulta improductiva. Su pensamiento agrario es contundente.

El Fanal del Imperio, presenta el Contrato de Asociación o Proyecto de Constitución Política, con 448 artículos. Su ideario social emerge claramente. Busca —y uno de los libros está dedicado a ello— la regeneración social. Severo Maldonado podría decirse que rompe el concepto tradicional de una constitución —derechos individuales, organización de poderes—, en cuanto se ocupa de cuestiones económicas, como la fuente de los salarios y de los empleos. La misma idea que está en el Contrato de Asociación, de dividir la propiedad, la expresa, sólo que con una adición: "convertir en propietarios territoriales a todos los indios que componen más de un millón y medio de habitantes". Tal es el medio para garantizar la libertad nacional y formar una masa consciente ligada con el resto de la población.

Su afán igualitario es evidente. La tiranía es hija de la concentración de la riqueza. Para acabar con ella estructura un sistema de contribuciones sobre la propiedad territorial. Busca acabar con el despotismo "y prepotencia de la aristocracia", que ve originada por la acumulación de la riqueza. Precisamente para impedir la consolidación de la aristocracia, que encuentra su base en la "acumulación de la propiedad territorial en pocas manos", propone dividir en prédios o porciones la propiedad libre del dominio individual. Es decir, se encuentran aquí los antecedentes y explicaciones de lo que en concreto propone en su ley agraria en la República de Anáhuac.[15]

En varios folletos de 1820 hemos visto que *El Pensador Mexicano,* en forma directa o indirecta, trata el problema del campo. En "El Periquillo Sarniento" describe sus amargas experiencias en una hacienda y las correrías campestres del personaje.[16] El problema de la tierra atrae la dura mirada de *El Pensador.* Y, si bien, repara en la colonización y en su importancia, también aborda el problema propiamente agrario. En "La constitución política de una república imaginaria", sintéticamente y con enjundia, esboza un proyecto de ley agraria, que debe examinarse por más de un concepto.[17]

El Pensador quiere desconcentrar la propiedad laica de la tierra, distribuyéndola, pero con límites. El fundamento de su ley agraria tiene, simultáneamente, carácter económico y social:

> No siendo justo que cuatro propietarios hacendados se hallen apropiados de casi todo un nuevo mundo con notorio perjuicio del resto de sus conciudadanos, pues es bien sabido que hay ricos que tienen diez, doce o más haciendas, y algunas que no se pueden andar en cuatro días, al mismo tiempo que hay millones de individuos que no tienen un palmo de tierra propio...

---

15 *El Fanal del Imperio Mexicano* o *Miscelánea Política.* Extractado y redactado de las mejores fuentes por el autor del Pacto Social. México, 15 de septiembre de 1822. En la Imprenta de L.L. H.H. Morán. Año de 1822. Tomo II. El Pacto aparece de la p. 93 a la 217.

16 J. Ballescá y Cía., Sucrs. México, 1897. Tomo I, Capítulo VIII.

17 *Conversaciones del Payo y el Sacristán.* Tomo II, número 16. México, mayo 25 de 1825. Oficina de D. Mariano Ontiveros. La parte agraria viene en la decimooctava conversación, de 1º de junio de 1825, pp. 4, 5 y 6.

De conformidad con este fundamento, propone límites a la propiedad de la tierra: "Ninguna hacienda por grande que sea podrá tener más de cuatro leguas cuadradas, y las que sobre deberán entrar al gobierno federal". Para cumplir con esta disposición, el Gobierno indemnizaría a los propietarios por los excedentes. Es decir, compra forzosa o expropiación, por utilidad social, dado que: "Para cubrir estos créditos, venderá estas mismas tierras en pequeñas porciones, prefiriendo en la venta los nacionales a los extranjeros". La aspiración es el minifundismo —recuérdese que *El Pensador* ve el liberalismo realizándose en las clases medias y rechazado por las altas e ínfimas— y para ello fija límite para las tierras distribuidas: "Nadie podrá comprar, ni el gobierno vender, sino una legua cuadrada de terreno de labor, y dos de monte."

Como el Payo le hace notar al Sacristán que la ley agraria es muy buena, pero que a los ricos no les ha de gustar, la contestación surge categórica: "Tampoco a los ladrones les gusta que les quiten lo que se han robado; mas el gobierno no debe consultar con el gusto y avaricia de los ricos, sino con la justicia y el bien general de la nación". *El Pensador* fortalece su argumentación:

1o.—Es "muy punible poseer unos terrenos tan vastos, que muchos no pueden cultivar";

2o.—Con cuatro leguas cuadradas, cualquier familia se puede sostener con amplitud y decencia;

3o.—Los baldíos desaparecerían con la ley agraria al distribuir las tierras, "pues el arrendador nunca trabaja con el mismo interés que el dueño".

La ejecución de la ley aumentaría los labradores; "resultarían innumerables familias, medianamente acomodadas". La concentración de la propiedad de la tierra engendra males y ocasiona miseria. Un hacendado que tiene veinticinco leguas, siembra cinco y arrienda veinte, "repartidas en miserables pegujales a una multitud de infelices, a quienes sus dependientes tratan con la mayor dureza, y ellos viven con una servidumbre de vasallos". En cambio, con la ejecución de la ley agraria, resultarían "veinte propietarios felices".

El Pensador completa su tesis con un nada desdeñable argumento político que recuerda a Harrington y su teoría de la balanza de la propiedad de la tierra:

> En tercer lugar, que es una gran política no permitir una clase de ricos tan opulentos, que lleguen a dar sospechas al gobierno, y en

una república como la nuestra, son demasiado temibles; porque ya se sabe cuánto influye el poder del dinero, y el ascendiente que tienen los ricos sobre sus jornaleros y dependientes; es menester no perder de vista la guerra que dieron los morenitos de Cuautla Amilpas y tierra caliente, estimulados por sus amos.

El ejemplo que consigna de la Guerra de Independencia no puede ser mejor y comprueba cómo el problema de la tierra, al mismo tiempo que impulsaba la lucha por la Independencia, proporcionando masas, por la sujeción derivada de la concentración, operaba en otros casos a la inversa.

Ahora bien, frente a la utopía está la realidad. Quizás no exista ninguna impresión tan gráfica de la situación del campo como la que nos proporciona el Decreto número 14 del Estado de Oaxaca. Este Decreto regula el trabajo personal de aquellos jornaleros que reciben "el justo precio de él" y que, por tanto, están "obligados a cumplir religiosamente el contrato que celebraron". Señala que en casos de resistencia a cumplirlo, deberán ser compelidos por los jueces, "aun con la prisión corporal"; pero preceptúa que: "También quedarán libres de esto, devolviendo el dinero que percibieron adelantado; pero bajo la precisa obligación de continuar en el trabajo por espacio de quince días los jornaleros diarios y los meseros por un mes". Prevé el procedimiento para cumplirse el contrato y establece, a manera de protección para los jornaleros, que éstos "para desempeñarse de las cantidades que recibieron adelantadas, recibirán cada semana en dinero efectivo el importe del jornal de dos días", además de las raciones y que: "Será un delito en el hacendado o su mayordomo vejar a los jornaleros en sus personas e intereses, o exigirles más trabajo que el justo". Establece, igualmente, que los hijos no están obligados a pagar con el trabajo personal las deudas de sus padres, a menos que hayan heredado y en este caso, a beneficio de inventario, y que los jornaleros "no podrán empeñar su trabajo por más tiempo que el de un año; ni el estado garantiza el pago de mayor cantidad". Y para poner en relieve las condiciones que privaban en el campo, establecía: "...la facultad que se da a los hacendados, o mayordomos en su caso, de encerrar por la noche a los deudores, no pasa de una medida puramente de seguridad para evitar su fuga, y de consiguiente se les prohibe usar de cepo, pie de amigo, o cualquiera otra cosa que veje el cuerpo, y tengan visos de prisión ni tenerlos incomunicados, y si quisieren introducir en el encierro a su mujer o a sus hijos tampoco se les pondrá estorbos".[18]

El agrarismo de Lorenzo de Zavala y Francisco García

Lorenzo de Zavala pertenece a la Asociación de San Juan y no permanece inmune a la prédica social de José María Velásquez.[19] Sus claras ideas y realizaciones en materia agraria se explican en parte por sus orígenes. No en balde es yucateco y recibe, por lo tanto, el impacto de la problemática de la tenencia de la tierra; su sensibilidad y fuentes doctrinarias hacen el resto.

Ya referimos cómo en nuestros primeros congresos se manifiesta el pensamiento agrario de Zavala:[20] por causas múltiples, la propiedad territorial se halla muy desigualmente distribuida y se "escasean los medios de subsistir". Con precisión y técnica contribuye a deslindar lo agrario de la colonización. Sin embargo, su pensamiento

---

18 *Águila Mexicana*. 8 de octubre de 1827. Número 281. México, Imprenta de *La Águila*, dirigida por José Ximeno.

19 ANCONA: *Op. cit.*, Tomo III, p. 22.

20 *Los Orígenes*, p. 127. En la *Memoria* de 1833, Zavala, vinculando lo político y lo económico decía: "... ¿qué especie de democracia es ésta, en donde entre doscientos mil habitantes que son llamados a ejercer los derechos de la soberanía en los colegios electorales, dos terceras partes no saben leer, una mitad está desnuda, una tercera parte ignora el idioma en que debe explicar sus conceptos, y tres quintas sólo son el instrumento del partido dominante?...." ALFONSO TORO —*Dos constituyentes del año de 1824, Biografías de don Miguel Ramos Arizpe y don Lorenzo Zavala*, México, Talleres Gráficos del Museo Nacional de Arqueología, Historia y Etnografía, 1925, p. 106—, comenta que a Zavala no se le escapaba que las doctrinas liberales que profesaba pudieran prosperar en nuestro país "si no era artificialmente". El propio ZAVALA (*Ensayo histórico de las revoluciones de México, desde 1808 hasta 1830*. París, Imprenta de P. Dupont et. G. Laguionie. 1831. Tomo I, pp. 18 y 19), refiriéndose a la forma en que fue distribuida la tierra en la Colonia y cómo las clases indígenas fueron reducidas "a subsistir de su trabajo diario", dice que cuando surgía entre éstas algún genio, como Tupac-Amaru, en Perú, y Jacinto Can Ek, jefe de la sublevación maya de "Quisteil", de noviembre de 1761, éste era aplastado. Dicho comentario nos da el juicio favorable de Lorenzo de Zavala sobre la sublevación de Jacinto Can-Ek. Al respecto, véase: JUSTO SIERRA O'REILLY: *Los indios de Yucatán*. Tomo II, p. 13 y sigs. Puede verse ahí el juicio, también favorable a esta rebelión indígena, probablemente del patricio liberal yucateco, don Pablo Moreno —p. 29 y sigs. En la edición de Carlos R. Menéndez se incluye, además, la muy completa narración de don Eduardo Enrique Ríos sobre la rebelión de Jacinto Can-Ek. Esta fue publicada por el Boletín de la Sociedad Mexicana de Geografía y Estadística, Tomo 54, números 7 y 8, noviembre-diciembre de 1940, pp. 483-495.

va a adquirir proyecciones mucho más amplias y se va a traducir en realizaciones concretas y en importantes intentos legislativos. Contempla el problema de la tierra en sus múltiples conexiones y se percata de la importancia que desde el ángulo político reviste. El problema de la tierra es la otra cara del indígena y tiene, además, profundas relevancias políticas. Después de sus primeras medidas agrarias como gobernador del Estado de México, cuando anda perseguido con una partida armada, reflexiona acerca del aprovechamiento que políticamente se puede hacer de los indígenas, mediante el planteamiento del problema agrario. Piensa que puede "poner en confusión" el Estado de México y ello era comprensible: "Los que conocen la influencia que he adquirido sobre la clase indígena, los que saben cuánto podría hacer hablando una sola palabra sobre distribución de tierras, me harán justicia sobre el resto de mi conducta política".[21]

Zavala descubre el sentido político —adhesión de las masas indígenas— que el planteamiento del problema agrario, la distribución de la tierra, puede tener. Esto no excluye la existencia de ideas sociales y la captación del problema del campo en su auténtico perfil. Es lector de Sismondi y cuando realiza sus primeros actos agrarios, ya conoce el pensamiento de Owen y confiesa que vio con simpatía el proyecto de éste:

> M. Poinsett, ministro de los Estados Unidos en México, me hizo conocer a los señores Owen y M. Clure, cuando yo era gobernador del Estado de México y confieso que me aficioné al proyecto de aquellos dos filósofos.[22]

En su viaje a los Estados Unidos, describe la escuela de "independencia mental" de Owen en New Harmony y la trinidad, que según Owen, convierte al hombre en esclavo:

---

21 LORENZO DE ZAVALA: *Op. cit.*, Tomo II. Nueva York, Imprenta de Elliot y Palmer, 1832, p. 104. Dentro del sistema de Zavala, está el que cuatro instituciones son las "que más esencialmente influyen en la suerte de la sociedad": la religión, la educación, la legislación y las ideas de honor que se le inspiran. Refiriéndose a legislación, Zavala repara en la importancia de la civil, dado que: "La totalidad de las propiedades son distribuidas entre los ciudadanos con arreglo a las leyes civiles" y le parece que: "La ley del congreso general de 1823 que derogó los mayorazgos y las leyes de colonización que facilitan la distribución de tierras, son de suma utilidad e influencia para la marcha progresiva de la prosperidad nacional". *(Op. cit.*, pp. 377-78 y 396-97).

22 ZAVALA: *Viaje a los Estados Unidos del Norte de América.* Paris, Imprenta de Decourchant, 1834, pp. 62, 77-87 y 353-54.

1o. La propiedad individual o privada. 2o. Los absurdos e irracionales sistemas de religión. 3o. El matrimonio fundado como una propiedad individual combinado con uno de estos irracionales sistemas de religión.

Pero Zavala, y esto debe tenerse presente, a pesar de que su actuación agraria indique lo contrario, no es partidario, al menos en teoría, de una acción agraria parcial o fragmentaria. Una ley agraria sólo fructifica cuando se ha realizado toda una evolución política, cuando se ha progresado en sentido liberal. Explicándose la estabilidad de los Estados Unidos —"el pueblo quizá menos expuesto a revoluciones"— ve, con Hamilton, que una de las causas de dicha estabilidad se halla en que la "gran mayoría de los habitantes son propietarios"; pero no es la única causa. La estabilidad no es resultado de un solo factor. Y para él:

> Estableced en esa misma España o en México la *ley agraria,* distribuid con igualdad las propiedades, y los resultados serán poner en confusión todas las clases, envilecer los valores, alimentar y dar estímulo a la holgazanería y multiplicar los desórdenes.

Su política agraria en el Estado de México comprende dos períodos 1827-1829 y 1832-1833. Su idea es repartir la propiedad de la tierra para crear pequeños productores. Con educación y una equitativa distribución de la propiedad territorial considera que es posible, siempre y cuando ello suceda dentro del proceso político liberal —federalismo, libertades, tolerancia: decisiva para la colonización— consolidar la economía del país. Zavala está en contra de la idea proteccionista, sobre todo en su aspecto de prohibición. Así, en el Congreso Federal, hace suya la exposición de Tamaulipas, que solicita se deroguen las "leyes bárbaras", "gravosas y restrictivas al comercio" y que se supriman toda clase de prohibiciones.[23] Junto a este cuadro económico está el conocimiento del problema indígena. Por ello, en 1827, divide tierras entre más de cuarenta pueblos indígenas del Valle de Toluca.[24] Tiene el propósito de acabar gradualmente con los latifundios y de sancionar el absentismo. En el primer

---

23 Juan A. Mateos: *Historia Parlamentaria de los Congresos Mexicanos,* Tomo VIII. México, Librería, Tipografía y Litografía de J. Villada. 1884, p. 427.

24 Raymond Estep: *Lorenzo de Zavala, profeta del liberalismo mexicano.* México, D. F. Librería de Manuel Porrúa. 1952, p. 140.

aspecto, la supresión de los mayorazgos constituye, a su modo de ver, un paso decisivo, y en el segundo, propone la creación de un impuesto sobre la propiedad raíz para aquellos que residan fuera del país y un impuesto un tanto menor para los ausentes del Estado de México, pretendiendo que los fondos que así se obtuvieran, se asignaran a la adquisición de tierras para repartirlas entre los no poseedores. Igualmente, propuso la fijación de un límite a la adquisición de la propiedad de la tierra, con el fin de evitar su acumulación.[25]

Y el 29 de marzo de 1833, obtiene toda una ley agraria, la número 284 del Estado de México, hallazgo de don Andrés Molina Enríquez,[26] que la califica de "ley cumbre" de Zavala en el Estado de México. La ley número 284 declara pertenecientes al Estado todos los bienes que administraban los misioneros de Filipinas existentes en su territorio. El gobierno del Estado de México revisaría las escrituras de arrendamiento de dichos bienes para determinar su validez o nulidad: de ser válidas, "averiguará qué sea más útil al Estado, si continuar el arrendamiento o indemnizar a los arrendatarios, y con informe consultará al Congreso la resolución". Por lo demás:

> En el caso de ser nulas las escrituras de arrendamiento o de cesar éste, bien sea por indemnización a los arrendatarios, bien porque expire el término del convenio, *el gobierno mandará dividir los terrenos que pertenecen a las fincas rústicas de los expresados bienes, en porciones iguales, suficientes cada una para alimentar a una familia,* haciendo valuar estas porciones por peritos.

Realizada la división y avalúo, el gobierno distribuiría las porciones entre el ciudadano que las tomase a "un censo perpetuo, a razón de un cinco por ciento al año" sobre su valor, "prohibiéndose para siempre el que dos o más porciones se reúnan en una sola familia". Las cantidades que se obtuvieran del censo se destinarían al fomento de la educación, caminos y conducción de agua para

---

25 LORENZO DE ZAVALA: *Memoria en que el gobierno del Estado libre de México, da cuenta al primer Congreso Constitucional de todos los ramos que han sido a su cargo en el año económico ocurrido desde el 16 de octubre de 1826, hasta el 15 de igual mes en 1827.* 1828, p. 18 y sigs.

26 *La Revolución Agraria de México.* Libro tercero. Aspectos mestizos de la historia de México, Imprenta del Museo Nacional de Arqueología, Historia y Etnografía, 1933, pp. 100-103.

los poblados más necesitados. La ley establecía los criterios para la distribución de la tierra. El gobernador no podría repartir las porciones "sino entre ciudadanos del Estado que sean pobres", "prefiriendo siempre en igualdad de circunstancias a los nacidos en su territorio, de éstos a los indígenas y a los que haya prestado servicios a la causa de la Independencia y libertad." La ley prohibía, con sanción de nulidad, la adjudicación a funcionarios del Estado de México o a parientes de ellos en ambas líneas. Fijaba la distribución proporcional del agua entre los censualistas concediéndoles preferencia, y la enajenación del ganado y aperos, dándose a los fondos de esta última venta obtenidos, el mismo destino que a los derivados del principal. Por último, la ley preveía la pérdida de las porciones para los dueños que durante tres años no pagaran el censo correspondiente "o no cultivaren su terreno", para que el gobierno pudiera adjudicarlas "a otros ciudadanos más laboriosos".

No exagera Molina Enríquez cuando establece los méritos de esta ley, tanto en su contenido agrario, como en su técnica legislativa. Aun cuando con menor envergadura, Zavala poco después intenta otra acción legislativa en materia agraria. En 1833 presenta al Congreso un proyecto de ley que, si bien comprendía fundamentalmente los problemas de colonización, no deja de revelar su pensamiento agrario y secularizante. El proyecto sugería derogar la disposición que prohibía adquirir bienes raíces a los extranjeros. Esta prohibición siempre le pareció antieconómica y desestimulante de la colonización extranjera, en que veía un camino seguro para la prosperidad. La colonización era imposible con prohibiciones de ese tipo, con intolerancia de cultos, centralismo y despotismo. El proyecto fijaba un impuesto del 1% anual sobre el valor de las propiedades raíces a los extranjeros que residieran fuera de la República y cuyos bienes estuvieran en el Distrito y Territorios Federales y dejaba a los Estados que determinaran la contribución correspondiente en sus territorios. Señalaba en doscientos mil pesos, como máximo de propiedades raíces adquiribles por extranjeros; recalcaba la prohibición de los mayorazgos y de las fundaciones en beneficio de manos muertas".[27]

Con fecha 4 de marzo de 1833, Lorenzo de Zavala firma una exposición al Congreso del Estado libre de México, relativa a los bienes del Duque de Terranova, descendiente de Hernán Cortés,

[27] MATEOS: *Op. cit.,* Tomo VIII, p. 436.

en dicha entidad.[28] Estudia los precedentes sobre si los descendientes de los conquistadores pueden continuar "en el goce y propiedad de los bienes que heredaron de sus antecesores". La materia le parece intrincada y analizando los antecedentes en Inglaterra y Francia, llega a la conclusión de que:

> ...la suerte de los poseedores dependió siempre más bien de la posición que guardaban respecto de los partidos victoriosos, que de principios uniformemente reconocidos por todos, no habiéndose hasta ahora fijado derechos incontestables, ni contra los tenedores de tales bienes, ni en favor de la Nación, a la que se pretende por otros la reversión.

En las cortes de España, dice, "los patronos de la democracia se esforzaron en arrancar de las manos de los ricos titulados las inmensas propiedades que adquirieron sus progenitores por la vía de las armas..." Y como resultado de estas discusiones, las cortes españolas de 1820 llegaron a aprobar un proyecto que declaraba "reversibles a la corona los señoríos territoriales, por el que se despojaba a los tenedores de bienes por derecho de conquista", decreto no sancionado por el rey. Recuerda los antecedentes en relación a los bienes del Duque de Terranova en la República Mexicana, iniciados en la Cámara de Diputados el 5 de enero de 1828 por don Manuel Cañedo y don José Matías Quintana, declarando dichos bienes pertenecientes a la nación. Se refiere a los alegatos presentados por Alamán como apoderado general del Duque de Monteleone, adjuntando al Congreso el impreso relativo.[29] Zavala, en la exposición a que nos referimos, da a conocer importantes argumentos políticos y sociales: 1o.—No se mete a examinar si la Conquista origina un derecho de propiedad "igual al que se tiene por otros artículos conocidos en el Derecho"; 2o.—La posesión de los bienes ha sido por título de mayorazgo y ello es contrario a la ley de 8 de agosto de 1823, "que prohibe la continuación de bienes vinculados, consecuencia natural del sistema

---

[28] La exposición viene en: *El Telégrafo,* periódico oficial del Gobierno de los Estados Unidos Mexicanos. Tomo I, número 64. Viernes 15 de marzo de 1833. Imprenta del Águila, dirigida por José Ximeno.

[29] *Exposición que hace a la Cámara de Diputados del Congreso General el apoderado del Duque de Terranova y Monteleone.* México, 1833. Imprenta a cargo de Miguel González. Escrito de don Mariano Tamariz, apoderado general de D. José Pignatelli, Duque de Terranova y Monteleone.

democrático adoptado por la nación, que pugna con todo elemento aristocrático..."; 3o.—Aunque el gobierno del Estado de México no cree incompatible con el derecho nacional el que una persona que viva fuera del territorio posea en él bienes raíces, sí considera inconveniente, desde el punto de vista político y económico, que estas personas continúen disfrutando sus bienes indefinidamente, "con perjuicio de la comunidad, donde no presta servicios, ni difunde sus beneficios".

En estas condiciones, Lorenzo de Zavala, gobernador del Estado, propone que el Congreso dicte algunas medidas que eviten esta situación y concretamente solicita que se haga, "en cuanto a los censos enfitéuticos una declaración de reversibilidad al Estado, destinando sus productos a la composición de caminos exclusivamente". Más tarde, con fecha 1o. de mayo, el Congreso del Estado de México decreta que se declaran propiedad del Estado de México los censos enfitéuticos que enumera: hacienda de Atlacomulco, palacio de Cuernavaca y casas de Coyoacán que posee el Duque de Monteleone y Terranova. En cuanto a la hacienda Atlacomulco, declara que se pondrá en arrendamiento por cinco años en subasta pública y que los productos de esta hacienda y de los censos, así como el valor de existencias, se entregarán al gobierno del Estado, que "los destinará exclusivamente para el fomento de la educación pública".[30]

En este episodio lo único que se ve con claridad es el pensamiento antifeudal de Lorenzo de Zavala, su idea moderna de una sociedad democrática y, además, el principio subyacente en la conciencia mexicana, de que el derecho de propiedad no encuentra justificante en la Conquista. Zavala está consciente de la miseria que priva en el país: "...la masa de la población estaba sumergida en la más espantosa miseria" y agrega: "Tres quintos de la población eran indígenas, que sin propiedad territorial, sin ningún género de industria, sin siquiera la esperanza de tenerlo algún día, poblaban las haciendas, rancherías y minas de los grandes propietarios".[31]

Y el Congreso Federal, aun cuando indirectamente, se pronuncia sobre estos problemas, pues el 2 de mayo de 1833, por 36

---

30 *El Telégrafo*, Tomo II, número 4. 13 de mayo de 1833.

31 LORENZO DE ZAVALA: *Ensayo histórico de las revoluciones de México, desde 1808 hasta 1830*. Tomo I, p. 33. La desigualdad de fortunas era enorme y la dependencia del pueblo se convertía en verdadera esclavitud.

votos contra 18, aprueba el artículo 1o. del dictamen de la Comisión de Colonización, que preceptuaba:

> Los terrenos pertenecientes a las misiones, y los demás baldíos de ambas Californias, se repartirán: Primero: entre las familias indígenas de los expresados Territorios. Segundo: entre los militares que guarnecen aquellos territorios y se les esté debiendo sus haberes. Tercero: entre los vecinos de los mismos que no tengan propiedad territorial, o aunque la tengan sea menos que el mínimum que esta ley señale para cada familia. Cuarto: entre las familias mexicanas que vayan a avecindarse de nuevo. Quinto: entre las familias extranjeras que por sí mismas vayan con igual objeto. Sexto: entre los empresarios y las familias que estos conduzcan. Séptimo: entre los presidiarios que concluidas sus condenas quieran establecerse allí, dando a los propietarios los correspondientes títulos por la Autoridad política de que se habla en el artículo 20, a los indígenas de los mismos fondos piadosos, y a los demás a su costa.[32]

Y no es difícil que en ello anduviera la mano de Zavala.

Como se ve, por la vía de colonización, el Congreso aborda el problema agrario y seguramente esta acción se frustra por la suerte corrida por el gobierno de Gómez Farías.

Casi simultáneamente al primer intento legislativo, Francisco García emprende uno similar. En efecto, notable importancia tiene en el estudio del problema de la tierra el decreto aprobado por el Congreso de Zacatecas el 10 de diciembre de 1829 y promulgado por el propio Francisco García, gobernador del Estado, el 11 de diciembre del mismo año. Esencialmente, este decreto preceptúa el establecimiento de un banco en la capital del Estado, cuyo objeto principal sería "adquirir terrenos para repartirlos en arrendamiento perpetuo a labradores que no los tengan en propiedad". Para el financiamiento de este banco se contaría con la renta del tabaco y con los productos líquidos de los diezmos que "corresponden al Estado". A más de ello, el gobierno del Estado avalaría las obligaciones adquiridas por el banco. Al banco entrarían, desde luego, todas las obras pías, cuyo valor previamente determinado sería reconocido por el banco, que pagaría el 5% anual de interés para que se destinara a los objetos de estas obras e, igualmente, se reconocería el derecho que cualquier patrono, administrador u otra persona

---

[32] *El Telégrafo*. Tomo II, número 6, 16 de mayo de 1833.

tuviera sobre alguna parte de dichas obras pías. Los terrenos así obtenidos deberían ser divididos en "suertes", de acuerdo con las facilidades que su propia configuración permitiera y sobre la base de que cada suerte tuviera la extensión necesaria para mantener una familia. Aprobada por el gobierno la división de suertes, se repartirían éstas entre los agricultores, siempre y cuando: a). No fueran propietarios de otro terreno capaz de sostener con sus productos una familia; b). Tuvieran lo necesario, en capital de operación, para poner en cultivo la suerte que les tocara; c). Fueran trabajadores, gozaran de buena reputación y no tuvieran fama de contrabandistas o estafadores de rentas del Estado. El decreto establecía preferencia en la repartición de tierras para "los que antes eran llamados indios". Igualmente, daba preferencia para las viudas y los jóvenes que los adquirieran para contraer matrimonio. Asimismo, se establecía preferencia a los que ya estuvieran radicados en el terreno que se repartiera o inmediatos a él. Se establecía que los bienes muebles, herramientas, semillas y otros efectos pertenecientes a las obras pías o cofradías, se repartirían a los colonos que obtuvieran las suertes, siempre y cuando pudieran afianzar su valor, y que se disfrutarían en común las presas, vasos, ojos de agua y cualquier otra obra o mejora que no fuese susceptible de división material. El decreto no solamente preveía la venta en los centros de población existentes y a los que en ellos radicaban, sino también la erección de nuevos centros de población con solares suficientes para su fundación.

Las porciones se darían en arrendamiento perpetuo, siendo susceptibles de enajenación, de ser legadas y disponer de ellas en calidad de dueños legítimos. Sólo en el caso de que el colono no pagase la renta de su suerte en seis meses, perdería su derecho y el terreno pasaría al banco, mediante decreto del gobierno. Las porciones de terreno que volvieran al banco por falta de pago, se repartirían entre otros pobladores y, en caso de que esto no sucediera, se mantendrían por cuenta del banco, que las pondría en arrendamiento temporal. El decreto preveía el aumento del valor de las suertes, tanto por el crecimiento de la población, como por las mejoras hechas en ellas por los beneficiarios. Las suertes eran divisibles cuando su propia configuración lo permitiera y en la inteligencia de que las porciones en que se subdividieran alcanzaran a sostener una familia.

El decreto enuncia todos los bienes que entrarían al banco y al respecto estatuía:

> Entrarán también al banco los bienes llamados antes de comunidad, y ejidos de los pueblos, a fin de que se repartan precisamente entre los llamados indios en los términos que quedan prevenidos en esta ley, con respecto a los demás terrenos a que se refiere, con sólo la diferencia de que el canon que se imponga a las suertes en que se dividan los de que habla este artículo sea muy moderado, y se aplique exclusivamente a la dotación de escuelas de primeras letras.

Como se ve, aquí está la idea del fraccionamiento personal de la propiedad de la tierra.[33] Es decir, la idea de la propiedad individual. El decreto, por lo demás, establecía que si el número de fracciones en que se dividieran los terrenos de comunidad o ejidos era menor que el de las familias entre quienes debían repartirse, el exceso de población se colocaría en tierras de las llamadas realengas, y a falta de éstas, "en las suertes más inmediatas que se hagan de los demás terrenos que deben dividirse por esta ley". Es decir, se trataba de convertir en propietarios individuales a los indígenas, mediante el fraccionamiento de los ejidos, la dotación de las tierras realengas o las obtenidas por el banco. Debe aclararse que el decreto suponía que entraran al banco las tierras realengas —o propiedad de la Corona, del Estado— para su distribución.

Por lo demás, la idea de hacer a los indios propietarios en sentido individualista está bastante arraigada en Francisco García. El importante decreto de 11 de diciembre de 1829 tiene, sin embargo, sólidos fundamentos sociales, a la luz de las circunstancias en que es dictado y de las ideas que animan a sus autores. Parte de condenar "la acumulación de la propiedad territorial en pocas manos" y de "las ventajas de su división". Se percata de la inestabilidad y falta de seguridad del arrendatario de la tierra, que induce al ocio en el campo, y ve en la ley un expediente para luchar en contra de la miseria, fomentar la inversión productiva, difundiendo la propiedad.

Así, la legislatura de Zacatecas, siendo Francisco García gobernador del Estado, dicta una importante ley que faculta al gobierno para construir con los fondos públicos vasos y tomas de agua y se establece:

---

33 Francisco García: *Su ley desamortizadora y de crédito agrícola.* Publicaciones del Banco Nacional de Crédito Agrícola y Ganadero, S. A. México, 1953. Se publican todas las noticias sobre el decreto y las reflexiones sobre esta ley, en el número 5 de *El Pasatiempo.* Se aclara, sin lugar a dudas, la idea sobre los ejidos: "Los ejidos de los pueblos han sido hasta aquí inútiles o poco productivos, porque sólo el interés personal puede sacar de ellos toda la utilidad de que son susceptibles".

> De todas las tierras que forman el fundo legal de los pueblos de indígenas, y de aquellas cuyo usufructo gocen actualmente con justo título, se harán tantas porciones cuantas sean las familias de los antes llamados indios, que tengan derecho a ellas, las cuales se les repartirán en propiedad.

La propia ley disponía que el gobierno expediría a cada familia el correspondiente título de donación.[34]

El decreto de Francisco García fracasa a pesar de que el Congreso local había establecido su observancia con carácter de ley provisional y señalaba a los ayuntamientos el término de sesenta días para que hicieran observaciones, en virtud de que antes del plazo, el cabildo eclesiástico de Guadalajara se dirigió al Congreso del Estado oponiéndose a la desamortización.[35]

La no disposición de los mexicanos a consumir

La miseria del medio es captada también por el economista Tadeo Ortiz, quien en 1832 rebate la afirmación de Mathus de que: "en los mexicanos, por naturaleza inertes y perezosos, existe una no-disposición a consumir",[36] pero no rebate que los mexicanos, por razones económicas, no consumen en el México que ve. Tadeo Ortiz, influido por Flórez Estrada, se preocupa por la suerte sobre todo de los arrendatarios, y al respecto indica a los legisladores "algunos medios para mejorar la suerte de los pobres arrendatarios". Ve a éstos expuestos "a la versatilidad y capricho de algunos propietarios tan inhumanos como ignorantes" y yaciendo "en el estado más abyecto e improductivo en casi toda la República". De ello derivan perjuicios para esta clase, para la agricultura y para la población en general:

---

[34] FRANCISCO F. DE LA MAZA: *Código de colonización y terrenos baldíos de la República Mexicana.* Años de 1451 a 1892. México, Oficina Tipográfica de la Secretaría de Fomento. 1893, pp. 267-269. Decreto de 30 de mayo de 1834 de la Legislatura de Zacatecas, autorizando al Ejecutivo para que ceda los terrenos del fundo legal de los pueblos a las familias de indios que tengan derecho a ellos.

[35] ELÍAS AMADOR: *Bosquejo histórico de Zacatecas.* Tomo II. Desde el año de 1810 al de 1857. Zacatecas, Talleres Tipográficos "Pedroza". Reimpreso en 1943, pp. 360-61.

[36] ZAVALA: *Op. cit.*, Tomo I, p. 334.

... en consecuencia de su estado precario y las vejaciones que los administradores de las haciendas y dueños de las tierras les infieren, despojándolos muchas veces con arbitrariedad absoluta, de sus pobres chozas, y aun de algunos abonos comenzados, a pretexto de que no pagan, u otras quimeras infames que las autoridades supremas están en el deber de contener y reprimir.

Para resolver la situación de esta clase, Tadeo Ortiz propone ofrecerles "terrenos en propiedad, en los baldíos más inmediatos de las fronteras", exentos de impuestos en un determinado tiempo "y una habilitación para su transporte y precisos primeros trabajos, proporcionando a sus familias y capacidad", que deberán abonarse parcialmente "del fruto de sus cosechas". En segundo lugar, Ortiz sugiere la creación de una clase de "casi propietario". Propone, al efecto, que se dicte una ley por la cual los propietarios que no cultivan "cualquiera que sea el motivo, una tercera parte a lo menos de sus tierras de pan llevar", se obliguen a arrendar "a los colonos habitantes de los distritos más poblados, en enfiteusis" por un precio módico "y en un período dilatado, como por ejemplo un siglo". Los arrendatarios resultarían, así, casi propietarios, en virtud del término del arrendamiento y de que, según las ideas de Tadeo Ortiz, tendrían "la libertad de poder trasmitir o vender a terceros este derecho, a su utilidad y beneficio". En esta forma, el arrendatario acrecentaría sus labores, se arraigaría, pues contaría con el aliciente de tener "la seguridad de que su posteridad disfrutará de las utilidades y ventajas de sus trabajos y capital empleado".

Tadeo Ortiz se manifiesta claramente en contra de la amortización civil y eclesiástica, inspirándose en Flórez Estrada, y al respecto propone, "en conveniencia a los arrendadores y a los pueblos, que por una política injusta han sido despojados de las tierras que les designan las leyes, por las depredaciones y rapacidad de los propietarios y tribunales que se han desentendido de los principios de la justicia distributiva", se autorice "y aún obligarse a las corporaciones y dueños de las tierras amortizadas y a los vínculos", especialmente las pertenecientes a extranjeros, como las del Duque de Monteleone —"heredero de las usurpaciones del conquistador de México"— a vender a crédito y bajo hipotecas y plazos, "a las poblaciones escasas de terreno, y a los particulares que lo soliciten las tierras que no pueden cultivar".

Aun cuando nuestro autor está fundamentalmente preocupado por una política de fomento agrícola, no escapa a su comprensión el problema de la miseria en el campo y la situación de pueblos despojados y arrendatarios oprimidos.

Todos estos antecedentes nos explican la concepción que sobre situación social de México tiene Otero para 1842 y la naturaleza del método que él emplea en la investigación de la realidad nacional.[37] Si Otero encuentra el principio generador de la sociedad en la propiedad, y halla que de la organización de ésta dependen la configuración de la sociedad, la determinación del régimen político y la división de la propiedad en las diversas clases que constituían la nación, ello se debe, en parte, a la distribución misma de la propiedad que en el país existía y a la influencia que ésta ejercía sobre las clases y sus relaciones. Para ello, era fundamental el estudio de la situación que privaba en el campo. Otero lo hace y describe la miseria y sujeción reinantes, no derivadas en lo general de un régimen jurídicamente feudal, sino de una situación económica. La miseria, la esclavitud de hecho, que privan en el campo, no son ignoradas por Otero. Es más, estas condiciones reales le permiten elaborar el método de investigación que emplea y aplicarlo fructíferamente al examen de la sociedad mexicana de mediados del siglo pasado.

MOVIMIENTOS INSTINTIVOS

En el siglo XIX mexicano se producen acontecimientos en relación con la tierra, sorprendentes en cuanto a su sentido y carentes de todo antecedente ideológico de primera. Son perturbaciones que casi podrían llamarse telúricas y que sólo se explican en virtud de nuestra propia historia: la propiedad precolonial, la existencia de una clase indígena explotada y que se siente desposeída arbitrariamente por la Conquista y la Colonia; el choque, interrelación y obligada coexistencia entre las formas de propiedad precoloniales y las coloniales. La ingenuidad frecuente de estos movimientos no reduce su significado. Son exteriorizaciones de una realidad, de una tendencia natural y de una velocidad histórica que proporcionan los rasgos sociales del liberalismo mexicano y en que se va a alimentar nuestra revolución social.

Es curioso y no carente de significado que estos trastornos aparezcan inmediatamente después de la guerra con los Estados Unidos,

---

37 Véase: JESÚS REYES HEROLES: *La Sociedad Fluctuante,* Capítulo III, La concepción de Otero y su método.

como si el impacto por ésta producido sacudiera los cimientos mismos de la agonizante sociedad colonial, que no acababa de morir, e incitara a la búsqueda de caminos, al planteamiento de soluciones y a presiones populares que precipitaran la descomposición de la sociedad derrotada en la guerra. Asimismo, debe repararse en que estos movimientos que hemos llamado instintivos plantean, simultáneamente al problema de la tierra, el de las relaciones de los indígenas con el clero. De donde se ve en qué medida la secularización de la sociedad programada por los liberales, tenía arraigo popular. Por último, se expresa en estos movimientos, concreta o vagamente, un postulado político: el autogobierno indígena. Son verdaderas rebeliones agrarias, y deben haber existido otras que desconocemos. De entre ellas encontramos una que, por sus ramificaciones, vías de hecho y aspiraciones, resulta elocuentísima.

Comunismo agrario

Se trata de varias actas de distintos pueblos —Ixhuatlán, Papantla, Chicontepec y otros puntos de la Huasteca[38]— rebelándose contra las autoridades constituidas, rebelión que galvaniza la resistencia contra los norteamericanos, candorosamente socializa la tierra y postula, en términos generales, el gobierno de los indígenas.

En el pueblo de Ixhuatlán, el 3 de enero de 1848, las tropas se adhieren al plan de Amatlán, de 30 de diciembre de 1847 El plan de Amatlán sustancialmente preveía:

1o.—El desconocimiento de todas las autoridades que emanaran del Gobierno, quedando el pueblo en libertad para elegir "sus empleados", "prefiriendo en los destinos que sea posible a la clase indígena de más ilustración";

2o.—"Se prohibe absolutamente todo cobro de rentas de tierras y en consecuencia desde ahora en adelante se declaran comunes las de las haciendas las cuales se disfrutarán en común sin estipendio alguno";

3o.—La derogación de todos los impuestos, no subsistiendo más que los necesarios "para las urgencias locales o la guerra";

---

[38] La relación se encuentra en un manuscrito de la sección del gobierno del Estado de México, del año de 1848: *Negocio Político. Turbulencias.* El acceso a dicho manuscrito nos lo facilitó el investigador Gustavo G. Velázquez.

4o.—"Siendo los curas de los pueblos indígenas el verdadero azote de esta desgraciada clase se prohibe el pago de toda costumbre u obvención de las que hasta hoy se están cobrando, considerando a éstos en lo sucesivo como empleados públicos cuyas dietas por un arreglo especial serán pagadas a juicio de la autoridad".

La efervescencia en las Huastecas es general, con excepción del distrito de Tancanhuiz. Los indígenas de Papantla cercan a las autoridades políticas y se les imponen. La turbulencia de Tantoyuca adquiere un claro sentido agrario, acaudillada por Juan Nepomuceno Llorente. El 23 de enero de 1848, en Ozuluama, se procede contra los propietarios, a tal punto, que el comandante militar de Huejutla informa a las autoridades del Estado de México que en todas las sublevaciones del país no se había visto un plan más "descarado".

El que podríamos llamar plan de Tantoyuca y Chicontepec, de 7 de enero de 1848, establecía:

1o.—Invitación a todos los mexicanos a la lucha: "En atención a que el Gobierno de los E. U. Americanos aspira a la conquista de nuestro territorio, se invita a todos los mexicanos a la defensa de la patria".

2o.—Todos los mexicanos deben contribuir "con su persona e intereses, pero del modo más equitativo y justo" a la defensa de la nación.

Y a continuación, dos puntos claramente agrarios: uno consignando el principio y el otro estableciendo su ejecución:

3o.—"Supuesto que la guerra que nos hacen los norteamericanos tiene por objeto la dominación y despojo de nuestro territorio el cual no puede recobrarse sin la cooperación de todo mexicano, se declara que todas las propiedades territoriales serán comunes a todos los ciudadanos de la República";

4o.—"En consecuencia, desde la publicación y adopción de este plan en cada lugar de la República, no podrán los propietarios de los mencionados terrenos exigir cantidad alguna bajo ningún motivo ni pretexto a los que hoy se conocen con el nombre de arrendatarios, ni a los que en lo sucesivo quieran disfrutarlos."

El plan concluía estableciendo la facultad del jefe del movimiento para nombrar magistrados y empleados civiles y la suspensión, "durante la guerra de Independencia que desde hoy se comienza", de todos los impuestos y alcabalas, exceptuando los impuestos municipales.

Es curioso que al acta de Tantoyuca se adhieran, el 20 de enero de 1848, los habitantes de la hacienda del Cayahual, del partido de

Chicontepec, en presencia del dueño de la hacienda. La adhesión es cabal a todos los puntos del plan de Tantoyuca, reconociéndose la autoridad de Llorente y determinándose una sola salvedad:

> Que sin embargo de que las tierras se declaran comunes a todo mexicano, se marquen con mohoneras los terrenos de la jurisdicción, respetándose por ahora, hasta nueva disposición de autoridad legítima Superior y dependiente de este plan.

La guerra social yucateca

Conocido el medio a que obedeció y las causas que la engendraron, resulta más que seguro que la guerra de castas de Yucatán debía de tener sentido agrario. Si ella fue comprendida como "guerra social", lo social tenía que venirle preponderantemente del planteamiento del problema de la tierra. Por mera lógica, no era posible que los problemas de Yucatán produjeran el agrarismo de Lorenzo de Zavala y que la Península permaneciera ajena a los movimientos e ideas agrarios. Sólo que el agrarismo yucateco en su propio medio tenía que asumir características muy especiales. Desde luego, obligadamente debía de ser antifeudal, indigenista y secularizante. Sí, como vimos, dos grandes entidades, clero y estado colonial, se impusieron sobre los naturales de Yucatán, traspasando a ellos su alto costo, la reacción agraria, por indígena, tenía que estar dirigida contra ambas grandes entidades. Y en rigor así fue. Al igual que los indígenas fueron, por la propia lógica de la lucha, conducidos a la idea agraria y guiados por el igualitarismo, la oligarquía criolla yucateca tenía que llegar al esclavismo.[39]

Sobre el papel jugado por la tierra en la rebelión de los indígenas, basta ver los tratados de Tzuccacab, de 19 de abril de 1848,

---

39 Puede verse el decreto del gobernador Miguel Barbachano, de 6 de noviembre de 1848, que dio origen a la venta de indios; el contrato para esta venta, la comunicación del Gobierno Federal contraria a ella y la defensa del gobierno yucateco: BAQUEIRO, *Op. cit.*, Tomo II, 1879, pp. de la 534 a la 547. La documentación completa sobre este tristísimo tráfico, en: CARLOS R. MENÉNDEZ: *Historia del infame y vergonzoso comercio de indios vendidos a los esclavistas de Cuba por los políticos yucatecos, desde 1848 hasta 1861.* Mérida, Yuc., México, Talleres Gráficos de la Revista de Yucatán. 1923. Igualmente, el interesante segundo Apéndice a este libro: *Las memorias de don Buenaventura Vivó y la venta de indios yucatecos en Cuba.* Mérida, Yuc., 1925.

entre los indígenas rebelados y las autoridades. En dichos tratados, la reducción de las cargas religiosas y civiles y el problema de la tierra se combinan. En efecto, en ellos se establecía:

1o.—"Abolición de la contribución personal en favor de la clase indígena;

2o.—"Reducción de los derechos de bautismo y casamiento en favor de la misma clase y de los blancos";

3o.—"Que los indios pudieran rozar los montes para establecer sus sementeras o formar sus ranchos en los ejidos de los pueblos, en las tierras de comunidad, y en las baldías, sin pagar arrendamiento, y sin que desde entonces se pudiese enajenar ningún retazo de dichas tierras";

4o.—"Que los sirvientes adeudados quedaban dispensados de sus deudas."

A ello añadían puntos políticos, como que Jacinto Pat sería gobernador de los capitanes indígenas, que Miguel Barbachano sería "invariablemente" y en forma vitalicia gobernador y la abolición de los derechos sobre la destilación del aguardiente. Pero los primeros puntos tienen un claro sentido social y, según comentario de Baqueiro, "no eran otra cosa más que la reclamación de los abusos cometidos contra la raza indígena, desde los primeros tiempos de la conquista. . ."[40]

Estas ideas —la agraria, la supresión de cargas civiles o religiosas y el autogobierno de las colectividades indígenas— están presentes en la correspondencia cambiada entre los jefes indígenas y las autoridades civiles o religiosas. Florentino Chan y Venancio Pec piden la abolición de "la contribución y las demás cargas", "la división de esta tierra" —separación entre la de los indígenas y la de los blancos— y el autogobierno indígena:

> Y sabrán igualmente sus venerabilidades, que mis súbditos y todos los magnates que los gobiernan, han establecido nombrar a sus reyes y demás mandatarios que saldrán de entre ellos, tomándolos de pueblo en pueblo, a fin de que se restablezca su Gobierno con arreglo

---

[40] BAQUEIRO: *Op. cit.*, Tomo I, pp. 419-20. Confirma el sentido social de la guerra de castas un antecedente: En la rebelión de Oriente, empezada en 1838 en Yucatán por don Santiago Iman, se presentan varios estímulos para atraer a la clase indígena y, según Baqueiro (*Op. cit.*, p. 31): "Uno de esos resortes, el principal", fue el propagar "entre la clase indígena" que ya no iba a pagar más obvenciones, que se abolirían o disminuirían las contribuciones "y por último que iban a distribuirse entre todos ellos tierras suficientes para labrar".

a la antigua costumbre de los indios de esta tierra, por manera que sólo obedezcan las órdenes que se promulguen entre ellos.

Los caudillos indígenas, Florentino Chan, Bonifacio Novelo y Venancio Pec, dirigiéndose a la Comisión Eclesiástica de Oriente, establecían el origen de sus males en el incumplimiento de la palabra dada desde los primeros españoles:

> . . . porque es mucho el mal que trae consigo el que no se cumpla lo que dice un cristiano, y por causa de no haber cumplido los españoles lo que dijeron cuando empezaron a levantar la guerra la primera vez, ese fue el principio de este grande pleito que tenemos con vosotros . . .

Finalmente, los propios Chan y Pec, en su última correspondencia subrayan entre las condiciones para la paz, cuestiones relativas a la tierra:

> Segundo: que se nos deje este pedazo de tierra para estar, porque no acertamos a estar entre los españoles, sino hasta después que se asiente y no haya guerra en parte ninguna, iremos a reunirnos; pero poco a poco con estimación.
>
> Octavo: No es necesario que yo pida monte alguno para ningún pueblo: en firmando el Sr. Gobernador este papel, cada uno sabe su pueblo; si tiene comprados algunos montes, esos cogerán para hacer sus milpas, sea cualquiera, sea español, sea indio, aunque venga entre ustedes, siendo así que estamos en mutuo amor.
>
> Noveno: todos los montes del Rey que están por el Norte o por el Oriente, ni en manos del indio está el venderlos ni el español; que queden para que hagan milpa los pobres; eso está sabido por el antiguo Mapa.[41]

Vése, pues, con claridad el móvil agrario mezclado, al igual que en otros movimientos instintivos, con la necesidad de suprimir cargas religiosas y civiles y con la idea viva, a pesar de los siglos transcurridos, del autogobierno de las comunidades indígenas.

---

41 *Op. cit.*, Tomo II, p. 554 y sigs.

Petición de una ley agraria

Otro movimiento agrario que podemos considerar instintivo es el representado por el *Plan político y eminentemente social, proclamado en Río Verde, S. L. P. por el ejército regenerador de Sierra Gorda,* firmado por Eleuterio Quiroz el 14 de marzo de 1849 y fechado el 14 de mayo del propio año. Este Plan está formado por veintidós artículos y su sentido político es marcado por el primero, en que se señala que el ejército regenerador reconoce la Constitución Federal de 1824 y el Acta de Reforma de 1847. Además, en su artículo 4o. establece la disolución del ejército permanente "dentro del perentorio término de un mes contado desde esta fecha" y que la fuerza armada de la República se compondría "de pura guardia nacional". Es curioso indicar cómo estos movimientos agrarios tocan el problema del clero y de sus bienes, pues ello indica, en primer lugar, la veta popular que la secularización de la sociedad tenía, y en segundo, la conexión entre el problema agrario y la propiedad de la tierra en manos del clero. Vimos, así, que el movimiento del Estado de México o huasteco —Ixhuatlán, Chicontepec, Tantoyuca— se refiere al problema del clero y de sus bienes. Igualmente, el Plan de Río Verde, si bien en su artículo 7o., de conformidad con la Constitución de 1824, contiene la intolerancia de cultos, en el 8o. establece que los legisladores "extinguirán los fueros privilegiados"; en el 16 exceptuaba a los habitantes de Sierra Gorda, defensores del *Plan político y eminentemente social,* del pago de obvenciones parroquiales, y en el 6o. contiene la reforma del clero en los siguientes términos:

> El clero será reformado conforme lo exige el bienestar de la república, para moralizar a sus individuos y para arrancar de sus manos ese poder político tan formidable y tan perjudicial a las libertades públicas, que ha tenido siempre por sus cuantiosas rentas y por la poca ilustración de las masas.[42]

---

42 Boletín de la Secretaría de Gobernación. *Leyes fundamentales de los Estados Unidos Mexicanos y planes revolucionarios que han influido en la organización política de la República.* México, 1923, pp. 440-41. Fragmentos de este Plan fueron citados por don VALENTÍN GAMA en *La propiedad en México. La Reforma Agraria.* Revista Mexicana de Ingeniería y Arquitectura, del número 6 al 10. México, 1932. Igualmente, por LUCIO MENDIETA Y NÚÑEZ: *El problema agrario de México,* 4a. edición, Librería de Porrúa Hnos. y Cía., México, 1937, pp. 168-69. El historiador Manuel Muro dice que "el principal director de la revolución y de todos los actos

En materia de propiedad de la tierra, el Plan de Río Verde expresa, en primer lugar, la necesidad de que el Congreso legisle sobre distribución de la propiedad territorial. En efecto, en su artículo 10o. preceptúa:

> El congreso general se ocupará de toda preferencia en dictar leyes verdaderamente justas y sabias, que arreglen la propiedad territorial bien distribuida, a fin de que la clase menesterosa del campo mejore de situación.

No es posible ignorar la importancia de este artículo: es el mandato para que el Congreso se ocupe de arreglar la propiedad territorial, "bien distribuida, a fin de que la clase menesterosa del campo mejore su situación". Esto es, plantear en su rigor la necesidad de una legislación agraria. Las bases para esa legislación el propio Plan de Río Verde las proporciona:

1o.—Según el artículo 11, deberían erigirse en pueblos las haciendas que tuvieran "de mil quinientos habitantes arriba en el casco y los elementos de prosperidad necesarios", tocando a los legisladores arreglar "el modo y término de la distribución de tierras y de la indemnización de los propietarios";

2o.—En sus artículos 12, 13 y 14 abordaba el problema de los arrendatarios, estableciendo que éstos:

a). Sembrarían las tierras de las haciendas y ranchos "a una renta moderada, y de ninguna manera a partido, y los propietarios estarán obligados a repartir entre aquéllos los terrenos que no sembraren por su cuenta".

b). "...no pagarán ninguna renta por pisaje de casa, pastura de animales de servicio, leña, maguey, tuna, lechuguilla y demás frutos naturales del campo que consuman en sus familias";

c). No harán ninguna faena ni servicio alguno "que no sea justamente pagado".

---

de Quiroz, era D. Manuel Verástegui, vecino de Rioverde, secundado por su hermano D. José María". El mismo Muro asienta que en el proceso, Quiroz citó los nombres de algunos generales residentes en México que estaban con él comprometidos. Añade algunos datos personales sobre este caudillo. (*Historia de San Luis Potosí,* por MANUEL MURO, Tomo III, San Luis Potosí, Imp. Moderna de Fernando H. González, 1910, pp. 12-15).

3o.—Por último, la situación de los peones es tratada en el artículo 15: "Los peones y alquilados que ocuparen los propietarios serán satisfechos de su trabajo en dinero o en efectos de buena calidad, y a precios corrientes de plaza".

la violencia y la astucia, y que la misma nación se deteriore, se degrade y se extinga miserablemente.

También González inserta algunos estudios sociales que le permiten arribar a interesantes conclusiones:

1o.—Que el gobierno "debe dictar leyes humanitarias que mejoren la suerte de la clase trabajadora, aun cuando sea imponiendo algunos gravámenes a las clases acomodadas y ricas"; y

2o.—"Es pues, preciso convencerse de que la república mexicana necesita no sólo de mejoras políticas, sino sociales; no sólo relativas a su gobierno y constitución, sino al bienestar de todas las clases; de no hacerse unas y otras a la vez, aun cuando tenga paz y unión, no podrá llegar a la altura de civilización y progreso a que llegaría si procurara obtenerlas ambas juntamente".

EL LIBERALISMO SOCIAL DE IGNACIO RAMÍREZ

Vamos a apartarnos del orden cronológico, con el fin de exponer en su conjunto las ideas sociales de Ignacio Ramírez, que, a más de constituir una expresión del liberalismo social mexicano —con sus avances y sus insuperables limitaciones—, tiene la virtud de manifestarse en un período de aproximadamente treinta años —de 1845 a 1875— y yendo, por consiguiente, sólo un poco más allá de la frontera que a la integración de las ideas liberales hemos señalado. Las ideas sociales de *El Nigromante* se exteriorizan en tres momentos: cuando el joven Ignacio Ramírez redacta el políticamente desafortunado *Don Simplicio*; cuando, más tarde, en el Congreso Constituyente 1856-57, propone una especie de participación de los trabajadores en las utilidades, y, por último, en escritos y discursos posteriores.

Siguiendo las sucesivas etapas del pensamiento de Ramírez, se ve que ellas constituyen momentos de un pensamiento que lucha por integrarse: son ideas que se afinan en un ininterrumpido radicalismo ideológico.

Dos Simplicio

Los jóvenes de *Don Simplicio* carecen, como hemos visto, de sindéresis en su actuación política en general y en la valoración del panorama que les toca presenciar. Pero constreñir el juicio sobre ellos a este aspecto, sería amputarlo, prescindiendo, tanto de la ulterior actuación de los integrantes de este grupo, como de su indudable contribución al proceso histórico de México en el aspecto social. Ahora bien, estamos en aptitud de afirmar que las ideas sociales del periódico provienen fundamentalmente de Ignacio Ramírez.

Apenas salido a la luz *Don Simplicio*, los anhelos sociales se expresan con singular fuerza. En él, la idea agraria y la cuestión social están mezcladas. Los trabajadores del campo y urbanos son iguales. Varios de sus redactores y el periódico, en general, hablan a nombre de los trabajadores. En efecto, en su primer número, en el Plan que al respecto publica,[1] en un artículo transitorio, la redacción señala: "Se conservarán en todo su vigor los diez mandamientos, a excepción del séptimo, mientras los ciudadanos carezcan de otro modo honrado de adquirir su subsistencia". Claro que el desterrar el séptimo mandamiento, el "No hurtarás", doctrinalmente no tiene más significado que la admisión del robo por indigencia. Pero es obvio que la intención de los redactores va más lejos. Con el humor que caracteriza a este periódico, se está, sencillamente, postulando la redistribución de la riqueza. Ello se comprueba si se tiene en cuenta que en el artículo 2o. del propio Plan hay una idea contraria a la propiepad privada: "El que no cultive un terreno no podrá llamarlo suyo, aunque todos los escribanos le autoricen las escrituras", y que en su artículo "A los viejos", *El Nigromante* denuncia que unos cuantos hombres, más atrevidos o menos ignorantes, han hecho de la nación "su patrimonio".

Las ideas sociales del joven *Nigromante* son contundentes. Hablando de las necesidades humanas,[2] afirma que los sabios y los gobernantes quieren hacer al pueblo rico en sus teorías y que en la práctica resultan impotentes. Dirigiéndose al pueblo, afirma: "Sin poderte hacer rico, no te quieren dejar pobre, y te hacen miserable". Las leyes se hacen para el pueblo, pero no son en su beneficio. Ignacio Ramírez enumera las cadenas que aherrojan al pueblo. Ve a éste desposeído, pues "los frutos de tu agricultura van en primicias a la iglesia, y lo demás al poder de propietarios que no conocen de sus campos sino los títulos". Al pueblo le dice: "... sólo para tí no hay propiedad".

Está consciente de que su crítica social afecta a las clases privilegiadas. Cuando surge el intento de Alamán y Paredes Arrillaga, de crear lo que hemos llamado gobierno de las clases pudientes, *El Nigromante* contesta a *El Tiempo* y sostiene una tesis objetivamente válida: los redactores de *El Tiempo* hacen bien postulando los intereses de los propietarios, pues es "la feliz clase a que pertenecen"; pero "y nosotros que perteñecemos a la proscrita raza de

---

1 *Don Simplicio,* periódico burlesco, crítico y filosófico, por unos simples. México, Imprenta de la Sociedad Literaria, a cargo de Agustín Contreras. Tomo I, número 1, p. 4.

2 *Op. cit.,* segunda época, Tomo II, número 7.

trabajadores, ¿por qué no hemos de decir el huevo y quien lo puso a nuestros amos?'[3]

Ramírez en este importante artículo capta el problema de la tierra. En un elocuente párrafo examina la justificación de la propiedad; ve que la concentración de ésta conduce al despilfarro y al desperdicio; ve, asimismo, surgir la riqueza del trabajo de quienes cultivan la tierra y presentan la idea de solicitar tierras:

> Nosotros los *trabajadores,* decimos a los hacendados: ¿Por qué sin el sudor de vuestro rostro, comeis el pan, y lo tirais con vuestras prostitutas y lacayos? Si respondeis que porque Dios os hizo ricos, vengan los títulos; si hablais del derecho de conquista, nos tratais como conquistados, si alegais un testamento, eso es bueno contra un particular, pero no contra una nación; ¿por qué se consienten las herencias? por la utilidad que de ellas resulta al público, respondeis de mala gana. Y bien, ¿la tercera parte de nuestros bienes raíces estará mejor en vuestras manos que nada benefician y todo despilfarran, o en las manos encallecidas de los viles trabajadores? Nosotros cultivamos esa tercera parte que los ricos llaman suya: permítasenos siquiera preguntar, ¿qué hacen del dinero que les damos? y pedirles algunos vastos terrenos, que feraces e incultos, con una vieja escritura tienen ocupados.

Y no sólo se combate la idea del gobierno de las clases pudientes, sino que se señala cuáles son las raíces de este intento. Querer ponderar el gobierno de acuerdo con la propiedad se funda en que "las propiedades están mal distribuidas". Por ello resulta que "los intereses de los ricos son contrarios a los de los pobres". Textualmente se asienta:

> Quieren que gobiernen los ricos, porque las propiedades están mal distribuídas, y naturalmente sólo los que las poseen, pueden y quieren distribuirlas bien; porque los propietarios disfrutan sin trabajar, y la chusma trabaja sin disfrutar, y este sistema es magnífico para proteger la agricultura; y en fin, porque los intereses de los ricos, son contrarios a los de los pobres, y es obligación de todo hombre decente, defender a un caballero contra un *lépero.* ¡Sobre que a eso se reduce la cuestión![4]

---

[3] *Op. cit.,* segunda época, Tomo II, número 10.

[4] *Op. cit.,* número 15.

El Nigromante no se queda en el puro problema de la tierra. En el artículo que anteriormente reseñamos[5] se ve la amplitud de sus ideas sociales y secularizantes, que anticipan la intervención que tuvo en el Congreso 1856-57:

> Nosotros los *trabajadores* decimos a los poseedores de bienes raíces espiritualizados: vuestra pobreza evangélica, según el Tiempo, apenas posee la tercera parte de la república: pero ¿no pudiéramos lograr la gloria a menos precio?

Para Ramírez, el capital es producto del trabajo y, por lo tanto, el capital es dado por los trabajadores a los propietarios. Esto implica responsabilidad para los propietarios, que de no hacer la felicidad de los trabajadores, eluden sus obligaciones. Imbuido de las ideas imperantes en su época, está en contra de las contribuciones directas e indirectas que forman parte de un sistema que hace a propietarios y gobernantes beneficiarse del producto del trabajador:

> Nosotros los *trabajadores* diremos en fin a los *propietarios,* a los generosos *propietarios*: Ya que os empeñais en arreglar exclusivamente estas pequeñeces y en gobernarnos; ya que nosotros los *trabajadores* os damos porque hagais nuestra felicidad, la mayor parte del producto de nuestro trabajo, suponemos que este dinero servirá para vuestra recompensa, y para los gastos de vuestra administración; esto es, confiamos en que ya no habrá contribuciones directas, ni indirectas pues de lo contrario nos robaríais como propietarios y como gobernantes.

En consonancia con la idea de obtener para el país una prosperidad media, encuentra el obstáculo fundamental para lograrla en la falta de recursos de los trabajadores para invertir, lo que, a su vez, deriva de la acumulación de los recursos en manos de los propietarios:

> Señores propietarios, sabéis por qué nosotros los *trabajadores* no prosperamos? porque para redimir de vuestra esclavitud un terreno y cultivarlo, para establecer talleres y fábricas que compitan con las de Europa, para cargar numerosas embarcaciones, y colmar espaciosos almacenes, necesitamos dinero; y pues ustedes que lo tienen, no son, ni quieren ser agricultores, artesanos y comerciantes, ¿qué se infiere de todo esto para hacer la felicidad de la república?

---

[5] *Op. cit.,* número 10.

Y el periódico, en general, enjuicia el *statu quo* al polemizar con *El Tiempo*. El problema fundamental radica en que en el Siglo XIX "se conocen dos clases de constituciones, una inventada por los que viven de los abusos para defender el *statu quo,* y otra por cuyo medio intentan los oprimidos abrirse el camino a la libertad y a las mejoras". *El Tiempo* se declara por la primera, esto es, "porque se fije el estado actual de la sociedad". A *Don Simplicio* le toca defender la otra constitución. Son los propietarios, agrega, quienes "han causado todas nuestras revoluciones". Ellos quieren la paz o la guerra, según les convenga; de aquí sus contradicciones. Es absurdo que *El Tiempo* sostenga "que nos deben gobernar los que tengan intereses que conservar, pues toda clase tiene los suyos" [6]

Y también el periódico, en lo general, visionariamente capta las consecuencias del maquinismo, viendo la desocupación que éste puede engendrar y erigiéndose en defensor de las clases asalariadas:

> No somos nosotros los que desconocemos las ventajas de la maquinaria; pero ahora que las altas jeraquías proclaman la defensa de sus *intereses,* ¿no es un deber nuestro el abogar por los de las clases pobres, y de las cuales nadie se acuerda? [7]

El Nigromante, observando el problema social en su integridad, se preocupa por la instrucción popular.[8] Postula una educación dirigida a finalidades prácticas y con un objetivo: mejorar las condiciones de vida de la población. Las deficiencias, el anacronismo del sistema educativo que en el país existe es puesto en relieve, así como la necesidad de impartir enseñanzas útiles que ubiquen al hombre en la sociedad. Hay que acabar con esos colegios que son "seminarios de ociosos". Desde luego que modificar el sistema educacional afectará a las clases privilegiadas, pero ello es indispensable. La idea central es expuesta claramente por *El Nigromante:*

> Puesto que las necesidades generales deben anteponerse a las particulares, y en la república hay más falta de herreros, cosecheros y fabricantes, que de retóricos, licenciados y doctores, proponemos que mientras mejora la suerte de la mayoría, se conviertan todos esos colegios (seminarios de ociosos) en establecimientos donde las ciencias físicas se apliquen a las artes; que en todos los establecimientos in-

---

6 *Op. cit.,* número 11.

7 *Op. cit.,* número 12.

8 *Op. cit.,* número 9.

dustriales de alguna consideración se enseñen los experimentos físicos y químicos, y los demás interesantes al ramo respectivo; y por último, que en todas las haciendas se abran cátedras, donde la ciencia con la agricultura proyecten sobre el mismo terreno sus mejoras.

Se ocupa en la educación de los indios[9] y considera que no puede haber educación para éstos si no se les trata como hombres y se les libera económicamente: "Es indispensable, para ilustrar a los indios, sacarlos de la tutela en que se encuentran".

El Nigromante, además, plantea su utopía. Para ello, parte del análisis de la influencia de la extensión territorial en la ignorancia y miseria de la nación, y a través de lo que llama "puras hipótesis" va examinando el panorama que se presentaría, de haber una buena distribución de la riqueza. De ocurrir ello, podrían verse una ciudad y una liga de ciudades fundadas en uno de los innumerables terrenos baldíos que hay en nuestro país. En dicha ciudad o liga de ciudades, con una buena distribución de la propiedad, habría entendimiento entre pueblo y gobierno y no se conocería "la difícil ciencia de gobernar, firmando oficios". Pero la distribución de la propiedad sería el punto de partida de la utopía de *El Nigromante.* En ella: "Los bienes raíces se encontrarán muy divididos, y todos cultivados por sus mismos dueños". Los intereses locales acapararían la atención del pueblo y éste, además, podría dedicar sus energías a satisfacer su primera necesidad: la de existir.[10]

En el Constituyente

En el Congreso Constituyente 1856-57 el liberalismo social de Ignacio Ramírez tiene clara manifestación. En primer lugar, al tratarse de los derechos del hombre,[11] *El Nigromante* se aparta del jusnaturalismo racionalista típico, que ve los derechos naturales inherentes al hombre por el mero hecho de serlo y preexistentes al contrato origen de la sociedad. Se pregunta cuáles son los derechos del hombre, que, en su concepto, se deben establecer y definir antes de ver en ellos la base de las instituciones sociales. Los derechos del hombre "¿son acaso los que concede la misma constitución? ¿o los

9 *Op. cit.,* tercera época, Tomo III, número 19.

10 *Op. cit.,* segunda época, Tomo II, número 17.

11 ZARCO: *Op. cit.,* Tomo I, pp. 684 y sigs.

que se derivan del Evangelio y del derecho canónico? ¿o los que reconocieron el derecho romano y la ley de Partida?"

Cortantemente expone su idea: los derechos nacen de la ley. Tanto León Guzmán, como Ponciano Arriaga, lo rebaten: los derechos existen y deben ser el fin de la ley, asienta Guzmán; los derechos no nacen de la ley, son anteriores a ésta, el hombre nace con ellos, dirá Arriaga. Pero Ramírez presentía algo que muchos años después sería criterio general: el origen legal o social de los derechos individuales.[12]

En segundo lugar, *El Nigromante* dirá que el proyecto de Constitución se "olvida de los derechos sociales de la mujer" y lanzará la idea de una constitución protectora de los desvalidos, los débiles y los menesterosos:

> Nada se dice de los derechos de los niños, de los huérfanos, de los hijos naturales que faltando a los deberes de la naturaleza, abandonan los autores de sus días para cubrir o disimular una debilidad. Algunos códigos antiguos duraron por siglos, porque protegían a la mujer, al niño, al anciano, a todo ser débil y menesteroso, y es menester que hoy tengan el mismo objeto las constituciones, para que dejen de ser simplemente el arte de ser diputado o el de conservar una cartera.

Y por último, toca a Ignacio Ramírez que se debata en el Congreso Constituyente la cuestión social, no únicamente a través del problema de la tierra, sino mediante el examen de las relaciones de los asalariados.[13] El 7 de julio de 1856 dijo: "El más grave de los cargos que hago a la comisión es de haber conservado la servidumbre de los jornaleros". Considera que el jornalero es un esclavo del capital y enfatiza:

> Así es, que el grande, el verdadero problema social, es emancipar a los jornaleros de los capitalistas: la resolución es muy sencilla, y se reduce a convertir en capital el trabajo. Esta operación exigida imperio-

---

[12] Es interesante ver que José María Iglesias —"Cuestiones Constitucionales. De los derechos del hombre", artículo I, *El Siglo Diez y Nueve*, 24 de julio de 1856— asiente que la Comisión de Constitución del Congreso, para defender su teoría ante la intervención de Ramírez, "tuvo necesidad de batirse en retirada, expresando que sólo se hablaba de los derechos del hombre en sociedad".

[13] *Op. cit.*, pp. 664-65. Aparece, asimismo, en *Obras* de IGNACIO RAMÍREZ (México, Oficina Tipográfica de la Secretaría de Fomento, 1889, Tomo I, pp. 192-93).

> samente por la justicia, asegurará al jornalero no solamente el salario que conviene a su subsistencia, sino un derecho a dividir proporcionalmente las ganancias con todo empresario. La escuela económica tiene razón al proclamar que el capital en numerario debe producir un rédito como el capital en efectos mercantiles y en bienes raíces; los economistas completarán su obra adelantándose a las aspiraciones del socialismo, el día que concedan los derechos incuestionables a un rédito al capital trabajo.

Más adelante señala:

> Mientras el trabajador consuma sus fondos bajo la forma de salario y ceda sus rentas con todas las utilidades de la empresa al socio capitalista, la caja de ahorros es una ilusión, el banco del pueblo es una metáfora, el inmediato productor de todas las riquezas no disfrutará de ningún crédito mercantil en el mercado, no podrá ejercer los derechos de ciudadano, no podrá instruírse, no podrá educar a su familia, perecerá de miseria en su vejez y en sus enfermedades.

Un análisis ligero de esta intervención revela que en 1856 Ignacio Ramírez está proponiendo: 1o.—El establecimiento de un salario de subsistencia; 2o.—La participación de los asalariados en las utilidades. Esta intervención demuestra que lo agudo de los problemas nacionales y el afán de los liberales por resolverlos hacían que Ramírez, ortodoxo en liberalismo económico en exceso, abandonara su ortodoxia ante el problema social.

Su ininterrumpido radicalismo social

Ahora bien, conforme los años pasan, el radicalismo social de Ramírez se agudiza. Sus ideas no se insertan en un sistema o concepción de la vida. No construye, tampoco, un método de investigación, como Otero; de su temperamento proviene la anarquía: Y así como su vida política cae en el error —de *Don Simplicio* a su violento antijuarismo—, en materia social su inestabilidad espiritual sólo produce atisbos, impresiones nerviosas, que como chispazos atraen al lector para conducirlo frecuentemente a conclusiones ingenuas e incluso disparatadas. Pero estos chispazos revelan la existencia del denominador común del liberalismo social mexicano: el sufrimiento ante el problema social y la imaginación para proponer soluciones. A ello le ayuda el situarse en la línea histórica del liberalismo mexicano, a pesar de las dramáticas separaciones, interpretando certeramente el significado del proceso mexicano.

Describiendo la Colonia, percibe el substrato económico de la lucha por la independencia: una clase privilegiada, dominadora, despojada de su inteligencia y entregada "a movimientos automáticos"[14] Frente a ella, la turba, que "sin contar con otro capital que con su trabajo, no sabía dónde colocarlo". Es la desocupación, acompañada de la miseria, la que impulsa a la insurrección. Hidalgo enseña a los mexicanos el derecho de insurrección. La ociosidad, agrega Ramírez, da el tono de la vida colonial. La característica de las clases coloniales era su parasitismo.[15] Por eso, Hidalgo retó, no a los españoles, sino a todos los poderes que la Colonia simbolizaba. Al pueblo de México le resulta connatural la igualdad. Este pueblo se ha estudiado durante medio siglo y encontrado en sus venas tal diversidad de sangres, que "para no mutilar sus miembros, ha proclamado la igualdad de todos los hombres". La igualdad resulta consecuencia de la coexistencia y síntesis de razas que somos. Y Ramírez también es certero cuando entiende el papel del federalismo y lo ve como inherente a nosotros: "Pudo —asienta— la Constitución de 1824 inventar la federación o copiarla". Pero dicho sistema "desde 1857 ha sido para México una condición de existencia".[16] Y es precisamente por su interpretación histórica que ve la Reforma completando la Constitución y realizando la dignidad humana. Por esta continuidad en las ideas y el proceso histórico mexicano, pudo ver en 1863 que México solemnizaba su independencia "bajo una tienda de campaña".[17]

Gracias a esta amplia perspectiva, está en condiciones de medir fenómenos internacionales, viendo, así, al proletario "que desea la comunidad de la tierra para tener dónde colocar el lecho de su fecunda esposa",[18] y calificar con admirable precisión a Napoleón el pequeño como "aborto clandestino del socialismo de nuestros días", que "no sabe cómo realizar las teorías de Proudhon" y a quien "sus compromisos con los capitalistas" no le permitirán cumplir con las turbas que lo apoyaron.[19]

---

14 RAMÍREZ: *Op. cit.,* Tomo I, Discurso cívico del 16 de septiembre de 1861, p. 131.

15 *Op. cit.,* p. 234.

16 *Op. cit.,* p. 144 y sigs. Oración de 5 de febrero de 1865.

17 *Op. cit.,* p. 151 y sigs. Discurso de 16 de septiembre de 1863.

18 *Op. cit.,* p. 154.

19 *Op. cit.,* p. 158.

Acercándose a la cuestión social, Ramírez considera "el examen de la organización social como único y seguro camino para conocer a los individuos; los hombres hacen siempre parte de un todo" y para conocerlos hay que tener en cuenta las leyes, las costumbres, las tradiciones, la geografía, el clima y, en fin, todos aquellos factores que influyen en el medio.[20] México sale de una Colonia en que el monopolio impedía su progreso. Hay pueblos oprimidos y: "Siempre que el mundo se trastorna, una deidad se encarna en un mortal; ¿dónde tomará un cuerpo la venganza de las razas oprimidas?"[21] Y en medio de sus anarquizantes ideas, la intuición metódica que complementa su visión: la historia política tiene por objeto estudiar el nacimiento, funcionamiento y muerte del fenómeno gubernamental y:

> ...se reduce, por lo mismo a clasificar los grupos que mandan y los grupos que obedecen: en todo sistema político la importancia de los individuos se mide por la clase que con ellos se levanta, o por la clase que con ellos sucumbe.[22]

Todavía va más lejos, y en concreto, hablando de la tipicidad de las razas indígenas, afirma que su progreso es inexorablemente colectivo:

> No puede mejorarse ni perecer sino por clases, he aquí por qué le es favorable cierto mecanismo administrativo, que fácilmente se confunde con el de nuestros municipios. Más allá de su hormiguero no descubre sino enemigos.[23]

Adentrándonos en sus ideas sociales, vemos a *El Nigromante* preocupado por desentrañar el significado del salario. Si bien tiene un concepto naturalista —positivista— de la economía[24] y partiendo

---

[20] *Op. cit.*, p. 168. Discurso de 5 de mayo de 1864.

[22] *Op. cit.*, p. 179.

[21] *Op. cit.*, p. 211.

[23] *Op. cit.*, p. 216.

[24] La argumentación revela positivismo. El estudio integral del pensamiento de Ramírez puede servir para aclarar el papel del positivismo en México. Debe tenerse presente que esta corriente, antes del advenimiento de Napoleón III, declaraba, a través de su creador, la "afinidad entre la filosofía positiva y los proletarios", que a partir de entonces se dirige a los jefes conservadores (GEORGES GURVITCH: *Capítulo de la historia de la Sociología: Comte, Marx y Spencer.* Galatea, Nueva Misión, Buenos Aires, 1959, p. 61). Para Gurvitch, en la síntesis comtiana de orden y progreso, se ve un esfuerzo por reconciliar "a los escritores contrarrevolucionarios" "con los escritores de la revolución", dando por resultado que sea "el orden el que domina

de él postula la abundancia de la alimentación, pues el ingreso del trabajador debe ser en ocho o diez horas de ocupación, suficiente para la subsistencia familiar, el hecho, la situación real, no se le escapa:

> Si hoy la esclavitud no es una institución social, ¿por qué un hombre con sólo llamarse capitalista, se aprovecha de las fuerzas naturales disciplinadas por el arte y por la ciencia, y, además, conserva todavía siervos bajo la denominación de asalariados?

Explicación y remedio son proporcionados. La propiedad pone límites a los terrenos explotables y el hombre actúa como el primer enemigo del hombre. De aquí que las necesidades sociales den origen a "otra ley sobre el trabajo": la de que el trabajador necesita aumentar "sus fuerzas equivalentes" para defenderse. La economía, para sancionar la injusticia, "ha inventado un fondo imaginario de salarios". Si hubiese este fondo, el trabajador tendría asegurada la subsistencia familiar: "¿Por qué, en fin, el trabajador por antonomasia, en cada empresa, es el único que jamás recibe las ganancias que le corresponden, ni aún en las minas en bonanza?" El arancel —tengamos en cuenta que Ramírez es apasionadamente librecambista—, a través de la tasa protectora, "acaba por recoger los provechos del trabajador en provecho del capitalista".

Para resolver los problemas, examina los efectos de los salarios en el campo de la oferta y la demanda y la ley de bronce es claramente expuesta:

> Es para nosotros incuestionable que la ley no puede fijar la oferta ni la demanda; pero no es menos claro que la libertad individual y la social pueden convertir la demanda y la oferta en un provecho determinado y seguro. ¿Qué hace el capitalista para aprovechar igualmente la oferta y la demanda? Concentrar sus esfuerzos y dominarlos. Baja los salarios sacrificando la humanidad a su propio provecho. ¿Esca-

---

al progreso, y la contrarrevolución a la revolución" (*Op. cit.*, p. 3). No obstante ello, el positivismo en algunos países jugó a favor del progreso en sentido social. En México no ocurrió, porque las circunstancias que mediaron en su recepción inducían a que al orden —la paz— se sacrificara el progreso, y la revolución — contenido histórico del liberalismo— a la contrarrevolución: la oligarquía tuxtepecana y sus agregados. RAMÍREZ, por lo demás, en un texto de 1867, se refiere a la esterilidad de una "metafísica matemática, como la de Augusto Comte" (*Op. cit.*, Tomo I, p. 359).

> sean los trabajadores? Aumenta entonces los salarios, pero también los precios de los efectos. Y en ambas situaciones, fecundo en recursos, ya paga con vales en lugar de dinero, ya descuenta un fondo de hipócrita beneficencia para multar indirectamente al operario descontento, ya hace anticipaciones con su disimulada perfidia, ya falsifica los productos y ya los hace circular por medio del contrabando. ¡Por eso es que para el trabajador tan malo es el estado mercantil de oferta como el de demanda! Pero su ruina es completa cuando la concurrencia de trabajadores envilece el salario.

Por ello, "la primera necesidad del trabajador es dominar la oferta del trabajo"; pero:

> Esta empresa no puede ser acometida por una persona aislada: la salvación de los trabajadores está en su concierto: de aquí provienen las huelgas, las asociaciones de socorros mutuos, y, como más eficaces las alianzas internacionales, para que el capitalista no ocurra a la invasión del proletario extranjero. Cuando la ley no puede y cuando el capitalista no quiere salvar a los trabajadores, éstos, y sólo éstos deben proveerse de las tablas necesarias para sus frecuentes naufragios.

La "escuela oficial de los economistas" sólo explica "la enfermedad de la oferta; y procura encubrir su gravedad". Sólo presenta paliativos insignificantes y ridículos: "¿No parece que están vendidos al capitalista, cuando en lo único en que aparecen de acuerdo es en combatir las asociaciones salvadoras de los interesados?" Los economistas se refugian en Malthus:

> Los economistas se consuelan de la miseria que aflige a los trabajadores, considerando que ese mal les sirve a éstos de obstáculo para multiplicarse, y a su prole maldita, de facilidad para morirse. ¡Así es como los sabios no resuelven la primera de las cuestiones sociales, sino por medio del infanticidio![25]

Para 1875 ve a la asociación profesional en oposición a la administración pública: "El desarrollo de la asociación es espontáneo; la forma administrativa es caprichosa". Y agrega: "La asociación exige la igualdad; la administración se conserva por la jerarquía". Las teorías, leyes e instituciones relativas a la administración pública sólo sirven para "alucinar a los parias con poesía". El Estado

---

[25] *Op. cit.*, Tomo I, pp. 312-14.

y la ley oprimen a los pobres con los capitalistas; condenan a la desigualdad y no garantizan empleo al trabajador:

> Es una cosa singular; monarcas, asambleas, gobernadores, prefectos, ayuntamientos, han inventado mil necesidades tan costosas como inútiles; y todos las han satisfecho; mientras tanto, ellos todos, se han declarado impotentes para proporcionar trabajo, el empleo de ese capital natural, a la mayor parte de sus representados; más escandalosa ha sido su ineptitud o su mala voluntad, pues lejos de asegurar a los asociados un cambio de valores tomando por base los productos personales, proclaman la aristocracia del capital monetario y subyugan la luz de la inteligencia y el sudor de la frente laboriosa a una desigualdad entera e injustamente ficticia.

Este es el sistema que oprime al trabajador, coadyuvando con el capitalista y:

> Partiendo de ese sistema, cuando se encuentran dos valores de igual clase sobre los platillos de la balanza económico-política, el capital y el trabajo, la ley aumenta todo su peso sobre el capital, y el *productor* de la riqueza apenas es considerado como un inútil proletario.

La economía monetaria es instrumento del sistema: "La *amonedación* y toda sus consecuencias, producen el salario; y un hombre asalariado es el esclavo de la caja, más infeliz que el antiguo siervo de la tierra". Su antiestatismo lo lleva a ver en las asociaciones voluntarias, así sean de intereses, el camino de salvación. El error del socialismo consiste en aliarse con el Estado. El Estado debe ser una asociación más, una asociación aislada:

> El socialismo antiguo y moderno, han cometido el error de buscar en una alianza con el cuerpo administrativo, su poder y su influencia; su salvación, su progreso, se reduce a emanciparse. Exista el gobierno, pero exista aislado; asociación, libertad, igualdad, fraternidad ven con odio lo que se llama ley, pero nacen del contrato: ¡la lucha es entre la ley y el contrato![26]

---

[26] *Op. cit.*, Tomo II, pp. 5-9. 1868. En algunos casos, sus juicios, como antes decíamos, pecan de ingenuos o disparatados. Por ejemplo, refiriéndose a la explotación minera por el extranjero, dice: "Los mexicanos creemos que los yankees nos compraron muy barata la California; pero tengamos el consuelo de que ellos se empeñen en gastar el oro de la misma California, en explotar nuestras minas: aquí nos pagarán más de lo que nos deben: (*Op. cit.*, Tomo I, pp. 370-71).

Y antes —1867—, reconociendo que el capital "sirve de medida a la grandeza de las naciones", considera que dicho capital necesita movimiento y circulación. Para lo primero basta que las manos que lo tienen lo "aventuren a continuas especulaciones". La circulación exige que todas las clases sociales no se enfrenten a privilegios o trabas. A ello hay que añadir que el incremento del capital está ligado a su distribución:

> El capital se aumenta a proporción que se reparte; por eso siempre son pobres los pueblos donde el Gobierno y unos cuantos monopolizan las riquezas; y por eso hasta hoy ha sido irrealizable el comunismo, que en último resultado a todos empobrece.

Demuestra que la revolución histórica de México ha favorecido con sus leyes y sus actos al capital y ve éste hostil:

> La última razón de importancia que se da para el descontento de los capitalistas, es la mala voluntad con que miran nuestras instituciones: los capitalistas no son republicanos, o lo son a medias; los capitalistas desdeñan unirse con el pueblo.[27]

Por lo demas para Ignacio Ramírez el gran principio económico en materia de impuestos "consiste en que la contribución no recaiga sobre el capital y en que grave exclusivamente los productos libres y éstos lo menos que se pueda".[28] Condena severamente la usura y encuentra que es vano proclamar la libertad y la soberanía de los individuos en tanto las instituciones políticas tengan un derecho penal que "se funda en la esclavitud del culpable' [29] y un derecho civil que supone la tutela de autoridad para sancionar las obligaciones derivadas de cualquier compromiso. Afirma que la invención de las garantías "a lo primero que se ha aplicado después de la conservación de la vida, es al trabajo". Siendo el trabajo personal, deduce que toda propiedad "es limitada en su duración y en su extensión". La propiedad la ve como trabajo acumulado, fuerza acumulada, dirá. Y partiendo de esta premisa, condena el capital improductivo:

> En esta clase se comprenden los dueños de terrenos no cultivados; los que guardan alhajas; los que amortizan metales preciosos, y muchas

[27] *Op. cit.*, Tomo II, pp. 11-16.
[28] *Op. cit.*, p. 17.
[29] *Op. cit.*, pp. 49-53. Agosto de 1871.

veces los que transportan caudales al extranjero, no en pago de efectos recibidos, sino para asegurarlos en mejor empleo.

Por lo consiguiente, el trabajo acumulado en manos privadas "tanto como es benéfico es peligroso" y si bien "no se le puede encadenar", sí es posible comprometerlo a que no se ausente y vuelva a la circulación o "se aventure en ella, si de ella no ha salido".

Ocupándose de los deudores y los acreedores,[30] se refiere al pauperismo:

> La cuestión del pauperismo y de los jornaleros, se traduce, en parte, por la protección que los deudores y acreedores pobres demandan contra los deudores y acreedores poderosos. Las víctimas no piden sino una nivelación efectiva en los derechos.

El origen de la propiedad territorial lo ve en la Conquista, que repartió terrenos entre soldados y sacerdotes, pero este poder economico lo liga al político. Los hacendados forman la nobleza y ellos, al igual que quienes ejercen la autoridad, tienen un mismo origen y son "socialmente inseparables". Por lo demás, las condiciones del campo, la explotación de los jornaleros, la situación feudal, las capta en todo su rigor: "Los dueños de las tierras son los dueños también de los cultivadores; sólo hay señores y esclavos". Aboga por la supresión de los privilegios, pues dice que el método contra deudores y acreedores privilegiados no es acabar con su negocio, sino sencillamente con su privilegio. Y refiriéndose a los jornaleros, postula: "Contra los hacendados y los industriales, prohibir el pago en trabajo forzado, y derogar en tiempo de paz las penas severas por faltas de pura disciplina". Como remedio general contra todos los abusos, "el derecho de asociación, para que los desvalidos se comprometan a poner un precio a su trabajo y a proporcionarse mutuos socorros".

Argumentando en contra de los proteccionistas, que ven en la propiedad un medio de fomentar la ocupación, expone la libertad del trabajo y examina el derecho al trabajo: "El derecho al trabajo no podía realizarse sino por medio del comunismo; y el actual congreso no puede decretar esa revolución social, ni la nación hasta ahora lo desea". Por lo demás, agrega que "el derecho al trabajo, aun en una sociedad comunista, no tiene razón de ser, porque en el comunismo, el trabajo es una obligación y no un derecho".[31]

---

[30] *Op. cit.*, pp. 57-63. Septiembre de 1871.

[31] *Op. cit.*, p. 90. Carta al Sr. D. Guillermo Prieto, octubre 14 de 1875.

En un importante ensayo de 1875 precisa sus ideas sobre el trabajo. Dice que si, bien desde un punto de vista teórico, la naturaleza, las fuerzas dirigidas por el mundo, el trabajo humano y la legislación que protege la propiedad, forman los valores "que son necesarios para la subsistencia del hombre", valores que miden el bienestar y progreso de los distintos grupos de hombres que habitan en el mundo y que, por consiguiente, desde este punto de vista no cabe duda que la felicidad de una nación es el producto del trabajo natural al que se agrega el trabajo de los hombres; hay que hacer ciertos distingos cuando se abordan los problemas en concreto. Si el criterio teórico anterior fuese exacto, los pueblos serían felices "con sólo dar continua ocupación a todos sus habitantes". Pero no basta dar ocupación. El enriquecimiento individual no es exclusivo fruto del trabajo propio:

> Ningún particular se enriquece con su propio trabajo: el trabajo personal puede asegurar la subsistencia de una familia; pero sólo el trabajo ajeno produce la riqueza.

Hay dos tipos de hombres: los que viven de su trabajo personal y "los que viven y gozan del trabajo acumulado". Encuentra que así aumenten o disminuyan los capitalistas, "los operarios tendrán siempre la desgracia de una mal disimulada esclavitud, de la facilidad con que bajarán sus salarios, y de la incertidumbre en sus colocaciones". Frente a tantos males, se refugia en la ortodoxia: en el librecambio, a los operarios les queda la esperanza de ser capitalistas.[32]

Devoto de la colonización, explica por qué los inmigrantes desertan del campo:

> Los dueños de haciendas, atropellando nuestras instituciones, servan en dura tutela a sus dependientes y los explotan de mil maneras; este abuso puede conservarse por la costumbre; pero cuando vienen operarios de otros lugares donde, y en su tránsito, han podido gozar de independencia; y cuando ellos ven que en otros oficios pueden satisfacer sus necesidades, entre la suerte de nuestros gañanes indígenas y la del extranjero, siempre bien recibido y pocas veces mal colocado, no pueden vacilar y desertan rápidamente de los campos donde se les esclaviza.[33]

En teoría, encuentra "que la Constitución mexicana funda todas nuestras relaciones sociales en un verdadero sistema de principios

---

[32] *Op. cit.*, pp. 113-16. Noviembre de 1875.

[33] *Op. cit.*, p. 150. Octubre de 1867.

económicos". Estos principios esencialmente fueron expuestos por Smith en "su evangelio". Desgraciadamente, es difícil que gobernantes y legisladores atiendan los principios de la ciencia económica. Por tal razón, se requiere "un curso de Economía Política aplicada a nuestro Derecho Constitucional".[34]

En educación,[35] insiste en sus tempranas ideas expuestas en el *Don Simplicio.* A los operarios debe formárseles como aprendices y oficiales y darles la posibilidad de subir a maestros y directores, pues "la abyección de la clase pobre consiste en esas barreras que por todas partes se le oponen para descubrir campos más feraces en el estrecho territorio por donde circula el astro de la fortuna". Y: "El Gobierno debe mantener al alumno de la clase indigente", pues toca a los Estados remediar la miseria del hijo del agricultor indígena, del hijo del artesano.

Reconoce la importancia de la Internacional de París, a la cual saluda en una serie de artículos que publica en agosto de 1871.[36] Asienta que "el credo revolucionario de la Internacional, tiene como dogma primitivo la preferencia en derechos, del trabajador, jornalero y asalariado, sobre el capitalista". Sobre esta base, examina las pretensiones de las partes opuestas. El capital, dice, es el conjunto de valores que el hombre tiene "para especular con ellos". Pero: "El capitalista ha comenzado, en todas partes, por la explotación del hombre y conserva inevitablemente la misma tendencia". A esto obedece que el capitalista haya pensado "en reducir al trabajador a la clase de animal doméstico o de obediente y poco costoso instrumento". Esto lo ha conseguido por la guerra, la conquista, la esclavitud. Y: "Proletario, obrero, asalariado, son para la historia sinónimos de esclavos. La propiedad y el capital se confunden en un mismo derecho divino".

En la historia, tarde o temprano "los esclavos, obreros, proletarios, jornaleros, asalariados, se insurreccionan; y proclamando la igualdad, se imaginan que, suprimiendo al capitalista, alcanzarán por medio del comunismo todos los beneficios sociales de la industria, de la agricultura y del comercio". Pero los intereses opuestos y el que los comunistas nunca hayan acertado a organizarse ni a ponerse de acuerdo en sus maniobras, ha orillado a los comunistas a capitular ante sus contrarios. El mundo moderno "se caracteriza por

34 *Op. cit.*, pp. 159-63. Octubre de 1874.
35 *Op. cit.*, pp. 173-77. Octubre de 1867.
36 *Op. cit.*, pp. 213-52. Agosto de 1871.

el derecho que tiene el capitalista de apropiarse todas las ganancias libres no concediendo al operario sino una recompensa, proporcionada menos al trabajo que a la necesidad de ocupar una máquina humana". El trabajador sólo tiene el derecho de buscar amo para lograr su mezquina subsistencia; pero: "La lucha entre el trabajador y el capitalista prosigue como antes, con mejores elementos para las clases desvalidas, porque la ilustración y la libertad han acabado por declararse neutrales." El progreso político, la ilustración, la democracia, a través de la soberanía del pueblo, hacen que no pueda sostenerse el derecho divino del propietario y del capitalista. Caracteriza la afirmación de Proudhon, de que la propiedad es un robo, como un obvio sofisma, pero la solución que Ramírez postula es bien modesta: "Los trabajadores no se indignan contra el capitalista por lo que gana y puede, sino porque no divide con ellos su poder y sus goces." Los conflictos entre trabajadores y capitalistas, constituyen, acaso, el principal problema de la economía política. Y desgraciadamente las escuelas económicas se han dividido, habiendo doctrinarios de los capitalistas y doctrinarios de los trabajadores, cayéndose, así, en soluciones periódicas fundadas exclusivamente en la fuerza.

Para *El Nigromante,* los conflictos entre capital y trabajo son inevitables, pero hay caminos para resolverlos y: "Dos son los principales: la asociación de los operarios y la multiplicación de los centros mercantiles". El ejemplo lo halla en los Estados Unidos y en otras naciones adelantadas, donde el trabajador puede moverse con libertad, donde existen mercados para los productos y donde hay igualdad de oportunidades. En estos países:

> . . .el jornalero puede estar convencido de que el capitalista lo roba y sin embargo, ver con desprecio esa pérdida, porque él mismo muchas veces ha sido y muchas será capitalista.

Por consiguiente: "Tendríamos la incógnita despejada si en muchas ciudades populosas no se viesen eternamente condenados los operarios al proletariado y a la miseria, al hambre y al crimen".

La cuestión social es evidente y sólo los ignorantes pretenden "con un fallo declamatorio terminar la cuestión iniciada en París y declarar a la Internacional monstruosamente criminal y digna de extraordinarios castigos". Todos los partidos, a la larga, o a la corta, tendrán que defender a los trabajadores. Por lo demás, *El Nigromante* da su solución: la mediación o arreglo equitativo, sin intervención de la autoridad, entre capital y trabajo; la reglamentación de la propiedad:

Ya lo he dicho y lo repito: estoy por la propiedad reglamentada por el derecho civil; desconozco la propiedad de derecho divino, tengo aversión a los sistemas comunistas que degradan la dignidad humana; deseo un arreglo equitativo entre el capital y el trabajo, un arreglo en que no intervenga directamente la autoridad; deploro las consecuencias de ese antagonismo, y no comprendo cómo las preocupaciones políticas y religiosas se atreven a intervenir en los más graves negocios que agitan a la humanidad y desvelan a la ciencia.

Ramírez avizora un futuro derecho del trabajo. La economía política ha convertido en base social "la propiedad, el capital, la riqueza" y:

...aterrada por las consecuencias de esa proposición absoluta, y no pudiendo cerrar los ojos a la luz de algunas observaciones felices de los comunistas, ha explicado su principio, declarando, que la propiedad más sagrada, que el primero de los capitales, que la riqueza positiva de una nación, es el trabajo.

Por este procedimiento "los economistas comienzan a reconocer la preferencia de los derechos del obrero". La conciencia, al igual que la religión, la poesía, la filosofía, "tiende ya una mano protectora al operario y subalterna todas las teorías a la cuestión del trabajo; el hombre podrá servir como máquina, pero no es máquina, y si lo es, también es una máquina con derechos". La solución, empero, es armonizar y equilibrar intereses: "Ya no se trata de sacrificar a nadie, ni al rico ni al pobre, sino de ponerlos de acuerdo."

Refiriéndose a México, encuentra que su miseria proviene de la falta de negocios más que de la falta de capital. Es decir, de la existencia de capitales improductivos. Mide, además, los efectos de la interdependencia económica y asienta: "Las grandes calamidades para los pobres, digámoslo de una vez y sin miedo, provienen de las relaciones extranjeras".

La solución: un liberalismo social. La sociedad tiene obligaciones frente a los desvalidos:

La sociedad no puede dar a todos sus miembros la igualdad en los bienes positivos, pero puede garantizar la igualdad en los medios y en los derechos para la adquisición de todo aquello que constituye el bienestar y la riqueza: la sociedad cumple con ese que es el primero de sus compromisos, suprimiendo toda clase de privilegios.[72]

---

[37] *Op. cit.*, p. 337. Septiembre 7 de 1871.

En plena segunda mitad del siglo XIX, cuando el liberalismo económico parece irrebatible, dentro de un gran individualismo y gran apego al librecambio, *El Nigromante* está preocupado por desentrañar la cuestión social, el problema de los trabajadores y encuentra en el examen de este problema y en su resolución la clave para obtener una sociedad estable y hombres auténticamente libres. Postula un derecho social fundado en un equilibrio, que se obtendría mediante la asociación profesional. Contrarrestar la fuerza de los capitalistas mediante el agrupamiento de los trabajadores, es idea fundamental de *El Nigromante*. El derecho social que él presiente va a surgir muchos años después, y no cabe duda que sus atisbos en materia social le dan auténtica dimensión de visionario.

ÍNDICE

Este libro fue impreso y encuadernado en empresas del grupo Fondo de Cultura Económica. Se terminó de imprimir el 22 de agosto de 1985 en los talleres de Lito Ediciones Olimpia, Sevilla 109, 03300 México, D. F. Se encuadernó en Encuadernación Progreso, Municipio Libre 188, 03300 México, D. F. El tiro fue de 50 mil ejemplares.

Diseño y fotografía de la portada:
Rafael López Castro.

LECTURAS MEXICANAS

1. Carlos Fuentes. *La muerte de Artemio Cruz*
2. Juan Rulfo. *El Llano en llamas*
3. Miguel León-Portilla. *Los antiguos mexicanos a través de sus crónicas y cantares*
4. Octavio Paz. *Libertad bajo palabra*
5. Rodolfo Usigli. *El gesticulador y otras obras de teatro*
6. Rosario Castellanos. *Balún-Canán*
7. Fernando Benítez. *La ruta de Hernán Cortés*
8. Ramón López Velarde. *La Suave Patria y otros poemas*
9. Edmundo Valadés. *La muerte tiene permiso*
10. Alfonso Caso. *El pueblo del Sol*
11. José Vasconcelos. *Ulises criollo.* Primera parte
12. José Vasconcelos. *Ulises criollo.* Segunda parte
13. José Gorostiza. *Muerte sin fin y otros poemas*
14. Alfonso Reyes. *Visión de Anáhuac y otros ensayos*
15. Agustín Yáñez. *La tierra pródiga*
16. Gutierre Tibón. *El ombligo como centro erótico*
17. Julio Torri. *De fusilamientos y otras narraciones*
18. Charles Brasseur. *Viaje por el istmo de Tehuantepec*
19. Salvador Novo. *Nuevo amor y otras poesías*
20. Salvador Toscano. *Cuauhtémoc*
21. Juan de la Cabada. *María La Voz y otras historias*
22. Carlos Pellicer. *Hora de junio y Práctica de vuelo*
23. Mariano Azuela. *Mala yerba y Esa sangre*
24. Emilio Carballido. *Rosalba y los Llaveros y otras obras de teatro*
25. *Popol Vuh*
26. Vicente T. Mendoza. *Lírica infantil de México*
27. Octavio Paz. *El laberinto de la soledad*
28. Efrén Hernández. *La paloma, el sótano y la torre y otras narraciones*
29. Carlos Fuentes. *Las buenas conciencias*
30. Laurette Séjourné. *Pensamiento y religión en el México antiguo*

31. Sergio Galindo. *El Bordo*
32. Rosario Castellanos. *Mujer que sabe latín...*
33. Rafael F. Muñoz. *Santa Anna, el dictador resplandeciente*
34. Ramón Rubín. *La bruma lo vuelve azul*
35. Mauricio Magdaleno. *El ardiente verano*
36. Xavier Villaurrutia. *Nostalgia de la muerte (Poemas y teatro)*
37. Francisco de la Maza. *El guadalupanismo mexicano*
38. *El Libro de los Libros de Chilam Balam*
39. José Luis Martínez. *Nezahualcóyotl*
40. Francisco Rojas González. *La venganza de Carlos Mango y otras historias*
41. C. Paula Kolonitz. *Un viaje a México en 1864*
42. Sergio Magaña, Luisa Josefina Hernández y Héctor Mendoza. *Los signos del Zodíaco, Los frutos caídos y Las cosas simples*
43. Ricardo Pozas. *Juan Pérez Jolote*
44. José Emilio Pacheco. *Fin de siglo y otros poemas*
45. Fernando Benítez. *El agua envenenada*
46. Alfonso Reyes. *La cena y otras historias*
47. Francisco L. Urquizo. *Fui soldado de levita*
48. Agustín Yáñez. *La creación*
49. Rosario Castellanos. *Bella dama sin piedad y otros poemas*
50. Juan Rulfo. *Pedro Páramo*
51. Salvador Novo y Federico S. Inclán. *La culta dama* y *Hoy invita la güera*
52. Philip W. Powell. *La Guerra Chichimeca (1550-1600)*
53. Fernando Benítez. *El rey viejo*
54. Elías Trabulse. *El círculo roto*
55. Manuel Gutiérrez Nájera. *La novela del tranvía y otros cuentos*
56. Juan García Ponce. *El gato y otros cuentos*
57. Tomás Mojarro. *Cañón de Juchipila*
58. Salvador Días Mirón. *La Giganta y otros poemas*
59. Luis González. *Pueblo en vilo*
60. Antonio Castro Leal. *El imperialismo andaluz y otras historias*
61. Aurelio de los Reyes. *Los orígenes del cine en México*
62. Renato Leduc. *Historia de lo inmediato*

63. Edmundo O'Gorman. *La invención de América*
64. Ignacio Bernal. *Tenochtitlan en una isla*
65. Pedro Henríquez Ureña. *Estudios mexicanos*
66. Eraclio Zepeda. *Benzulul*
67. Enrique González Martínez. *Tuércele el cuello al cisne y otros poemas*
68. José Alvarado. *Visiones mexicanas*
69. Román Piña Chan. *Quetzalcóatl. Serpiente emplumada*
70. Michael Bauman. *B. Traven*
71. Vicente T. Mendoza. *Corridos mexicanos*
72. Mariano Azuela. *Nueva burguesía*
73. H. G. Ward. *México en 1827. Selección*
74. Amparo Dávila. *Muerte en el bosque*
75. Juan Ruiz de Alarcón. *La verdad sospechosa*
76. Carlos Valdés. *El nombre es lo de menos*
77. Andrés Henestrosa. *Los caminos de Juárez*
78. Fernando Benítez. *Ki. El drama de un pueblo y una planta*
79. H. D. Sims. *La expulsión de los españoles de México (1821-1829)*
80. Manuel Toussaint. *Oaxaca y Tasco*
81. Leopoldo Zea. *El positivismo y la circunstancia mexicana*
82. Guadalupe Dueñas. *Tiene la noche un árbol*
83. Olivier Debroise. *Diego de Montparnasse*
84. Francisco Rojas González. *La Negra Angustias*
85. F. L. Urquizo. *Memorias de campaña*
86. Laurette Séjourné. *Supervivencias de un mundo mágico*
87. D. W. Gunn. *Escritores norteamericanos y británicos en México. Selección*
88. Ramón Rubín. *El canto de la grilla*
89. Tino Villanueva. *Chicanos*
90. Gonzalo Aguirre Beltrán. *Cuijla*
91. Paul Westheim. *La calavera*
92. José Luis López Páez. *El solitario Atlántico*
93. Julieta Campos. *Muerte por agua*
94. Marte R. Gómez. *Pancho Villa*
95. Francisco de la Maza. *La ciudad de México en el siglo XVII*
96. Luisa Josefina Hernández. *La plaza de Puerto Santo*
97. Max Aub. *Guía de narradores de la Revolución Mexicana*
98. Gabriel Zaid. *La poesía en la práctica*

99. Jorge Cuesta. *Antología de la poesía mexicana moderna*
100. Jesús Reyes Heroles. *El liberalismo mexicano en pocas páginas. Caracterización y vigencia*

PRIMEROS TITULOS DE LA SEGUNDA SERIE DE LECTURAS MEXICANAS

1. Juan José Arreola. *Varia invención*. SEP/Joaquín Mortiz
2. José Revueltas. *El luto humano*. SEP/ERA
3. Elena Garro. *Los recuerdos del porvenir*. SEP/Joaquín Mortiz

4- 5. Octavio Paz, Alí Chumacero, Homero Aridjis, José Emilio Pacheco. *Poesía en movimiento (México, 1915-1966)*. SEP/Siglo XXI

6. Ermilo Abreu Gómez. *Canek*. SEP/Oasis
7. Rafael Bernal. *El complot mongol*. SEP/Joaquín Mortiz
8. Hugo Hiriart. *Galaor*. SEP/Joaquín Mortiz
9. Jorge Ibargüengoitia. *Las muertas*. SEP/Joaquín Mortiz
10. José Carlos Becerra. *El otoño recorre las islas*. SEP/ERA
11. René Avilés Fabila. *Tantadel*. SEP/El Nigromante
12. Silvia Molina. *La mañana debe seguir gris*. SEP/Joaquín Mortiz
13. José Agustín. *De perfil*. SEP/Joaquín Mortiz
14. Homero Aridjis. *Perséfone*. SEP/Joaquín Mortiz
15. María Luisa Puga. *Las posibilidades del odio*. SEP/Siglo XXI
16. Gerardo de la Torre. *Ensayo general*. SEP/Joaquín Mortiz
17. Enrique González Pedrero. *La riqueza de la pobreza*, SEP/Joaquín Mortiz
18. Federico Arana. *Las jiras*. SEP/Joaquín Mortiz
19. Gustavo Sáinz. *Gazapo*. SEP/Grijalbo
20. Eduardo Lizalde. *Antología personal*. SEP